Eric T. Hansen
Die Nibelungenreise

SERIE PIPER

Zu diesem Buch

Ein Hawaiianer aus Berlin erfüllt sich einen Kindheitstraum und unternimmt eine Zeitreise ins Mittelalter: Monatelang fährt er mit dem VW-Bus kreuz und quer durch »amazing Germany«, von Lübeck bis Worms, von Aachen bis Quedlinburg, auf den Spuren seiner Helden. Schon als Junge, während sich seine Freunde am Strand in den Bikinis hübscher Mädchen verhedderten, fand Eric Hansen nichts so sexy wie Ritterrüstungen und überhaupt das ganze Mittelalter. Er phantasierte stundenlang über Conan, den Barbaren, die Ritter der Tafelrunde und Theophanu, die kindliche Kaiserin. Nun sucht er die Wahrheit über den Geist von Karl dem Großen, folgt den Nibelungen bis nach Ungarn und verliebt sich bei der Gelegenheit in Kriemhild. Er schläft auf Burgen und in Pferdeställen und findet ein bizarres Deutschland: Nachfahren der Germanen, die sich zum Beispiel in altertümlichen Kostümen im Wald treffen und Bier aus Kuhhörnern trinken. Besser kann man das Mittelalter nicht erzählen. »Auf dem besten Weg, zum Kultbuch der Mittelalter-Szene zu werden«, schrieb begeistert das Hamburger Abendblatt.

Eric T. Hansen wurde 1960 auf Hawaii geboren. Für den erklärten Mittelalter-Vasallen gab es nach der Schule nur als Mormonenmissionar die Möglichkeit, dem Ziel seiner Träume näherzukommen. Einmal in Europa gelandet, tritt er aus der Kirche aus, studiert in München Mediävistik und zieht schließlich als Journalist nach Berlin. Inzwischen lebt Eric Hansen ganz in Deutschland. Mehr zum Autor: www.nibelungenreise.de

Eric T. Hansen
Die Nibelungenreise
Mit dem VW-Bus durchs Mittelalter

Aus dem Amerikanischen von
Astrid Ule und Cornelia Stoll

Deutsche Bearbeitung von
Astrid Ule

Mit 16 Seiten farbigem Bildteil

Ein MALIK Buch
Piper München Zürich

Fotos: Archiv Eric Hansen, Berlin
Außerdem mit freundlicher Genehmigung von Volkswagen Nutzfahrzeuge, Hannover (Bildteil S. 1) und Katrin Palme (S. 15 unten)

Für Audrey und Wallace Hansen,
die immer wieder gesagt haben:
»Warum liest du nicht die Klassiker?«

FSC

Dieses Taschenbuch wurde auf FSC-zertifiziertem Papier gedruckt. FSC (Forest Stewardship Council) ist eine nichtstaatliche, gemeinnützige Organisation, die sich für eine ökologische und sozialverantwortliche Nutzung der Wälder unserer Erde einsetzt (vgl. Logo auf der Umschlagrückseite).

Ungekürzte Taschenbuchausgabe
1. Auflage Oktober 2005
2. Auflage April 2007

erschienen im Verlagsprogramm Malik
Umschlagkonzept: Büro Hamburg
Umschlaggestaltung: Birgit Kohlhaas
Foto Umschlagvorderseite: Eric T. Hansen
Foto Umschlagrückseite: Ule
Satz: Uwe Steffen, München
Papier: Munken Print von Arctic Paper Munkedals AB, Schweden
Druck und Bindung: Clausen & Bosse, Leck
Printed in Germany ISBN 978-3-492-24556-2

www.piper.de

Inhalt

Mit dem Kopf durch die Wand der Wartburg

Mein Traum vom Mittelalter und warum ich nicht nach Hause gehen werde, ohne ihn mir zu erfüllen

Ich wuchs auf im sonnigen Hawaii, und damals gab es nichts, was ich so sexy fand wie das Mittelalter. Allenfalls meine Deutschlehrerin, aber die war nicht zu haben.

Ich lebte nur einen Block vom Strand entfernt. Während alle Welt draußen war, um knackig braun zu werden, zu surfen und sich in eigenen oder fremden Bikinis zu verheddern, verbrachte ich meine Tage im Halbschatten neben der Katze auf dem Bett und las: von verfallenen Burgen und vom Gesang der Mönche in alten Gemäuern, von zerlumpten Leibeigenen auf der Flucht vor grausamen Armeen, von verrückten Alchimisten, die versuchten, Blei zu Gold zu machen … und von Minnesängern, die mit ein, zwei simplen Worten hochnäsige Damen betörten.

Und die Ritter! Der weiße Ritter schlug sich mit dem schwarzen, der grüne Ritter kämpfte gegen den Drachen, der rote Ritter kam vom Weg ab und stolperte tief im Wald über das einsame Zelt einer geheimnisvollen Lady.

Ich wäre dem schon noch entwachsen, wenn meine große Schwester mich nicht mit ins Kino geschleppt hätte, damit wir uns das Musical *Camelot* ansehen. Ich weinte, als König Artus' politische Utopie von »Recht über Macht« mit Ginovers ebenso schöner Utopie von Liebe kollidierte. Mit der Pubertät kam die nächste Chance, diese Kinderträume endlich hinter mir zu lassen, doch dann entdeckte ich die dunkle Welt von *Conan, dem Barbar*. Obwohl ich nicht begriff, daß all seine pseudomittelalterlichen Abenteuer mit ihren unerklärlichen Sehnsüchten und Trieben schlicht um Sex kreisten, verstand ich durch Conan doch langsam, warum Drachen Jungfrauen bevorzugten. Und als mir wiederum etwas später mit leichtem Schreck dämmerte, daß ich eines Tages Mom und Dad zurücklassen müßte, um hinaus in die Welt zu ziehen, tauchte prompt *Der Herr der Ringe* auf. Der dampfte die ganze erschreckende Welt dort draußen runter auf ein Abenteuer, das selbst ein zaghafter, kleiner Mann mit Haaren auf den Füßen meistern konnte.

Ich ahnte bald, ich würde dem Mittelalter nie entkommen.

Ein Plan nahm Gestalt an. Ich würde nach Europa gehen. Ich würde die Straßen entlanglaufen, über die schon die Bauern gezogen waren, ich würde in den Klöstern träumen, in denen die Mönche meditiert hatten, ich würde die Burgmauern erklimmen, auf denen die Ritter einst blutrünstige Angreifer zurückgeschlagen hatten.

Ich stellte mir vor, einen einsamen Hügel zu entdecken und dort zwischen den Bäumen zu stehen und zu beobachten, wie der Nebel aufsteigt, während die Abenddämmerung einsetzt. Nach einer Weile würden die entfernten Verkehrsgeräusche allmählich verstummen, und die leisen Stimmen, die vom Tal heraufklingen, würden einen fremdartigen Tonfall annehmen, wie von einer lang vergessenen Sprache.

Wenn ich dann nur lange genug wartete, würde irgendwann ein Reiter zwischen den Bäumen auftauchen: Karl der Große hoch zu Roß. Während er näherkommt, würde er mich vielleicht bemerken und innehalten. Ich würde ihn anschauen, er würde mich anschauen, mein Herz würde rasen. Für einen Augenblick würde er sich fragen, aus welch unbedeutendem Teil seines riesigen Reiches ich wohl stamme. Dann würde er weiterreiten und wieder im Nebel verschwinden.

Als ich endlich nach Europa kam, war ich Missionar für die Mormonenkirche. Als Missionar entscheidest du nicht selbst, an welchen Ort du kommst, die Kirche macht das. Ich hoffte, die Kirche würde mich nach Deutschland schikken, immerhin hatte ich in der High School zwei Jahre im Deutschkurs herumgesessen, wenn auch nur, um meine Deutschlehrerin anzuschmachten. (Ich hätte auch drei Jahre dagesessen, aber sie heiratete und legte sich eine neue Frisur zu. Das heilte mich.)

Der Tag, an dem ich erfuhr, wohin sie mich schicken würden, war sonnig, warm, und Salz lag in der Luft, ein typischer Tag für Hawaii. Ich kam gerade von der Schule nach Hause, griff einen Packen Post aus dem Briefkasten und streifte meine Flipflops vor der Haustür ab. Das Haus war leer. Mit sandigen Füßen lief ich durch alle Zimmer und riß Türen und Fenster auf, um ein wenig Luft hereinzulassen. Einer der Briefe war an mich adressiert. Er war aus Salt Lake City, Utah.

Die Zeit blieb stehen. Ich hörte mich selber atmen. Vom Wohnzimmertisch aus beäugte mich die Katze.

Das könnte der Moment sein, auf den ich gewartet hatte.

Ich riß den Brief auf und übersprang das Blabla der ersten Absätze, bis ich zu dem entscheidenden Teil kam: »... Düsseldorf, Germany.«

Als ich 1981 in Frankfurt aus dem Flugzeug stieg, am Flughafen zum erstenmal grüngekleidete Polizisten sah und mit der Bahn durch das von Burgen übersäte Rheintal ratterte, tankte ich Fremdartigkeit und Erregung mit jedem Atemzug.

Die Kleidung war raffinierter, die Autos waren kleiner, und das Radio spielte englischsprachige Songs, die ich noch nie gehört hatte. Für die nächsten zwei Jahre fühlte ich mich wie Kolumbus in einer völlig neuen Welt.

Ich habe jeden einzigen Tag davon geliebt, egal, wie oft mir die Tür vor der Nase zugeschlagen wurde.

In einer kleinen Stadt am Rhein namens Krefeld bekehrte, taufte und verliebte ich mich in ein deutsches Mädchen. Als meine Mission zu Ende war und ich wieder nach Hause mußte, plante ich bereits meine Wiederkehr.

Ich brauchte anderthalb Jahre, um auf Hawaii Geld zusammenzusparen, bis ich zurück nach Deutschland konnte, um sie zu heiraten. Nach einem Jahr in Krefeld zogen wir nach München. Dort studierte ich mittelalterliche Literatur und lernte Mittelhochdeutsch. Endlich las ich die Lieder der Minnesänger, die mittelalterlichen Versionen der Artus-Legende, die historischen Vorbilder der Conan-Geschichten.

An der Universität veränderte sich das Mittelalter für mich. Ich begann es für real zu halten. Diese Leute von damals waren zwar unsere Vorfahren – doch bei genauerer Betrachtung unterschieden sie sich so gründlich von uns, als wären sie von einem anderen Stern.

Hatten sie ihre Kinder wirklich wie kleine Erwachsene behandelt? War romantische Liebe für sie wirklich nur ein Gesellschaftsspiel der Reichen? Waren Ideen wie Freiheit, Gerechtigkeit und Individualität – die schließlich aus der Antike stammen – damals wirklich gänzlich unbekannt? Das Mittelalter wurde für mich zu einem großen, köstlichen Rätsel, ebenso faszinierend wie unlösbar.

Doch zum Akademiker war ich nicht geschaffen. Tagein, tagaus saß ich in dieser verstaubten Münchner Bibliothek und träumte davon, all diese Orte zu besuchen, von denen ich las. Eines Tages, wenn ich das Geld dazu hätte und die Zeit, würde ich mich auf den Weg machen.

Nach dem Examen schlug ich nicht die akademische Laufbahn ein, sondern wurde Journalist. Ich trat aus der

Kirche der Mormonen aus, ließ mich scheiden und verliebte mich erneut, zog nach Berlin und fand einen glamourösen Job bei einem Medienfachblatt aus Hollywood. Ich hatte was erreicht, und das Mittelalter war in weite Ferne gerückt.

Als ich vierzig wurde, wußte ich, es war langsam Zeit, nach Hause zu gehen, zu meiner Familie, meiner Heimat, meiner Sprache. Die Zeitung, für die ich arbeitete, bot mir einen Job als Redakteur in Los Angeles an. Das war perfekt.

Ich sagte ihnen, im September würde ich anfangen.

Dann erinnerte ich mich an meinen alten Traum, das Mittelalter zu finden.

Ein Teil von mir sagte: Du warst ein Kind damals, vergiß es einfach. Geh nach Los Angeles und mach Karriere. Der andere Teil sagte: Es war der wichtigste Traum deines Lebens.

Ich dachte mir einen Kompromiß aus. Ich würde mir eine Woche freinehmen und irgendeine Burg besuchen. Das würde ausreichen, um eine Art von Erinnerung zu finden, die ich mit nach Hause nehmen konnte. Ein kleines geistiges Souvenir, um meine Jugendträume zu besänftigen.

An einem regnerischen Märzmorgen in Berlin stopfte ich eine Sporttasche mit T-Shirts und Socken voll, quetschte mich hinter das Lenkrad eines billigen Mietautos und steuerte gen Süden.

Regen fiel auf die Autobahn, und der Himmel war genauso grau wie der Beton. Schwerfällig schleppten sich die LKWs aus Hamburg, Amsterdam und Warschau dahin, mit regenverwaschenen Konturen schwankten sie bedrohlich hin und her. Ich war bereits seit Stunden unterwegs, aber noch immer verschwanden der Beton und die Schornsteine nicht, als ob Berlins Großstadthäßlichkeit eine Art von Wundbrand sei, der sich bis in die Nachbarstädte erstreckt, ohne daß auch nur ein Bürgermeister aufspringt und schreit: »Ruft einen Arzt! Wir müssen amputieren!«

Endlich schwenkte ich westwärts, und der Himmel klarte auf. Die Baustellen wurden weniger, und der Verkehr beruhigte sich. Die Autobahn führte in ein breites Tal, das sich wie ein Gürtel quer durch halb Deutschland zieht. Ich fuhr rechts ran und stieg aus.

Die Straße schmiegte sich an einen eng mit Fichten bestandenen Hügel. Bewaldete Hänge verloren sich in der Ferne, und das Tal zu ihren Füßen schien sich unendlich weit zu erstrecken. Dies war also der uralte Thüringer Wald. Heute sind große Teile Äckern und Dörfern gewichen, aber der Wald zieht sich immer noch bis weit nach Westen. Man konnte es förmlich in ihm brodeln hören, wie in einem verborgenen Hexenkessel, in dem immer noch eine endlose Schar von Zwergen, Riesen, Rittern und Räubern zu Märchen und Legenden zusammengebraut werden.

Ich fuhr langsam weiter, vorbei an Jena, Weimar und Erfurt, historischen Städten voller Denkmäler zu Ehren längst verblichener Genies. Von Zeit zu Zeit tauchte ein Hügel auf mit einer Burgruine obendrauf. Dutzende solcher Hügel mit Burgen standen hier herum. Es war, als sei ich in eine Burgenversammlung geraten.

Ein paar Hügel weiter tauchte dann endlich in der Ferne die ungleichmäßige Silhouette zweier Türme auf. Noch eine Burg. Sie balancierte auf einem schmalen Grat und wirkte dabei schwer wie Eisen, sogar von hier aus. Sie war gebaut, um zu warnen: »Ich besitze diesen Berg. Mir gehört das Land, auf dem du stehst. Ich beobachte dich. Mach hier nicht den Klugscheißer!«

Das war die Wartburg. Um sie zu sehen, war ich fast 300 Kilometer weit gefahren.

Es gibt keine vergleichbare Burg in Deutschland, vielleicht in ganz Europa nicht. Während andere Burgen ihre Glanzzeiten hatten und dann bedeutungslos wurden, brachte es die Geschichte fertig, immer wieder zur Wartburg zurückzukehren: 1777 kam Goethe, der gerade die Romantik erfand, 1817 revoltierten die Studenten hier, nicht lange, aber um so folgenreicher, 1842 war Wagner auf der Suche nach einer passenden Location für *Tannhäuser*, und 1998 machte Clinton eine Stippvisite.

Noch früher, 1521, versteckte sich Luther hier unter einem falschen Namen und hinter einem dämlichen Bart und übersetzte das *Neue Testament* vom Griechischen ins Deutsche, womit er die Spielregeln des Christentums für immer veränderte. Historisch betrachtet war Luther die wichtigste Persönlichkeit auf der Wartburg, aber für mich war er nicht mittelalterlich genug. Ich war gekommen, um die Burg zu sehen, auf der der berühmte Sängerkrieg stattgefunden hatte.

Amerikaner denken beim Stichwort Mittelalter immer an England. Und das englische Mittelalter war ganz entzükkend und anmutig. Zumindest in den Robin-Hood-Filmen, mit denen ich aufgewachsen bin: Jeder redete jeden höflich mit »Sire« oder »Milady« an und verbeugte sich ständig, während viele bunte Fahnen fröhlich von den Turmspitzen wehten; der König hatte stets Trompetenfanfaren im Ohr, egal, wohin er kam, und alle hatten verdammt gute Zahnärzte.

Schon als Junge dachte ich, so niedlich kann das nicht gewesen sein. Deswegen richtete ich schon in der High School mein Auge auf Deutschland, in der Mitte des Kontinents – hier hoffte ich, das echte Mittelalter zu finden.

Dazu gehört das deutsche Wort »Burg«. Das englische Wort »castle« war mir zu hübsch, zu zivilisiert. Das deutsche Wort »Burg« dagegen sagte etwas aus. Es sagte »Festung.« Es sagte »Mauer«, »Stein«, »Eisen« und »Eiche«. Das Wort »Burg« sagte: »Hier wohnt ein großer, übelriechender Kerl, den niemand leiden kann.« In so einer Burg suchte Luther Zuflucht – ein einsamer Mönch, verfolgt von einem Haufen mordlustiger Katholiken. Er schrieb nicht: »Ein hübsches Schlößchen ist mein Herr.« Nein, er schrieb:

»Ein' feste Burg ist unser Gott.« Er kannte den Unterschied genau.

Serpentinen winden sich den steilen Hang hinauf zu einem schattigen Parkplatz. Stufen führen das letzte Stück Weg hoch zu den Mauern der Wartburg. Aus der Nähe betrachtet war die Burg ein wahrer Stilmischmasch: Renaissance, Romantik, Neuromanik und einiges mehr. Es sah aus, als hätte Scotty versucht, jede Menge Türme, Scheunen und Fachwerkhäuser aus fünf Jahrhunderten hochzubeamen – und als sei ihm der ganze Schlamassel dann auf einen Hügel gefallen. Dieser Anblick hätte mich eigentlich warnen sollen, doch ich war zu aufgeregt: Endlich würde ich diese berühmte Zugbrücke überqueren.

Ich trat zwischen Wände, die so dicht beieinanderstanden, daß ich das Gefühl hatte, in einen Canyon geraten zu sein. Zwei Pferde würden hier kaum aneinander vorbeipassen, schon gar nicht, wenn sie für ein Turnier zurechtgemacht waren. Die Küchen, Wohnquartiere, Ställe, der Burgfried waren längst zu Bücherei, Büros, Café und Museum geworden – und alle waren sie direkt in die Außenmauer gebaut. Trotzdem schien der Platz nie gereicht zu haben, und die Burgherren hatten über die Zinnen hinaus gebaut und dort oben noch extra Fachwerkhäuschen angeklebt. Von wegen Prinzessinnen, die auf Burgmauern herumschmachten – dafür wäre hier gar kein Platz mehr gewesen.

Einer der wenigen Bereiche der Burg, die das Mittelalter intakt überstanden hatten, war der Palast oder Palas, wie sie ihn damals nannten.

Der Palas muß damals ein wichtiger Ort gewesen sein. Seine Fassade, dem Hof zugewandt, bestand aus drei Stockwerken voller verzierter Säulen, großer, luftiger Bögen und langer Arkaden, in denen die Hofdamen ihre edlen Gewänder spazierentragen konnten.

Die ersten Burgherren bauten diesen Palas im romanischen Stil, in Anlehnung an die grandiosen italienischen Paläste, die damals der letzte Schrei waren. Man hört geradezu die Frau Landgräfin, wie sie damit vor ihren Besuchern angibt: »Wir haben dem Architekten gesagt, mach es genau wie den Palast, in dem wir letztes Jahr in Rom abgestiegen sind. Ist Rom nicht einfach göttlich?«

Ich nahm an einer Führung teil und sah mir die Ritterquartiere an und die Kapelle, die ganzen behauenen Säulen, auf denen man Löwen sah, die gerade Männchen machten, Schimären, die Ritter verspeisten, und eifersüchtige Ritter, die um Mädchen kämpften. Wir gingen die mit Wandgemälden verzierten langen Gänge entlang und bestaunten das glitzernde goldene Gemach der heiligen Elisabeth, der Prinzessin Diana des Mittelalters. Der Bankettsaal erstreckte sich über das gesamte oberste Stockwerk: eine weitläufige Halle, groß genug für ein Rockkonzert und eines Königs würdig. Die Decke reckte sich himmelwärts, das Parkett schimmerte und glänzte. Man konnte förmlich sehen, wie die Herren der Wartburg hier Könige unterhielten, Recken zu Rittern schlugen, Kriege erklärten, Kapitulationen akzeptierten und Siege feierten. Bei einem Konzert in dieser Halle konnte es keine Mißtöne geben, eine hier geschlossene Ehe mußte für immer glücklich sein.

Dann endlich, der Raum, auf den ich gewartet hatte: der Sängersaal.

Er war gold, türkis und rot, wie der kissenübersäte Thronsaal eines Sultans von Bagdad aus *Tausendundeiner Nacht*. Hier war es gewesen, wo die Poeten auftraten in der Nacht des Sängerkriegs, vor dieser leuchtend scharlachrot gemusterten Kulisse. Das kleine Zimmer muß an jenem Abend gestopft voll mit den feinen Herren und Damen der Gesellschaft gewesen sein. Bögen und elegante Säulen flankierten eine Bühne weiter hinten, wo der große Hermann von Thüringen gesessen und sein Urteil gesprochen hatte.

Der Sängerkrieg war so etwas wie die Oscar-Verleihung des Mittelalters.

Um 1200, zur Blütezeit des Rittertums, versammelten sich sechs Dichter und Sänger hier: Reinmar von Zweter war da, blind wie ein Bluessänger, der mysteriöse Biterolf, gleich zwei Heinrichs: der stolze Österreicher Heinrich von Ofterdingen und ein anderer Heinrich, der auf der Wartburg als Schreiber arbeitete.

Die Stars des Wettbewerbs waren zwei der bedeutendsten Minnesänger überhaupt: der revolutionäre Liebeslyriker Walther von der Vogelweide und ein visionärer Epiker namens Wolfram von Eschenbach.

Sie kamen, um gegeneinander anzutreten. Wer das beste Lied hatte, durfte sich anschließend »Bester Minnesänger« nennen. Um der Veranstaltung zusätzlichen Reiz zu verleihen, hatte Hermann von Thüringen noch einen weiteren Titel ausgelobt: »Schlechtester Minnesänger«. Der Preis für den schlechtesten Minnesänger war sofortiges Köpfen. Ein Henker würde während der ganzen Veranstaltung bereitstehen.

Man darf sich die Dichter und Sänger des Mittelalters wohlgemerkt nicht wie zartbesaitete Poeten in irgendeiner Dachstube vorstellen, die verzweifelt nach dem passenden Wort suchen. Sie müssen vielmehr wie die Tagelöhner während der amerikanischen Wirtschaftskrise gewesen sein, die in Güterwagen von Ort zu Ort gezogen sind, Aushilfsjobs auf Bauernhöfen hinterherjagten und Hühner stahlen. In guten Zeiten fanden sie irgendwo einen Burgherrn, der ihnen Unterkunft und Verpflegung anbot, solange sie ihm irgendeinen französischen Roman übersetzten, der gerade en vogue war. Die übrige Zeit, denke ich, waren sie unterwegs auf Straßen und Marktplätzen, jonglierten für ein paar Pennies, fiedelten bei Dorftänzen oder traten in schlüpfrigen Theaterstücken als lüsterne Ritter und unlautere Mönche auf.

Und was ihre soziale Schicht anging – niedriger ging es kaum.

Heutzutage kann man einen Schriftsteller in einen Raum mit lauter Vier-Sterne-Generälen setzen – Kommandeure großer Armeen, Herren über Leben und Tod –, und bevor er wieder geht, wird ihm einer von ihnen zugeflüstert haben: »Eines Tages schreibe ich auch ein Buch.« Im Mittelalter dagegen konnte man den geringsten Ritter nehmen, egal wie arm, ungebildet, gemein und ungewaschen, und konnte ihn zwischen lauter geniale Poeten stellen, Verfasser unsterblicher Werke, und jeder dieser Poeten hätte ihm flüsternd versichert: »Ich kann auch Turniere reiten, weißt du?«

Wie eigenartig also, daß der Sängerkrieg von einem der mächtigsten und vermögendsten Herren des Reiches veranstaltet wurde.

Der Landgraf von Thüringen hatte Besitztümer in ganz Deutschland: Er nannte Hunderte von Burgen, Städten, Wäldern und Ackerland zwischen dem Rhein und der slawischen Grenze sein eigen. Hermann I. war ein Landgraf, aber im Grunde war er mächtiger als ein Herzog. Der Rang seiner Person in der sozialen Hierarchie des Mittelalters befand sich direkt unter dem des Kaisers. Er speiste mit Königen und feilschte mit Bischöfen. Er ritt leichtfertig in den Kampf, so wie ein guter Feudalherr das tun sollte, und seine Rechtsprechung war genauso grausam und willkürlich wie seine Rachefeldzüge. In seinem Leben ging es vor allem um Macht, Besitz und Plünderung.

In jener Nacht hätte ich ihn gern gesehen. Wie er die Menge in ihren funkelnden Gewändern zum Schweigen auffordert, als die Dichter die Bühne betreten. Wie er einen Moment lang seine Kriegspläne, Landsorgen und Intrigen bei Hofe vergißt. Wie er Wolfram beiseite nimmt und verstohlen in sein Ohr flüstert: »Du mußt wissen, auch ich schreibe Gedichte ...«

Jetzt hatte ich den Ort gesehen, an dem alles vonstatten gegangen war, und hätte in Frieden nach Hause gehen können. Wenn der Burgführer seinen verdammten Mund gehalten hätte. »All dies hat mit dem Mittelalter natürlich nichts zu tun«, sagte er.

Alles – die hohe Decke des Bankettsaals, praktisch jeder Zentimeter des Sängersaals, nicht zu vergessen die kitschigen Märchenfresken, die den Palas in einen pastellfarbenen Comic verwandelten –, all dies war erst 150 Jahre alt. Damals wurde das Mittelalter von den Dichtern, Malern und Träumern der Romantik gerade wiederentdeckt – bis dahin war es praktisch vergessen gewesen. Sie erblickten etwas Ehrenwertes und Wahrhaftiges in dieser lang vergessenen Epoche. Sie erschufen den Mythos vom Rittertum für sich neu und überschwemmten die Wartburg in Scharen, um sie in eine Art Disneyland der Romantik zu verwandeln.

War irgend etwas an diesem Ort real?

Benommen lief ich hinaus in die Sonne und klopfte an die Tür des Burgarchivs, wo ich eine schüchterne Archivarin zu einem Ausflug ins Burgcafé überredete.

Sie war kaum in der Lage, mir ins Gesicht zu sehen, und schien über ihren Aufenthalt in der Sonne besorgt zu sein. Ich glaube, ich war der erste Nichtbibliothekar, mit dem sie sprach, seitdem sie die Archive 25 Jahre zuvor betreten hatte. Aber einmal brachte ich sie zum Lächeln. Ich fragte sie, was sie an ihrer Arbeit auf der Burg am meisten liebe. »Manchmal, zu besonderen Gelegenheiten«, sagte sie, »halten wir hier Feste ab, und der Hof ist nachts beleuchtet und voller Stimmen, Musik in allen Ecken, und man darf auf den großen Turm steigen – das geht sonst nicht. Das kann man nur einmal im Jahr machen. Das Land ringsum ist dunkel, und an manchen Nächten gibt es ein Feuerwerk. Da oben steht man ganz allein – das ist wie Fliegen. Das ist die beste Erinnerung, die man haben kann.«

Es war alles Fälschung. Nicht nur die Wartburg von heute war eine Fälschung, sie war es immer gewesen, sogar im Mittelalter.

Der Palas, mit all seinen großartigen romanischen Arkaden, sagte sie, war im Winter nicht zu beheizen. Der Bau war für Italien erdacht, nicht für Deutschland mit seinem eiskalten, endlosen Winter. Wer damals im Bankettsaal Hochzeit feierte, verbrachte die Flitterwochen mit einer Erkältung, wer als Minnesänger dort die Laute schlug, dem froren alle Finger ab, denn hier war kein Fenster verglast.

Militärisch betrachtet war die Burg auf dem Bergkamm gut postiert, sie hatte bloß keine Wasserversorgung. Außer einer gigantischen Zisterne, die Regenwasser sammelte – aber auch jede Menge Moos und Krabbelviecher. Im Fall einer Belagerung hätte kein Ritter hier lange durchgehalten.

Aber das Wichtigste war, es gab keinen Hinweis darauf, daß irgendein mittelalterlicher Regent jemals auch nur einen ganzen Tag hier oben gewesen war.

Ein so mächtiger Herrscher wie der Thüringer Landgraf verbrachte kaum einen Tag, ohne das eine oder andere offizielle Dokument zu unterzeichnen. Jede Unterschrift enthielt wie heute Datum und Ort des Vorgangs. Falls man ein großes Fest oder ein anderes Ereignis zur Unterhaltung seiner adeligen Kumpane plante – zum Beispiel einen »Sängerkrieg« –, dann mußte man doch mindestens ein paar Tage auf dieser Burg verbringen. Lange genug, um wenigstens einen Erlaß zu unterschreiben.

Doch die Thüringer Landgrafen haben nicht ein einziges Dokument auf der Wartburg unterzeichnet.

Es widerstrebte der Bibliothekarin, schlecht über den Ort zu reden, den sie liebte, und so ergänzte sie, daß hier vielleicht Dinge vorgegangen seien, über die die Geschichtswissenschaft nichts wüßte: »Es ist unwahrscheinlich, daß sie es sich so viel Geld kosten ließen, das Gebäude zu errichten, und dann niemals zu Besuch kamen«, meinte sie.

»Was ist mit dem Sängerkrieg?« fragte ich.

Der Wettstreit habe überhaupt nicht stattgefunden, sagte sie. »Wenn man die Geschichte liest, wie sie im 13. Jahrhundert niedergeschrieben wurde, kann man sie schwerlich glauben.« Wir wüßten ohnehin nur deswegen von dem Sängerkrieg, weil ein anderer Sänger und Dichter ihn in einem literarischen Traktat beschrieben hat. Sie erzählte mir davon: Die sechs Sänger versammeln sich für ihren Auftritt. Der Henker ist bekanntlich auch anwesend. Man sollte glauben, die Poeten präsentieren ihre besten Stücke, die Werke, die wir auch kennen, aber statt dessen besingen sie alle in den höchsten Tönen die Großartigkeit Hermanns, des Landgrafen von Thüringen. Alle mit Ausnahme des Österreichers Heinrich von Ofterdingen. Er besingt die Großartigkeit des Herzogs von Österreich.

Walther wird zum »Besten Minnesänger« erklärt. Und wer hat wohl verloren?

Der Henker packt Heinrich von Ofterdingen am Kragen, und das Schwert ist schon knapp vor dem Niedersausen, als Hermanns Frau sich für den armen Kerl einsetzt. Sie überredet ihren Mann dazu, einen neutralen Richter der Poeten zu finden – zum Beispiel den großen ungarischen Dichter Klingsor.

Hermann stimmt zu. Er gewährt Heinrich ein Jahr, um nach Ungarn zu reisen und Klingsor zur Wartburg zu bringen. Der Sängerkrieg würde dann wiederholt werden, mit Klingsor als Richter.

Ab diesem Punkt wird die Geschichte zum Fantasy-Abenteuer. Heinrich eilt davon, doch die Zeit arbeitet gegen ihn, und er verliert. Als er den schwer faßbaren Ungarn endlich aufspürt, ist das Jahr schon um, und es ist zu spät, um rechtzeitig auf die Wartburg zurückzukehren. Heinrich ist ein toter Mann.

Aber Klingsor ist nicht bloß Poet, er ist auch ein großer Zauberer und überhaupt ein eher furchterregender Typ. Mit Hilfe magischer Kräfte transportiert er sie beide zur Wartburg, gerade rechtzeitig zur Wiederholung des Sängerkriegs.

Jetzt ist ein böser Zauberer im Haus, und der »Krieg« dreht sich nicht länger um die Dichtkunst. Jetzt geht's ums nackte Überleben. Es läuft auf ein magisches Duell zwischen Wolfram und dem Zauberer hinaus. Klingsor fordert ihn zu einer Rätselschlacht heraus, und Wolfram, das Genie, löst jedes einzelne Rätsel. Aus Ärger und Enttäuschung beschwört Klingsor den Teufel, der Wolfram holen soll, doch Wolfram besiegt ihn, indem er das Kreuzzeichen schlägt. Happy-End.

»Offensichtlich«, bemerkte die Archivarin, »eine Phantasie.«

Wahr daran sind einzig die Namen der Minnesänger, von denen die meisten historische Persönlichkeiten waren. Walther und Wolfram waren wirklich Genies und Hermann ein großer Förderer der Kunst.

Heinrich von Ofterdingen hat nie existiert, und Klingsor, der Zauberer, entsprang direkt den Seiten eines anderen Romans – ironischerweise von Wolfram geschrieben. In einem einzigartigen Fall mittelalterlicher Postmoderne tritt im »Sängerkrieg« eine Figur gegen ihren eigenen Schöpfer an.

»Was ist mit dem Krieg selbst?« fragte ich. »Gab es vielleicht mal eine Art Wettkampf zwischen den Minnesängern, der den Dichter zu der Geschichte inspiriert hat?«

Sie zuckte die Achseln. »Historiker halten es bloß für eine Legende.«

Meine Reise auf der Suche nach dem Mittelalter hatte mich in eine Touristenfalle des 19. Jahrhunderts geführt, so authentisch wie Waikiki.

Ich checkte im Berghotel ein, einem weitläufigen Herrenhaus, das auf der anderen Seite des Tals majestätisch auf einem Hügel thronte. Ich quetschte einen Nachlaß aus dem Hotelmanager heraus, indem ich ihm erzählte, ich schriebe etwas über die Wartburg.

»Ich weiß, wie man mit Journalisten umgehen muß«, sagte er, und er wußte es tatsächlich. Er steckte mich in ein Zimmer mit Aussicht auf das Tal – direkt gegenüber der Wartburg.

Ich bestellte einen Whisky von der Bar, schaltete das Licht aus, saß am Fenster und betrachtete die großartigste Burg der Welt, die nur ein, zwei Kilometer entfernt lag. Der Gipfel, auf dem sie stand, verschwand im schwarzen Nachthimmel, aber die Burg selbst war in gelbes Flutlicht getaucht. Sie sah aus wie eine goldene Krone, die im Nirgendwo schwebt.

Als ich am nächsten Morgen erwachte, lag das ganze Tal im Nebel, und die Burg war nur ein dunkler Fleck am grauen Himmel.

Ich hatte das Hotelzimmer noch eine Woche. Ich ging runter ins Tal nach Eisenach und schaute mich nach einem Grund zu bleiben um. In diesem Städtchen war Luther zur Schule gegangen, und Bach war hier geboren.

Die alten Häuser waren eher barock als mittelalterlich und alle gelb wie Käsekuchen. Pflastersteinstraßen kurvten und schlängelten sich durch die Stadt und erweiterten sich gelegentlich zu einem dreieckigen kleinen Platz. Autos ratterten an der schwärzlichen Fassade einer romanischen Kirche vorbei und durch einen mittelalterlichen Torbogen, der aussah, als würde er gleich einstürzen.

Festgeschnallt an ihre sperrigen, quadratischen Scout-Schulranzen, gingen die Kinder zur Schule. Mütter schoben Kinderwagen zur Bäckerei. Zeitungslieferwagen quetschten sich hupend durch die engen Gassen. Ein Bratwurstverkäufer beäugte mich mit grimmigem Gesicht auf meinem Weg um den Karlsplatz.

Ich erreichte die Fußgängerzone im Zentrum. Viele Deutsche meinen, Einkaufszentren seien eine typisch amerikanische Erfindung, aber sie haben selber ein Open-air-Einkaufszentrum im Herzen jeder deutschen Stadt. Sie drehen bloß nicht so viele Filme darin. Ich ging an all diesen Läden vorbei, die in jeder deutschen Fußgängerzone vorkommen: unmoderne Modegeschäfte, Discount-Buchhändler, Kaufhäuser mit Stereokompaktanlagen im Schaufenster und Fastfoodläden, die amerikanische Hamburger, deutsche Würstchen und türkischen Kebap verkaufen. Ich setzte mich vor die Kirche, in der Luther und Bach als Kinder gesungen hatten, und beobachtete die Arbeitslosen an der Ecke beim Biertrinken und die Scharen von Girlies, die von Laden zu Laden trieben und mit ihren langen Plastikfingernägeln Pommes naschten.

Vor achtzehn Jahren waren für mich selbst die Fußgängerzonen neu und aufregend gewesen. Heute waren sie nichts als Einkaufszentren. Ich war gekommen, um das Mittelalter zu entdecken, aber jetzt fragte ich mich, ob Eisenachs Fußgängerzone das bleibende Bild von Deutschland sein würde, das ich mit nach Hause nehmen würde. Ich fühlte mich, als ob ich eine alte Jugendliebe angerufen hätte, die seit achtzehn Jahren auf meinen Anruf wartet, aber jetzt, wo ich endlich die Nerven dazu hatte, war sie nicht mehr zu haben.

Nicht weit davon, in einer schattigen gepflasterten Straße namens Predigerberg, stand das, was von einem mittelalterlichen Dominikanerkloster übrig war, heute das Martin-Luther-Gymnasium. Ich war mit dem Schuldirektor verabredet, und als ich klingelte, öffnete mir ein wohlgenährter Herr in Anzug und Krawatte namens Schmidt.

Er nahm mich mit auf einen kleinen Rundgang durch

die weißgetünchten Korridore. Der Boden unter meinen Füßen schien für die Ewigkeit gemacht. Die kühlen Wände umgaben mich wie eine angenehme Erfrischung. In diesem ehemaligen Kloster, in dem einst die Dominikaner wandelten und meditierten, flirteten und tuschelten jetzt die Teenager und kickten sich einen Fußball zu. Die dicken Wände verschluckten jedes Geräusch. Keine Graffiti, nirgends.

Das macht die klösterliche Ruhe hier, sagte Schmidt.

Während diese Kinder aufwuchsen, war das Mittelalter stets um sie herum. Es war in den Wänden ihrer Schule, in den Straßen, auf dem Hügel und im Tal unten. Wenn ich hier aufgewachsen wäre, hätte ich die Geschichte gespürt, sie wäre ein Teil von mir geworden, so wie Baseball Teil eines jeden Amerikaners wird. Ich fragte Schmidt, ob irgendwelche seiner Schüler Mittelalterfans seien.

»Nö«, sagte er und fragte: »Sagen Sie, vermissen Sie eigentlich Hawaii? Die Sonne und den Strand?«

»Nö«, sagte ich.

Als ich aufbrechen wollte, empfahl Schmidt mir, eine Burg in der Nähe zu besuchen, die Creuzburg. Er war in der kleinen Stadt am Fuße der Burg aufgewachsen. Dann schwieg er, als eine ferne, bittere Erinnerung wieder auftauchte. Unvermittelt erzählte er mir die Geschichte von dem allerersten Eindruck, den die Amerikaner auf ihn gemacht hatten.

Es war in den letzten Tagen des Zweiten Weltkriegs. Er war sechs Jahre alt. Von Westen kamen die Amerikaner, von Osten kamen die Russen, und in Thüringen trafen sie aufeinander. Sie hatten das, was von der Wehrmacht noch übrig war, zwischen sich in die Zange genommen.

Um Creuzburg zu betreten, muß man über eine Brücke. Als die ersten amerikanischen Panzer darauf zurollten, waren die Leute in der Stadt dankbar, daß endlich alles vorbei war – bis auf eine fanatische Nazi-Frau.

»Ich will sie überhaupt nicht in Schutz nehmen, aber

für sie ist eine Welt zusammengebrochen«, sagte Schmidt. »Vielleicht war es eine Zornreaktion. Die Hitler-Ideologie hatte die Leute aufgeheizt, nahezu bis zum Wahnsinn.«

Die Wehrmacht hatte sich bereits zurückgezogen. Es gab niemanden in der Stadt, der fähig oder auch nur willens war zu kämpfen, bis auf diese Frau. Sie griff sich eine zurückgelassene Panzerfaust, robbte auf die andere Seite der Brücke und ballerte los, bis der anrückende Panzer in die Luft ging.

»Es war verrückt«, sagte Schmidt. »Aber die Amerikaner haben daraufhin in Creuzburg mehr Widerstand vermutet, als wirklich da war.«

Die Amerikaner zogen sich auf einen nahe gelegenen Hügel zurück und bombardierten die Stadt.

»Immer wenn es schoß«, sagte Schmidt, »haben wir uns flach auf den Boden gelegt und den Mund geöffnet, wegen des Trommelfells. Die Stadt war voller Gestank und Geschrei ... wir haben dann als letzte unsere Sachen genommen und sind in den Wald und haben drei Tage und drei Nächte da gelegen, bis der Rauch sich verzogen hatte.«

Endlich band ein alter Mann, ein Veteran aus dem Ersten Weltkrieg, ein Bettlaken an einen Stock und ergab sich den Amerikanern. Der Bürgermeister, dessen Aufgabe das eigentlich gewesen wäre, war schon längst geflohen.

Als Schmidt fertig mit Erzählen war, verstummte er, überwältigt von der Erinnerung. Er war kurz davor zu weinen. Vor einem Fremden, einem Amerikaner, einer von den Leuten, die zum ersten Mal Zerstörung über seinen Heimatort gebracht hatten.

Dann biß er die Zähne zusammen und atmete scharf ein. Der Bann war gebrochen.

Abends fragte ich einen Taxifahrer nach einem Restaurant mit echten Thüringer Spezialitäten. Aber als ich dann dort war, sah ich die Schilder im Fenster: »Thüringer Spezialitäten«, versprachen sie, aber auch »Bayerische Spezialitäten« und »Italienische Spezialitäten«. Ich bin doch kein doofer Tourist, dachte ich und lief weiter.

Am Rande des Karlsplatzes lief ich unversehens auf eine Eckkneipe zu. Die Tür schloß nicht richtig, und die Möbel waren mit falscher Eiche furniert, die Häkeldeckchen waren eingestaubt und die Blumen aus Plastik. Hirschgeweihe hingen an den Wänden und sahen auch wie Plastik aus. Es war trübsinnig und bedrohlich zugleich, eine Kneipe wie in diesen Filmen, in denen höchstens drei Typen an der Bar stehen, und wenn du reinkommst, starren sie dich an wie einen Eindringling.

Ich liebte es. Auf eine perverse Art, das gebe ich zu. Es war genau die Art Lokal, die den Deutschen peinlich ist. Sowas findet man nicht in den Städteführern. So ist Deutschland, wenn die Deutschen glauben, sie seien unter sich.

Ich fragte nach einer regionalen Spezialität, und die Frau des Besitzers brachte mir einen Teller Schweinefleisch, Knödel und Rotkraut, eingeweicht in einer pappigen dunklen Soße. Sie bemerkte meinen Akzent und erzählte mir, daß sie zehn Jahre in Amerika gelebt habe, in Chicago, um in der Nähe ihrer Tochter zu sein, die einen Amerikaner geheiratet hatte. Ich erzählte ihr, wie lange ich jetzt schon in Deutschland war.

»Es gefällt Ihnen wohl hier.«

»Ich gehe bald zurück. Für immer.«

»Warum zurückgehen? Wenn es Ihnen hier doch gefällt?«

»Ich fühle, wie ich meine Sprache verliere«, sagte ich. »Ich möchte irgendwo sein, wo man Englisch spricht.«

»Wenn Sie Ihre Sprache verlieren«, sagte sie, »ist es Zeit, zurückzukehren.«

Ich war froh, daß sich jemand mal so klar zu dem Thema äußerte.

Es beschäftigte mich, daß ich an Schmidts Gymnasium keine Kinder gefunden hatte, die Mittelalterfans waren. Es mußte doch mit dem Teufel zugehen, wenn es hier nicht wenigstens einen Teenager gäbe, der von Rittern und Prinzessinnen schwärmte. Ich wollte einen Blick auf mich selbst erhaschen, als ich in diesem Alter war. Also rief ich alle Geschichtslehrer in Eisenach an, und endlich sagte mir einer, ich solle in seine Geschichtsstunde ins Elisabeth-Gymnasium kommen.

Er musterte mich argwöhnisch von oben bis unten, beschloß dann, mich wirklich für den Journalisten zu halten, als den ich mich ausgab, und ließ mich einen Nachmittag lang zwei seiner Schüler, Philipp und Bertram, entführen.

Sie stellten sich mir als Historiker vor, als ob der Begriff »Schüler« schon eine Nummer zu klein für sie sei, und informierten mich darüber, daß Napoleon bei seinem Rückzug aus Rußland heiße Schokolade in Eisenach getrunken hatte.

Wir setzten uns ins Café Toccata, und Bertram bestellte sich einen großen Eisbecher. Im Hintergrund lief ein Tom-Jones-Comeback-Hit.

Philipp, seinem Freund ein paar Monate im Pubertätstheater voraus, legte die Füße hoch, zündete eine Zigarette an und bestellte Tee, wie das ein guter Intellektueller tun sollte. Man merkte, er hatte geübt, und die Gelegenheit für eine Generalprobe war günstig. Zwei Dinge allerdings verrieten ihn: der zarte Flaum auf seiner Oberlippe und der Treffpunkt seiner Wahl. Café Toccata war eine pinkfarbene Eisdiele voller Kinder und Mütter mit Buggys.

»Damals gab es keine Maschinengewehre …«, sagte Philipp. »Es war Mann gegen Mann.«

»Da hat wirklich noch die Fähigkeit gezählt«, ergänzte Bertram, »heutzutage ist das ja nicht mehr so, mit den Atombomben.«

»Was mich faszinieren würde«, sagte Philipp mit einem perfekten Pokerface, »wäre, ein Kreuzritter zu sein.«

»Sonst könntest du auch Mönch werden«, meinte Bertram, »die haben auch nur gelesen und geschrieben und so was.«

»Na ja«, sagte Philipp, »als Mönch saß man in seiner Abtei und macht, was man immer gemacht hat – aber als Kreuzritter mußte man sich immer wieder auf neue Situationen einstellen können. Ich bin eher ein spontaner Mensch. Aktion und Reaktion. Menschen, die in Sekundenschnelle handeln müssen. Dieses Aus-eigenem-Kopf-Entscheiden. Das ist es, was mich fasziniert am Mittelalter.«

Ich sah zwei deutsche Ausgaben meiner selbst, träumend von einer Zeit, in der sie vielleicht keine Bücherwürmer gewesen wären, sondern Männer der Tat, Machos mit eigenen Regeln. Ich wollte sie kräftig schütteln und brüllen: »Weniger lesen! Mehr Mädchen hinterherlaufen! Es wird euch noch leid tun! Ich weiß, wovon ich rede!« Ich fragte sie nach Mädchen, und ihre Augen leuchteten auf.

»Ich sag's mal so«, sagte Bertram. »Liebe ist die menschlichste Sache, die es gibt und etwas, was jeder Mensch mal erlebt haben muß.«

»Es gibt viele Arten von Liebe, und diese Liebe hat teilweise Nutzen, beispielsweise den Fortbestand der Art«, sagte Philipp. »Liebe ist was ganz Interessantes. Napoleon sagt, Liebe hat viele Gesichter.«

Ich bearbeitete sie ein bißchen länger, und endlich gaben sie zu, daß sie in dieser Hinsicht noch nicht sehr erfolgreich gewesen waren. Das Licht von Philipps Herzen hatte ihm gerade erst ein definitives »Daumen runter« gegeben, und er versuchte immer noch, darüber hinwegzukommen.

»Man kann das nicht erzwingen …«, sagte Philipp und paffte ohne Pause. »Ich habe mich mittlerweile damit abgefunden, aber es ist ein halbes Jahr später noch schwierig, wenn man ihr gegenübersteht, und man weiß genau: Ich habe es nicht vergessen.«

Bertrams Objekt der Begierde verschwand für ein Jahr nach Amerika, bevor er ihr seine Gefühle offenbaren konnte. Er wartet auf ihre Wiederkehr. »Das ist ziemlich intim, da sprechen wir Historiker nicht so drüber ...«

Dennoch gab er zu: »... daß Liebe zu jedem Leben dazugehört und für mich eigentlich sehr wichtig ist. Ich denke, für eine Freundin würde ich auch mal ein Buch zur Seite legen.«

Die Woche war vorbei, aber ich hatte Philipps und Bertrams Geschichtslehrer versprochen, noch mal vorbeizuschauen, bevor ich ging. Er wollte mir etwas zeigen.

Ich fuhr fast eine Stunde durch die Felder rings um Eisenach, bis ich einen kleinen Ort namens Mihla fand, der nicht auf meiner Karte verzeichnet war. Die Adresse, die er mir gegeben hatte, entpuppte sich als U-förmiges Gebäude mit einer Scheune an der Seite und einem Traktor im Hof. Ich klingelte an dem Schild, auf dem »Rathaus« stand.

Ein untersetzter Mann mittleren Alters öffnete die Tür. Sein Name war Rainer Lämmerhirt. Tagsüber war er Philipps und Bertrams Lehrer, aber in seiner Freizeit war er der Bürgermeister von Mihla.

Wir stiegen in sein Auto, und er fuhr mich weit raus aus Mihla, durch akkurat bestellte Felder mit jungem grünen Weizen, an der Werra entlang, an einer Weide vorbei, auf der tatsächlich Yaks grasten, und durch ein paar Flecken vom Hainecker Wald.

Er erzählte mir die Geschichte, wie er gerade an seiner Doktorarbeit saß – Thema Mittelalter –, als die Mauer fiel. Die DDR-Geschichtsausbildung war systembelastet – aber noch mehr war das sein Professor.

Nach der Wiedervereinigung, noch bevor Lämmerhirt mit seiner Doktorarbeit fertig war, wurde seinem Doktorvater nahegelegt, in Frührente zu gehen. Der praktische Effekt für Lämmerhirt war, daß seine Doktorarbeit nichts mehr wert war. Er hatte die Wahl, mit einem neuen Doktorvater noch einmal von vorn zu beginnen – oder das Ganze zu vergessen. Er hatte bereits begonnen, am Gymnasium zu unterrichten, um seine Familie zu ernähren, und so sagte er dem Doktortitel endgültig Adieu.

Er machte keine große Sache daraus, aber ich konnte mir sein Mißvergnügen vorstellen, seine Karriere als Historiker an eins der meistglorifizierten geschichtlichen Ereignisse der letzten fünfzig Jahre zu verlieren.

Wir folgten dem Weg unter hohen Fichten entlang und einen Hügel hinauf. Dort oben, verborgen zwischen schattigen Bäumen, stand eine Burgruine. »Meine Burg«, sagte er stolz.

Im Vergleich zu anderen Burgen war die Haineck klein. Selbst im Vergleich zu gewöhnlichen Häusern war sie klein. Sie war aus grauen, unbehauenen Steinen erbaut und hatte die Form einer aufrecht stehenden Schuhschachtel. Es war ein einziger großer Raum mit einem Dach darauf gewesen, nur das Dach war schon lange verschwunden. Ein Schwall Efeu war eine der Wände hinaufgeklettert, hatte sich in den Mörtel gefressen und ihn geschwächt. Teile der anderen Wände waren bereits zusammengebrochen.

Dies war die Art Burg, die man vor Augen hat, wenn man an das Mittelalter denkt – verfallen, geheimnisvoll, trutzig, schlicht. Alles, was man brauchte, um sie zu verteidigen, waren fünf oder sechs ordentliche Ritter. Ein ausgetrockneter Burggraben verlief um sie herum, und die Wand, die für Angreifer am zugänglichsten war, war gewölbt wie ein Kessel, um Katapultattacken besser zu trotzen.

Sie war im späten 13. Jahrhundert gebaut worden, um Straßenzölle zu erheben und die Nachbarfürsten in ihre Schranken zu weisen. Sie hatte Thüringer Vögten, Kreuzrittern, Raubrittern, Ketzer- und Hexenjägern Heimstatt geboten. Im 15. Jahrhundert brauchte sie allmählich niemand mehr.

Als Lämmerhirt noch klein war, nahm ihn sein Vater sonntags immer mit zur Haineck. Damals war sie noch eine echte Ruine, schwer zu erreichen, versteckt im Unterholz, mit Moos und Efeu überwuchert und voller Geröll. Das heizte seine Jungensphantasien mächtig an. Er hörte alle möglichen Legenden über die Burg, in der es von Zwergen, Elfen, Raubrittern und den Gespenstern unglücklich Liebender nur so wimmeln sollte.

Seine Lieblingslegende war die vom furchtlosen Räuber Florian Henning. Im Hauptturm der Burg gibt es ein großes Loch. Die Leute sagen, es stammt von Henning, der hier gefangen saß. In der Nacht, bevor er hingerichtet werden sollte, brach er das Loch in die Wand und floh im Morgengrauen. Auf dem Weg in die Freiheit begegnete er ein paar Bauern, die gerade auf dem Weg zur Burg waren, um seiner Hinrichtung beizuwohnen, und gab ihnen den guten Rat: »Laßt euch ruhig Zeit, ihr werdet schon rechtzeitig kommen. Ohne mich kann es nicht losgehen, und ich habe noch einen weiten Weg vor mir!«

Ich fragte Lämmerhirt, ob er sich als kleiner Junge manchmal vorgestellt habe, wie ein Ritter zwischen den Bäumen auf ihn zukommt, wenn er nur lange genug bei der Ruine stehenbleiben würde. Er schmunzelte und sagte: »So was in der Art.«

Zur Zeit der Wende begann Lämmerhirt, sich mit der Haineck näher zu befassen. Er entdeckte eine Menge über ihre Geschichte und entmystifizierte die Legenden (das Loch im Turm wurde nicht von einem Räuber verursacht, sondern von einem umstürzenden Baum). Lämmerhirt gründete ein Restaurierungskomitee. Sie räumten das Geröll aus der Ruine, restaurierten und überdachten den Hauptturm und rissen den mörtelfressenden Efeu von allen Wänden bis auf eine – der Atmosphäre wegen.

»Ich habe mir damit einen Kindheitstraum erfüllt«, sagte er. »Es war der Traum, den eigenen Kindern mehr erzählen zu können. Sich dieser Aufgabe gestellt zu haben. Und in der Lage zu sein, etwas für die Öffentlichkeit zu tun.«

Obwohl man die restaurierte Burg Haineck nicht gerade eine Touristenfalle nennen kann – zu der abgelegenen Ruine führen keine Hinweisschilder, es gibt kein Personal und keine Öffnungszeiten –, gab Lämmerhirt zu, daß sie heute nicht mehr die Märchenburg seiner Kindheit ist. Wenn das Instandsetzen den Zauber zerstört hat, warum hatte er sie dann restauriert? »Ja, das haben mich viele Leute gefragt«, sagte er. »Die Alternative ist, es zu lassen, wie es ist – und in dreißig, vierzig Jahren ist alles weg. Da muß man sich entscheiden.«

Ich fuhr zurück nach Hause und verfluchte diesen Lämmerhirt von Gera bis Berlin. Er hatte sein Stück Mittelalter gefunden. In achtzehn Jahren Deutschland war mir das nicht gelungen. Als ich Berlin erreichte, war ich bereits dabei, einen Plan zu schmieden.

Ich entwarf eine Route, die mich durch all die mittelalterlichen Orte in Deutschland führte, über die ich so oft gelesen hatte.

Das würde eine lange Reise werden. Vielleicht ein Jahr. Als ich ausrechnete, was es mich kosten würde, sah ich, daß ich es mir nicht leisten konnte.

Trotz alledem, ich trug die Liste ein paar Monate mit mir herum, arrangierte die Route um, strich Orte weg und fügte neue dazu. Irgend etwas stimmte nicht damit, und nach einer Weile wurde mir auch klar, was: Da waren keine Menschen auf der Liste.

Ich machte eine neue Liste, diesmal von den Personen des Mittelalters, die mich am meisten faszinierten. Einige von ihnen waren mir vertrauter als die anderen. Ich hatte die Werke der Dichter gelesen, aber ich wußte kaum etwas über die Prinzessin oder den Kaiser. Mein Lieblingsritter lebte noch nicht mal in Deutschland, sondern im heutigen Österreich. Sogar fiktive Personen waren auf der Liste: Meine blutrünstigen Barbaren stammten direkt aus einer mittelalterlichen Legende.

Die neue Reiseroute war eine Art Pilgerreise, die mich im Zickzackkurs durch Deutschland führen würde, zu den Orten, an denen meine Helden geboren und an denen sie gestorben waren, an denen sie geschlafen und gefrühstückt hatten, zu den Landschaften, durch die sie gewandert waren, den Stätten, an denen sie Entscheidungen getroffen hatten, die die Welt verändern sollten.

Es war der alte Traum von Karl dem Großen, nur mit besseren Chancen. Wenn er nicht auf irgendeinem nebelverhangenen Hügel auftauchen würde, vielleicht würde es ja einer der anderen tun.

Monate vergingen. Eines Tages war ich wieder einmal in München, meinem alten Domizil. Offiziell, um vom Münchner Filmfest zu berichten, aber das war mehr oder weniger eine gute Ausrede, um alte Freunde zu treffen und mit affektierten jungen Schauspielerinnen an der Bar zu flirten.

Eines Nachts, nach ein paar Drinks mit einer alten Freundin, die auch nach Deutschland ausgewandert war, wurde ich sentimental bei dem Gedanken, dieses Land zu verlassen. Sie wußte, welche Frage mich wirklich beschäftigte: Sollte ich mich auf diese Mittelalterreise begeben oder nicht? Sie reduzierte das ganze Problem auf einen Satz: »Sobald du erst wieder zurück in Amerika bist, wirst du es nicht mehr tun.«

Danach brauchte ich noch ein paar Drinks.

Mitternacht war schon vorbei, als ich meine Freundin in Berlin anrief und ihr erzählte, daß ich darüber nachdachte, die Reise doch zu machen. Sie war ein deutsches Mädchen. Sie war nie entzückt gewesen von dem Gedanken, mit mir nach Amerika zu gehen, aber der September rückte näher, und sie hatte sich entschieden, mit mir zu kommen. Sie hatte ihren Job bereits gekündigt und ihre Wohnung auch. Sie hatte sich darauf eingelassen, und jetzt kam ich mit einem Rückzieher.

Sie hatte jedes Recht, sich verraten zu fühlen, und genau das sagte sie mir auch, und sie beschwerte sich bitter, bis ich mich fühlte wie der rücksichtslose Machomiesling, der ich war.

Dann war Stille am andern Ende der Leitung. Sie weinte mit der Hand über dem Hörer.

Ich hatte keine andere Wahl, als die blöde Idee fallenzulassen, und war gerade dabei, das zu tun, als mächtig was aus ihr herausplatzte, als ob sie versuchte, es zurückzuhalten, es aber nicht länger schaffte: »Ich will, daß du diese Reise machst«, sagte sie.

»Was?«

»Ich will, daß du die Reise machst.«

Ich rief in Los Angeles an und sagte den Job ab.

Raubritter zur See

Wie der Adel die Piraten erschuf – und damit den ersten Helden des kleinen Mannes

Schon die Vorbereitungen dauerten viel länger, als ich geplant hatte. Die Menschen auf meiner Liste verlangten erhebliche Recherchen: Wo und wann genau hatten sie gelebt? Da stritten sich die Gelehrten noch um jede Menge Details. Ich rief bei jeder einzelnen Station meiner Reiseroute an, um Informationen zu sammeln. Dabei warnte ich all die Experten in ihren Rathäusern, Universitäten, Museen und Burgen schon mal vor, daß ich demnächst bei ihnen anklopfen würde.

Es war auch alles viel teurer, als ich gedacht hatte.

Aber ich wollte keine halben Sachen machen, also kaufte ich einen Laptop, einen Minidisc-Recorder und eine Digitalkamera. Meine Freunde halfen mir, eine Website ins Netz zu stellen, die die Reise dokumentieren sollte. Sämtliche Geräte, Adapter, Notizblöcke, Stifte und Landkarten stopfte ich in eine Kameratasche – von nun an konnte ich mir mein Büro einfach über die Schulter hängen. Dazu kamen anständige Kleidung, praktische Schuhe und ein konservativer Haarschnitt (ich habe eine Menge Haar geopfert). Ich sah aus wie eine Kreuzung aus Postbote und Versicherungsvertreter.

Fast ein Jahr nach meinem Besuch der Wartburg schleppte ich mein Gepäck zu einer Berliner Autovermietung und unterschrieb einen teuren Mietvertrag. Das war der offizielle Start. Es war die erste Unterschrift von vielen, die unausweichlich zur Entleerung meines Kontos führen würden. Mir war klar, wenn das alles erst vorbei war, würde mein ganzes Geld in fremden Händen liegen, angefangen bei diesem Kerl hier, der mir den Wagen vermietete. Ich hoffte nur, es würde nicht alles in fremden Händen liegen, bevor ich mit der Reise fertig war.

Wenn ich ans Mittelalter denke, fallen mir eigentlich nicht als erstes Piraten ein. Die typische Zeit für Piraten war das 18. Jahrhundert, der typische Ort die Karibik. Ich stelle sie mir noch immer vor wie damals als Kind: Schauerliche Gestalten, die über das brennende Deck einer spanischen Galeone fegen, aufblitzende Pistole in der einen Faust, blutiges Entermesser in der anderen, und ihre Feinde zum Teufel schicken, vom Rum betrunkene Outlaws, die mit braunhäutigen Mädchen barfuß im Sand tanzen. Und ihre Opfer, diese Spießer der königlichen Marine in ihren langweiligen Uniformen, hatten es wahrhaftig verdient, gehörig gedemütigt zu werden … Piraten waren frei, und sie waren cool.

Damals kannte ich Klaus Störtebeker noch nicht, den Vorzeigepiraten des Mittelalters.

Störtebeker kam gar nicht aus Hamburg. Er war nur ein paar Tage hier gewesen, gerade lang genug, um sich den Kopf abschlagen zu lassen. Aber seine spektakuläre Hinrichtung im Jahr 1401 ist der beste Teil der Geschichte, also startete ich meine Suche in Hamburg.

Als erstes geriet ich in einen handfesten Streit.

Das Fremdenverkehrsamt hatte mir ein billiges Zimmer in einer Privatwohnung besorgt. Als ich dort ankam, zeigte mir ein schlechtgelaunter, glatzköpfiger kleiner Mann meine dürftige Schlafstatt und erklärte mir die Regeln. Es gab eine Menge Regeln. Ich durfte die Küche nicht benutzen, ich durfte das Wohnzimmer nicht benutzen, ich durfte keine Schuhe in der Wohnung tragen, ich durfte nicht in der Garage parken. Er wollte noch einmal hundert Mark Kaution für den Schlüssel. Er wollte das gesamte Geld im voraus, obwohl ich nicht sicher war, wie viele Tage ich bleiben wollte. Er wollte Cash. Er wollte meinen Paß sehen.

Ich sagte: »Hey, ich glaube, Sie übertreiben ein bißchen.«

»Das ist eine Beziehung, die auf Vertrauen basiert«, nörgelte er. »Wenn Sie kein Bargeld haben, dann gehen Sie zur Bank. Ich warte.«

Es kam mir wie eine Stunde vor, bis ich einen Bankautomaten fand, der nicht außer Betrieb war. Es wurde langsam dunkel. Als ich zurückwanderte, beschloß ich, daß ich den Kerl nicht leiden konnte. Sollte der Kunde nicht König sein? Dieser Typ würde sich auf einen Kompromiß einlassen müssen: Ich würde eine Hälfte gleich zahlen, die andere, wenn ich wieder ging.

Fünf Minuten später schleppte ich meine Sachen wieder durch die Straßen. Als Pirat wäre mir das sicher nicht passiert.

Ich landete im Bahnhofsviertel, wo die Hotels zwischen schäbige Bars gequetscht sind. Ich schleppte mich von Hotel zu Hotel, vorbei an Neonlichtern und zwielichtigen Hauseingängen.

Es war dunkel, als ich endlich die City-Pension fand. Sie lag an einer Straße voller abgewrackter Huren mit lädierten Gesichtern und Streichholzbeinen. Das »Zimmer frei«-Zeichen war fest installiert. Mein Zimmer war ein kleines, weißes Viereck mit einem Waschbecken und einem quietschenden Bett. Die Toilette war auf dem Flur. Es roch nach billigem Parfüm und dem Schweiß von vielen Jahren. Vor einem Jahr, vielleicht noch vor einer Woche, muß dieses Hotel nach Stunden abgerechnet haben.

Irgendwas Schlimmmes würde passieren. Ich war sicher, der Exknacki am Empfang hatte gleich nach meiner Ankunft seine Kumpel angerufen: »Irgend so ein Typ hat eingecheckt mit einem Laptop im Gepäck. Ich leg den Schlüssel auf die Theke, so ab drei Uhr morgens.«

Ich mußte das Fenster offen lassen, um nicht am Gestank zu ersticken. Die ganze Nacht lag ich wach, lauschte den vorüberfahrenden Autos und den Scherzen der Huren über ihre Freier. Auf dem Flur gingen ständig Türen auf und zu. Mitten in der Nacht fing in irgendeinem Zimmer eine Frau an zu weinen. Ich stand auf und versicherte mich, daß meine Tür abgeschlossen war.

Doch als ich am nächsten Morgen aufwachte, liebte ich den Ort.

Bei Tageslicht wurde mir klar, daß kein Mensch mich hier ausrauben würde. Nicht mal der beschränkteste Kriminelle würde vermuten, daß es hier etwas zu holen gab. Und diese Exknackis am Empfang würden mit jedem fertig.

In den Achtzigern kam der Song *Störtebeker* heraus:

> Vor 600 jahren wurde er geborn
> ein großer pirat zu sein
> er war stolz und stark und stolz
> und hatte mut
> und er wurde ein zweiter robin hood.
> er beklaute die reichen und beschenkte die armen
> seinen becher trank er leer in einem zug
> dafür war er überall bekannt
> seinen letzten becher trank er wohl
> als die bunte kuh ihn fand.
> und sie brachten ihn
> nach hamburg zurück
> das beil stand schon bereit
> klaus und seine 150 mann –
> vorüber war ihre zeit.

störtebeker – wir vergessen dich nicht
störtebeker – wir trinken auf dich
störtebeker – du warst der beste mann deiner zeit.

Das bringt die Geschichte Störtebekers auf den Punkt. Jawohl, er war superstark und konnte jeden unter den Tisch trinken – schon das allein macht ihn natürlich zur Legende. Außerdem teilte er seine Beute zu gleichen Teilen mit seinen Männern, weswegen ihn die Ostdeutschen als ersten Kommunisten feierten. (Was die Frage nahelegt: Hat Karl Marx als Kind Störtebeker-Geschichten gelesen?)

Oben im Norden, an den beiden deutschen Küsten, wird Störtebeker geradezu verehrt. In Open-Air-Festspielen werden seine Heldentaten auf die Bühne gebracht, und Biere sind nach ihm benannt. In Verden ehrt man Störtebeker noch heute, indem in seinem Namen einmal jährlich Brot und Hering an die Armen verteilt werden. Die Legende sagt, daß der große Pirat Verden einst Gold geschenkt hat für die Reparatur eines eingestürzten Kirchendachs – unter der Bedingung, daß die Stadt seinen Namen auf diese Weise ehren würde. Womöglich ist was dran an der Legende.

Simon von Utrecht hieß der Mann, der Störtebeker gefangennahm und um 1401 zur Enthauptung nach Hamburg brachte. Aus diesen und weiteren Gründen hat Hamburg Simon ein Denkmal errichtet. Eines Nachts im Jahre 1985 schlugen Vandalen den Torso von Simon vom Sockel und besprühten sein Denkmal mit Slogans wie »Störtebeker lebt!« und »Wir kriegen alle Pfeffersäcke!«. Fast 400 Jahre später haben die Deutschen immer noch eine sentimentale Ader, wenn es um ihren Lieblingsrebellen geht.

Es waren höchstwahrscheinlich »Anarchisten« oder Punks, die über Simons Denkmal hergefallen waren – Elf, der Songwriter, der die Störtebeker-Ballade komponiert hat, war natürlich auch Punk.

In den Achtzigern spielte Elf als Leadgitarrist in einer

Punkband namens Slime, die berüchtigt war für Texte wie »Schlagt die Bullen tot«. Die Fans von Slime stürzten sich regelmäßig nach den Konzerten in Straßenschlägereien mit der Polizei. Slimes große Zeit war ein Weilchen her, aber ich konnte Elf ausfindig machen und erfuhr, daß er heute nacht Aufnahmen in einem Studio machen würde. Er sagte, ich könne vorbeischauen.

Ich war aufgeregt, als ich meinen Weg durch das heruntergekommene Industrieviertel suchte, das er mir genannt hatte. Ich mag Punks. Ich mag sie aus demselben Grund, aus dem ich als Kind Piraten mochte: weil sie all das machen, was Mom und Dad verboten haben. Während ich auf der Suche nach dem Studio über unasphaltierte Straßen und an Lagerhallen vorbeiwanderte, stellte ich mir vor, dort in eine drogenverseuchte, gewalttätige Punkparty zu geraten, mir obszöne Graffiti hinten aufs Jackett zu sprühen und so durch die Straßen zu marschieren, der einzige Mann mittleren Alters in einer Gruppe kreischender und kotzender Jungs in Leder und Nieten.

Im Studio, das etwas versteckt in einer heruntergekommenen Lagerhalle lag, waren keine Punks in Sicht. Der Junge hinter dem Designerempfangstisch sagte, er hätte keine Ahnung, von wem ich spreche. Keiner hatte eine Ahnung. Er machte ein paar Anrufe und sagte: »Oh, richtig, Elf. Er sollte eigentlich ein Kinderlied aufnehmen, aber er hat abgesagt.«

Ein Kinderlied?

»Ich suche nach Elf, von Slime«, wiederholte ich, »der Punkband.«

Er wählte.

»Ach, genau«, sagte Elf. »Ich wollte kommen, aber dann bin ich doch zu Hause geblieben.«

Ah, dachte ich: typisch Punk. Halte nie eine Verabredung ein. Tu, wonach dir gerade ist. Keine Regeln. Verpflichtungen sind was für Spießer.

»Ich muß wirklich meine Steuer machen«, sagte er.

»Ich suche nach Elf, von Slime, der Punkband«, sagte ich.

Er gab mir seine Adresse und sagte, ich könne vorbeikommen.

Er hatte keine Sicherheitsnadeln im Gesicht, und er hauste auch nicht zwischen leeren Bierflaschen auf nacktem Betonboden. Elf war ein schlaksiger, gutaussehender Mann mit dunklen Augen, und seine Wohnung wirkte wie eine Studentenbude, vollgestopft mit CDs und Gitarren. Er setzte sich auf ein Leopardenfellsofa, bot mir einen Platz neben einem aufblasbaren grünen Plastik-Alien an und erzählte mir die Geschichte seines Helden.

Es war eine Geschichte alberner Namen.

»Störtebeker« war ein Spitzname und bedeutete soviel wie »Stürz den Becher« oder »Alles auf ex!«. Die Piraten der Ostsee nannten sich »Vitalienbrüder«, also »Lebensmittelbrüder«. Schwer vorstellbar, daß solche Namen überall auf See Angst und Schrecken verbreitet haben: »Alarm! Alles auf ex und seine schrecklichen Lebensmittelbrüder kommen! Versteckt den Gin!« Eins muß man ihnen lassen – die Menschen des Mittelalters hatten mehr Humor, als wir ihnen heute zugestehen.

Die Namen von Störtebekers Feinden klangen auch nicht besser. Simon von Utrecht nannte sein Schiff »Die bunte Kuh«. Und er jagte Piraten im Auftrag der »Pfeffersäcke«, einer Gruppe schnöder, raffgieriger Kaufleute, die sich zu einem internationalen Kartell zusammengeschlossen hatten, das die kleinen Leute ausbeutete. Die Pfeffersäcke waren so mächtig, daß niemand es wagte, sich gegen sie zu erheben.

Niemand außer Störtebeker.

Jahrelang nahm Störtebeker die Pfeffersäcke aus, stürzte sich auf ihre Schiffe, plünderte ihre Frachträume und häufte große Mengen Gold an, das er dann unter den Armen verteilte. Im Namen der machtlosen Underdogs überall auf der

Welt nahm Störtebeker es mit den Übermächtigen auf und zeigte ihnen, was es heißt zu verlieren.

Das klingt nach einem Märchen, das die Kommunisten erfunden haben, aber vieles ist tatsächlich so passiert: Es gab wirklich Piraten, die Vitalienbrüder genannt wurden, und die Pfeffersäcke waren eine nahezu allmächtige Zunft von Kaufleuten, die Hanse, die tatsächlich Handelswege kontrollierte, Marktpreise diktierte und gnadenlos die Konkurrenz verdrängte. Weil sie viel mit Gewürzen handelten, nannte man sie »Pfeffersäcke«. Mit den Pfeffersäkken zu verhandeln muß so gewesen sein, als versuche man, mit einer Herde dahinstürmender Elefanten zu diskutieren. Niemand wagte ihnen zu widersprechen – weder Könige noch Herzöge, Fürsten oder Ritter, und ganz gewiß nicht der kleine Mann, der nichts wollte, als das Geld für die nächste Mahlzeit zusammenzukratzen.

Als Elf mir die Geschichte erzählte, wurde mir klar, warum die Deutschen diesen Piraten so lieben.

Für amerikanische Kids, glaube ich, waren die Piraten der Karibik das exakte Gegenteil von – Mom. Piraten respektierten keine Gesetze, erst recht nicht Moms Regeln. Sie mordeten, plünderten, schändeten, aber damit gaben sie sich nicht zufrieden. O nein, sie gingen noch weiter: Sie blieben auf, solange sie wollten, räumten nie ihre Zimmer auf – und haben Sie je von einem Piraten gehört, der seine Hausaufgaben machte?

Doch Störtebeker war weit mehr als das: Er war der kleine Mann, der denen da oben gehörig in den Hintern tritt. Er war und ist der Held eines jeden Deutschen, der jemals versucht hat, sich bei der Telekom zu beschweren, dem sein Kredit verweigert wurde, als er ihn am dringendsten brauchte, der bei der Beförderung übergangen wurde, weil er nicht über die schlechten Witze seines Chefs gelacht hat.

Elf nannte Störtebeker »den deutschen Robin Hood«,

und ich fragte mich, ob er zum Punk wurde, weil ein Job als Pirat heute nicht mehr so leicht zu kriegen ist.

In seiner langweiligen Kindheit in einem Hamburger Vorort war alles, was er wollte, sagte er, »nicht so zu werden wie meine Eltern«. Noch in der Schule gründeten Elf und ein paar Freunde Slime. Punk kam gerade groß heraus in Deutschland, und sie wurden entdeckt. Das Leben wurde eine einzige Party. Plattenverträge, Konzerte, Tourneen, Drogen, Groupies. Die ganzen Achtziger hindurch lebte Elf eine Teenagerphantasie aus. Bezahlt werden fürs Spielen, Party feiern und Polizisten verprügeln: Herz, was willst du mehr?

Seine Teenagerzeit hatte viel gemeinsam mit meinen jugendlichen Piratenphantasien – abgesehen davon, daß ich sie nie ausgelebt hatte. Ja, ich war ein bißchen eifersüchtig – und glücklich, als er zugab, daß seine Rebellion nicht immer reibungslos verlaufen war.

»Einmal ist mein Vater ausgerastet, als ich in Punkmontur ankam. Ich wollte zu einem Ramones-Konzert, und mein Vater hat mich nicht in der Punkhose rausgelassen. Ich war doch nicht rebellisch genug – ich bin zu Hause geblieben. Ich ging in mein Zimmer. Das nächste Mal bin ich mit normaler Hose rausgegangen, und habe die Punkhose in einer Plastiktüte mitgenommen.«

Als man mit Punk in den Neunzigern auf einmal nichts mehr verdiente, hangelte sich Elf bei Plattenfirmen von Job zu Job. Er und ein paar Kumpels spielten in einer Rock-'n'-Roll-Band für Kinder und treten heute in Kindergärten und bei Straßenfesten auf. »Du hast viel mehr Möglichkeiten aufzutreten als als Punkband«, erklärte er. »Und das Geld nimmt man gerne mit.«

Ich beobachtete ihn, wie er sich noch einen Joint ansteckte, ein Mann in den Dreißigern, die Steuerformulare vor sich auf dem Couchtisch ausgebreitet. Ein in die Jahre gekommener Junge, der endlich seinen langen, beschwerlichen Marsch in Richtung Erwachsenwerden in Angriff nahm.

Ich verließ Hamburg auf der Suche nach dem echten Störtebeker. Elf hatte mir die Legende erzählt. Aber ein Klaus Störtebeker hat wirklich existiert. Ich wollte wissen, was die Realität mit der Legende gemein hatte.

Ich begann mit den Piratenschlupfwinkeln.

Eigentlich hätten sie leicht zu finden sein müssen. Alles, was ich tun mußte, war, die Fremdenverkehrsbüros der vielen kleinen Städte an der Nord- und Ostseeküste anzurufen. Und tatsächlich, wenn ich anrief, behaupteten sie immer, daß Störtebeker sich einst in einer nahen Höhle oder Bucht versteckt hatte, wo er Berge von goldenen Schwertern, goldenen Kelchen und überquellenden Schatzkisten zurückgelassen hatte, bevor er wieder weitergezogen war.

Aber niemand konnte mir Genaueres sagen als »es ist nicht weit von hier«. Niemand in diesen Städtchen hat jemals seine Wanderstiefel angezogen und ist tatsächlich rausmarschiert, um sich eine dieser Höhlen anzusehen. Mir war, als würde ich mit Hunderten von Erwachsenen sprechen, die immer noch an den Weihnachtsmann glaubten, nur weil sie es als Kinder nie geschafft hatten, lange genug wachzubleiben, um ihm zu begegnen.

Mit einer Ausnahme: ein kleiner Ort namens Marienhafe.

Auf meinem Weg zur Nordseeküste ließ ich Hamburg hinter mir und tauchte ein in eine endlose sandige Landschaft, die sich in sanften Wellen zum Horizont zog, gesprenkelt mit kleinen, sauberen, menschenleeren Dörfchen. Ich kritzelte unsinnige Notizen in meinen Block: »Holstein: Kühe hier braungefleckt und nicht schwarzweiß!«

Die Küste war so nah, daß ich das Salz in der Luft schmecken konnte, aber ich konnte den Strand nicht finden. Ich fuhr alle Wege auf und ab, aber jede Straße, die auf der Landkarte zur Küste führte, endete am Fuß eines steilen grünen Hügels. Ich wendete und fuhr wieder landeinwärts, weiter nach Norden, aber auch diese Straße endete am Fuß dieses seltsamen Hügels.

Endlich stieg ich aus und kletterte den Hügel hinauf.

Ich hatte nie zuvor einen Deich gesehen. Dieser hier erstreckte sich die ganze Nordseeküste entlang. Es war die chinesische Mauer, bedeckt mit Gras und Schafen.

Auf der anderen Seite lag der Strand. Es war kein Strand der hawaiianischen Art, mit weißem Sand und blauen Wellen. Es war schwarzer Schlamm und grüner Schleim.

Allerdings war es kein Schlamm. Es war eine dicke, schwammige Biosubstanz, die unter einer dünnen Schicht Wasser vor sich hinmoderte. Es war das Wattenmeer, das sich als riesiges Naturschutzgebiet über 8000 Quadratkilometer entlang der dänischen, deutschen und holländischen Küste erstreckt. Wenn das Wasser zweimal am Tag bei Ebbe verschwindet, verwandelt sich der Meeresboden in eine Matschpfütze aus Salzwiesen, Watten, Muschelbänken, wogendem Seegras nebst jeder Menge Algen und Plankton, alles eingelegt in Salz.

Dieser Deich, der das Land schützt, ist 500 Kilometer lang, und seine Wartung erfordert jährlich 600 vollbeschäftigte Experten und an die 12,5 Millionen Euro. Das war nicht immer so.

Später erzählte mir ein örtlicher Archäologe, daß die Küstenlinie zur Zeit des Mittelalters ganz anders verlief. Es gab nur wenige, weit voneinander entfernte Deiche, errichtet von reichen Landbesitzern, die nur ihr eigenes Land schützen wollten. Die mittelalterliche Küste war den Launen der Gezeiten völlig ausgeliefert. Der Flecken, auf dem ich gerade stand, hätte damals tief im Hinterland liegen können oder meilenweit draußen auf offener See.

Man betritt eine mittelalterliche Kathedrale, die seit ihrem Bau ein paar hundertmal renoviert worden ist, und alles, was noch original erhalten ist, ist das Fundament, und man denkt: Zu schade, daß ich nicht sehen kann, wie sie ursprünglich ausgesehen hat. Aber das gleiche kann man über eine Küste sagen, einen Wald, einen Hügel, eine Wiese, einen Fluß, ja sogar über Tiere: »Zu schade, daß wir nie erfahren werden, wie sie ursprünglich ausgesehen haben.«

Ich kletterte hinaus auf die schlüpfrigen Felsen und beobachtete, wie winzige Nordseekrabben im flachen Wasser hin und her schossen. Unter meinen Füßen knirschte es: Mit jedem Schritt zertrat ich Dutzende von unschuldigen Herzmuscheln. Ich knirschte zurück zum Ufer und ließ mich auf dem Deich nieder, um den Horizont zu betrachten.

Weit draußen, wo ich eher Segelboote erwartet hätte, pickten Möwen im Schlamm. Das Wasser reichte ihnen gerade mal bis an ihre Möwenknie.

Also, das war mit Sicherheit nicht nach Störtebekers Geschmack. Was hätte er tun sollen, wenn ihn seine Feinde eines Tages bei Ebbe im Hafen überrascht hätten? Sein Schiff zurücklassen und durch die Matschpfützen davonrennen?

Ich fuhr weiter Richtung Süden.

Ich erwartete eine Hafenstadt (Piratenschlupfwinkel!), aber die Straße nach Marienhafe führte landeinwärts. Wolkenstreifen zogen über den blauen Himmel. Kleine Bauerndörfer waren wie Perlen auf einer Schnur an einer entfernten Landstraße aufgereiht. Hinter ihnen weitere Straßen und noch kleinere Dörfer, noch mehr Straßen und Bauernhäuser dahinter, dann endlich der Horizont. Ich wäre nicht überrascht gewesen, mich selbst da draußen auf einer dieser Straßen zu entdecken, wie ich gerade in die andere Richtung fahre.

Ich erreichte Marienhafe um die Mittagszeit. Alles war geschlossen. Der Ort bestand aus nur wenigen peinlich sauberen Straßen, aber die Kirche in der Mitte war der pure Größenwahn. Ihre Architektur war simpel: eine Schachtel aus Backstein mit einem Dach. Aber sie war groß und mächtig, ein Monster, fast ein Wolkenkratzer auf diesem platten Land.

Diese Kirche war Störtebekers Schlupfwinkel gewesen. Eine eigenartige Wahl für ein Versteck, weithin sichtbar für jedermann. Wäre eine einsame Bucht oder eine unbekannte Insel nicht sinnvoller gewesen?

Ich klopfte beim Büro der Stadtverwaltung gegenüber der Kirche und traf Herrn Bents, den örtlichen Störtebeker-Experten. Herr Bents war ein freundlicher Mann mit einem jovialen Lachen, der kurz vor der Pensionierung stand. Er war so stolz auf den Piraten, daß er ein Buch über ihn geschrieben hatte.

Störtebeker war zu einer Zeit an die Nordsee gekommen, als Friesland von streitsüchtigen Häuptlingen beherrscht wurde, die sich auf ihren Höfen verbarrikadierten und diese als ihr Königreich betrachteten. Häuptling war jeder Bauer, der Land besaß und die Mittel, es zu verteidigen. Bents' Beschreibung dieser kriegerischen Bauern erinnerte mich an Wikinger: ein bißchen provinziell, ein bißchen abgeschnitten vom Rest der Welt, aber gute Geschäftsleute.

Störtebeker lebte in den Jahrzehnten vor 1400. Das Mittelalter neigte sich dem Ende zu. Es war die Blütezeit der Universitäten, in der feingeistige philosophische Werke entstanden. Deutschland wurde von einem verzwickten System aus Gesetzen und Bürokratie, Reichspolitik und internationalem Finanzwesen regiert. Während der nächsten hundert Jahre würde Schießpulver das Schwert überflüssig machen, Gutenberg würde seine Druckerpresse erfinden, Luther würde das Monopol der katholischen Kirche brechen und Kolumbus Amerika entdecken.

Nichts von alledem beeindruckte die friesischen Bauern.

In der Gegend von Marienhafe erließen die Friesen ein Gesetz, das es jedermann untersagte, Häuser aus Stein zu bauen. Die Häuser sollten gefälligst aus Holz sein. Der

Grund: Falls ein Mann in einem Steinhaus seinen Nachbar betrog, konnte der Nachbar sich nämlich sonst nicht mehr auf die übliche Weise rächen, indem er das Haus des Mannes niederbrannte. Diese Regelung hielt die Häuptlinge zwar nicht davon ab, Steinhäuser zu bauen, aber sie zeigt sehr genau, was sie unter politischem Fortschritt verstanden.

Störtebeker traf eine Abmachung mit einem der Häuptlinge namens Keno tom Brok. Dabei ging es wahrscheinlich um folgendes: Störtebeker konnte sich in Marienhafe niederlassen, wenn er Keno einen Teil seiner Beute abgab. Und wenn er gerade dabei war, könnte er vielleicht ein paar Häuser von Kenos Nachbarn niederbrennen?

Theoretisch war Marienhafe perfekt für Störtebeker. Keno besaß praktisch die ganze Stadt, und sie war voll von wehrlosen Kleinbauern. Der Nachteil: Es gab keine ordentlichen Spelunken, keine guten Gasthöfe und keine Steinhäuser. Außer der Kirche. Es gab kein Gesetz gegen Steinkirchen. Also zog Störtebeker, das war Teil der Abmachung, in den Kirchturm.

Bents nahm mich mit über die Straße.

Der Turm warf einen langen Schatten über den Marktplatz, wie der Zeiger einer Sonnenuhr. Wir duckten uns unter der Tür durch und fanden uns in einem hohen, dämmerigen Raum voller Schatten und Tauben wieder. Spinnwebenbedeckter Backstein zwischen Streifen von schmutzigem weißen Mörtel. Hoch oben waren ein paar Fensterschlitze, aber das Licht, das sie hereinließen, war halbherzig und staubig. Es war so gemütlich wie in einem Silo. Klamm, kalt und klaustrophobisch.

Dies war kein Ort für einen erfolgreichen Piraten.

Bents und ich kletterten die Holzstufen zu den zugigen oberen Stockwerken hinauf. Alles wackelte, während wir hochstiegen, und der Turm begann auszusehen wie irgendwas aus dem Film *Vertigo*. Das Sonnenlicht wurde stärker und die Tauben lauter, je höher wir kamen, bis wir ins Tageslicht hinaustraten.

Man konnte alles sehen: Meile um Meile von saftigem flachen Weideland, die Flüsse, die durch das Grün schnitten, die Reihen der Bäume und Bauernhäuser. Wolken am Horizont. Es war der perfekte Aussichtspunkt (und zu Störtebekers Zeiten war der Turm fast doppelt so hoch).

Ich fragte: »Und wo parkte er sein Schiff?«

Da erzählte mir Bents die bittersüße Geschichte von Frieslands nassem, matschigem Schicksal.

Hunderte von Jahren, bevor Störtebeker hierherkam, war diese Küstenregion reiches Weideland gewesen. Die Bauernhäuptlinge hielten mehr Vieh, als sie je gebrauchen konnten, also trieben sie riesige Herden von Kühen und Schafen auf die Märkte der Städte im Süden, wie etwa Köln, wo heute noch Straßen nach den Friesen benannt sind. Das Vieh machte die Häuptlinge reich, und Friesland schien einer glänzenden Zukunft entgegenzusehen. In jenen Tagen der Selbstüberschätzung wurde auch die Kirche gebaut.

Dann hat die Natur sich etwas anderes für Friesland überlegt. Das ganze Land wurde überflutet. All das saftige Weideland verwandelte sich in Matsch. Von heute auf morgen wurde Friesland bettelarm.

So war es – arm und überflutet –, als Störtebeker hier Zuflucht suchte. In Marienhafe, wo das Wasser bis zum Kirchturm stand. Er ankerte praktisch gleich draußen vor der Kirchentür.

Friesland ist nie wieder zu Wohlstand gekommen. Ein paar hundert Jahre später bauten sie Deiche und gewannen Kilometer um Kilometer an Weideland zurück (weswegen Marienhafe heute wieder auf festem Boden steht), aber es war zu spät: Deutschland brauchte kein billiges Vieh mehr, es brauchte große Städte und Industrie. Das hatte Friesland nicht zu bieten. Schließlich sah Marienhafe ein, daß es die Kirche nicht länger unterhalten konnte, und riß ein Drittel des Kirchenschiffs und ein paar Stockwerke des Turms ab.

Schade, alles, was man heute noch von Friesland hört, sind Ostfriesenwitze. Bents erzählte mir von einer Reise nach Bayern. Die Bayern klopften ihm auf die Schultern und lachten und kramten all ihre Ostfriesenwitze aus der Schublade.

Die Atmosphäre war ausgelassen und freundlich, bis Bents sich beteiligte. »Wartet mal«, sagte er, »ich hab auch einen.« Dann erzählte er einen Witz über die Bayern.

Plötzlich: Stille.

Als unser kleiner Ausflug vorbei war, versuchte Bents mich davon zu überzeugen, wie großartig das Leben in Ostfriesland sei. Hier kann sich jedermann sein eigenes Haus leisten, sagte er, wir sind nette Leute, immer freundlich, und wenn du Hilfe brauchst, sagen wir, um dein Haus zu bauen, hilft das ganze Dorf mit. Wir lachen sogar über die Witze, sagte er.

Bents war nicht der einzige, der mir empfohlen hatte, einen kleinen Umweg zu machen. »Fahren Sie nach Wismar«, sagten all die Experten und Historiker, die ich gesprochen hatte. »Da gibt es ein Buch im Stadtarchiv, das Sie sehen sollten.«

Für ein einziges Buch wollte ich die Jütische Halbinsel eigentlich nicht durchqueren, aber schließlich ließ ich mich überreden. Wenn sie mir gesagt hätten, daß dieses Buch alles, was ich über Störtebeker vermutete, über den Haufen werfen würde, hätte ich mehr als einen Nachmittag dafür eingeplant.

Wir wissen so gut wie nichts über den echten Störtebeker. Wir wissen nicht, wo er geboren wurde, wie seine Piratenkarriere begann, wo genau seine Operationsbasis an der Ostsee lag, bevor er in die Nordsee zog. Wir wissen nicht, wie er aussah.

Aber wir wissen, wo Störtebeker den Becher stürzte: in Wismar.

Als ich nach Wismar kam, war das Stadtarchiv schon geschlossen, aber das Museum schickte eine seiner Angestellten, die quicklebendige Frau Pohlmann, deren Job es war, Schulkindern Störtebekers Geschichte nahezubringen. Sie zeigte mir die Stadt. Es ist ein heller, farbenprächtiger Ort, voller barocker architektonischer Juwelen, mit einer breiten Prachtstraße, die von dem kleinen mittelalterlichen Hafen hoch zu dem weiträumigen Marktplatz führt, wo zur Zeit des Mittelalters die Pfeffersäcke ihren Geschäften nachgingen.

Störtebeker galt traditionell als Freund der Stadt, erzählte mir Frau Pohlmann. Wismar hieß ihn willkommen und gewährte ihm freien Zugang zu Hafen und Marktplatz. Würde eine Handelsstadt so etwas tun? Einem erklärten Feind der Kaufleute ihre Hafentore öffnen?

Sie setzte mich nach der Mittagspause im Archiv ab, und ein Assistent fand, wonach ich Ausschau gehalten hatte: das 600 Jahre alte Verfestungsbuch. Es war ein bißchen größer als ein Taschenbuch, handgeschrieben und aus Pergament gemacht, und in ihm sind – in Latein – die Namen all jener Kriminellen verzeichnet, die zwischen 1353 und 1429 aus Wismar verbannt worden sind.

Es war ungefähr so spannend wie ein mittelalterliches Telefonbuch (obwohl ich zugeben muß, ein Telefonbuch aus dem Mittelalter wäre verdammt spannend), bis auf eine kurze Passage, die ein kurioses Ereignis im Jahre 1380 beschreibt: Zwei Wismarer Bürger namens Balhorst und Craan wurden vor Gericht geschleppt und für schuldig befunden, zwei andere Wismarer in einer Kneipe verprügelt zu haben. Ihre Opfer hatten fünf blaue Flecken und mindestens einen Knochenbruch davongetragen. Dafür wurden Balhorst und Craan aus der Stadt geworfen – für immer.

Eins der Opfer hieß Nicolao Stortebeker.

Da war er, der echte Störtebeker, und er konnte noch nicht mal in einer Kneipenschlägerei seinen Mann stehen. Doch offensichtlich hätte er einen guten Anwalt abgegeben.

In einem Kirchturm campen. Vor Gericht ziehen. Da war ein gewaltiger Unterschied zwischen dem Piraten, den ich zu finden erwartet hatte, und der Wirklichkeit.

Ich fuhr zurück nach Hamburg, um den wissenschaftlichen Abteilungsleiter für Numismatik und Mittelalter am Museum für Hamburgische Geschichte um Aufklärung zu bitten.

Ralf Wiechmann war jung, schlank und blaß. Er trug einen lässigen Anzug und war allem Anschein nach erwachsen, doch es war nicht schwer, noch den schlaksigen Jungen in ihm zu sehen, der Münzen sammelt und Piratengeschichten liest. Er konnte es sich nicht verkneifen zu erwähnen, daß er denselben Nachnamen trug wie einer von Störtebekers Kapitänskollegen, doch als ich das notierte, wurde er rot und murmelte so was wie, es sei unmöglich, das mit Sicherheit zu sagen.

Wiechmann meinte: »Vergessen Sie alles, was Sie über Piraten wissen.«

Zuerst einmal hat Störtebeker niemals Geld an die Armen verteilt. Das ist eine Erfindung von Bänkelsängern, die ungefähr 150 Jahre später über ihn zu singen begannen. In Wirklichkeit war er ein Pirat wie jeder andere, und noch nicht mal ein besonders erfolgreicher – in Gerichtsakten taucht er nur als Kumpan eines erfolgreicheren Piraten namens Godeke Michels auf.

Warum gerade Störtebeker später zum Helden volkstümlicher Balladen wurde, konnte Wiechmann nicht sagen. Das war natürlich das wirklich Rätselhafte an dem Mann: Wie wurde er vom Nobody zur Legende? Reiner Zufall, meinte Wiechmann. Für die Balladen hätten sie auch jeden anderen Piratenkapitän aussuchen können. Vielleicht reimte sich »Störtebeker« am besten auf »Pfeffersäcke«?

Zweitens, sagte Wiechmann, war das Mittelalter eine Zeit der Schwerter und Schilde, nicht der Kanonen und Pistolen.

Wenn ein Pirat des Mittelalters angriff, beschoß er seinen Feind zunächst ausgiebig mit der Armbrust. »Eine gute Armbrust schießt 200 bis 300 Meter zielgenau«, sagte Wiechmann. »Man mußte aber entern, und dazu mußte man nah ran. Es gab Stangen mit Haken dran, und dann zog man die Schiffe aneinander. Dann gab es ein Handgemenge.«

Sie kämpften mit Schwertern und Morgensternen und trugen sogar Rüstungen – mindestens Helme und wohl auch Brustharnische –, auch wenn das hieß, daß sie, falls sie die Balance verloren, schnurstracks zum Grund des Meeres sanken. Die Piraten des Mittelalters waren Ritter zur See, und was war ein anständiger Ritter ohne seine Rüstung?

Wiechmann sagte, ich solle auch die spanischen Galeonen vergessen. Das damals bevorzugte Schiff war ein wannenartiges Ding, das man Kogge nannte. Es war speziell für die Nordseeküste entworfen, mit einem flachen Rumpf, so daß es bei Ebbe auf dem Schlamm liegenbleibt und nicht umkippt. Nur eine einzige Kogge existiert heute noch – in Bremen –, eine Sammlung von Balken und Spanten, die 600 Jahre lang in einem schlammigen Flußbett lagen und heute in einem Chemiebad.

Eine Kogge muß man sich wie ein Wikingerschiff vorstellen, nur bauchiger. Sie hatte einen Mast und ein Steuer, aber keine Ruder. Sie war klein, 15 bis 25 Meter vom Bug bis zum Heck. Eine Crew von zehn bis zwanzig Leuten konnte sie bedienen. Die Bremer Kogge hatte eine Kabine, aber Historiker glauben, daß das eher die Ausnahme war. Zum Übernachten ging die Mannschaft an Land. Eine Kogge war nicht für Ozeanüberquerungen gemacht. Da sie keinen Kompaß kannten, blieben die Seeleute in Sichtweite der Küste, aus Furcht, die Richtung zu verlieren, es sei denn, sie hatten keine andere Wahl.

Das Wichtigste war, die Kogge hatte ein Deck und somit auch einen Frachtraum. Das war ein immenser technischer Fortschritt. Dieser Raum konnte bis zu 400 Tonnen Fracht aufnehmen.

400 Tonnen sind eine ganze Menge, und täglich segelten Hunderte, vielleicht Tausende von Koggen kreuz und quer über die Nord- und Ostsee. Hier geht es also nicht mehr um irgendeinen einzelnen Typen, der von Tür zu Tür zieht, um ein paar Stoffballen zu verkaufen. Hier geht es um eine Wirtschaft, die auf Massendistribution basierte, und das lange vor der industriellen Revolution. Nur ein paar Details hatten sie noch nicht ganz raus. Zum Beispiel die Sache mit der Sicherheit.

Mit ihrem leeren Frachtraum konnte eine Piratenkogge siebzig bis hundert Mann aufnehmen. Die Piraten waren ihren Opfern gegenüber also weit in der Überzahl, und die waren sowieso meist unbewaffnet.

Wenn Piraten ein Handelsschiff enterten, erwarteten sie dort keine Schatztruhen voller Gold und Juwelen. Dies waren nicht die Schiffe Ihrer Majestät, der Queen, die Sklaven- und Zuckerprofite aus den amerikanischen Kolonien nach England brachten. Dies waren schwimmende Einkaufswagen, gefüllt mit leicht verderblicher Ware. Sobald Störtebeker sich erst mal eine Schiffsladung Bier und Hering unter den Nagel gerissen hatte, oder gar Luxusartikel wie Pelze und Gewürze, wechselte er die Rolle und wurde selbst zum Händler, der zusehen mußte, daß er die Ware so schnell wie möglich loswurde, bevor sie verdarb.

Sein erstes Problem war, eine Stadt zu finden, die so freundlich war, ihm zu erlauben, seine gestohlenen Güter auf ihrem Marktplatz anzubieten. Dies führte zu einigen seltsamen Szenerien: Piraten verhökerten ihre Beute direkt neben den Beraubten, Piraten verkauften gelegentlich sogar Frachtgut – und ganze Schiffe – zurück an dieselben Kaufleute, die sie vorher bestohlen hatten (falls die noch am Leben waren).

Die Überraschung kam aber erst, als Wiechmann mir erzählte, wo diese Piraten ihren Ursprung hatten.

Als Historiker mittelalterliche Gerichtsakten durchforsteten, um herauszufinden, wer diese Typen waren und woher sie kamen, waren sie überrascht, eine Menge Namen zu finden, die sie aus blaublütigen Stammbäumen kannten. Eine aufsehenerregende Theorie kam auf: Viele dieser Piraten, besonders die Anführer, waren Aristokraten.

Und das kam so: 1376 brach an der Ostsee heftiger Streit über die Frage aus, wer den soeben freigewordenen Thron von Dänemark besteigen sollte. Die Bewerber waren der Herzog von Mecklenburg, der über einen großen Teil der deutschen Ostseeküste verfügte, und Margarete, Königin von Norwegen.

Der Herzog von Mecklenburg fragte den Kaiser von Deutschland, ob er bitte, bitte den dänischen Thron haben könnte. Der Kaiser sagte ja. Der Herzog dachte, alles sei geregelt, aber er hätte vielleicht weniger Zeit damit verbringen sollen, dem Kaiser die Ohren vollzujammern, und mehr mit den Grundlagen dänischer Politik. Die Dänen nämlich, wie die Deutschen auch, wählten ihre Könige selbst.

Ich hatte immer geglaubt, daß ein Thron im Mittelalter vererbt wurde, aber das trifft auf Deutschland und viele weitere Teile Europas nicht zu. Falls man der nächste in der Thronfolge war, war alles, was man erbte, ein rechtmäßiger Anspruch, nicht aber der Thron selbst. Für den brauchte man immer noch die Billigung einer Handvoll wichtiger Leute. Diese Territorialherren waren im militärischen Sinne genauso mächtig wie man selbst, vielleicht sogar noch mächtiger. Wenn sie gegen einen stimmten, was sollte man tun? Sie alle angreifen? Konnte man vergessen. Ohne ihre Zustimmung war man bloß noch so ein Kerl auf einem Pferd.

Die Rivalin des Herzogs, Margarete von Norwegen, war nicht nur schön (sogar wunderschön, einer Büste nach zu urteilen), sondern auch schlau. Während der Herzog noch als Bittsteller zum Kaiser ging, war sie bereits in Dänemark dabei, Hände zu schütteln und Bakschisch zu verteilen. Als der Herzog dann auftauchte, um den Thron zu beanspruchen, saß sie bereits darauf.

Der Herzog muß sich betrogen vorgekommen sein: Die Dänen wählten ihren eigenen König? Was war denn das für eine beknackte Idee? Also tat er, was jeder Aristokrat mit ein bißchen Selbstachtung getan hätte: Er erklärte Dänemark den Krieg.

Etwas hinderlich dabei war allerdings, daß er sich keine eigene Armee leisten konnte. Da hatte er einen großartigen Einfall: Wenn er nur Dänemark vom Seehandel abschneiden konnte, würde er Margarete schon in die Knie zwingen. Er begann damit, sogenannte Kaperbriefe auszuhändigen.

Diese widerlichen kleinen Dokumente waren eine Kreuzung aus einer Lizenz zum Töten und einem Blankoscheck. Sie gaben jedermann mit einem Schiff und einer Armbrust die Erlaubnis, jede Kogge anzugreifen, die aus Dänemark kam oder dorthin fuhr. Freibeuter mit Kaperbriefen bekamen für ihre Dienste vom Herzog zwar keinen Lohn, doch ihre Beute konnten sie behalten.

Dies erklärt, warum Orte wie Wismar den Piraten ihre Häfen und Marktplätze öffneten: Offiziell standen die Piraten im Dienste des Herzogs von Mecklenburg. Die Städte wiederum standen bei dem Herzog von Mecklenburg in der Pflicht – sie waren praktisch sein Eigentum. Sie hatten keine andere Wahl.

Als die Sache mit den Kaperbriefen sich herumsprach, strömte eine Schar von niederen Grafen, Baronen und Rittern herbei. Die meisten von ihnen waren verarmte Adelige, die Geld brauchten. Einige waren bereits an Land zu Raubrittern geworden. Alles, was sie nun taten, war, Schiffe zu kaufen und ihre Operationen auf See zu verlegen.

Lassen Sie mich hier ein Wort über Aristokraten sagen.

In den meisten Mittelalterromanen, die ich gelesen habe, waren die Helden Adelige: tapfere Prinzen, die die Ordnung wiederherstellten, weise Könige, die sich für ihr Volk opferten. Hat denn keiner dieser Autoren genug recherchiert, um zu erkennen, daß neun von zehn Aristokraten selbstverliebte Idioten waren, deren Leben sich nur um den Zank mit der Verwandtschaft drehte?

Die Konsequenzen ihrer Streitigkeiten kümmerten sie nicht: die übernahm der kleine Mann. Das Leben der Leute, die auf dem Feld, auf den Schiffen und in den Häfen arbeiteten, änderte sich von »mies« zu »miserabel«, wann immer ein Adeliger in den Krieg zog. Vor dem Krieg hatten sie kaum genug zu essen, im und nach dem Krieg hatten sie kaum genug zu essen und wurden zudem noch von Freibeutern in Stücke gehackt.

Es gibt keine historischen Aufzeichnungen über Störtebekers Heldentaten, aber er wird sich nicht sehr von den anderen Vitalienbrüdern unterschieden haben, und wir kennen einige von ihren Abenteuern.

Da gibt es den Fall, wo acht Schiffe der Vitalienbrüder nach Schweden segelten, das zu dieser Zeit gerade in dänische Hände gefallen war. Es war mitten im Winter. Als sie die schwedische Küste schon fast erreicht hatten, fror die See zu, und alle acht Schiffe steckten im Eis fest – nur einen Fußmarsch von ihren Feinden an Land entfernt. Sie saßen praktisch auf dem Servierteller.

Ihr Anführer Hugo hatte eine Idee. Er schickte seine Männer über das Eis, um ein paar Bäume zu fällen. Sie schleiften die Stämme zurück und bauten Barrikaden um die Schiffe herum. Dann gossen sie Wasser über die

Stämme, womit sie zu unbezwingbaren Mauern aus Eis wurden. Als die Dänen zum Angriff bliesen, waren die Vitalienbrüder schon wieder im Vorteil.

Nun war es an den Dänen, eine gute Idee zu haben. Sie kehrten zurück, um eine Belagerungsmaschine zu holen, die »Katze« genannt wurde. Man weiß heute nicht mehr, was für ein Gerät das genau war, aber es war offensichtlich in der Lage, den Angreifern entweder über die Barrikaden zu verhelfen oder diese niederzureißen.

Als sie gegangen waren, befahl Hugo seinen Männern, direkt vor den Barrikaden Löcher in das Eis zu brechen. In der darauffolgenden Nacht fror das Wasser wieder zu, und eine dünne Schicht Eis bildete sich über den frischen Löchern. Als die Dänen am nächsten Morgen wiederkehrten, brachen Hunderte von ihnen durch das dünne neue Eis und ertranken, während die Vitalienbrüder sie mit Hohn und Spott überhäuften: »Hierher, Kätzchen, Kätzchen, Kätzchen!«

Nicht immer waren die Vitalienbrüder siegreich. Einmal attackierte eine Gruppe von ihnen ein Handelsschiff, doch die Kaufleute wehrten sich heftig – und gewannen. Das Handelsschiff hatte keine Arrestzellen, also wurden die Piraten in leere Fässer gesteckt, ihre Köpfe schauten aus einem Loch im Deckel heraus. Zurück im Hafen, rollten die Seeleute die Fässer direkt ins Kittchen. Ein paar Tage später wurden die Piraten in denselben Fässern auf den Marktplatz gerollt – wahrscheinlich hatte man sie gar nicht mehr rausgelassen. Als sie am Henker vorbeirumpelten, mußte der nur noch sein Schwert schwingen. Die Zuschauer waren begeistert. Das war Showbusiness.

Der Herzog hat diesen Krieg nie gewonnen.

1394 blies er die Sache ab und erklärte die Kaperbriefe für ungültig. Aber es war längst zu spät: Die ganze Ostsee war verseucht mit Piraten. Die Freibeuter waren inzwischen so zahlreich, daß sie die unangefochtenen Herrscher der See waren.

»Es gibt Hinweise darauf, daß die gesamte Seefahrt gestört war«, sagte Wiechmann. »In manchen Gebieten kam der Handel fast vollständig zum Erliegen. Es fuhren keine großen Schiffe mehr. Fast alle wurden von Piraten abgefangen.«

Als die Hanse sich an den Herzog wandte und ihn bat, die Plage, die er da angezettelt hatte, zu beenden, antwortete dieser, daß er Wichtigeres zu tun habe (wahrscheinlich eine Liste der Verwandtschaft durchsehen, auf der Suche nach einem freien Thron). Die Kaufleute mußten das Piratenproblem selbst in die Hand nehmen – und das taten sie, jagten sie aus der Ostsee hinaus und bis in die Nordsee hinein. Störtebeker war einer der letzten, die vor der Küste Helgolands gefangen wurden. Er und seine Männer wurden zu einer Insel im Hamburger Hafen geschleppt, wo sie alle enthauptet werden sollten.

Wiechmann hatte ein paar Schädel unten im Museum, aber ich hatte nicht vor, sie mir anzuschauen. Die Museen in Norddeutschland sind voll von solchem Zeug. Für eine ganze Weile stellte ein Museum in Emden Störtebekers Pantoffeln aus, bis sich herausstellte, daß sie ein Fake waren. (Es gibt so viele Fälschungen, die man sich für einen Piraten ausdenken kann, wieso ausgerechnet Hausschuhe?) Kein seriöses Museum konnte mir ernsthaft weismachen, irgendeinen ollen Schädel zu besitzen, der tatsächlich einmal Störtebeker gehört hatte. Der Bursche war bestimmt nicht zimperlich, aber er hat sich sicher nicht seinen Namen in die Stirn geschnitzt.

Bevor ich ging, fragte ich Wiechmann, was er am meisten an seinem Job liebe. Die Art Frage, die ein Journalist stellt, wenn er auf eine Anekdote hofft. Eine Routinefrage. Von einem Historiker erwartete ich eigentlich keine interessante Antwort. Wiechmann sagte: »Die Schädel. Vor einer Weile haben wir sie in ein Labor geschickt. Zu den Pathologen.«

Also ging ich runter, um sie mir anzusehen: zwei Schädel in einer Vitrine, aufgespießt auf Nägeln, die in Holzpfähle getrieben waren. Sie schimmerten bräunlich. Schädel Nummer 1 fehlte der Kiefer, Schädel Nummer 2 die ganze untere Hälfte des Gesichts. Beide hatten ein Loch in der Schädeldecke.

Vor etwa hundert Jahren hatten Arbeiter im Hafen genau an der Stelle gegraben, wo Störtebeker hingerichtet worden war, und stießen auf die beiden Schädel. Keine Gräber, keine Skelette – nur die Schädel. Sie wurden ins Museum gebracht, und seitdem heißt der Schädel, von dem noch etwas mehr übrig ist, bei den Hamburgern »Störtebekers Schädel«.

»Wir wußten nichts über die Köpfe«, sagte Wiechmann. »Sie schlummerten jahrelang im Magazin des Museums. Ich nahm mir vor, die zu untersuchen.« Und das fand er heraus: Beide Schädel waren männlich (wer war männlicher als Störtebeker?). Beide Männer waren stark gebaut (Störtebeker konnte Stahl biegen!). Beide waren um die Dreißig, als sie starben (nur ein sehr guter Pirat lebte so lange!). Schädel Nummer 1, der besser erhaltene, trug Spuren von Nahkampfwunden (Störtebeker war ständig in Nahkämpfe verwickelt!). Beide Schädel stammten aus der Zeit direkt um 1400, und Schädel Nummer 1 kam am nächsten dran (Störtebeker wurde 1401 exekutiert!).

Konnte Schädel Nummer 1 wirklich der von Störtebeker gewesen sein?

Von 1390 bis 1600 wurden an der Stelle, wo die Schädel gefunden wurden, mindestens 581 Menschen hingerichtet, lebendig verbrannt, mit einem Stock durchs Herz an den Boden genagelt, zu Tode gefoltert, gevierteilt, aufs Rad geflochten, zum Verhungern in Käfige gesperrt oder gehängt.

Unter den Hingerichteten waren mindestens 428 Piraten. Fast jedem dieser Piraten wurde der Kopf abgeschlagen.

Damals muß Hamburg ein Paradies für Kinder gewesen sein. Nachdem man seine Hausarbeiten erledigt hatte, oder was immer man damals als Kind zu tun hatte, konnte man zum Hafen runterlaufen, um sich die herumhängenden Leichen anzusehen, und vielleicht, wenn man Glück hatte und gerade keiner aufpaßte, schnappte man sich einen verschrumpelten, verrotteten Piratenkopf und nahm ihn mit nach Hause.

Von 1400 bis 1401 sind 48 Piraten hingerichtet worden, unter ihnen Störtebeker. Das bedeutet, die Chance steht 1 zu 48, daß dieser Kopf ihm gehört.

Aber das ist noch nicht alles.

Die Pathologen entdeckten, daß die Köpfe nicht auf die Holzpfosten genagelt worden waren. Die Kraft, die ein Hammer auf den Nagel ausübt, hätte die Schädelknochen zertrümmert und die Gesichtszüge buchstäblich entgleisen lassen. Statt dessen hatte der Henker vorsichtig ein Loch durch die Schädeldecke gebohrt und dann den Nagel durch das Hirn und aus dem Hals herausgetrieben. Dann erst hatte er sein Kunstwerk vorsichtig auf einen Holzpfosten genagelt.

Wenn ein Henker so viel Mühe darauf verwendet, diese Gesichter zu bewahren, kann das nur eins bedeuten: Diese Schädel gehörten berühmten Piraten. »Sie wollten offensichtlich erreichen, daß die Gesichter sich eine Weile halten«, meinte Wiechmann.

Von den 48 Piraten, die von 1400 bis 1401 hingerichtet wurden, konnten höchstens ein oder zwei weithin bekannt gewesen sein. Seien wir großzügig und sagen, auf jeweils zehn Crewmitglieder kam ein Piratenkapitän, dessen Kopf besondere Aufmerksamkeit verdiente, also fünf berühmte Piraten in zwei Jahren. Falls diese Zahl auch nur annähernd korrekt ist (Wiechmann hielt sich da raus), gibt das dem

Schädel eine Chance von 1 zu 5, einst Störtebeker gehört zu haben.

Denken Sie mal darüber nach. Störtebeker hat es nicht nur geschafft, 600 Jahre nach seinem Tod immer noch ein Teil unserer Popkultur zu sein, auch sein Kopf weilt immer noch unter uns. Das kommt so etwas wie Unsterblichkeit näher, als es irgendein gewöhnlicher Pirat jemals hoffen konnte.

Die kleine Insel, auf der Störtebeker seine letzten, berühmten Schritte machte, lag tief im Feindesland: mitten im Hamburger Freihafen.

Der Freihafen beginnt ein paar Blocks außerhalb des Stadtzentrums, hinter einer grünen gußeisernen Brücke und einer Zollstation. Im Zollmuseum, zwischen Ausstellungsstücken wie ausgehöhlten Golfschlägern und Brotlaiben und weiteren Objekten, in denen man Schmuggelgut besser nicht verstecken sollte, weil es dann sofort entdeckt wird, traf ich Hauptkommissar Claus Wulff von der Wasserpolizei. Mit seinem markanten Gesicht, der trockenen Art, dem silbermelierten Kinnbart und dem kleinen Rettungsring auf den Hüften hätte er perfekt in einen dieser kitschigen Seemannsfilme der Fünfziger gepaßt.

Hauptkommissar Wulff organisierte ein Polizeiboot mit Kapitän, und wir drei tuckerten hinaus auf die Wasserstraßen, zwischen rostigen Schiffsrümpfen hindurch, in die Schatten der Wände hochaufragender Trockendocks, an einem Lastkahn vorbei, der jetzt als Asylantenheim diente, vorbei an Greenpeace-Booten beim Übungsmanöver.

Wir schlüpften durch Schleusen, rein in neue Nebenhäfen und wieder raus, vorbei an Öl- und Gummiraffinerien, Lagerhallen und Kais, auf denen sich rostiger Schrott türmte. Er zeigte mir das versunkene Nazi-U-Boot und die Lagerhallen für Sondermüll auf einem Landstreifen in der Nähe eines Zirkuszelts, in dem zu der Zeit das Musical *Buddy Holly* gespielt wurde.

Und überall die Containerschiffe, hoch wie Wolkenkratzer, lang wie Häuserblocks, sie liefen ein, liefen aus, legten an unter einem Kran mit den Ausmaßen der Golden Gate Bridge. Ich habe nie einen Menschen auf diesen Schiffen gesehen, nur die sirrenden Kräne, die die Containertürme auf Deck umgruppieren, wie ein Zauberwürfel von der Größe eines Fußballstadions.

Mir knurrte der Magen. Er bot mir etwas von seinem Lunchpaket an und fuhr weiter. Wir schipperten am Trockendock Nummer 6 vorbei, und Wulff spähte mit zusammengekniffenen Augen durch die Schlitze in der Metallwand. »Ja«, sagte er zum Kapitän, »da ist was drin. Auf jeden Fall.«

Wulff erzählte mir das Gerücht, daß der Sultan von Brunei einen Schiffbauer beauftragt hatte, ihm eine gigantische Luxusjacht zu bauen, so um die 140 Meter lang. Immer wenn eine Sektion der Jacht fertig war, wurde sie umgehend vom Sultan bezahlt. Dann verlor er das Interesse und stornierte die Bestellung, kurz bevor das Schiff fertig war – nachdem er fast den kompletten Preis bezahlt hatte. Das schien ihm nichts auszumachen. Nun liegt diese gigantische halbfertige Jacht in diesem Hamburger Trockendock herum, lüsternen Blicken entzogen, und nimmt unglaublich viel Platz ein – zu wertvoll, um sie wegzuwerfen, zu teuer, um sie zu verkaufen.

Hauptkommissar Wulff hatte seine Jugend bei der Marine verbracht und sah die Welt: Asien, Australien, Südamerika. Es gab sogar mal eine Frau in einem fernen Hafen, die er beinahe geheiratet hätte, damals, als er noch Seemann war. Er verbrachte acht Tage in Hawaii, 1968 war das, schwamm am Strand von Waikiki und trank seinen ersten Mai Tai. »So was Gutes habe ich seitdem nie wieder getrunken«, sagte er.

Er wurde melancholisch, als er über die deutsche Seefahrertradition sprach. Diese Tage waren vorüber, für ihn und alle anderen deutschen Seeleute. Die Containerschiffe sind heute alle computergesteuert, man braucht nur eine Handvoll Männer, um sie in Gang zu halten.

»Sie bieten so schlechte Konditionen und so wenig Geld, daß es deutsche Jungs einfach nicht mehr reizen kann, zur See zu gehen«, meinte Wulff. Er hatte sich insgeheim gewünscht, seine Söhne würden zur See fahren, aber sie hatten nie Interesse dafür gezeigt.

Sein Jüngster hatte ihm neulich erzählt, daß Männer, die für drei Monate auf See bleiben und dabei nur von anderen Männern umgeben sind, doch schwul sein müssen. »Das muß er in irgendeinem Film aufgeschnappt haben«, sagte Wulff kopfschüttelnd.

Wir bogen auf die Elbe ein, und er zeigte mir die Villen der Reichen am Elbufer mit ihren zum Wasser hin sanft abfallenden prächtigen Rasenflächen. Hier sah man das vornehme Hamburg ganz privat – das war nur vom Wasser aus möglich. Eine dieser Rasenflächen, auf einem Hügel hoch über dem Wasser, war übersät mit Schiffen und Schiffsteilen auf Böcken. Wulff sagte, das sei die größe private Sammlung von Schiffen und Schiffszubehör der Welt, zusammengetragen von einem reichen Segelfreak namens Peter Tamm. »All die Schiffe gehören ihm persönlich«, sagte er. Da war Neid in seiner Stimme, aber kein Neid auf Tamms Reichtum.

Ich fragte: »Diese Schiffe hätten Sie gern in Ihrem eigenen Vorgarten, oder?«

»Ich hab Modelle zu Hause«, sagte Hauptkommissar Wulff.

Es war schon spät, als er dazu kam, mir den Ort zu zeigen, dessentwegen ich eigentlich hergekommen war: der kleine Klumpen Gras, der irgendwo im Hafen schwimmt, ein Inselchen namens »Grasbrook«.

Mit dem Boot kam man da nicht hin. Wir stiegen in seinen Wagen und fuhren durch ein Industriegebiet. Er parkte neben einer Zugangsstraße, die von Lagerhallen flankiert war. Ich war nicht sicher, ob wir überhaupt noch im Hafen waren. Wulff machte eine Geste von einer Lagerhalle zur anderen. »Der Grasbrook ging von hier bis ungefähr dort, schätze ich.«

»War es nicht eine Insel? Mit Wasser drumrum?«

Dieser alte Teil des Hafens sei heute überasphaltiert, erklärte er mir, nachdem die engen Wasserstraßen nutzlos für die gigantischen modernen Schiffe geworden waren. Der Grasbrook und andere kleine Inseln, die einst im Herzen des Hafens gelegen hatten, befanden sich jetzt unter Tonnen von Zement und Asphalt. Niemand wird sie je wiedersehen.

Gleich neben der Straße wuchs ein kleiner Streifen Gras. Dort hatten die Hamburger eine heroisch anmutende lebensgroße Statue eines Mannes aufgestellt: schlank und muskulös, das Schwert in der Hand, den Blick zum Horizont – Störtebeker.

Was würde er sagen, wenn er sich so sehen würde?

Wahrscheinlich würde er wissen wollen, ob Simon von Utrechts Denkmal größer war (war es). Aber falls das irgendein Trost ist, niemand hat Störtebekers Denkmal je mit Graffiti besprüht, und kein Mensch singt Lieder über Simon von Utrecht, nicht mal die Polizei.

Hauptkommissar Wulff erzählte mir die Geschichte von Störtebekers Tod.

Es ist der beste Teil seiner Geschichte und der berühmteste. Ich hatte sie vorher schon gehört, von dem Punk, von Wiechmann, in Wismar, in Marienhafe. Nun hörte ich sie von Wulff.

Als Störtebeker auf die Nordsee floh, heuerte die Hanse Simon von Utrecht an, um ihn zur Strecke zur bringen. Er brauchte Jahre, aber Simon trieb ihn schließlich vor Helgoland in die Enge.

Manche sagen, es gab einen Verräter in Störtebekers Mannschaft, der geschmolzenes Blei in das Schiffsruder goß, so daß der große Pirat nicht mehr fliehen konnte. Andere behaupten, er sei auf eine Sandbank aufgelaufen, und als Simon über ihn herfiel, lud er gerade wie rasend Bierfässer aus, um sein Schiff wieder flottzukriegen. (Störtebeker, du Narr! Warum hast du sie nicht einfach ausgetrunken?)

Simon schleifte Störtebeker und seine Piratenmannschaft in Ketten zum Hamburger Hafen, vor den Henker. Störtebeker war der erste, der vor dem Schwert niederknien mußte, aber während er das tat, schlug er einen Handel vor: »Ich wette, ich kann wieder aufstehen, nachdem du mir den Kopf abgeschlagen hast.«

»Wetten, das kannst du nicht«, sagte der Henker.

»Dann ist es abgemacht«, sagte Störtebeker. »Aber wenn ich es schaffe, mußt du die Männer meiner Crew freilassen, an denen ich noch vorbeilaufen kann.« Selbst im Angesicht des Todes galt die erste Sorge des Piraten seinen Männern.

Dummerweise willigte der Henker ein.

Das Hiebschwert schwang sauber durch Störtebekers Hals. Sein Kopf fiel in den Schlamm.

Zum Erstaunen der Schaulustigen sprang der große Pirat jedoch wieder auf. Blutüberströmt marschierte er an der Reihe der Piraten entlang, an zwei, drei seiner Männer vorbei ... Ich kann sie vor mir sehen, mit Tränen in den Augen salutieren sie ihm, als er mit eisernem Willen weiterläuft. Sechs Männer, sieben, acht ...

Manche sagen, Störtebeker schaffte es an nur fünf Männern vorbei, andere behaupten, es waren sieben, wieder andere sprechen von elf. Der Henker jedenfalls hatte genug. In seiner Berufsehre gekränkt, warf er Störtebeker einen Holzblock in den Weg. Der Pirat stolperte, stürzte und stand nicht wieder auf.

Der Henker köpfte auch die anderen elf Piraten. Schließlich bekam er sechs Schilling und sechs Pfennige für jede erfolgreiche Hinrichtung. Ein paar Jahre später wurde Simon von Utrecht zum Bürgermeister von Hamburg ernannt.

Ich war müde. Wulff setzte mich in der Stadt ab, irgendwie fand ich zurück zur City-Pension und fiel ins Bett.

In dieser Nacht lag ich wach, lauschte dem Verkehr und den Stimmen von draußen. Der Hafen ging mir einfach nicht aus dem Kopf. Bis mir irgendwann mitten in der Nacht aufging, was Wulff mir dort heute wirklich gezeigt hatte.

Die ganze Zeit, als wir mit dem Polizeiboot herumgetukkert waren, hatte ich das Mittelalter direkt vor der Nase gehabt und nicht bemerkt.

Die mittelalterlichen Ursprünge des Hafens waren heute von Schichten aus Zement und vielen Zeitaltern bedeckt, aber sie waren immer noch da, im Verborgenen, so wie Frauen manchmal sagen, sie können noch das Kind im Manne erkennen.

Vor etwa tausend Jahren gab es an dieser Elbkrümmung nicht viel mehr als Morast. Dann zog irgend jemand hier sein Schiff an Land und begann, seine Waren zu verkaufen. Leute kamen zum Einkaufen vorbei, und weitere Händler gingen an Land, und plötzlich war es ein Marktplatz. Es dauerte nicht lange, und jemand traf Entscheidungen, wie der tägliche Verkehr zu regeln sei und wie man sich am besten vor Räubern schützt, so daß die Kaufleute ihren Freunden bald erzählten, welch ein großartiger Platz das hier doch sei, um Geschäfte zu machen. Dann beschloß jemand anderes, den Schlamm auszugraben und Kais anzulegen und Verwalter anzuheuern und Ingenieure, damit alles noch besser läuft.

Tausend Jahre später hat sich diese kleine Kommune in ein gigantisches Unternehmen verwandelt, das 140000 Leute mit Arbeit versorgt, 12000 Containerschiffe im Jahr abfertigt und 77 Millionen Tonnen Güter umschlägt. Der Hamburger Hafen umfaßt 75 Quadratkilometer – ein Zehntel der gesamten Stadtfläche – und ist heute der zweitgrößte in Europa, gleich nach Rotterdam.

Wenn man ans Mittelalter denkt, fallen einem zuerst Burgen auf hohen Felsen ein, Ritter, die von Turnier zu Turnier zogen, und Aristokraten, die sich gegenseitig den Fehdehandschuh hinwarfen. Heute sind die Burgen verfallen, die Kunst des Turnierreitens nichts weiter als eine Touristenattraktion, und die Nachkommen jener streitlustigen Adeligen sind auf der Suche nach Arbeit wie jeder andere auch. Aber dieser Hafen, der ist immer noch lebendig und zu jeder Schandtat bereit. Er erinnerte mich an diese gigantischen Mammutbäume in Kalifornien, die so groß sind, daß man Tunnel in sie geschnitten hat, durch die man mit dem Auto fahren kann. Man betrachtet diesen Baum, klopft mit Bewunderung auf seine Rinde und murmelt: »Wenn dieser Baum reden könnte ... ich frage mich, was der wohl erzählen würde.«

Wenn dieser Hafen reden könnte, Störtebekers Hinrichtung wäre nur eine von unzähligen Geschichten, die er zu berichten hätte.

Elf hatte unrecht: Die wahren Rebellen des Mittelalters waren die Kaufleute.

Freiheit zu verkaufen

Wie eine Handvoll Geschäftsleute aus Profitgier die Grundrechte entdeckte

Hildebrand Veckinchusen wurde als Sohn eines Kaufmanns geboren. Gemeinsam mit seinem Bruder übernahm er das Geschäft des Vaters. Ihr ganzes weiteres Leben verbrachten die beiden damit, es zu einem weitverzweigten internationalen Firmennetzwerk auszubauen.

Sie handelten mit Gewürzen, Seide, Baumwolle, Reis, Feigen, Rosinen, Pelzen, Kupfer, Silber und jeder Menge Wachs. Bald zog sich ihr Netzwerk entlang der ganzen Ostsee und quer durch Europa, von Nowgorod in Rußland bis London, Prag und Venedig. Veckinchusen muß mehrere Male in seinem Leben die gesamte bekannte Welt bereist haben, um Lieferanten zu besuchen, Geschäftspartner zu kontrollieren und Waren zu prüfen.

Zunächst lebte er in Brügge, damals ein Handelszentrum, später kaufte er ein Haus in Lübeck, der größten Hansestadt der Ostsee. Er heiratete zweimal, beide Male wohlüberlegt – einmal die Tochter eines Bürgermeisters, und als sie starb, die Tochter eines wichtigen Geschäftspartners. Selbst sein Liebesleben war eine Geschäftsentscheidung.

Wir wissen nicht, ob er Ärger mit Piraten hatte, es ist aber anzunehmen, denn er war ein Zeitgenosse der Vitalienbrüder. Doch das war nur eine von zahlreichen Gefahren, denen er ausgesetzt war. Als zwei konkurrierende Stadtverwaltungen sich gegenseitig den Krieg erklärten, um die Kontrolle über Lübeck zu erlangen, kam sein Geschäft dort fast zum Erliegen. Sein Firmennetzwerk wurde erneut schwer getroffen, als einer seiner wichtigsten Mitarbeiter von Raubrittern gekidnappt wurde. Schließlich wurde noch der Handel auf der Ostsee erschwert, als Riga und andere Städte Livlands sämtliche Schiffe blockierten, die aus Nowgorod kamen. Immer wieder manövrierte Veckinchusen irgendwie durch die Krisen.

Zu guter Letzt machte er einen Fehler. Er begann sich für Politik zu interessieren. Er war bereits Ratsherr (Alderman), als der deutsche Kaiser eine enorme Geldsumme verlangte. Veckinchusen hatte keine andere Wahl, als ihm das Geld zu »borgen«.

Zur gleichen Zeit machte er eine Reihe riskanter Investitionen, unter anderem in Salz, damals eine heißbegehrte Luxusware. Er machte große Verluste. Nun brauchte er wirklich Geld. Veckinchusen klopfte beim Kaiser an, doch der hatte Wichtigeres zu tun, als einen gewöhnlichen Kaufmann auszubezahlen. Piraten kann man verjagen, aber einen Kaiser kann man nicht vor Gericht bringen.

Verzweifelt nahm Veckinchusen in Brügge einen Kredit auf, aber der hielt nicht lange vor. Als der Zahltag nahte, besaß er keine müde Mark mehr. Dieser Kredit war sein zweiter Fehler.

Sein dritter war, in Brügge zu bleiben.

Vielleicht befürchtete er, daß seine Brüder zur Rechenschaft gezogen würden, wenn er fliehen würde. Vielleicht hatte sein langjähriger Wohlstand ihn arrogant gemacht, und er dachte, niemand könne ihm ans Leder. Wie auch immer, er floh nicht aus Brügge, und sie warfen ihn in den Schuldturm – eine Art Gefängnis für Privilegierte.

Er ging auf die Sechzig zu (damit war er fast doppelt so alt wie der Durchschnitt damals), und sie hielten ihn drei Jahre fest. Dann humpelte er zurück nach Lübeck, wo seine Frau auf ihn wartete.

Während er im Gefängnis saß, hatten seine Brüder, Verwandten und Kollegen sich von ihm abgewandt. Sie wandten sich ihm nicht wieder zu. Der geschäftliche Teil seines Lebens war vorüber, und das Geschäft war sein Leben.

Er starb kurz darauf im Jahr 1426, mit 61 Jahren, ohne einen Pfennig in der Tasche. Als er tot war, rang sich einer seiner Brüder dazu durch, seiner Witwe etwas Geld zukommen zu lassen – gerade genug, damit sie nicht betteln gehen mußte. Das wäre peinlich für die ganze Familie gewesen.

Als ich Veckinchusens Geschichte zum ersten Mal hörte, sah ich keinen großen Unterschied zwischen ihm und einem Geschäftsmann von heute. Doch dann wurde mir klar, daß sich die Dinge so sehr verändert haben, daß Veckinchusen einen modernen Geschäftsmann nicht erkennen würde, selbst wenn er direkt vor ihm stünde.

Alles, was ich über das moderne Geschäftsleben weiß, stammt aus einem einzigen Jahr, in dem ich als Discount Broker in Düsseldorf gearbeitet habe. Ich verkaufte Währungen, Metalle und machte Warentermingeschäfte am Telefon. Es war mein erstes Jahr an einer deutschen Universität, bevor ich nach München zog, und ich wurde vor allem wegen meines starken amerikanischen Akzents eingestellt. Der kam gut an am Telefon. Damals dachten die Deutschen noch, die New Yorker Börse sei eine Art Märchenland, wo lauter Profis mit hochwissenschaftlichen Methoden die Zukunft voraussagen können.

Jeden Morgen bekam ich eine Aktienempfehlung, die davon abhing, welcher Chart heute eine gute Figur machte, und begann mit meiner Arbeit. Ich rief Anwälte und Ärzte von meiner Liste an und tobte und brüllte so lange ins Telefon, bis sie den Eindruck hatten, ich wüßte, wovon ich rede. Falls ich einen dazu bringen konnte, eine erste bescheidene Summe zu investieren, gehörte er uns.

Wir haben das Geld wirklich investiert, aber eine Woche

später rief sie dann ein Kundenbetreuer an und überredete sie, das Geld in eine neue Ware zu investieren. Sie investierten und reinvestierten dieses Geld in jeden Kurs, der ein hübsches Kurvendiagramm hatte, bis das ganze Geld des armen Kerls von Gebühren aufgefressen war. Dann war der Monat um, und ich hatte einen neuen armen Kerl für sie aufgerissen.

Ich hätte mich vielleicht schuldig fühlen sollen, aber da ist etwas an Ärzten und Anwälten, alles hochgebildete, intelligente Profis, die einem völlig Fremden ihr Geld überlassen, bloß weil er einen amerikanischen Akzent hat, das es mir, sagen wir, schwermachte, Mitleid für sie zu empfinden.

Nicht ein einziges Mal hat einer dieser Kunden mich gefragt: »Wie schmeckt dieser Kaffee denn?« Das waren schließlich echte Waren, in die wir investierten. Irgendwo da draußen hatte irgend jemand tatsächlich dieses Gold aus der Erde geholt, mit dieser Währung bezahlt, diesen Kaffee getrunken, doch das spielte keine Rolle für uns: Wir verkauften bloß Zahlen und Tabellen.

Falls Veckinchusen mich am Telefon hätte sehen können, würde er überhaupt erkennen, was für ein Geschäft ich da betrieb? Oder würde er glauben, ich sei so etwas wie ein durchgeknallter Clown, und schleunigst nach dem Ausgang suchen?

Es interessierte mich, ob es heute noch Kaufleute von Veckinchusens Schlag gab. Wenn ja, wollte ich sie finden. Wissenschaftler behaupten, daß Schildkröten die gesamte Evolution praktisch unverändert überstanden haben. Wenn Reptilien es schaffen, Hunderte von Millionen Jahren ihre Gewohnheiten beizubehalten, warum nicht auch Geschäftsleute?

Ich fing gleich in Hamburg an, mich umzuschauen. Das Auto mitsamt Gepäck ließ ich vor der City-Pension stehen, durchquerte das junkieverseuchte Bahnhofsgelände, lief durch das geschniegelte Shoppingparadies, das den Hamburgern als Fußgängerzone dient, über die grüne Zollbrücke und hinein in den Teil des Hafens, der Speicherstadt heißt.

Die Speicherstadt ist ein Labyrinth aus über hundertjährigen Lagerhäusern aus rotem Backstein: Lange Reihen von Speichern, jeder sechs Stockwerke hoch, werfen düstere Schatten über die Kanäle, Brücken und schmalen Sträßchen, die zwischen ihnen verlaufen. Damals, als Fracht noch von ein paar echten Kerlen mit Muskeln und Seilwinden transportiert werden konnte, war die Speicherstadt das Herz des Hafens, vollgestopft mit Waren jeder nur denkbaren Art. Der Teil, den ich durchquerte, war fast völlig verlassen. Gespenstisch. Eine Geisterstadt.

Die einzigen noch übriggebliebenen Anwohner waren persische Teppichgroßhändler, sagte man. Warum Perser? Warum Teppiche? Einen Tag vorher konnte Wulff mir das auch nicht erklären.

Ich stieg eine Treppe hoch und klopfte an eine abweisende graue Eisentür. Der vielleicht fünfzigjährige Mann mit dem schönen, traurigen Gesicht, der mir öffnete, war Mohammad Naziri. Seine Räume waren weitläufig und sonnendurchflutet, die Wände aus nacktem Backstein, die niedrige Decke ruhte auf schweren hundertjährigen Säulen. Keine Kunden. Er kochte mir einen Tee, plazierte mich auf einem Stapel Teppiche für 6000 Mark das Stück – sie waren rot, grün und gelb und explodierten in sämtlichen geometrischen Formen – und erzählte mir vom Teppichhandel.

Ich hatte natürlich angenommen, daß diese Teppiche von irgendwelchen Robotern in irgendwelchen Fabriken hergestellt würden.

Keine Roboter, sagte Naziri. Nomaden.

Iranische Nomaden hatten sie handgewebt, vorwiegend zum Eigengebrauch – als Bodenbedeckung oder um die Schafe im Winter warmzuhalten (ich fragte mich, was die

Schafe von dieser Ausrede hielten). Naziri bekam nur jene Teppiche, die die Nomaden auch hergeben wollten, meistens dann, wenn sie gerade Geld brauchten. Naziris Agenten im Iran durchstreiften die Nomadenstämme regelmäßig auf der Suche nach gebrauchten Teppichen. Sie waren an die siebzig bis neunzig Jahre alt, wenn seine Männer sie entdeckten, und mußten sich anschließend einer langen seifigen Prozedur unterziehen, um ihre gummiartige Patina aus Sand, Schafshaaren und was auch immer loszuwerden.

Naziri besuchte seine Nomaden regelmäßig. Er trank Tee mit ihnen, kam zu den Hochzeiten der Kinder, bewunderte ihre Enkel. Seinen Zulieferern einen Geburtstagsgruß zu senden mag in manchen Branchen ausreichen, aber nicht in seiner. Er zeigte mir Fotos von sich und seinen Nomaden – mit Schweißflecken auf dem Hemd, fette Frauen, zahnlose Männer und struppige Kinder umarmend. »Sie sind die glücklichsten Menschen der Welt«, sagte er.

In seiner Stimme war eine Sehnsucht, die ich wiedererkannte. Wie ich war er ein Ausgewanderter, und er lebte mit dem seltsamen Heimweh, das Ausgewanderte haben: Zerrissen zwischen der einen Heimat und der anderen, vermißten sie immer die, die weiter weg war.

Ich mußte nicht fragen, warum er trotzdem blieb.

Naziri hatte nie Betriebswirtschaft studiert. Als Kind hatte er mit seinem Vater in den Basaren von Persien gearbeitet. Als junger Mann war er aufgebrochen, um die Welt zu sehen – und in Deutschland hängengeblieben. In Hamburg kam er mit anderen Iranern in Kontakt und lernte die internationale Seite des Teppichhandels kennen.

Für ihn war Geschäft nicht gleichbedeutend mit Diagrammen und Managementkonzepten, es ging um Teppichstapel. Seine Kunden mußten sie sehen, berühren, um sie feilschen, auf ihnen sitzen. So etwas konnte man nicht per Fax oder Telefon erledigen. Naziri mußte seinen Kunden in die Augen schauen und sagen: »Fassen Sie das mal an. Ich kenne die alte Frau, die das gewebt hat. Wissen Sie, wie sie diese leuchtenden Farben hinkriegt? Passen Sie mal auf ... «Er mußte ihnen Tee anbieten.

Ich fragte mich, was wohl aus Naziri werden würde, falls Hamburg seinen Plan durchziehen wird, die Speicherstadt in ein Einkaufszentrum zu verwandeln.

Ich stieg ins Auto und fuhr wieder die Nordseeküste hinauf. Diesmal stoppte ich unterwegs an jedem Hafen, um Kaufleute vom alten Schlag zu finden.

Husum war ein verschlafenes Städtchen mit einem winzigen Hafen. Viele bunte Läden und sonnige Straßencafés zogen sich den Kai entlang. Nicht weit davon entdeckte ich ein rosa-weißes Barockhaus, an dem eine Menge Schilder angebracht waren, die es wahlweise als »Spielzeugmuseum«, »Tabakmuseum«, »Flohmarkt« und »Puppendoktor« deklarierten. Als ob sich jemand nicht entschließen konnte, was der Laden denn nun eigentlich genau sein sollte.

Ich ging im Haus herum, als ein quirliger kleiner Kerl um die Sechzig auftauchte und mich informierte, daß das Anschauen drei Mark kostete. Dem Schild auf seinem Hemd nach zu urteilen war er der Puppendoktor. Er streckte die Hand aus. Wohlweislich beschloß ich, mich nicht zu beschweren, und bezahlte. »Look around, there's a lot of stuff!« forderte er mich auf.

Allerdings.

Zeug hing von der Decke, war in Ecken und Schachteln gestopft und hoch auf Regale gestapelt. Komplett ausgestattete Puppenhäuser, Zigarettenwerbung, Zigarren- und Tabakdosen von hundert verschiedenen Herstellern aus einem halben Jahrhundert, getrocknete Tabakblätter, das Schulzeugnis von irgendeinem Opa, der Fuß eines Skeletts, ein echter ausgestopfter Alligator, ein Nazi-Kinderbuch *Wie der Glasbläserjunge zum Braunhemd kam.* Ein antikes Textilkonstrukt, undefinierbar, bis man das handgeschriebene Hinweisschild entziffert hatte: »Omas Sexbusenhalter für heiße Opawünsche«.

Immer wieder tauchte er unvermittelt an meiner Seite auf und teilte mir seine Weisheiten mit. Er verlieh seinen Aussagen Nachdruck, indem er mir mit dem Zeigefinger in den Bauch piekste. »Talk together, make love«, sagte er, und: »Immer arbeiten, dadurch bleibst du jung! Schnäppchen mache ich jeden Tag, jeden Tag Schnäppchen.«

Ab und zu verschwand er, um sich um eine Mutter zu kümmern, die eine reparierte Puppe abholen wollte, oder einen potentiellen Kunden in Schutz zu nehmen, dessen Frau nörgelte, er solle wieder mit ihr raus in die Sonne gehen. »Ach, laß ihn, er ist Sammler«, informierte er sie und lotste sie unauffällig von ihrem Mann weg. »Der bleibt dir treu, wenn du ihn nicht störst.«

Sein Name war Helmut. Wie viele Händler des Mittelalters hatte er einst als Handwerker angefangen. Er hatte sich auf zwei Branchen spezialisiert: Er reparierte Puppen, und er reparierte Pfeifen. Wo auch immer er auftauchte, nie hatte er viel Konkurrenz in seinem Gewerbe. Heute handelt er mit Trödel, einer der ältesten Berufe der Welt, möchte ich wetten. Helmut kaufte Nachlässe, komplette Sammlungen und Lagerbestände bankrotter Fabriken. Auf der Höhe seiner Karriere besaß er elf Gebäude voller Trödel, sagte er, aber er habe alle bis auf drei verkauft.

»Das ganze Leben ist Zufall«, erzählte er mir. Er wechselte ständig vom Englischen ins Deutsche und wieder zurück. »Ich habe alles erlebt. Bad was the war, five years in prisonership. War is crazy. The war began in '41, and I came back in '50. You know, Russia. Not good«, sagte er. Er war dreiundachtzig, und ich war erstaunt, daß er immer noch arbeitete. Ich fragte ihn nach dem Geheimnis eines so langen Lebens, und er unterwarf mich seiner persönlichen Checkliste: Ob ich rauchte? Nein? Das war schon mal gut. Hatte ich eine Frau? Eine feste Freundin? Prima. Einen Job, den ich mochte? Gut. Kinder? Nein? Tja – hier schien er unentschlossen, ob es eher gut oder schlecht sei, keine Kinder zu haben, aber in allen anderen Punkten seiner Liste hatte ich die Prüfung bestanden, also war ich zufrieden.

»Well, you got my story«, sagte er. »I hope you have luck back in the home.« Ich verließ ihn leicht benommen, und er rief mir hinterher: »Grüß Chicago! I have a lot of friends in Boulder.«

Es wurde Nacht, und ich durchquerte die Jütische Halbinsel in Richtung Osten. Einsame Felder und immer wieder unvermittelt ein paar Flecken Wald. Ich war ein bißchen besorgt, wo ich heute nacht noch ein Zimmer kriegen sollte – wer weiß, wann die Hotels hier draußen auf dem Land ihre Rezeption schließen? Ich fuhr weiter. Das Licht meiner Scheinwerfer glitt über sanft gerundete Reetdächer zwischen alten Bäumen, ein Bild wie aus einem Märchenbuch. Die Straße erweiterte sich zu einem winzigen Dorf, lauter menschenleere Straßen und gelb erleuchtete Fenster. Dann war es vorüber, und ich tauchte wieder ein in Wald und Feld.

Ich fuhr weiter, als die Leute sich zum Abendessen setzten. Sie konnten mich nicht vorbeifahren sehen da draußen in der Dunkelheit, aber ich sah sie. Ich sah ihre Nachbarn mit Blumen vorbeikommen. Ich sah, wie ihre kleinen Gemeinden verschmolzen zu einer größeren Gemeinde. Reisen war wie ein Buch in 3-D. Ich konnte alles beobachten, aber ich konnte sie nicht fragen, mir mal die Soße zu reichen, und sie konnten mich nicht auf einen Drink hereinbitten.

Die Ostsee. Kalte Winde, schieferfarbener Himmel und kabbelige graue Wellen. Es ist ein abweisendes, häßliches Meer, reich an Hering und Möwen, reich an Häfen, aber schlechtgelaunt und kurzangebunden.

Zuerst sah ich es in seiner gezähmten Form, an einem Sonntagmorgen, zehn Kilometer vor der Küste in der Schlei, einer Ostseeförde, die sich wie ein großer Riß ins Land hineinzieht.

In Kappeln zog ich mich auf eine Portion Hering und einen Pott heißen Tee in ein Restaurant am Hafen zurück. Von dort aus beobachtete ich, wie die industriellen Fischerboote ihre Beute an den Hafenmauern entluden, die voller rostiger Maschinen und schmieriger Ölpfützen waren. Von hier aus in die Ostsee aufzubrechen muß ungefähr so sein, wie in ein kaltes, graues Nichts zu segeln, das von plötzlich aufziehenden, unberechenbaren Stürmen heimgesucht wird.

Ich fuhr weiter nach Süden. Unterwegs machte ich Abstecher auf Feldwege, die zum Wasser führten. Ich suchte den Strand, aber was ich fand, konnte man nicht Strand nennen. Ein Großteil der Ostseeküste ist kiesig und sandig mit gelegentlichen Steilküsten, aber hier an der Schlei schien die ganze Küste von einem dicken Pelz aus schulterhohem Schilf befallen zu sein. Einmal stieg ich aus und versuchte zum Ufer zu laufen, aber auf halber Strecke sank ich bis zu den Knöcheln in Schlick und Wurzeln ein.

Lübeck, das Juwel der Hanse, wurde in der Mitte der Trave erbaut, unweit der Mündung, auf einer schildkrötenförmigen Halbinsel, die seither zu einer Insel geworden ist.

Zu Störtebekers Zeiten war Lübeck – neben Köln und Nürnberg – eine der größten und mächtigsten Städte Europas. Inzwischen hat Hamburg Lübeck als deutsche Seehandelsmetropole abgelöst, aber im Mittelalter war Hamburg ein Dorf und Lübeck die Metropole – und der Dreh- und Angelpunkt der Hanse. Hier war man an der richtigen Adresse, wenn man herausfinden wollte, welches Leben die Kaufleute damals führten.

Reihen von Häusern aus rotem Backstein, fünf Stockwerke hoch. Hohe Kirchtürme aus rotem Backstein auf einem steilen Hügel. Ein belebter Marktplatz im Schatten einer riesigen freistehenden Backsteinmauer. Boutiquen, Cafés, Kaufhäuser, Stadtverwaltung, Banken und Bürogebäude, alle aus rotem Backstein. Lübeck war ein rotes Backsteinlabyrinth, flechtenüberzogen und ausgeblichen vom Alter, aber im Mittelalter war es von einem Purpur, das in der Sonne leuchtete.

Stein war so weit oben im Norden schwer zu bekommen, daher waren die meisten Häuser aus Holz. Wenn in einer Stadt aus Holz auch nur ein Haus in Flammen aufgeht, liegt bald die ganze Stadt in Schutt und Asche. Als Lübeck im Mittelalter reich wurde, unternahmen die Kaufleute etwas dagegen. Wenn sie keinen Stein beschaffen konnten, gut, dann würden sie eben selbst welchen machen. Sie schnitten Würfel aus rotem Ton aus der Erde und brannten sie zu Backstein.

Als ich mich beim Fremdenverkehrsamt erkundigte, wie die Kaufleute im Mittelalter gelebt hatten, war man dort so freundlich, mir eine Stadtführerin namens Rosemarie zu schicken. Sie zeigte mir Gebäude aus dem späten Mittelalter und der Renaissance, Straße um Straße. Man brauchte sich nur die Stromleitungen, Verkehrsschilder und Parkuhren wegzudenken und hatte eine original mittelalterliche Stadt vor sich.

Die Kaufleute bauten ihre Häuser schmal, aber an die fünf bis sechs Stockwerke hoch. Das Erdgeschoß hatte hohe Decken und weite Türen, um Pferde und Frachtfuhren einzulassen. Die geräumigen Dachböden waren als Speicherräume angelegt, mit Winden und Flaschenzügen, die aus der Speicherluke ragten, stets bereit, Kisten und Fässer hochzuziehen. Von außen machten sie ihre Backsteinburgen imposant, wenn nicht gar protzig, doch innen hielten sie sie stets schlicht und sparsam. Nur weil deine Nachbarn sehen sollten, wie erfolgreich du bist, hieß das noch lange nicht, daß du Geld verschwenden mußtest.

Rosemarie zeigte mir eine Reihe von Gäßchen mit so

seltsamen Namen wie »Hellgrüner Gang« und »Dunkelgrüner Gang«. Manche waren so eng, daß ich mich seitlich voranschieben und ducken mußte, um durchzukommen. Für mich sahen sie wie Gassen aus, doch sie nannte sie »Gänge«, und als sie mir den Unterschied erklärte, entstand in meiner Vorstellung langsam ein Bild dieser Stadtbewohner, die in dem sozialen Niemandsland zwischen Bauerntum und Adelsstand lebten.

Die Gänge befanden sich zwischen den Häusern der besserverdienenden Handwerker, die oft angehende Kaufleute waren. Diese Häuser waren so teuer, daß mehr und mehr Handwerker ihre Hinterhöfe an Arbeiter und Bedienstete vermieteten. Dies war ein gutes Zusatzeinkommen, brachte aber empfindliche Nachteile für die Privatsphäre mit sich. Wenn man es schon zu einem eigenen Haus gebracht hatte, wollte man nicht, daß lauter ungewaschene Tagelöhner durch die gute Stube trampeln mußten, um in den Hinterhof zu gelangen. Diese Handwerker wollten schließlich weiter nach oben – sie müssen es als äußerst störend empfunden haben, im eigenen Wohnzimmer ständig mit den Leuten konfrontiert zu werden, die sie hinter sich lassen wollten.

Die Handwerker hatten eine gute Idee. Sie brachen Löcher in die Vorderwand und die Rückwand ihrer Häuser und bauten schmale, niedrige Tunnel dazwischen, die sie direkt vom Wohnraum abzweigten. Jetzt konnten die Arbeiter ungesehen kommen und gehen.

Na ja, nicht immer. Einige sehr geizige Handwerker bauten diese Durchgänge so eng und niedrig, um möglichst wenig Wohnraum einzubüßen, daß, wenn ein Arbeiter im Hinterhof starb, sein Sarg nicht hindurchpaßte. Wieder einmal mußten sie ihr Mahl unterbrechen, wenn ihre Arbeiter im Sarg durchs Wohnzimmer hinausgetragen wurden.

Lübeck hielt noch ein, zwei Überraschungen für mich parat.

Rosemarie zeigte mir einen prächtigen Hof voller leuchtender Blumen und mit einem lieblich plätschernden Springbrunnen. Eine lange Reihe zweistöckiger Apartments, so effizient gestaltet wie in einem Studentenwohnheim, nahm eine ganze Seite des Hofes ein. Es war einer der vielen Witwenhöfe, die die Lübecker Kaufleute für die Witwen ihrer Kollegen gebaut hatten, die nicht mehr von der See zurückkehrten.

Wohltätigkeit? Bei Kaufleuten? War das nicht ziemlich untypisch – erst recht im Mittelalter?

Es stellte sich heraus, daß die Kaufleute befürchteten, in der Hölle zu landen (vielleicht mit gutem Grund), und daß die Kirche diese Angst nach Kräften schürte. Die Theorie der Kirche ging so: Gott billigte die Art, wie die Aristokratie zu Geld kam, nämlich indem sie Sklavendienste aus ihren Leibeigenen preßte. Das war die natürliche Ordnung der Dinge. Wenn Gott es anders gewollt hätte, hätte er die Welt anders erschaffen. Gott konnte die neumodische Art, mit der diese Kaufleute ihr Geld verdienten, nicht leiden. Mittelmänner … Risikokapital … aus Geld erzeugtes Geld. Wer hatte je von so was gehört? Es war unheimlich. Gott mochte es nicht.

Also informierte die Kirche die Kaufleute hin und wieder, daß sie alle zur Hölle fahren würden, und die Kaufleute bauten dann schnell einen weiteren Witwenhof oder ein Hospiz für Alte oder Reisende oder dachten sich was anderes Wohltätiges aus. Am Ende hatten sie wohl mindestens genausoviel, wenn nicht mehr, für die Unterprivilegierten getan wie die Kirche. Es ist nicht klar, ob sie das tatsächlich vor der Hölle gerettet hat, aber ihre Bemühungen waren durchaus beeindruckend.

Dieses Stadtleben war Welten entfernt von der Burgen-und-Prinzen-Gesellschaft, für die ich das Mittelalter gehalten hatte. Auf der Suche nach Erklärungen landete ich in einer Außenstelle des Stadtarchivs im Burgkloster direkt vor dem mittelalterlichen Stadttor am spitzen Ende der Schildkröteninsel. Dort traf ich Rolf Hammel-Kiesow, den Historiker und Hanseexperten, der die Geschichte Veckinchusens erforscht hatte. Er war ein redegewandter Mann, dessen Gesicht von einem pelzigen Bart dominiert wurde. Zwischen Stapeln von Forschungspapieren und Reihen dicker wissenschaftlicher Wälzer nannte er mir den Grund, aus dem Handelsstädte solche Ausnahmen dargestellt hatten: Freiheit.

»Mindestens bis zur Mitte des 14. Jahrhunderts war die städtische Wirtschaft von großen Freiheiten geprägt«, sagte er. Er benutzte den Plural – »Freiheiten« –, weil Freiheit im Mittelalter so selten war, daß sie nur Stück für Stück ausgehändigt wurde.

Genaugenommen waren nur sehr wenige Leute im Mittelalter »frei«. Und das waren vorwiegend Aristokraten. Die meisten Bauern waren »unfrei«, was bedeutet, daß sie im Austausch für das Recht, auf dem Land ihres Herrn zu wohnen und zu arbeiten, fast alle anderen Rechte aufgaben. Die Umstände variierten, aber der typische Unfreie konnte das Land nicht verlassen, wenn er wollte, konnte seinen Besitz nicht verkaufen, konnte ohne Zustimmung seines Herrn nicht einmal heiraten. Diese Regelung ging auf seine Kinder über.

Die Städte konnten das für dich ändern.

Wer es schaffte, dem Bauernhof zu entfliehen und ein Jahr lang in der Stadt zu leben, ohne daß sein adeliger Herr ihn aufspürte, konnte ein freier Bürger werden. Bürger waren frei, ihr eigenes Leben zu wählen, ihre Berufe, ihre Ehemänner oder Ehefrauen, frei von jeder adeligen Einmischung.

»Deswegen hatten die Städte ja auch diese große Anziehungskraft auf die Menschen, angefangen im 13. Jahrhundert bis heute.«

Wer gut darin war, konnte ein Gewerbe erlernen, konnte

Schiffsbauer, Bierbrauer, Korbflechter werden, was auch immer. Dann, mit ein bißchen Glück, konnte man einen Schiffsbesitzer dafür bezahlen, auf der nächsten Kogge nach Nowgorod oder Brügge mitfahren zu dürfen. Dort konnte man sein Bier oder seine Körbe für einen besseren Preis verkaufen als daheim. Man konnte Profit machen und ihn wieder ins Geschäft stecken. Man konnte sich über seinen Stand erheben. Sich über seinen Stand erheben: im Mittelalter war das eine völlig neue Idee.

»Ein Handwerker konnte seine Produkte selbst in den Handel bringen, wenn er einen Kaufmann fand, der mitmachte«, sagte Hammel-Kiesow. »Dieser Verkauf der eigenen Produkte war natürlich schon der erste Schritt zum Kaufmann. Manchem gelang dann der Sprung vom Handwerker zum Kaufmann oder gar zum Großkaufmann. Die zweite Möglichkeit bestand darin, daß man, ähnlich wie heute, sein Erspartes in Aktien der Handelsgesellschaften anlegen konnte. Es gibt relativ gute Überlieferungen dazu, daß etwa Mägde ihr Erspartes in der Handelsgesellschaft ihres Dienstherrn anlegten.«

Die Idee war so attraktiv, daß die höheren Bediensteten der Aristokratie, die in der Stadt arbeiteten, irgendwann in ein bürgerliches Leben überwechselten. Manche Adelige vom Lande zogen sogar in die Städte, um dort ihr Glück zu wagen. Solche Leute, die ihre Wurzeln im Adel hatten, brachten es früher oder später zum Stadtrat oder Bürgermeister. Als Adelige waren sie irgendwann kaum noch zu erkennen. Auf viele ihrer Privilegien hatten sie verzichtet. Sie wurden vom Adel anerkannt und führten immer noch Armeen in die Schlacht, wenn die Stadt angegriffen wurde, doch innerhalb der Stadtmauern durften sie kein Schwert mehr tragen. Und ein Schwert war so etwas wie das Erkennungszeichen des Adels.

»Das ist ja das Neue an der Stadt«, sagte Hammel-Kiesow. »Die Stadt war ein räumlich geschlossener und immerwährender Friedensbezirk. Außerhalb der Stadt galt das Fehderecht. Da war es nie vorher zu sehen, wer wem den Fehdehandschuh ins Gesicht warf. In der Stadt wurde das rechtliche Austragen von Streitigkeiten vor Gericht erzwungen. Deshalb achteten die Städter ganz genau darauf, daß in ihren Städten niemand bewaffnet herumlief. Es gab Ausnahmen: Ein Bürgermeister und ein Ratsherr durften ein Messer tragen, aber nur ein Messer.«

Die Städte machten jedermann vor dem Gesetz gleich.

»Es haben sich in den europäischen Städten zum ersten Mal in der Geschichte überhaupt Leute unterschiedlichen Standes zu einer gemeinsamen Genossenschaft, einer Gemeinde zusammengeschworen: Unfreie Handwerker, Niederadel und Kaufleute hatten plötzlich die Idee, eine Gemeinde zu gründen, und beschlossen, daß sie innerhalb dieser Gemeinde rechtsgleich sind. Das hatte einen ganz ordinären wirtschaftlichen Grund: Wenn man den Markt in einer Stadt florieren lassen wollte, durfte es auf dem Markt keine rechtlichen Unterschiede geben. Da so ein Markt auch nur blühen kann, wenn Friede ist, kommt diese Friedensvorstellung gleich als zweites noch dazu. Das machte die Stadt stark.«

Ich war aufgewachsen in der Annahme, daß Freiheit eine Art gottgegebenes Grundrecht sei, das von Kirche, Staatsmännern und Philosophen flammend verteidigt wurde. Aber ohne das pragmatische Denken von Kaufleuten, die sich Profit erhofften, wäre es zu vielen Freiheiten nie gekommen.

Ich werde ein Wort wie »Freiheit« nie wieder mit denselben Ohren hören.

An meinem letzten Tag wartete ich, bis es dunkel wurde, und ging hinunter zum Kai.

Die gesamte Insel ist ein einziger Kai. Die Kaufleute haben an jedes Stückchen Ufer einen Kai gebaut, bis die ganze Insel damit umrundet war.

Hammel-Kiesow hatte mir erklärt, wie viele verschiedene

Schritte das erfordert hatte. Zuerst wurde der Schlamm mit Pfeilern befestigt, später dann, als mehr Händler hier anlegten, um Waren zu verkaufen, verlängerten sie die Uferlinie aufs Wasser hinaus. Die Fortschritte in der städtischen Infrastruktur verliefen ebenso sprunghaft: Vor dem Einsatz von Backstein ergriff der Magistrat nach jedem großen Brand die Gelegenheit, die neuen Straßen etwas gerader, breiter und effizienter anzulegen. Um die Kaufleute zu schützen und den Marktplatz noch attraktiver zu machen, bauten sie eine Stadtmauer. Beim ersten Mal ließen sie allerdings viel zuviel Raum zwischen der Stadtmauer und dem Ufer: Die Händler stapelten ihre Fracht direkt auf den Hafenmauern und verkauften sie gleich dort. Von wem sollte die Stadt jetzt Gebühren für den schönen neuen Marktplatz verlangen, wenn keiner ihn nutzte?

Der Magistrat bemerkte seinen Fehler, riß die Stadtmauer nieder und baute sie sehr nah am Ufer wieder auf. Nun blieb kaum noch Platz an den Kais, und um überhaupt alles ausladen zu können, waren die Händler gezwungen, ihre Ware sofort in die Stadt auf den Marktplatz zu verfrachten.

Heute ist der umlaufende Kai eine Gute-Laune-Promenade, an dem ein Museumsschiff neben dem anderen liegt. Ich kletterte auf den eleganten dänischen Schoner »Krik Vig« – er hatte ungefähr die Maße einer Kogge, und ich wollte einen Eindruck davon kriegen, wie es auf so einem Schiff war. Der Eindruck war: eng. Ich hätte nicht auf diesem Ding sein wollen, wenn auf der grauen Ostsee ein Sturm losbricht. Es war 32 Meter lang – Koggen waren sogar noch kleiner. Später fand ich heraus, daß die »Krik Vig« heute einem Mann gehört, der ein Nachkomme von Godeke Michels ist, Störtebekers Partner.

Ich saß an der Reling, mit dem Rücken zum Fluß, und betrachtete das mittlelalterliche Lübeck im Schein der Straßenlampen und Neonlichter.

Ich mußte an Störtebeker denken.

Da gab es eine Geschichte, die mir Wiechmann im Museum für Hamburgische Geschichte erzählt hatte. Eine eigenartige kleine Begebenheit, die sich ungefähr siebzig Jahre nach Störtebekers Tod ereignet hatte. Eine wahre Geschichte. Ein Handelsschiff auf der Ostsee wurde von Piraten gekapert. Als der Piratenkapitän das Schiff geentert hatte, stellte er sich seinen Opfern höflich vor, in etwa so: »Gestatten, Störtebeker.«

Es war ein Witz, aber keiner verstand ihn. Bei dem Namen Störtebeker fiel kein Groschen. Als das Ereignis in Hamburg berichtet wurde, verstand auch dort keiner den Witz. Alle dachten, dies sei eben der Name des Piraten gewesen.

Historiker schließen daraus, daß Störtebekers Ruf zu seinen Lebzeiten so unbedeutend war, daß sein Name sofort wieder in Vergessenheit geraten war. Aber eines haben die Historiker übersehen: Dieser Schlaumeierpirat hatte ihn nicht vergessen.

Was, wenn bestimmte Leute – Hafenarbeiter, Seeleute, Piraten – immer schon Balladen über Störtebeker gesungen haben ? Das hätten sie ohne Unterlaß tun können, ohne daß jemand aus der Oberschicht das mitbekommen hätte. Wenn Störtebeker ein Held der Unterschicht war, dann waren seine Fans Analphabeten, sie würden der Nachwelt keine schriftlichen Zeugnisse hinterlassen.

Nehmen wir mal an, Störtebeker hatte eines Tages einen besonders guten Fang gemacht. Tonnen von Pfeffer. Diese Nacht sind seine Taschen voller Geld, als er in eine Gaststube kommt. Er ist in einer eigenartigen Laune. Vielleicht hat er gerade Geburtstag. Vielleicht ist er mal wieder betrunken. Nehmen wir an, er hat allen eine Runde ausgegeben. Das hätte die Kaufleute nicht sehr beeindruckt. In ihren Augen waren Trinker keine Helden: Kopfrechnen wird ziemlich schwierig, wenn du betrunken bist. Aber für den kleinen Mann gab es kaum andere Freuden im Leben. Für ihn war ein Mann, der ordentlich was vertragen konnte und dabei noch genug Geld verdiente, um anderen was abzugeben, genau der, der er selbst gern sein wollte.

Plötzlich hat Störtebeker Fans. Die Leute reden über ihn, mehr als über andere, berühmtere Piraten. Er bemerkt das. Hin und wieder erlaubt er sich großzügige Gesten, wann immer er es sich leisten kann. Draußen auf See, im Kampf, da ist er nur Durchschnitt, aber an Land hat er einen Weg gefunden, die Leute dazu zu bringen, ihn zu lieben. Ein Piraten-Egotrip.

Was ist mit dem »Reiche berauben und Arme beschenken«? Nehmen wir mal an, Störtebeker kommt in einen Hafen mit einer Kogge voller Hering, aber der Stadtrat verweigert ihm den Zugang zum Marktplatz. Der Krieg ist vorbei, und die Stadt schuldet dem Herzog von Mecklenburg und seinen Piraten nichts mehr.

Jetzt sitzt er auf einer Bootsladung Hering, die am nächsten Tag verdorben sein wird. Aber Störtebeker hat Sinn für Humor. Er beginnt, den Hering gleich dort am Kai zu verteilen – umsonst. Ziemlich bald wird es im Hafen von armen Arbeitern nur so wimmeln. Werden sie diese Nacht, wenn sie heimkommen, nicht einen Toast auf ihn ausbringen?

Und als sich herumsprach, daß er gefangen und geköpft wurde in Hamburg, werden sie ihn nicht mehr vermißt haben als die anderen, berüchtigteren Piraten?

Am nächsten Morgen wachte ich früh auf. Es war noch vor Sonnenaufgang. Ich ging raus und wanderte durch die roten Backsteinstraßen, lief entlang den massigen Mauern von Kirchen, Hospizen und Kaufmannshäusern, duckte mich in den engen Durchgängen, in denen die Armen einst gelebt, geschuftet und ums Überleben gekämpft hatten. Einen kurzen Moment lang konnte ich sie ganz deutlich spüren – die

Menschen, die diese Stadt gebaut haben, die reichen Bürger und der verarmte Adel, die Handwerker und Hafenarbeiter. Die Kaufleute.

Draußen, in der Öffentlichkeit, unter den Augen ihrer Nachbarn, gründeten die Kaufleute Zünfte, um geschlossen aufzutreten, und in sporadischen Ausbrüchen von Großherzigkeit versuchten sie, der Hölle zu entkommen. Aber die wichtigste Stunde des Tages muß die gewesen sein, wenn sie hinter geschlossenen Türen akribisch ihre Bücher führten, auf der Suche nach der Antwort zu der immer wiederkehrenden Frage: Kann ich mir das noch leisten? Wird mich das ruinieren?

Und dann diejenigen, die davon geträumt hatten, groß rauszukommen, und es doch nie schafften: der entlaufene Diener, der sein ganzes Geld spart, die Mägde, die in den Hütten am Ende dieser engen Durchgänge lebten, ihre Sehnsucht, ihre harte Arbeit.

Das Mittelalter war tief in den roten Stein rundum eingesunken.

Dann öffneten sich die ersten Türen, um die Leute zur Arbeit zu lassen, zum Geschäft, zur Schule, der Berufsverkehr begann, und das Gefühl war fort.

Nackt unter Sponsoren

Oder wie mein Leben auf der Straße begann

Mein gesamter weiterer Reiseplan brach in der Minute zusammen, als ich wieder nach Berlin kam.

Ich sah mir meine Finanzen noch einmal genau an und hatte wieder mal dieses bekannte Gefühl, das einen beschleicht, wenn die Schecks anfangen zu platzen. Das Geld würde nicht für die gesamte Reise reichen.

Meine Vorbereitungen hatten viel länger gedauert als gedacht. Ich hatte Laptop, Digitalkamera und Website nicht mit eingerechnet. Als ich davon ausging, Hotels für 50 Mark die Nacht zu finden, hatte ich mir was vorgemacht. Dieses Loch in Hamburg war eine Ausnahme gewesen.

Dann das Auto. Ich hatte ein paar Details übersehen. Die Idee war, ein neues Auto zu kaufen und es nach der Reise wieder zu verkaufen, aber den Wertverlust hatte ich nicht bedacht. Ein echter Abenteurer würde wissen, wo es tolle Gebrauchtwagen gibt, wahrscheinlich hätte er längst einen. Mit Vorbereitungen, Hotelpreisen und Websites würde er sich nicht aufhalten. Er würde einfach einen Schlafsack in den Kofferraum werfen, losfahren und das Buch aus dem Kopf schreiben, sobald er wieder daheim ist. Ich bin aber keiner von diesen Camel-Trophy-Typen. Ich bin ein erwachsener Bücherwurm, der ein funktionierendes Nahverkehrssystem genauso zu schätzen weiß wie die Gelegenheit zum Whiskypreisvergleich in ein paar netten Bars.

Ich mußte mir Geld beschaffen. Schnell. Unglücklicherweise ist das eine weitere Sache, in der ich nie besonders gut gewesen bin.

Ich schrieb ein Dutzend New Yorker Literaturagenten an. Ich schilderte ihnen meinen Plan, ein Buch über die Reise zu schreiben, und fragte an, ob sie vielleicht Lust hätten, ein paar Verleger anzusprechen, die Interesse daran haben könnten, mir einen Vorschuß zu bezahlen?

Nur eine Antwort erhielt ich. Ob ich nach New York kommen könne, um sie zu treffen?

Auf dem Rückweg vom Weihnachtsfamilientreffen legte ich einen Zwischenstopp ein. Das Gebäude lag an der Upper West Side, zwischen lauter Säulen, Wasserspeiern und Limousinen. Das war meine erste Begegnung mit der glitzernden New Yorker Verlagswelt, und ich war aufgeregt. Ich wurde in ein Büro geführt, wo eine Powerfrau im Hosenanzug wissen wollte: »Wird Ihr Buch so ähnlich sein wie *Under the Tuscan Sun*?«

Ich kannte dieses Buch. Es war ein Reisebuchbestseller über eine gutgestellte Poetin und Hobbyköchin, die ein Sommerhaus im sonnigen Italien kauft. Es war durchtränkt von sanftem Licht, das sich auf Hügel und Dörfer ergießt.

»O ja, sehr ähnlich«, sagte ich. »Nur … auf andere Weise. In meinem Buch gibt es mehr … Regen.«

»Nun, ich kann gern mal reinschauen, wenn es fertig ist«, sagte sie, »aber ich muß Sie warnen, ich bin jüdisch und kann Deutschland überhaupt nicht leiden.«

Wieder in Berlin. Ich trieb mich bei Gebrauchtwagenhändlern herum. Bis mir endlich ein Licht aufging: Sponsoring.

Es ist so eine Sache mit dem Sponsoring. Am Anfang machte ich mir Sorgen, ich würde meine Seele an die Industrie verkaufen müssen. Als mir langsam dämmerte, daß die Industrie kein großes Interesse an meiner Seele hatte, verstärkte ich meine Bemühungen. Ich konzentrierte mich auf Autohersteller, weil die Reise mit dem Auto stattfinden sollte. Jeden einzelnen in Deutschland habe ich angerufen – bis auf Porsche (das konnte ich mir einfach nicht vorstellen). Alle wimmelten mich ab.

Ich wollte schon ernst machen mit dem kleinen Fiat im süßen Seventies-Look, der in einer Ecke beim Gebrauchtwagenhändler vor sich hin rostete, als das Telefon klingelte. Es war Volkswagen. Eine neue Mitarbeiterin der Sponsoringabteilung. »Wir sollten uns kennenlernen«, sagte sie.

Wir trafen uns in einem schicken Berliner Café. Ich hatte einen Stapel Papiere und Tabellen vorbereitet, inklusive einer Einschätzung meiner Zielgruppe (wohlhabend und sehr, sehr erpicht auf Autokauf). Sie war an alldem nicht interessiert. »Unsere Sponsoringflotte ist ausgebucht«, sagte sie. »Alles, was wir Ihnen geben können, ist ein Sharan für drei Wochen im Mai.«

Immerhin mußte ich nicht nach New York fliegen, um das zu erfahren. Ich wollte schon gehen, als sie eine neue Idee hatte.

»Wissen Sie was? Ich kenne ein paar Kollegen bei Volkswagen Nutzfahrzeuge in Hannover. Warum fragen wir die nicht einfach nach einem Van für Sie?«

»Sind diese Vans nicht richtige Benzinfresser?«

»Die neuen Dieselmotoren sind phantastisch«, sagte sie. »Und diese Vans sind sehr modern und voll ausgestattet. Sie können praktisch da drin leben. Das spart Hotelkosten.«

»Sagten Sie Hotelkosten?«

Ein paar Wochen später stieg ich am Tor der VW-Nutzfahrzeuge-Werke in Hannover aus dem Taxi. Ich war vorbereitet auf einen Raum voller Anwälte, die vor meiner Nase mit Papieren wedelten und einen Haufen Unterschriften von mir wollten. Ich hatte mich schon auf einen Kampf eingestellt (»Zweimal pro Seite! Öfter werde ich VW nicht erwähnen, ich bin Künstler!«), aber ich hatte keine Ahnung, was ich tun würde, falls sie ihr Angebot zurückziehen sollten.

Besorgt marschierte ich in das kleine Glashaus am Tor und sagte, ich sei hier, um einen Van abzuholen. Ein Security-Mann gab mir ein Formular zum Unterschreiben. Mit schwitzenden Händen las ich es durch. Es gab eine Bedingung: Ich mußte den Van zurückbringen, wenn ich fertig war.

»Ist das alles?«

Er sagte, der Mann von der Sponsoringabteilung sei gerade nicht da und könne mich leider nicht persönlich begrüßen. Ein andermal.

»Ich meine ... ist das alles?«

»Was soll denn noch sein?«

Ich unterschrieb schnell.

Dann gab er mir die Schlüssel und deutete auf eine Reihe futuristischer Vans auf dem Parkplatz. Stromlinienförmige schicke Boxen, die silbern in der Sonne funkelten. Der zweite von links, »California Coach« genannt, war mit einem Faltdach ausgestattet, unter dem ein Bett eingezogen war. Dazu besaß er Kühlschrank, Herd und Spüle und genug Stauraum für Lebensmittel, Klamotten und eine kleine Bibliothek. Es war ein Hippiemobil der dritten Generation, designt für Aussteiger mit hohen Erwartungen an den täglichen Komfort. Ich ging rüber und stellte mich meinem neuen Zuhause vor. Die Reise konnte weitergehen.

Das Kind von Konstantinopel

Wie eine Zwölfjährige die Herzen der Barbaren gewann

An einem sonnigen Aprilmorgen am Bosporus verkaufte der Kaiser von Byzanz seine Nichte, ein hübsches junges Mädchen namens Theophanu, als Braut an einen fremden Mann. Daß dieser Fremde der künftige Kaiser Deutschlands war, kann kein großer Trost für sie gewesen sein.

Wir befinden uns im frühen Mittelalter, im Jahre 972 – vierhundert Jahre vor Störtebeker. Ein Hauch von Barbarentum hing noch über Europa, das allgemein eher bekannt war als »diese Gegend, die früher mal das Römische Reich war«. Alles nördlich der Alpen galt als das Hinterland der Hinterländer. Die Königreiche dort bestanden größtenteils aus Stämmen, die von Kriegerkönigen geführt wurden, die weder lesen noch schreiben konnten, aber mit einem ordentlichen Selbstbewußtsein gesegnet waren.

Byzanz dagegen, das war die Zivilisation. Byzanz war mächtig, arrogant und dekadent und hielt sich für den einzig wahren Nachfolger des alten Rom – und das zu Recht. (Manch ein Europäer beschimpfte es voll Neid als verdorben und verlottert.) Hier im Herzen von Byzanz wuchs Theophanu auf, hier, im großartigsten Palast der Welt, wurde sie zur Prinzessin erzogen – im Palast von Konstantinopel, in dem die Mosaiken nicht nur die Wände, sondern auch die Fußböden bedeckten und der Marmor aus Ägypten importiert war.

»Konstantinopel, mein Gott, das war eine Stadt, wo zigtausend Einwohner lebten und die seit dem 3. Jahrhundert aufs kostbarste ausgebaut worden war«, erzählte mir die Kunsthistorikerin und Byzanz-Spezialistin Petra Sevrugian. »Den Palast muß man sich wie ein riesiges Unternehmen vorstellen. Es wird davon berichtet, daß der Kaiser sich inszenieren ließ wie vor einer Theaterkulisse. Da wurden Vorhänge aufgezogen, und der Thron schwebte vom ›Himmel‹ hernieder und so weiter. Den Gesandten, die aus dem Westen, aus Europa, kamen, ist der Kinnladen heruntergefallen.«

Um das mit heutigen Verhältnissen zu vergleichen, stellen Sie sich einfach vor, daß der amerikanische Präsident eines schönen Tages seine Nichte ins Oval Office bestellt. Sie kommt direkt vom Shoppen und trägt ein Dutzend Markennamen am Körper. Sie hat nur Jungs, Partys, Fernsehklatsch, den letzten Cliquenskandal, den nächsten Sommertrip nach Kalifornien im Kopf. Da eröffnet ihr der Präsident: »Ich habe tolle Neuigkeiten! Du wirst schon bald First Lady sein! Von Botswana!«

Und jetzt stellen Sie sich vor, daß sie gerade mal zwölf Jahre alt ist. So alt war Theophanu, als sie von ihrer Familie für immer Abschied nahm.

Die meisten Gelehrten meinen, daß die Menschen im Mittelalter diese wohlbehütete Etappe, die wir Kindheit und Jugend nennen, einfach übersprungen haben. Sie waren Kleinkinder, bis sie sieben waren, danach waren sie erwachsen. Anstatt ein paar Jahre zu haben, in denen sie ihre Persönlichkeit entwickeln, sich selbst finden und bei McDonalds rumhängen konnten, wurden sie ins Kloster geschickt, zu Kriegern trainiert, ihre Hochzeiten wurden arrangiert.

Aber so leicht kann man die Biologie nicht vom Tisch wischen. Selbst im Mittelalter muß die Pubertät so um die

Dreizehn zugeschlagen haben. Während Teenager-Könige den Thron bestiegen und Teenager-Mütter künftige Herrschergenerationen aufzogen, wurden sie dabei ständig von Hormonwellen überschwemmt. Ich werde bereits nervös, wenn ein Teenager sich nur meine Playstation ausleiht.

Was die frühe Kindheit betrifft, sind einige Historiker der Ansicht, daß Kinder nicht geliebt wurden, bevor sie nicht mindestens sieben Jahre alt waren. Die Wahrscheinlichkeit, daß ein Kind die ersten Jahre überlebte, war so gering, daß es den gefühlsmäßigen Aufwand, ein Kleinkind zu lieben, einfach nicht wert war. Falls das Kind es fertigbrachte, sieben zu werden, hatte es eine faire Chance. Vorher waren jede Umarmung, jeder Kuß reine Verschwendung.

Michelina von Pesaro ist ein gutes Beispiel dafür. Sie wollte in einen Konvent eintreten und ihr Leben Gott widmen, war aber mit einem kranken Kind geschlagen. Also versprach sie im Gebet, Gott zu dienen, wenn er nur das Kind sterben lassen würde. Daraufhin kam eine Stimme vom Himmel: »Ich möchte deinen Sohn im Himmel an meiner Seite haben. Ich befreie dich von seiner Liebe.« Und zack, schon war das Kind tot und Michelina auf bestem Wege, eine Heilige zu werden. (Sie hat es zwar nur bis zur Seligsprechung geschafft, aber immerhin.)

Heutzutage halten wir Kinder für das Wertvollste, das wir haben. Sie sind unsere Zukunft, denn wir glauben, daß wir eine Zukunft haben. Im Mittelalter, wo der Tod an jeder Ecke lauerte, war man glücklich, eine Gegenwart zu haben. Kinder mochten vielleicht später einmal wertvoll sein, aber im Hier und Jetzt war das Wertvollste, was man hatte – Erwachsene.

Zugleich aber bemühten sich die Leute im Mittelalter sehr ums Kinderkriegen. Junge Mädchen wurden schon früh dazu angehalten, Kinder zu produzieren und bloß nicht wieder damit aufzuhören. Je mehr man bekam, desto mehr würden überleben. Es war eine einfache Rechnung.

Theophanus Aufgabe in Deutschland würde es sein, Kinder zu kriegen.

Den ersten Schritt auf europäischen Boden tat Theophanu in Rom. Von diesem Ort früherer Pracht waren nur noch Ruinen geblieben, die seit Jahrhunderten langsam verfielen. Kaum war sie mit großem Troß dort eingetroffen, begegnete sie dem Mann, der ihre Heirat arrangiert hatte: ihrem zukünftigen Schwiegervater, dem Kaiser von Europa, Otto dem Großen.

Otto wird wahrscheinlich ein bodenlanges rotes Gewand getragen haben, dekorativ gemustert und an der Schulter mit einer juwelenbesetzten Fibel zusammengefaßt. Er entstammte jedoch keiner langen Linie von reichen, verwöhnten Bürokratenpolitikern wie die Kaiser von Byzanz. Er war vor allem ein Krieger. Sein größtes Bravourstück war das Abschlachten der Horden von Slawen gewesen, die Europa seit Generationen heimgesucht hatten, bis er sie ein für allemal gestoppt hatte. Das war genau die Art von Aufgabe, für die ein König jener Zeit gemacht war. Otto war der richtige Typ dafür: kein Anführer, der von einem fernen Hügel aus die Schlacht verfolgt – nein, er war mittendrin und hackte sich voran mit seinem Schwert.

Doch das war längst nicht alles. Er brachte die mächtigen und widerborstigen deutschen Fürsten unter seinen Gehorsam und Italien gleich mit dazu, das damals offiziell ein Teil des deutschen Reiches war. (Eigentlich gab es kein »deutsches Reich« oder gar ein »Deutschland« im Mittelalter. Die Gebiete, die wir heute als Deutschland und Italien kennen, bildeten damals gemeinsam den Großteil des Heiligen Römischen Reiches. Es bedurfte eines knallharten Herrschers, um diese kunterbunte Sammlung von Ländern und Stadtstaaten zusammenzuhalten, und vor Otto hatte es die letzten zweihundert Jahre auch keiner geschafft.)

Diese Hochzeit nun war ein politischer Schachzug. Es

ging nicht um den Bräutigam, es ging allein um den Vater. Dies war sein Eintritt in die bessere Gesellschaft. Otto der Große hatte es zwar zum größten Herrscher in Europa gebracht, doch ihm fehlte noch, daß das größte aller Reiche, Byzanz, ihn als gleichwertig anerkannte.

Aus diesem Grund hatte er Diplomaten nach Konstantinopel geschickt, um eine Heirat zwischen seinem Sohn und der Tochter des byzantinischen Kaisers auszuhandeln. »Auf keinen Fall«, hatte der byzantinische Kaiser gedacht, »werde ich meine eigene Tochter in die Arme eines Barbaren schicken.« Lieber schickte er seine Nichte.

Als Otto erfuhr, wen man ihm da untergeschoben hatte, kochte der mächtige Krieger vor Zorn. Das einzig Logische wäre gewesen, sie umgehend zurückzusenden – und Otto war kein Mann, der Angst davor gehabt hätte, eine Beleidigung mit einer Beleidigung zu vergelten. Doch vorher nahm er sie erst einmal genau unter die Lupe. Dies war der Augenblick der Entscheidung für das Mädchen. Ist sie in Tränen ausgebrochen, oder hat sie alles an hochnäsiger, großspuriger, byzantinischer Arroganz zusammengerafft, bis der alte Barbar zugeben mußte: »Wow! Das ist es, wofür ich bezahlt habe!«

Ich weiß nicht, wie Theophanu es angestellt hat, aber als der alte Otto von dem Treffen mit ihr zurückkam, war die Heirat beschlossene Sache.

Das Paar hatte nicht viel gemeinsam. Otto junior sprach den damaligen Dialekt Sachsens, Theophanus Muttersprache war Griechisch. Otto war siebzehn und hatte sicher schon ein paar sexuelle Abenteuer hinter sich, vielleicht sogar Kinder. Die zwölfjährige Theophanu dagegen hatte kaum die Pubertät erreicht.

Am Anfang dachte ich: Das arme Kind wird in ein fremdes Land abgeschoben und zur Heirat gezwungen! Nicht gerade romantisch. Jetzt weiß ich: Diese Frau zu bemitleiden ist eine Beleidigung. Mit ihren zwölf Jahren war Theophanu erwachsen. Dies war der Beginn ihrer politischen Karriere. Sie hat keine Liebe erwartet.

Genau das macht ihren Ehevertrag so außergewöhnlich.

Er liegt tief im Westharz, in den niedersächsischen Staatsarchiven von Wolfenbüttel, in einem flachen Betonbungalow in einem verschlossenen Raum. In diesen Raum kam ich nicht ohne den Archivdirektor und einen Security-Mann. Dieser schloß die Tür hinter uns ab, noch bevor wir die verhüllte Vitrine in der Mitte des Raumes erreicht hatten. Die Decke wurde nicht abgenommen, bevor alle Lichter gedimmt waren.

Unter dem Glas lag ein eigenartiges Kunstwerk: ein Pergament, das etwa anderthalb Meter lang und knapp einen halben Meter breit war. Es war dunkelblau und geschmückt mit sechzehn scharlachroten runden Emblemen, die einen Löwen zeigen, der ein Kalb zwischen seinen Krallen hält und einen Greifen, der dabei ist, eine Hirschkuh entweder zu reißen oder zu besteigen. Die Bilder schienen zu sagen: »Ein mächtiger Kaiser und eine mächtige Kaiserin halten ihr Volk in einer schrecklichen und zärtlichen Umarmung.« Silber und Gold, Honig und Indigo wurden für die Farben verarbeitet, und um ein sattes Rot zu erzielen, auch wenn keine teuren Purpurschnecken zur Verfügung standen, wurde Krapplack benutzt. Über alldem liegt ein leuchtend goldener Schriftteppich.

Die blumige Einleitung beschreibt die Heirat als Institution »zum Hervorbringen der Nachkommenschaft in wechselseitiger und unauflöslicher Liebe«, aber dann kommt der interessante Teil: die Hochzeitsgeschenke für die Braut, aufgezählt in goldenen Lettern.

Die Liste enthält vollständige Provinzen in Italien und Deutschland, inklusive all ihrer »Burgen, Häuser, Knechte und Mägde, Gebiete, Feldfluren, Weinberge, Wiesen, Wälder ... und Wasserläufe, Mühlen, Fischereien, allen Dingen, die zu den genannten Höfen oder Provinzen ... ungeschmälert gehören.«

Das war mehr als nur Besitz – das war ein Refugium ganz für sie allein. Diese Provinzen gehörten ihr persönlich, und jedermann, der dies in Frage stellte, mußte mit Strafe rechnen. Otto senior und Otto junior sagten ihr damit: Wir wissen, daß du hier ohne Familie und fremd bist. Wir werden dich mit einem Platz versorgen, an den du dich flüchten kannst, wenn du in Gefahr bist, und mit einer Einkommensquelle für harte Zeiten. Wisse, daß wir alles tun, was in unserer Macht steht, um dir zu geben, was du brauchst. Wir wollen, daß du bleibst.

Ich habe noch nie einen so romantischen Ehevertrag gesehen.

Als Theophanu nach einem anstrengenden Ritt über die Alpen in Deutschland eintraf und fragte, wo denn nun der Palast sei, muß sie ganz schön dumm geguckt haben. Deutsche Kaiser hatten keine feste Residenz. So etwas gab es nur im Märchen – oder in Byzanz. Sie waren ständig unterwegs. Das deutsche Reich war eine Ansammlung solch grundverschiedener Territorialstaaten, daß Otto der Große ziemlich schnell die Kontrolle darüber verloren hätte, wenn er nicht in regelmäßigen Abständen überall aufgetaucht wäre, um seine Leute auf Linie zu bringen. Die waren natürlich nicht gerade entzückt, wenn sie hörten, daß der Kaiser mal wieder im Anmarsch war. Das Gesetz verlangte, ihm Verpflegung und Unterkunft zu gewähren, und der Kaiser reiste stets mit einer riesigen verwilderten Schar hungriger Höflinge, Sekretäre, Diener, Soldaten und Packtiere an. Um die Gastfreundschaft seiner Vasallen nicht überzustrapazieren, hielt sich der Kaiser auch einige über das Land verstreute kaiserliche Paläste – seine Kaiserpfalzen. Unter Theophanus Besitzungen war ein solcher Palast.

Nach einer Fahrt durch die Berge des Harzes durchquerte ich eine weite Ebene grüner und gelber Felder, bis das kleine Örtchen Tilleda plötzlich mitten aus dem Nichts aufzutauchen schien. Oben auf einem unscheinbaren Hügel fand ich schließlich die Ruine. Der Ticketschalter am Eingang war leer. Ich klingelte, und nach einiger Zeit erschien eine Frau, die mich argwöhnisch beäugte, als ich ihr sagte, ich wolle eine Eintrittskarte. Tilleda ist nicht gerade eine berühmte Touristenfalle.

Der Gipfel des Hügels wirkte wie die historische Version eines aufgegebenen Grundstücks in der Bronx: ein Gebiet etwa so groß wie ein Fußballfeld, voller Gruben und Steinhaufen, wo vereinzelt ein paar grob verputzte Hütten aus Flechtwerk standen. Nicht weit entfernt konnte man den mächtigen Kyffhäuser erkennen. Bevor sie die Ausgrabungsstätte verließen, hatten die Archäologen die Steine so arrangiert, daß sie die ursprünglichen Grundrisse der Gebäude anzeigten, ein paar der einfacheren Gebäude hatten sie sogar wieder hochgezogen. Als sie hier gruben, fanden sie Kinderspielzeug und Würfel, die aus Knochen geschnitzt waren, eine Halskette, ein paar Gürtelschnallen und 368 Skelette. Die gehörten den Leibeigenen, Knechten und Mägden, die für den Palast arbeiteten. Sie wohnten in mit Lehm verputzten winzigen Flechthütten, die kleiner waren als ein modernes Schlafzimmer. Die Hütten besaßen kein Fundament, sondern wurden in rechteckige Gruben gesetzt, was billiger war, als ein ordentliches Fundament anzulegen. Die Bewohner mußten dann eben den ganzen Tag mit kalten Füßen und Triefnasen umherlaufen.

Im Hintergrund stand eine Trennmauer, hoch genug, um zur Verteidigung zu dienen. Dahinter befand sich der eigentliche Palast.

Viel besser als das Areal vor der Mauer sah er nicht gerade aus. Wenn man von dem Fundament ausgeht – was leider alles ist, wovon man ausgehen kann –, war es bloß eine

Reihe schmaler Räume. Der »Große Saal« war ungefähr so geräumig wie ein modernes Wohnzimmer. Alles sah beengt aus.

Die Kapelle grenzte direkt an den Turm, in dem Theophanu vermutlich schlief (es war der am besten zu verteidigende Teil des Palastes). Eine Menge Burgen, die ich gesehen habe, waren so gebaut: königliches Schlafzimmer, Kapelle. Wenn wir nachts nicht schlafen können, wandern wir in die Küche, schauen grübelnd in den Kühlschrank und schmieren uns ein Butterbrot. Wenn eine Kaiserin des Mittelalters nicht schlafen konnte, ging sie rüber in die Kapelle.

Man sagt, daß Theophanu, auf ihrer ständigen Rundreise von einem Vasallen zum nächsten, Tilleda nur ein einziges Mal im Leben besucht hat. Sie muß ein eindrucksvoller Anblick für ihre Leibeigenen gewesen sein, als sie eingeritten ist. Ich sehe sie geradezu mit offenen Mündern (und kalten Füßen) in den Türen ihrer Lehmhütten stehen, während die Kaiserin den Hügel heraufkommt.

Abbildungen von ihr zeigen eine elegante Frau mit einem hübschen herzförmigen Gesicht. Auf einer Elfenbeinschnitzerei jener Zeit sieht man sie neben ihrem Mann. Otto trägt die Tracht eines westlichen Kaisers. Theophanu trägt ein knöchellanges Gewand, um ihre Schultern ist eine golddurchwirkte, mit Juwelen besetzte Schärpe gewickelt, und um ihren Hals trägt sie einen breiten Juwelenkragen, wie ihn die byzantinischen Kaiserinnen trugen: ein Kollier aus Gold und Emaille, mit Perlen aus Bergkristall, Amethysten und weiteren wertvollen Steinen besetzt.

Am nächsten Tag war sie bereits wieder verschwunden, doch die Erinnerung an ihre Erscheinung muß Tilleda für Generationen begleitet haben.

An der Ausgrabungsstätte gab es eine Snackbar mit einer Terrasse und einer Mikrowelle. Ich scheuchte die Snackbar-Frau aus ihrer dunklen Küche auf und bestellte mir eine Suppe und einen Kaffee.

Die Frau erzählte mir von Tilleda, dem Dorf zu Füßen des Palastes. Tilleda veranstaltet jedes Jahr ein Kirschkuchenfest, bei dem an die sechzig verschiedene Arten Kirschkuchen mit Hilfe sechzig verschiedener Arten Kirschen gebacken werden. Es gibt endlos viele Wege, Kirschen in einen Kuchen zu bringen, und die Hausfrauen von Tilleda erfinden ständig neue Methoden.

Während sie sprach, blickte sie über die weiten Felder zum Horizont. Sie war diesen Anblick gewohnt. Es war einsam hier oben. Theophanus Leibeigene, die hier oben jahrein, jahraus lebten und arbeiteten, müssen ab und zu mit einem ähnlichen Ausdruck in die Ferne geblickt haben. Für einen Moment sah es so aus, als würde auch die Snack-bar-Frau auf den Tag warten, an dem ihre Kaiserin wiederkehrt.

Theophanu muß wie Lady Di gewesen sein. Die Deutschen schauten darauf, wie sie sich kleidete, was sie mit sich führte, wie sie auftrat, und sagten sich: Mehr davon!

Historiker bemerken einen dramatischen Anstieg in der deutschen Kunstproduktion, kurz nachdem Theophanu hierherkam. Besonders das Kunsthandwerk wuchs und gedieh unter dem byzantinischen Einfluß. Theophanu brachte einen üppigen Brautschatz mit unbezahlbaren Kunstschätzen aus ihrer Heimat mit: Elfenbeinschnitzereien, emailüberzogene Ikonen, farbenfrohe Stoffe und Kleider, Geschirr und Besteck, Truhen und Möbel, prächtige Altardekorationen. Die Deutschen waren betört.

»Es gab hier (in Europa) schon Luxuskunst, aber weniger als im Osten«, erklärte mir Sevrugian. »Hier fehlte die Klientel, und auch die Einstellung. Es gab größere Probleme mit Kriegszügen und generell damit, das Überleben zu sichern.«

In Byzanz dagegen blühten die Künste ohne Unterbrechung seit der Antike. »Die hatten in Byzanz Fertigkeiten, die man im Westen nicht hatte«, sagte Sevrugian. »Hier war man bemüht, sie zu lernen und zu übernehmen.«

Ich traf Sevrugian in Halberstadt im Ostharz. Sie war Kustodin des dortigen Domschatzes. Hinter dem Hauptgebäude des Domes führte sie mich durch lange, dunkle Hallen und gesicherte Türen bis in die Schatzkammern: Vitrinen voller byzantinischer und deutscher Artefakte lagerten dort. Aus Bergkristall geschnittene Meßkelche und Flaschen, ein Pokal, der zu einem Reliquienbehältnis wurde, indem man ihn mit einem Deckel und einem Gestell aus Gold ausgestattet hatte, ein bischöflicher Chormantel aus byzantinischer Seide. Falls Sie sich fragen sollten: Wie sieht tausendjährige Seide aus?, kann ich Ihnen versichern: abgenutzt.

Vor hundert Jahren dachte man noch, daß all dies zu Theophanus Brautschatz gehört hatte, aber seitdem haben Historiker ermittelt, daß das meiste davon nach ihrer Zeit produziert wurde. Doch Theophanu hat damals höchstwahrscheinlich ganz ähnliche Sachen mitgebracht.

»Wenn Sie eine byzantinische Prinzessin von zwölf Jahren wären«, fragte ich, »was für Dinge würden Sie mitnehmen?«

»Heilige«, sagte Sevrugian.

Theophanu vertraute den Heiligen ihrer Heimat, mit denen sie aufgewachsen war, den römischen Märtyrern des frühen Christentums. Sie glaubte an sie. Später, als Kaiserin, weihte sie ihnen in Deutschland viele Kirchen und Schreine.

Einer ihrer Lieblinge war Pantaleon. Er war ein Leibarzt des römischen Kaisers, der als Christ denunziert und hingerichtet wurde. Ich denke, Theophanu mochte ihn, weil er der Schutzheilige von Ärzten und Hebammen war, und als Frau des Kaisers mußte sie sich den Gefahren der Geburt viele Male aussetzen. Aber das Mittelalter war eine morbide Zeit. Vielleicht war die Legende seiner Hinrichtung noch inspirierender für sie.

Pantaleon, so stellte sich heraus, war ein sturer Hund. Sie wollten ihn verbrennen, aber Christus erschien und löschte die Fackeln. Sie tauchten ihn in kochendes Blei, aber Christus stieg zu ihm in den Bottich, und das Blei wurde kalt. Sie versenkten ihn im Ozean, warfen ihn wilden Tieren vor, flochten ihn aufs Rad, versuchten ihn zu köpfen, aber nichts klappte. Die Tiere liebten ihn, das Schwert wurde weich. Als sie es endlich schafften, ihn umzubringen, dann nur, weil er endlich Mitleid mit ihnen hatte und ihnen die Erlaubnis gab. Die Moral der Geschichte: Nichts kann dich umbringen, es sei denn, du erlaubst es. Das war eine Botschaft, die Theophanu sich einprägte.

Nikolaus war ein weiterer Favorit. Der Bischof von Myra war bekannt für seine Wohltätigkeit und Freundlichkeit jungen Menschen gegenüber. Man sagt, er rettete drei Schulkinder, die von einem Metzger getötet und eingepökelt worden waren. Ganz recht, eingepökelt. Eine weitere Geschichte besagt, daß er eines Tages von den drei Töchtern eines verarmten Adeligen hörte, die in ein Bordell verkauft werden sollten, da ihr Vater sich keinen Brautschatz leisten konnte. Kein Brautschatz, kein Ehemann. (So war das damals: Männer wurden bezahlt, um zu heiraten, was ich für eine großartige Tradition halte, über die man ruhig noch mal nachdenken sollte.) Nikolaus warf drei Säcke voll Gold durch ihr Fenster und versorgte sie so mit genügend Geld, um einen Ehemann zu finden.

Theophanu war nicht die einzige, die den spendablen Nikolaus liebte. Er ist noch heute der populärste Heilige der Welt. Theophanu half dabei, ihn in Deutschland groß rauszubringen, und hier war es, wo er später zum Weihnachtsmann wurde.

Der Dritte im Bunde war Demetrius, der Schutzpatron der Soldaten.

Sevrugian zeigte mir eine uralte Reliquie. Es war das Blut von Demetrius.

»Ist das wirklich sein Blut?« fragte ich.

»Ja und nein«, sagte Sevrugian. Sie erklärte mir etwas über Reliquien, das ich nie zuvor gehört hatte.

Man zitiert die mittelalterliche Verehrung von Reliquien gern als Beispiel dafür, wie dumm die Menschen damals waren. Wenn man all die echten Splitter des Kreuzes zusammensetzt, die in den Kirchen Europas liegen, dann hat man am Ende tausend Kreuze, so das Argument. Wie kann man nur so leichtgläubig sein?

Aber für all jene unter Ihnen, die nicht katholisch sind: Es existieren zwei Sorten Reliquien, die echten – und die sogenannten Berührungsreliquien. Dinge von der zweiten Sorte wurden nur dadurch zu Reliquien, daß sie in Kontakt mit den echten Reliquien kamen. Das »Blut des Demetrius« ist Öl, das an seinem Grab vorbeigetragen wurde und so die heiligen Qualitäten seines Blutes annahm. Wären die Reliquienmacher Betrüger gewesen, hätten sie diesen Aufwand, all das Öl an Demetrius' Grab zu schaffen (der immerhin gleichzeitig in Thessaloniki und Sirmium begraben liegt), gar nicht erst betrieben.

Das »Blut des Demetrius« war eine Miniaturreliquie an einer Kette, zierlich genug, um es um den Hals zu hängen und unter der königlichen Kleidung zu verstecken. Der Anhänger bestand aus Gold und Emaille und hatte ein Porträt von Demetrius auf einem kleinen Deckel, der über einem winzigen Fach angebracht war, das hinter einem Fensterchen eine Miniaturbüste des Heiligen enthielt. In einem weiteren Extrafach dahinter war eine kleine Flasche mit dem Öl/Blut. Das Ganze hätte problemlos in ein Überraschungsei gepaßt.

Er war genau die Art Glücksbringer, wie sie kleine Mädchen wahrscheinlich heute noch mit sich herumtragen. Heute wäre er wohl pink und gelb und mit Blümchen oder Fotos von Boygroups verziert. Er hätte genauso viele Geheimfächer, in denen man ein Foto seines Lieblings-Fernsehstars verstecken kann oder den Glücksstein, den man beim letzten Familienurlaub am Meer gefunden hat.

Für eine zwölfjährige Prinzessin war er der perfekte Talisman. Sie konnte sich heimlich daran festklammern, wenn sich das Schiff von der Kaimauer in Konstantinopel löste und Kurs auf Europa nahm.

Es war Sommer geworden, etwas, das niemand in Deutschland für selbstverständlich hält. Magdeburgs Hauptpromenade ist vierspurig und an einer Seite mit endlosen Reihen von Wohnhäusern im Zuckerbäckerstil gesegnet. Die sechsstöckigen Fassaden sahen tatsächlich wie leckere Torten aus, limonengelb und strahlend weiß. In der Mitte der Promenade befindet sich ein Café.

Ich nahm Platz, schlürfte einen sündhaft süßen Eiskaffee und schaute den Teenies nach, die vorbeiliefen. Die Magdeburger Mädchen trugen alle enge Tops und Hosen in Neonpink, Zartorange und Zitronengelb und überdimensionale Plateauschuhe. Die Jungs kamen daher wie Bodybuilder, mit sehr kurzem Haar und gebräunter Haut, hart erworben in billigen Sonnenstudios. Sie fuhren ihre Autos mit offenem Verdeck.

Es war eine herrliche Show, und ich mußte daran denken, was ein Engländer mal über die Magdeburger Frauen gesagt hatte: »Sie sind die schönsten Frauen Deutschlands. Vielleicht sind Napoleons Truppen, die damals hier durchzogen, nicht ganz unschuldig daran.«

Unterwegs stellte ich immer wieder fest, daß es verdammt schwer war, lebende Menschen zu finden, die so toll waren wie meine mittelalterlichen Helden. Auf der Suche nach einer modernen Theophanu sprach ich mit diversen Ausländern beiderlei Geschlechts (Griechen, Türken, einem halben Dutzend Amerikanern, Engländern und Iren, die für eine Sprachschule arbeiteten), aber niemand erinnerte mich an sie.

Endlich aber fand ich jemanden.

Es war in der »Zone«, einem städtischen Jugendzentrum in Magdeburg, wo die Kids umsonst im Internet surfen konnten. Es bestand nur aus ein paar Zimmern mit einem schmutzigen Teppich, einem Kühlschrank, ein paar Computern und alten Sofas und brummte vor Leben. Der Leiter der Zone rief drei Mädchen zusammen, die bereit waren, mit einem Journalisten zu reden. Ganz gewöhnliche Kids.

»Was würdet ihr machen, wenn ihr Kaiserin von Deutschland wärt?« fragte ich sie.

»Äh ... weiß nicht ... eine Einkaufsmeile bauen, denke ich«, sagte die erste.

»Ich würde eine Mauer errichten für Graffitisprayer«, meinte die zweite.

Sie waren alle in Theophanus Alter – doch so viel jünger. Vielleicht waren die Leute im Mittelalter einfach anders gestrickt.

Doch dann sagte das dritte Mädchen: »Ich weiß nur, ich will nicht arbeitslos sein mit fünfunddreißig.«

Da horchte ich auf.

Es war Elina. Sie war siebzehn, hübsch, schmal und blaß, trug Secondhandklamotten und eine dicke schwarze Brille, die ihr gut stand. Sie erzählte, daß sie nicht von hier stammte. Sie war Aussiedlerin aus Moldawien und sprach erst seit ein paar Jahren Deutsch.

»Ich bin meinem Schicksal dankbar, daß ich nach Deutschland kam«, sagte sie. Das hört man nun wirklich nicht von durchschnittlichen deutschen Teenies – Dankbarkeit ist echt uncool. »Hier hat jeder eine Chance, er muß es nur wollen. Die Kinder, die in Deutschland geboren sind, verstehen nicht, was das wert ist. Die wollen mehr und mehr und wollen nichts dafür tun. Man kann nicht im Leben alles machen, was man will.«

Die Aussiedlung nach Deutschland war eine zweischneidige Sache. »In Moldawien«, sagte sie, »tropfte es vom Dach.

Wenn man in einem Dorf sitzt, stellt man sich Deutschland als eine Art Paradies vor, wo es viele Restaurants gibt. Dann komme ich hierhin und sehe die Rechten Bier trinken auf der Straße und denke, so ist es in ganz Europa – die Welt ist nicht so, wie ich sie mir vorgestellt habe.«

Das Leben hier war schwieriger, als sie erwartet hatte. Ihre Mutter sprach kein Deutsch, also mußte sie die Verantwortung für die Familie übernehmen. Sie wurde in der Schule nicht mit offenen Armen willkommen geheißen. Doch irgendwann schlug alles in Entschlossenheit um. »Ein Jahr lang habe ich mich über jede Kleinigkeit gefreut. Im zweiten Jahr habe ich die Wahrheit gesehen und gesagt, willst du zurück? Erst mal bist du hier – mach was draus.«

Plötzlich fiel mir ein, woher ich diesen Biß in ihrer Stimme kannte: Es war die Entschlossenheit der Immigranten. Man hält Immigranten für ein amerikanisches Phänomen: Sie kommen in Scharen in der Hoffnung auf ein besseres Leben, glauben, die Straßen sind mit Gold gepflastert, werden natürlich enttäuscht und entschließen sich dann, etwas aus ihrer Situation zu machen. Immigranten haben einen riesigen Vorteil im Vergleich zu anderen: Sie haben klar vor Augen, welcher Herausforderung sie gegenüberstehen.

Und hier bin ich über genau die gleiche Geschichte gestolpert, mitten in Deutschland. Elina war die Art Mensch, der Amerika groß gemacht hat, und ich zweifelte nicht daran, daß sie, wenn sie nur die Chance bekommt, Deutschland ebenso den Gefallen tun würde.

Theophanu kam aus einer weit privilegierteren Situation als Elina, aber auch sie war eine Immigrantin, und sie stand vor der gleichen Herausforderung: das Beste aus einem Leben in einem fremden Land zu machen.

Elina war meine Theophanu.

Einst ein industrieller Gigant der DDR, hatte Magdeburg seit der Wende schwer zu kämpfen. Es sah aus, als ob die

Magdeburger alle zehn Jahre plötzlich von dem Drang ergriffen wurden, alles zu renovieren, aber mittendrin die Energie verloren und sich dachten: »Wozu der ganze Aufwand? Wird ja doch wieder abgerissen.« Die ganze Stadt machte einen unfertigen Eindruck. Auch der Dom. Technisch gesehen ist er ein gotisches Meisterwerk, aber sein ausgefeiltes Zierwerk, seine Portale und beeindruckenden allegorischen Skulpturen werden ständig von nackten Flächen unterbrochen, wo etwas niedergerissen worden war – und nie wieder ersetzt wurde. Als ob man ein Buch liest, in dem jede zweite Seite herausgerissen ist. Als ich den Dom leicht verstört verließ, fiel mir eine Fotokopie auf, die an der Tür klebte und ein recht außergewöhnliches Ereignis später in der Nacht ankündigte.

Es dämmerte bereits, als ich wiederkehrte. Der zugige Dom war dunkel und voller Echos. Ich gesellte mich zu einer Gruppe von vielleicht hundert verhuschten Frauen in rustikalen selbstgestrickten Pullovern und einigen passiv blickenden Männern, die im Zentrum der Kirche in altem Chorgestühl rund um einen Altar saßen. Zwischen uns befanden sich die Gebeine von Otto dem Großen. Sie lagen in einem schlichten rechteckigen Sarkophag, der von einer Marmorplatte bedeckt war. Es war der 7. Mai 2001. Es war sein 1028. Todestag.

Zwei evangelische Pastoren zündeten feierlich Kerzen an und legten einen Kranz auf den Sarkophag, mit einer Schleife, auf der stand: »Felix erat mundi dum Otto sceptum gerebat« – »Glücklich war die Welt, solange Otto das Zepter führte«. Wir beteten und sangen Psalmen zu Ottos Ruhm. Die Pastoren priesen ihn und rezitierten mittelalterliche Gebete. Draußen ging die moderne Welt ihren Geschäften nach, hier drinnen aber waren wir wahrhaftig dabei, zu den Gebeinen eines toten Kaisers zu beten. Wie herrlich mittelalterlich!

In diesem Jahr entdeckte die ganze Region Otto den Großen gerade wieder. Konfrontiert mit einer darniederliegenden Wirtschaft, hohen Arbeitslosenzahlen und einer tiefen Selbstbewußtseinskrise, hatte die Landesregierung von Sachsen-Anhalt gerade eine teure Roadshow namens »Kaiserzug« auf die Beine gestellt, die durch die kleinen Städte der Region zog, wo dann große Partys mit viel Bier und Bratwurst und Otto-der-Große-Musicals gefeiert wurden. Die Regierung investierte auch eine Menge in eine bedeutende Ausstellung über Ottos Zeit, die bereits jetzt in aller Munde war. Das einzige, was sie nicht taten, war, Otto zu bitten, wiederzukehren wie einst König Artus, um Sachsen-Anhalt wieder mächtig zu machen. Doch genau das wollten sie vielleicht am meisten.

Theophanu war Teil von Ottos Masterplan. Ihr Job war es, Kinder zu kriegen. Eine der wichtigsten Ideen mittelalterlicher Politik war schließlich die Dynastie. In dem Augenblick, in dem ein mittelalterlicher Herrscher den Thron bestieg, egal welchen, begann er sich bereits Sorgen zu machen, wie er ihn für die Familie sichern konnte. Was hatte man davon, alle seine Cousins zweiten Grades vom Thron wegzubeißen, wenn einer von denen ihn sowieso erbte, sobald man starb?

Otto hatte einen Sohn, aber keine Enkel. Theophanus Aufgabe war es, die Krone für eine dritte Generation Ottos zu sichern. Sie kam gerade rechtzeitig. Ein Jahr nach der Hochzeit starb Otto der Große. Nun, da Otto II. auf dem Thron saß, wurde es höchste Zeit, Otto Nummer drei zu produzieren. Als König und Krieger führte Otto II. ein riskantes Leben, und es lungerten genug zwielichtige Cousins herum.

Einer davon war Heinrich, der Herzog von Bayern. Er machte keinen Hehl daraus, daß er scharf auf den Thron war. Schon früh hatte sich Heinrich der Zänker, wie er später genannt wurde, mit zwei anderen Fürsten zusammengetan und gegen Otto II. rebelliert. Sie verloren, und Otto nahm Heinrich sein Herzogtum weg und warf ihn sogar ins Gefängnis. Heinrich brach aus, tat sich mit einem anderen Rebellen zusammen und ging wieder auf Otto los. Das war die Art Nerverei, mit der man sich als Kaiser täglich rumzuschlagen hatte.

Vielleicht war Theophanus Körper einfach noch zu jung dafür – in den ersten drei Jahren wurde sie überhaupt nicht schwanger. Selbst als sie dann Kinder bekam, machte sie das zwar sehr gut, hatte aber dennoch das Thema verfehlt: Die ersten drei waren Mädchen.

Ich kann mir vorstellen, daß ihr langsam Selbstzweifel kamen: »Bin ich eine Versagerin?« Wenn sie sich nicht selbst damit quälte, dann taten es andere für sie. Ihr schlimmster Feind war ihre Schwiegermutter Adelheid, die ihre Macht bei Hofe durch die junge Byzantinerin gefährdet sah. Ausgetragen wurde der Streit natürlich auf dem Rücken des armen Otto II.: Historische Aufzeichnungen deuten an, daß die beiden Frauen in ständigem Clinch darüber lagen, wer mehr Einfluß auf den jungen Kaiser hatte.

Acht Jahre dauerte es, bis Theophanu endlich Otto III. geboren hatte. Nur drei Jahre später starb ihr Mann.

Plötzlich war die dreiundzwanzigjährige Theophanu, Mutter eines dreijährigen Kaisers, zur Reichsverwalterin für ihren Sohn geworden – und damit selber regierende Kaiserin von Europa.

Es gab nur einen Haken bei der Sache.

Theophanu war bei ihrem Mann in Rom gewesen, als er an Malaria starb. Ihr Sohn aber war bereits nach Deutschland zurückgebracht worden und befand sich in der Obhut des Erzbischofs von Köln.

Als sich in Deutschland die Neuigkeit verbreitete, daß Otto II. gestorben war, begann ein Verwandter sich sogleich um das Wohl des kleinen Otto III. zu sorgen. Tatsächlich war er dermaßen besorgt, daß er stracks zum Erzbischof von Köln ritt und die Herausgabe des Kindes verlangte. Der Erzbischof gehorchte, und der sorgende Verwandte ritt mit dem dreijährigen Kaiser in spe von dannen.

Der besorgte Verwandte war Heinrich der Zänker.

Theophanu hatte ein ernsthaftes Problem.

Auf Parkplätzen zu schlafen ist ein Vergnügen, an das man sich erst gewöhnen muß. Der erste Eindruck ist: Ich liege hier in einem Metallkasten am Wegesrand. Das fühlt sich falsch an.

Hoch in den Harzer Bergen fuhr ich eine lange, gewundene Straße entlang, die von »Campen verboten«-Schildern gesäumt war. Um mich herum nur Wald. Doch es war schon spät, und alles war verlassen und abgeschieden. Ich parkte am Straßenrand und zog die Vorhänge zu.

Nach einer Weile war es draußen völlig dunkel und still. Ich schaltete die Lichter aus und öffnete die Schiebetür zum Wald hin. Geräusche erhoben sich: Ein Vogel schnatterte wie ein mißhandeltes Waschbrett. Wind rauschte die Berghänge hinunter und peitschte durch die Baumwipfel. Gelegentlich ein Hupen von der weit entfernten Autobahn. Ich war eigentlich nicht die Art Mensch, die gern allein im Wald übernachtet.

Etwas raschelte im Gebüsch. Etwas Großes.

Für diese Art Geräusch kamen nur zwei Dinge in Frage: ein Wildschwein, von denen es hier nur so wimmelte, oder ein Serienmörder.

Wenn ich sofort in den Fahrersitz gesprungen wäre, hätte ich entkommen können. Doch ich zögerte. Ich wollte ein Buch über diese Reise schreiben, oder? Was sollte ich denn schreiben, wenn nie was passierte? Ich mußte mich den Dingen stellen.

Ich trat in die Dunkelheit hinaus. Der Wald schwieg. Noch ein Schritt. Nichts. Ich rief: »Ist jemand da draußen?« Kein Grunzen, kein Pieps, nicht mal ein Echo.

Es war zu spät. Das Serienkiller-Wildschwein war schon weitergewandert auf der Suche nach anderen Delikatessen.

Am nächsten Morgen war alles grün, frisch und irgendwie erstaunlich freundlich. Ungeduscht und vollkommen entkoffeiniert folgte ich der engen Straße durch den dichten Harzer Wald. Diese Berge waren wahrhaftig wie Eisen. Ich ließ das Fenster offen, während ich an gewaltigen Gesteinsbrocken vorüberfuhr, und lauschte den Geräuschen des kühlen Waldes über dem leisen Surren meiner Reifen. Die Straßen schmiegen sich an die Hänge und winden sich um schwere Granitklippen und an hingeduckten Eichen, Buchen und Fichten vorbei. Ich konnte die Stämme fast berühren, wenn ich vorbeifuhr. Ich konnte die Kühle der Schatten zwischen ihnen spüren.

Plötzlich tauchte die Straße in ein Tal hinab, in dem ein riesiger Stausee in der hellen Morgensonne funkelte. Die Berge erhoben sich auf beiden Seiten, und das Wasser war spiegelglatt. Ich hielt an einer Zufahrtsstraße und atmete in dieser frühmorgendlichen Schönheit der Landschaft erst einmal tief durch. Angemessen wäre gewesen, in dieser Kathedrale der Natur zu beten, aber Schönheit inspiriert verschiedene Menschen zu verschiedenen Dingen. Auf einer Brücke mit Blick über den See goß ich mir Wasser in eine Tasse und ging ans morgendliche Zähneputzen. Es war das angenehmste Zähneputzen meines Lebens.

Ich fuhr nach Gernrode, wo Theophanu oft in die Kirche gegangen war.

Es ist schwer, Gebäude aus ottonischer Zeit zu finden, die noch intakt sind oder nicht bis zur Unkenntlichkeit verändert. Ihre Burgen und Paläste sind schon lange dahin – so etwas wie Tilleda zu entdecken war reine Glückssache. Meine einzige Hoffnung, irgend etwas so zu sehen, wie schon Theophanu es erblickt hatte, lag bei den Kirchen. Die in Gernrode sollte ziemlich nah dran sein am Original.

Sie war, wie ich mir mittelalterliche Kirchen immer vorgestellt hatte: schlicht und stark, mit schweren Mauern und fest in die Erde gerammten dicken Türmen. Sie war vier oder fünf Stockwerke hoch, und lange Reihen romanischer Fensterbögen zogen sich rund um jedes Stockwerk. Der Westchor war perfekt gewölbt, als ob er so gewachsen sei, und erinnerte mich an eine steinerne Schwangerschaft.

Innen kann man die Poesie der Einfachheit spüren. Das Kirchenschiff ist ein rechteckiger Raum, der direkt zum Himmel aufsteigt, ohne dabei über Schnickschnack wie Heiligenstatuen, Putten und golden strahlende Sterne zu stolpern. Die Decke verschwindet nicht in dämmriger und unerreichbarer Ferne, sondern ist direkt über dir, hoch, aber in Sichtweite, hell und geräumig. Wenn die Kirchendecke den Himmel darstellen soll, dann wirkt sie in einem gotischen Dom so eng, daß es verdammt schwer ist, hineinzukommen; der romanische Himmel aber heißt dich willkommen. Viele halten romanische Kirchen ja für grobe Klötze, aber ich finde sie elegant. In so einem Gebäude kann ein Ritter beten. In voller Rüstung. Neben seinem Pferd.

Außen war nur nackter Stein, innen waren die Wände eierschalenweiß gestrichen. Doch damals muß alles bunt gewesen sein, rot vielleicht. Zu Theophanus Zeit war die Kirche ein Kloster. Theophanu wird oben auf der Galerie gestanden haben, auf halber Höhe, vielleicht hat sie den Nonnen beim Singen gelauscht. Ich saß unten und ließ meine Gedanken schweifen. Je höher der Blick wandert, desto leichter fühlt man sich, als könne man durch die reine Weite des Kirchenraums einfach emporsteigen und alles hinter sich lassen.

Als ich in dieser Kirche in Gernrode saß, verstand ich, warum manche Leute sagen, das Mittelalter war gar keine so finstere Zeit, wie wir immer denken.

Inzwischen war es fast Mittag, und ich hatte noch nichts gegessen. Hungrig durchstreifte ich das winzige Gernrode auf der Suche nach einem Frühstück. Endlich fand ich ein Café in einem schattigen Hof, der mit einem Jägerzaun und einer monströsen Kuckucksuhr dekoriert war. Und wenn ich monströs sage, dann meine ich monströs. Die Kuckucksuhr bedeckte die gesamte Hauswand. Ich war zufällig auf das Gelände der Harzer Uhrenfabrik gestolpert, genau vor die »Größte Kuckucksuhr nördlich des Schwarzwaldes«.

Als ich die Kellnerin, wahrscheinlich eine Hausfrau aus der Nachbarschaft, nach einem Frühstück fragte, runzelte sie die Stirn und zeigte mir die Karte: kein Frühstück. Ich hatte es geahnt.

»Ich brauche irgendwas, das wenigstens nach Frühstück aussieht. Ich bin schon den ganzen Morgen unterwegs und kurz vorm Verhungern.«

Sie wollte mir helfen, aber ihr waren die Hände gebunden.

Es gibt eine Sache, die man wissen muß, wenn man mit Deutschen verhandelt. Ich nenne es das »Laß-sie-nein-sagen-Prinzip«. Die erste Reaktion eines Deutschen ist es, »nein« zu sagen. Nein zu sagen beruhigt sie und macht ihren Kopf klar. Wenn man sie es erst einmal aussprechen läßt, ist es aus dem Weg, und man kann sich den eigentlichen Verhandlungen widmen.

»Tja«, sagte ich. »heute ist wohl nicht mein Glückstag. Ich schätze, ich muß das Frühstück überspringen. Was ist mit Mittagessen? Haben Sie was zum Mittagessen mit, sagen wir mal, Eiern drin?«

»Wir haben Strammer Max«, sagte sie hilfreich.

»Und hier sehe ich Leberkäse«, sagte ich. »Was, wenn ich die Eier vom Strammen Max nehme und mit dem Leberkäse kombiniere? Könnte ich das tun?«

»Das steht aber so nicht auf der Karte«, sagte sie skeptisch. »Ich wüßte nicht, was ich Ihnen dafür berechnen soll.«

»Vielleicht könnte Ihr Chef sich einen Preis ausdenken.«

»Ich könnte mal fragen.« Es klang, als würde sie langsam Gefallen an der Idee finden.

»Und was ist mit Orangensaft und Kaffee?«

»Das kann ich Ihnen bringen.«

»Das wäre wundervoll«, sagte ich.

So kam ich zu meinem Frühstück im Schatten der größten Kuckucksuhr nördlich des Schwarzwalds. Es war die Mühe wert. Als die Uhr elf schlug, öffneten sich zwei mit Blumen verzierte Türen oben im zweiten Stock, und ein gigantischer blaugrauer Plüschkuckuck kam raus, rief »Kuckuck«, und die Türen schlossen sich wieder.

Ich war begeistert.

Die Geschäftsführerin und Mitbesitzerin hieß Doris Brettschneider – eine freundliche und bestimmte Frau Ende Fünfzig. Als sie und die anderen Besitzer 1997 bemerkt hatten, daß das Dach ihrer Fabrik genauso aussah wie das Dach einer Kuckucksuhr, beschlossen sie, die größte Kuckucksuhr der Welt zu bauen. Doch als sie ihr Meisterwerk vollendet hatten und beim *Guinness-Buch der Rekorde* einreichten, brach die Hölle los. Der derzeitige Kuckucksuhren-Rekordhalter im Schwarzwald reagierte mit einer einstweiligen Verfügung. Dann maß er seine Kuckucksuhr noch mal nach und verkündete, daß sie doch nicht 14 Meter hoch war, wie früher berichtet, sondern plötzlich 15! Die Gernroder Kuckucksuhr maß nur 14,5 Meter.

Normalerweise mißt man das Pendel nicht mit, sondern nur das Vogelhaus. Doch als der Schwarzwälder von der neuen Konkurrenz hörte, addierte er flugs sein meterlanges Pendel zur Gesamthöhe und schlug so die Gernrode-Uhr um einen halben Meter. Gernrode besaß kein Pendel. Seitdem heißt die Harzer Uhrenfabrik nur »Größte Kuckucksuhr nördlich des Schwarzwaldes«.

Zu sozialistischen Zeiten war die Harzer Uhrenfabrik Ostdeutschlands Antwort auf den Schwarzwald gewesen.

Die Schwarzwälder konnten ihre Uhren nicht hinter den Eisernen Vorhang exportieren, und Gernrode hatte keine Konkurrenz. Bis die Mauer fiel.

Die Treuhand beschloß, daß eine Kuckucksuhrenfabrik außerhalb des Schwarzwalds keine Chance auf dem freien Markt haben würde. Laut Brettschneider sprach der Mann, der diese Entscheidung traf, mit einem stark schwäbischen Akzent.

»Wir haben uns gesagt: Wir können aber nur Kuckucksuhren machen«, sagte Brettschneider. Gemeinsam mit ein paar Kollegen kauften sie die alten Gebäude und Maschinen vom Staat und stellten zwölf Leute wieder ein. Statt unter der starken Konkurrenz ihrer »überlegenen westdeutschen Rivalen« zusammenzubrechen, produzieren sie inzwischen 50 000 bis 70 000 Kuckucksuhren im Jahr, haben 45 Angestellte und machen Millionenumsätze. Ihre Kuckucksuhren werden in alle Welt exportiert, einschließlich Amerika.

Einige sogar in den Schwarzwald.

Die Altstadt von Quedlinburg sieht aus, als habe ein Architekt eine Stadt für Hänsel und Gretel bauen wollen. Unzählige Gäßchen schlängeln sich zwischen den Fachwerkhäusern, deren gekreuzte Balken braun, ochsenblutrot, grau, gelb, knallrot und blau gestrichen sind. Kein Haus sieht aus wie das andere. Wenn man durch die Stadt geht, scheinen ihre Farben ineinanderzufließen.

Der Hügel in der Mitte der Stadt hat sich seit Theophanus Zeiten verändert, aber nicht sehr: Die aufwendigen Fachwerkhäuser da oben, eins fast auf das andere gebaut, die dikken romanischen Kirchtürme, die massiven Steinmauern waren dieselben wie damals. Sie stiegen aus dem Hang empor, als seien sie ein Teil von ihm.

Auf diesem Hügel erlebte Heinrich der Zänker seinen ersten Triumph.

Der Historiker Gerd Althoff von der Universität Münster

erklärte mir später, daß der Zänker keineswegs der durchgedrehte Outlaw war, für den man ihn heute halten mochte. Das Mittelalter war nicht so gesetzlos, wie wir glauben. Die Gesetze waren lediglich nicht ganz so hinderlich wie heute.

Als Otto II. starb, war Heinrich sein engster Verwandter in Deutschland. Das gab ihm das Recht, das Kind Otto III. in seine Obhut zu nehmen.

Was Heinrich nicht konnte, war, die Herrschaft ohne Zustimmung der Landesfürsten an sich zu reißen. Er hatte zwar den Jungen, aber er mußte noch viel Überzeugungsarbeit leisten. Also machte er sich auf den Weg. Das wichtigste Territorium außerhalb seines Bayern war Sachsen, die Heimat der Ottonen. Er feilschte und schmeichelte sich von Fürst zu Bischof und warf mit Unmengen von Geld um sich, bis er eine gute Handvoll von ihnen auf seiner Seite hatte.

Dann mußte er damit an die Öffentlichkeit.

Heinrich beschloß, Ostern in Quedlinburg alles dingfest zu machen. Alle Fürsten Sachsens waren versammelt. In der Kirche oben auf dem Hügel ernannte er sich selbst zum Stellvertreter des Kaisers, des kleinen Otto III., und bat um ihre Zustimmung.

Obwohl Theophanu in diesem Landstrich mehr besaß und hier mehr zu Hause war als irgendwo sonst, stimmten ungefähr die Hälfte der Fürsten für Heinrich. Verurteilen Sie sie nicht. Es ging nicht darum, eine Mutter wieder mit ihrem Kind zu vereinen (das sowieso in den nächsten Jahren jederzeit sterben konnte), es ging darum, ob sie von einem ausländischen Mädchen regiert werden wollten oder von Heinrich.

Heinrich hatte viele Jahre in Bayern regiert. Er hatte gute Kontakte, war gerissen, mächtig und ein guter Schwertkämpfer. Er war einer von ihnen. Ein Porträt von ihm zeigt einen spinnenbeinigen Mann mit Halbglatze, Pferdegesicht und struppigem Bart und, als ob das nicht reicht, auch noch mit Hasenzähnen und Schielaugen. Theophanu war also mit Sicherheit attraktiver als er, hatte aber bis jetzt noch nicht selbständig regiert. Wäre ich damals dabeigewesen und hätte auf einen Gewinner tippen müssen, auch ich hätte womöglich Heinrich gewählt.

Theophanu blieb vorerst in Norditalien, vielleicht aus Furcht um ihr Leben. Aber sie war durchaus nicht starr vor Angst. Die Alpen summten und brummten vor Boten, die hin und her ritten. Sie forderte Gefallen ein. Sie bat um Rat und Beistand. Sie machte Versprechungen. Sie verteilte Geld.

Sie bekam Unterstützung von unerwarteter Seite: Schwiegermutter Adelheid, die sich Sorgen machte, daß ihre Familie den Thron verlieren würde, aktivierte ihr Netzwerk. Mathilde, die Schwester von Otto II. (sie war Äbtissin, ausgerechnet in Quedlinburg), tat das gleiche. Theophanu hatte gute Kontakte zu einigen mächtigen Bischöfen, die bei anderen Fürsten ein gutes Wort für sie einlegten.

Die Stunde der Wahrheit kam in Frankfurt, wo Heinrich bei den wichtigen fränkischen Fürsten eine Menge teurer Lobbyarbeit geleistet hatte. Doch das hatte Theophanu auch getan. Als sich die Fürsten versammelten, stimmten sie für sie.

Das Mädchen hatte gewonnen.

Fast drei Jahre hatte es sie gekostet.

Theophanu kehrte nach Deutschland zurück, und Heinrich lieferte ihr den sechsjährigen Jungen aus. Das war ihre Chance, den Fürsten endlich ins Gefängnis zu werfen und ganz Bayern dem Erdboden gleichzumachen. Aber sie tat es nicht. Heinrich war noch immer ein respektierter Herzog. Sicher, er hatte ihr Kind entführt und versucht, ihr die Krone zu stehlen, aber wie die Mafiosi sagen, das war nicht persönlich gemeint. Der aristokratische Kodex verlangte, ihn mit seinem ursprünglichen Rang wieder in die adelige

Gemeinschaft aufzunehmen, der er angehörte, und genau das tat Theophanu auch.

Aber nicht, ohne klarzustellen, wer hier der Boß war.

Theophanu berief eine Versammlung von Fürsten ein, und zwar auf demselben Hügel, auf dem einmal die Hälfte der sächsischen Fürsten für Heinrich gestimmt hatte. »Es wird berichtet, daß während der Messe kein Wort gesprochen wurde«, sagte Althoff. »Das ist ungewöhnlich. Dann kam die Feier. Es war die Gegenfeier zu Heinrichs einstiger Osterfeier in Quedlinburg. Doch es war nicht genug damit, daß Theophanu anerkannt worden war. Heinrich mußte gedemütigt werden. Diesmal diente ihr der Herzog bei Tisch. Das war ganz außergewöhnlich. Daß die höchsten Leute sich als Diener zeigen – das ist ein dickes Ding.«

Das ganze Reich konnte es sehen: Theophanu war nun endgültig Kaiserin des Heiligen Römischen Reiches geworden.

Sie muß recht gut in ihrem Job gewesen sein. Obwohl es weltpolitisch eine Menge Ärger gab, war das Erstaunliche an ihrer Herrschaft, daß zu Hause die Lage friedlich blieb.

»Es gibt fast kein Jahrzehnt, in dem ein erwachsener männlicher König nicht ein Problem hat«, betonte Althoff. »Das ist eine Welt ohne ein Gewaltmonopol. Jeder, der beleidigt wird, hat das Recht, auf Waffengewalt zurückzugreifen. Theophanu hat solche Probleme nicht gehabt – das sagt etwas aus über sie.«

Ich fragte mich, wie sie das fertiggebracht hat. Sie hatte offenbar ein Netzwerk von Bischöfen. Sie wußte ihre Stellung als Mutter gegenüber der Großmutter zu nutzen. Aber wie hält eine junge Frau eine Bande roher Krieger in Schach?

»Keine Ahnung«, sagte Althoff. »Ob mit Schmeichelei, Schönheit oder eher mit Härte – man weiß es nicht.«

Theophanu wurde die Regentschaft über ihren Sohn gemeinsam mit ihrer Schwiegermutter Adelheid gegeben.

Die beiden kabbelten noch ein Weilchen miteinander, bis Theophanu ihre Schwiegermutter aus dem Machtbereich herausgedrängelt hatte. Beleidigt zog sich Adelheid auf ihre Burgen in Italien zurück.

Theophanu hatte nicht mehr viel Zeit. Sie starb acht Jahre nach Otto II., im Jahre 991, an einer unbekannten Krankheit. Ihr Sohn war elf, nicht alt genug, um selbständig zu regieren. Sogar das Mittelalter hatte Altersgrenzen. Der Junge mußte noch drei Jahre warten, bevor man ihm die Weltpolitik anvertraute. In der Zwischenzeit kam die gute alte Großmutter Adelheid doch noch einmal ans Ruder.

Gemessen an der späteren Politik des jungen Kaisers, ist Theophanu seine Erziehung wirklich gut gelungen. Otto III. schien eine umfassende politische Vision gehabt zu haben, fast als ob er das Heilige Römische Reich in ein besseres Byzanz verwandeln wollte. War das Theophanus Einfluß gewesen?

Viele denken, Otto III. hätte ein besserer Kaiser werden können als sein Großvater, Otto der Große, wenn er noch ein Weilchen am Leben geblieben wäre. Doch Otto III. starb mit 22 Jahren, genau wie sein Vater an Malaria. Seine Tragödie war die gleiche, die Theophanu im ersten Teil ihres Lebens gerade noch knapp verhindern konnte – mit Otto III. brach die Dynastie ab. Er starb ohne einen Nachfolger. Als die Fürsten zusammentraten, um ein neues Oberhaupt zu wählen, wählten sie einen anderen Heinrich – den Sohn von Heinrich dem Zänker.

Theophanu war 31 Jahre alt, als sie starb, und wurde auf ihren Wunsch in der Kirche Sankt Pantaleon in Köln begraben. Als sie spürte, daß das Ende kam, schnitt sie sich die Haare ab und legte die Tracht einer Nonne an, um den Himmel als einfache Dienerin Gottes zu betreten – begleitet wahrscheinlich nur von dem Heiligen, den niemand umbringen konnte, bis er es selbst erlaubte.

Später auf dieser Reise, als ich in der Nähe des Rheins war, fuhr ich nach Köln und besuchte Sankt Pantaleon. Es ist eine romanische Kirche, weiträumig und schlicht. Theophanu liegt in einem modernen weißen Sarkophag. Nicht allzu viele Leute wissen davon. Falls in Köln mal harte Zeiten anbrechen, werden die Kölner nicht anfangen, Theophanu anzubeten, um die Moral zu heben. Doch wenn Otto der Große ein gutes Vorbild abgibt, dachte ich, kann das Theophanu auch. Ich zündete eine Kerze für sie an und stellte sie zu den anderen, die bereits für sie brannten. Nur Stunden vorher hatte eine entfernte Nachfahrin von Theophanu, eine Prinzessin namens Theophana, einen Kranz auf den Sarkophag gelegt.

Bis zu diesem Tag muß ich mir Theophanu wohl immer als Zwölfjährige mit goldenem Herzen vorgestellt haben, wie sie in Konstantinopel das Schiff besteigt – denn als ich die Kerze auf ihren Sarkophag stellte, dachte ich bei mir: »Gut gemacht, kleines Mädchen.«

Aber dann erschrak ich, denn ich konnte förmlich hören, wie sie mir die Leviten las: »Wer glaubst du, der du bist, so mit mir zu reden? Du hast es mit der Kaiserin des Heiligen Römischen Reiches zu tun, sieh dich vor!«

Ich zog meine Hand weg und trat einen Schritt zurück.

Zeit fliesst vorbei, vom Ufer aus

Von der Kunst, am Rhein zu leben

Als es Abend wurde, war ich das Techno-Jazz-Gedudel langsam leid, das mein Tramper aufgelegt hatte. Ich hatte ihn bei einem Zwischenstopp in Berlin aufgelesen, und bis wir sein Ziel tief in Westdeutschland erreichten, war es fast Mitternacht geworden. Er konnte nicht genau erklären, wo er hinwollte, also setzte ich ihn auf seinen Wunsch an einer menschenleeren Kreuzung aus, fuhr zurück auf die Autobahn und weiter nach Westen.

Plötzlich tauchte der Boden unter meinen Füßen weg, und für einen Moment schienen die Sterne näher als die Erde. Ich streckte den Hals aus dem Fenster: eine Brücke. Unter mir floß der breite, schimmernde Rhein vorbei. Vielleicht lag es an der einsamen Nacht oder an all den Stunden auf der Straße, aber es kam mir vor, als hätte der Fluß mich erwartet.

Das überraschte mich. Ich hatte einmal am Rhein gelebt – in der kleinen Industriestadt Krefeld –, und damals war er mir ziemlich gleichgültig gewesen. Wann immer ich daran erinnert wurde, daß der Rhein der längste Fluß Deutschlands sei, wies ich darauf hin, daß der Mississippi dreimal so lang ist. Aber heute nacht zu diesem Fluß zurückzukehren fühlte sich an, als löste ich ein schon lange vergessenes Versprechen ein.

Dann war er wieder verschwunden. Die Autobahn führte

über dunkles, flaches Land, und immer mehr holländische Namen tauchten auf den Straßenschildern auf. Ich fädelte mich von Autobahnkreuz zu Autobahnkreuz, bis endlich Xanten erschien. Um diese nachtschlafende Zeit war es eine Geisterstadt mit von Efeu überwucherten schwarzen Mauern, stillen Stadthäusern, Pflastersträßchen und dem Kirchturm.

Am anderen Ende der Stadt gab es eine Reihe von Parkplätzen, viel zu viele für das kleine Xanten. Natürlich waren sie alle leer. Ich kurvte hindurch und parkte in der Nähe des Wassers. Unsichtbare Enten protestierten quakend, als ich die Schiebetür zum Wasser hin öffnete. Es war eine warme Nacht. Ich nahm ein Bier aus dem Kühlschrank, legte eine CD ein und lauschte am Ufer dieses Altrheinarms der sonoren Stimme des alten Germanisten Peter Wapnewski, der die größte Geschichte vorlas, die je über Barbaren geschrieben wurde: *Das Nibelungenlied*.

Keiner glaubt mir, wenn ich behaupte, ein großer Fan des *Nibelungenlieds* zu sein. Für die meisten Deutschen ist es eine der langweiligsten Erinnerungen ihrer Schulzeit. Doch für mich war es immer *Der Pate* des Mittelalters. Ich liebe diesen großartigen Niedergang von einem Zustand des Überflusses in den einer Zerstörung, die dir den Magen umdreht. (Das nächste Mal, wenn Sie jemand mit betroffener Stimme fragen hören: »Warum nur gibt es Krieg in der Welt?«, sagen Sie ihm, er soll das *Nibelungenlied* lesen.) Habe ich schon erwähnt, daß es blutig ist?

Sein einziger Nachteil ist sein Held. Siegfried ist ein fürchterlicher Langweiler.

Zum erstenmal hörte ich von dem Drachentöter auf Hawaii, als ich auf ein Poster meines Lieblingscomiczeichners Bernie Wrightson stieß. Es zeigte einen fellbehangenen Siegfried, der in einer Blutlache stand und erschöpft, aber verklärt wirkte. Ein Drache ohne Kopf lag hinter ihm, ein grüngeschuppter Fleischberg. Blut sprudelte aus seinem durchtrennten Hals wie aus einem Wasserhahn. Ich suchte Bücher über diesen Siegfried-Typen und entdeckte zu meinem Entzücken Conan – das Original. Sogar von den echten Barbaren wurde dieser Kerl als Superbarbar verehrt. Denn die Legende von Siegfried stammt noch aus den Zeiten der Völkerwanderung im 4. und 5. Jahrhundert.

Die Barbaren der Völkerwanderung hatten keinerlei Ähnlichkeit mit Conan. Sie waren armselige Bauern mit einer Vorliebe für spontane Gewaltorgien am Feierabend. Während der Völkerwanderung lebten sie auf der Straße und trieben ihr Vieh vor sich her ins Unbekannte, immer auf der Suche nach fruchtbarem Land. Wenn sie es fanden, mußten sie meist hart darum kämpfen. Wenn sie es hatten, mußten sie es sofort wieder gegen größere Stämme verteidigen, die plötzlich auftauchten. Wenn so ein langer, harter Tag vorbei war, saßen sie ums Lagerfeuer und erzählten sich Geschichten über die Art Kerl, die sie gern gewesen wären.

In seiner Jugend war Siegfried mit außerordentlicher physischer Kraft gesegnet. Heutzutage behaupten wir, physische Kraft zu bewundern, aber ehrlich gesagt finden wir andere Dinge viel toller: zum Beispiel einen guten Geschäftssinn oder Charme. Aber Charme und guter Geschäftssinn waren für niemanden von Vorteil, der gerade Rom zu plündern gedachte. Kraft und rohe Gewalt hingegen schon.

Als der Junge also aufbricht ins Abenteuer in den kalten, nebligen Norden, stolpert er als erstes über einen Drachen namens Fafnir, und ehe man es sich versieht, ist der Drache tot. Mann, ist dieser Siegfried ein starker Barbar! Nach dieser Großtat ist alles weitere eine Reihe von Belohnungen, die er dafür bekommt, er selbst zu sein. Zuerst einmal badet er im Drachenblut, was seine Haut stahlhart und ihn unbesiegbar macht. Als nächstes laufen ihm zwei Prinzen, Brüder aus dem Clan der Nibelungen, über den Weg. Die beiden sind unglaublich reich, aber nicht sehr helle. Sie teilen gerade ihren riesigen Schatz untereinander auf, können sich aber nicht einigen, was fair sei, und fragen Siegfried nach seiner unparteiischen Meinung. Als Belohnung bieten sie ihm ein kostbares Schwert an, das Balmung genannt wird.

Jetzt mal im Ernst: Wenn Sie gerade eine immense Beute am Rand der Landstraße unter sich aufteilen, würden Sie dann den erstbesten Typen, der vorbeikommt, anhalten und nach seiner Meinung fragen? Siegfried nimmt das Schwert dankend an, schlachtet beide Prinzen ab und macht sich mit der blutbefleckten Beute davon. (Behalten Sie diesen gewaltigen Batzen Gold und Juwelen, den Hort der Nibelungen, im Auge. Er entwickelt bald eine Art Eigenleben.)

Zuletzt begegnet Siegfried einem Zwerg namens Alberich. Das mag sich jetzt nicht allzu erschreckend anhören, aber die Geschichte versichert uns, daß Alberich ein »sehr starker« Zwerg sei. Siegfried prügelt ihn windelweich und bekommt als Belohnung Alberichs Tarnkappe.

Bin ich der einzige, der hier das Potential für eine schwarze Komödie sieht?

Ich kann durchaus verstehen, warum die Barbaren der Völkerwanderungszeit diesen Siegfried mochten. In einer Welt der unberechenbaren Gefahren mit einer völlig ungewissen Zukunft wäre jeder gern so unbesiegbar gewesen. Der Drache verkörperte die enormen Risiken, die die Menschen der Völkerwanderung jedesmal eingingen, wenn sie erneut ein unbekanntes Land betraten, der Schatz steht für das Versprechen der Belohnung am Ende aller Mühen: Na, wer kommt mit, Rom plündern?

Ich kann auch verstehen, warum viele Jahre später, im hohen Mittelalter, Siegfried noch einmal so populär wurde. Die Menschen des Mittelalters waren genauso neugierig auf ihre Vergangenheit, wie wir es sind. Um 1200 wurden verschiedene Versionen der Geschichte erstmals niedergeschrieben, darunter auch in der *Edda*. Nur durch diese mittelalterlichen Niederschriften kennen wir die Geschichte überhaupt. Wir wissen nicht, wie sie ursprünglich erzählt wurde.

Was ich nicht verstehe, ist, daß Siegfried auch in der Neuzeit immer wieder populär wurde. Ich würde diesen Typen nicht zum Essen einladen, und ich würde ihn mit Sicherheit keinem meiner Zwergenfreunde vorstellen. Heute paßt er vielleicht in ein Fitneßstudio, doch überall sonst ist er fehl am Platze. Heutzutage erwarten wir auch ein bißchen was Menschliches von unseren Helden, eine kleine Schwäche vielleicht. Siegfried jedoch gelingt alles mühelos. Er ist wie Superman, nur ohne Kryptonit.

»Aber was ist mit dem Lindenblatt?« werden Sie jetzt fragen. Während er im Blut des Drachen badete, landete ein Lindenblatt auf seinem Rücken. An dieser Stelle, die das Blut nicht bedeckte, blieb Siegfried verwundbar. Sie war gerade groß genug, um einen Speer durchzulassen.

Aber was sollte da schon schiefgehen? Es gab keine Zeugen, als er das Bad nahm. Die einzige Herausforderung bestand darin, es niemandem zu erzählen. Ich meine: Wie schwer kann das sein?

Nein, dieser Held wird erst dann interessant, als seine Heldenzeit vorbei ist. Seine erste echte Herausforderung ist, wie immer, die Liebe. Schlimmer noch: die Liebesbeziehung.

Eines Tages hört er von einem Mädchen namens Kriemhild, dem schönsten Mädchen der Welt. Das paßt ja: Er ist der stärkste Mann der Welt. Er muß diese Frau kennenlernen. Also verläßt er Xanten und reist nach Süden, zu einer Stadt namens Worms.

Mein Plan war, ihm den Rhein hinauf dorthin zu folgen. Siegfrieds Heimatstadt war meine erste Station.

Als ich am nächsten Morgen in Xanten ankam, war die Kirche voller Schützen. Sie trugen glitzernde Uniformen mit vielen Tressen und komische Hüte. Einige hielten bunte Banner, andere spielten Tuba, Trompete oder Trommel, und der Priester rief Gott um Beistand an – nicht für sich, aber für sämtliche Politiker und den Papst.

Die Schützenvereine stammen noch aus dem späten Mittelalter, als die Städte Bürgerwehren aufstellten, um sich im Falle eines Angriffs verteidigen zu können. Das war schneller und billiger als eine reguläre Armee. Sie drückten einfach jedermann einen Spieß in die Hand, später ein Gewehr. Die Männer des Xantener Schützenvereins waren unbewaffnet. Alles, was sie anstellen konnten, war, durch die Fußgängerzone zu marschieren, ihre Hörner zu blasen, ihre Trommeln zu schlagen und sich anschließend ordentlich mit ihren Frauen zu betrinken.

Xanten war eigentlich viel zu putzig, um als Heimat eines barbarischen Helden durchzugehen: die uralte Steinbrücke über dem ehemaligen Burggraben, der heute mit Gras zugewachsen ist, die historische Stadtmauer, die engen Pflasterstraßen, der rankende Efeu und die Bougainvilleas, die Leute, die mit ihren Fahrrädern umherfuhren und sich gegenseitig freundlich zuwinkten. Das mußte der Einfluß von Holland sein, das nur ein paar Minuten entfernt ist.

Ich ging zum Fremdenverkehrsamt und sagte, ich sei auf der Suche nach dem hiesigen Siegfried-Experten.

»Besuchen Sie mal den Buchladen um die Ecke«, empfahl mir eine Frau.

»Das mache ich bestimmt«, sagte ich. »Aber bis dahin, wie wäre es denn zum Beispiel mit dem Museumsdirektor?«

»Besuchen Sie mal den Buchladen um die Ecke«, wiederholte die Frau.

So kam ich ins Gespräch mit Wilhelm Müllers in seinem Antiquariat.

Das war so gemütlich mit seinen dicken Teppichen und den hohen Regalen voller ledergebundener alter Bücher in sämtlichen Farben, daß es mir fast peinlich war, keine Pfeife dabeizuhaben. Daß ich nicht rauchte, war keine Entschuldigung.

»Siegfried war eine Lichtgestalt«, meinte Müllers. »Das ist etwas Entmaterialisiertes, es kommt aus einer anderen Welt, einer geistigen Sphäre. Er ist sehr häufig wie eine Art Engel dargestellt worden, wie der Erzengel Michael mit Flammenschwert, der als Wächter dortsteht, und das Böse abwehrt.« Er erklärte mir, warum Siegfried in Deutschland heute kein Held mehr ist, sondern fast so was wie eine Last.

Nach dem Mittelalter war Siegfried in Vergessenheit geraten, bis ihn vor fast 200 Jahren die Romantiker wiederentdeckten. Deutschland steckte mal wieder in einer tiefen Krise. Im Gegensatz zu anderen Ländern Europas schien hier die Zeit stehengeblieben zu sein – denn Deutschland war immer noch eine Ansammlung konkurrierender Kleinstaaten. In diesem Zustand konnte es in Europa nicht mithalten. Um all die Hessen, Sachsen und Bayern geistig zu vereinen, suchten die Intellektuellen nach Gemeinsamkeiten – und fanden sie ausgerechnet im Mittelalter.

»Man brauchte Figuren aus der deutschen Geschichte, die deutsche Tugenden verkörperten«, sagte Müllers. »Das Tapfere, das Strahlende, das Junge. Als die ersten Ideen für ein vereintes Reich wieder aufkamen, da hat man Siegfried als eine Identifikationsfigur installiert.«

Die Romantiker waren in das *Nibelungenlied* regelrecht verliebt. Die Intellektuellen übersetzten es, und Künstler illustrierten es. Wagner verwandelte es schließlich in einen langatmigen Opernzyklus. Ihm war dieses Werk, das um 1200 entstanden war, wohl nicht mittelalterlich genug, also fügte er eine Menge nordischer Götter und magischer Ringe hinzu, bis am Ende eine Art olympische Seifenoper im nordischen Fummel entstanden war.

Als dann die Nazis wieder einen Nationalhelden brauchten, kam ihnen der blonde Held mit dem gestählten Körper gerade recht: Er war der perfekte Posterboy für die Herrenrasse.

»Das *Nibelungenlied* wurde in jeder Schule durchgenommen«, erzählte Müllers. »Jeder Junge sah in Siegfried eine Figur, der man unbedingt nacheifern konnte. Das hatte was mit jugendlichem Pathos zu tun, aber auch mit der Bereitschaft, zu Abenteuern aufzubrechen.«

Heute macht Siegfried die Deutschen nervös. Einerseits ist er eine Erinnerung an die Dummheit der Generation, die auf Hitler hereinfiel; andererseits bleibt das *Nibelungenlied* ein literarisches Meisterwerk. Wie so viele Dinge in Deutschland seit dem Krieg kann man es nicht ignorieren, aber auch nicht richtig genießen. Das *Nibelungenlied* ist wie die Deutschen selbst: verdammt kompliziert.

Wenn Siegfried im 5. Jahrhundert in Xanten gelebt hat, dann war er Römer. Zur Zeit der Völkerwanderung war Xanten eine römische Stadt. Die Xantener haben die antiken Ruinen ausgegraben und teilweise rekonstruiert. Ich machte einen Spaziergang entlang der hohen römischen Stadtmauer mit ihren zahlreichen Wachtürmen, schaute mir die Überreste der Wasserversorgung an und lief das alte Straßennetz ab. Die römischen Villen waren in Rechtecken angelegt, alle Schlafzimmer, Wohnzimmer, Gärten in streng geplanten geometrischen Gruppen. Ich fragte mich, wieviel davon noch stand, als um 1200 das *Nibelungenlied* geschrieben wurde. Genau in der Mitte des Areals steht ein Amphitheater. Es ist heute wieder aufgebaut und dient als Veranstaltungsort für Open-Air-Festivals, was die riesigen Parkplätze vor der Stadt erklärt. Im Mittelalter muß es zumindest teilweise noch intakt gewesen sein. Haben die Xantener damals hier Theater gespielt? Märkte abgehalten? Haben die Obdachlosen hier gehaust? Oder haben sich Liebespärchen heimlich hier getroffen?

Im Mittelalter waren die Römer zwar längst fort, doch sie waren nie wirklich verschwunden. Die Menschen bauten ihre Häuser auf die antiken Fundamente, mit Steinen aus römischen Ruinen. Sie lasen römische Bücher in den Klöstern und reisten auf römischen Straßen. Andere Straßen existierten nicht, andere Bücher gab es nicht. Diese Barbaren wußten, daß sie ihre Gesellschaft auf den Überresten eines gefallenen Giganten errichteten. Trotzdem habe ich noch nie einen Film gesehen, in dem ein Ritter auf dem Weg zum nächsten Kreuzzug fröhlich an einem verfallenen römischen Tempel vorbeireitet.

Das *Nibelungenlied* behauptet, daß Siegfried in einer »reichen Burg« in Xanten aufgewachsen ist. Es hat hier aber niemals eine Burg gegeben. Es gibt viele Theorien darüber, was der Autor mit »Burg« meinte, für mich aber gibt es nur eine schlüssige Erklärung: Er hat dabei an die geheimnisvollen alten Ruinen vor der Stadt gedacht.

Fast eine Woche lang saß ich Nacht für Nacht draußen am Wasser und lauschte dem *Nibelungenlied*. Einmal kam Musik über das Wasser. Es klang ganz nach John Travolta und Olivia Newton-John. Am anderen Ufer zeigte man *Grease* in einem Open-Air-Kino. Die Bilder des Films spiegelten sich im Wasser. Als es zu Ende war, strömten die Autos an meinem Parkplatz vorbei. Ihre Scheinwerfer blinkten durch die Alleen. Dann und wann verließ eins die Kolonne und parkte etwas abseits in der Dunkelheit. Die Autos standen still und reglos da, für eine Stunde oder so, dann leuchteten die Scheinwerfer auf, und sie fuhren wieder in die Stadt.

Ich mußte mehr über diesen Rhein herausfinden, bevor ich weiterfuhr. Und ich mußte es von jemandem hören, der sein ganzes Leben hier verbracht hatte. Also schaute ich bei Werner Böcking auf ein Glas Wein vorbei. Böcking schrieb Bücher über den Rhein, besonders den flachen nördlichen

Teil. Bevor ich etwas über diesen Fluß schrieb, sagte er mir, müßte ich den Unterschied zwischen dem Niederrhein und dem romantischen Rhein verstehen.

Der romantische Rhein weiter südlich, mit seinen lieblichen Weinbergen, gekrönt von Märchenburgen – das war der Touristenrhein.

Böckings Rhein dagegen wimmelte von Lastschiffen und Kränen, Eisstürmen und unterbezahlten Männern, die sich krumm schufteten beim Kohleschaufeln und Frachtverladen. Unter seinen Büchern waren Kurzgeschichten über Schiffskatastrophen, ein Nachschlagewerk über Rheinkähne und eine Geschichte der Schlittschuhe. Inzwischen war er im Rentenalter, trug einen Bierbauch und einen gigantischen Ziegenbart, der aus seinem zerfurchten Gesicht sprang, als ob er nach mir greifen wollte.

Er hatte eine sehr physische Beziehung zur Literatur. Seinen Vorbildern war er in der Nachkriegszeit begegnet, als ein Verlag damit begann, große Literatur in billiger Aufmachung unter die Leute zu bringen. Jeder Roman hatte 50 Pfennig gekostet. Böcking arbeitete damals als Teenager auf einem Bauernhof, wo sie diese Hefte als Toilettenpapier benutzten. Auf diese Weise kam Böcking zum ersten Mal in Kontakt mit Steinbeck, Faulkner, Hemingway und Fitzgerald. »Ich erkannte damals nicht ihren Wert«, räumte er ein.

Heute liest er ihre Bücher wieder und wieder, meist die Ausgaben aus den Fünfzigern und Sechzigern. Jedesmal, wenn er eins durchgelesen hat, notiert er seine Leistung. Hinten in Thomas Wolfes massivem *Von Zeit und Strom* schrieb er: »Es ist geschafft.« Fünf Jahre später, nachdem er es noch mal gelesen hatte: »Es ist abermals geschafft!«

Was mich jedoch am meisten interessierte, war die Ecke seines Wohnzimmers, die seinen eigenen Romanen gewidmet war. Sie nahmen mehrere Regale ein. Jedes Brett enthielt Stapel um Stapel mit Schreibmaschine getippter

Blätter: Abenteuergeschichten, Cowboystorys, Rheinepen. Die Regale platzten aus allen Nähten.

Nicht ein einziger Roman war je veröffentlicht worden.

In Amerika glauben wir, Erfolg sei nur eine Frage der Ausdauer. »Gib niemals auf. Der Erfolg ist zum Greifen nah.« Für Böcking ist der Erfolg als Romanautor nicht zum Greifen nah. Doch er schreibt weiter. Es geht ihm nicht um den Erfolg. Es geht ihm um das Schreiben. Als wir dort saßen und am Wein nippten, Böcking und seine Frau Seite an Seite auf dem Sofa mir gegenüber, dachte ich: Dieser Mann ist wie der Rhein selbst. Er weiß nicht, wo das alles hinführt, er muß einfach weiterfließen.

Banden trieben ihr Unwesen in der Düsseldorfer Altstadt an jenem warmen Sommerabend, als ich dort ankam. In kleinen Gruppen zogen sie von Kneipe zu Kneipe. Die weibliche Clique stieß eine junge Frau vor sich her, die ein heidiartiges Dirndl tragen mußte. Sie schleppte ein Tablett mit Sachen aus ihrer Kindheit mit sich herum, und man zwang sie, alles zu verkaufen: Stofftiere, Glückssteine, einen Schokoladenweihnachtsmann. Von den paar Cent, die sie dafür bekam, mußte sie sich Bier kaufen – und trinken.

Die Männer trugen T-Shirts, das ein Foto ihrer Geisel zeigte. Ich fand mich mit ein paar von ihnen an einer Theke wieder. Der Mann, der auf dem T-Shirt abgebildet war, war in Ketten gelegt. Er versuchte, sich freizukämpfen, aber sie zogen die Ketten nur fester zu und zwangen ihn, noch mehr zu trinken. Bevor sie gingen, nahm ich all meinen Mut zusammen und fragte sie, was sie da taten. Einer aus der Gruppe rief: »Er heiratet morgen!«, und fort waren sie, zur nächsten Bar.

Die Straßen der Altstadt waren überfüllt mit Menschen, schlimmer als am letzten Tag vor Weihnachten. Die Kneipen – und hier gab es nichts anderes als Kneipen – hatten schon Theken draußen in der Fußgängerzone aufgestellt, um die Menge zu bedienen, doch das reichte noch nicht. Trauben von Menschen schwärmten durch die Straßen: wohlhabende Männer mit hängenden Wangen in Jeans und lässigen Mänteln, Sekretärinnencliquen im mittleren Alter, Familien, die ihre Teenager ausführten. Ich stellte mich mitten auf die Straße, mit dem Rücken zur Kneipe, und wartete. Innerhalb von Minuten drückte mir ein Kellner im Vorbeieilen ein Glas goldenes Bier in die Hand, und kaum war es leer, brachte er ein neues.

Am nächsten Morgen war die Altstadt menschenleer und übersät mit Müll. In ihrer Mitte stand die barocke Sankt-Andreas-Kirche. Drinnen war eine andere Welt: ätherische Statuen und himmlische Gemälde, hohe Wände, in Sonnenlicht getaucht. Ein Mönch saß in seinem Beratungsraum. Er trug die cremefarbene Kutte der Dominikaner. Es war ein stämmiger Mann mit einer schwindenden Haarpracht, starkem Bierbauch und einem kräftigen Händedruck.

Wolfgang Siefert war Gefängnisseelsorger. Er betrieb zusammen mit einer Handvoll anderer Dominikaner eine Suppenküche und eine Knastzeitung, kümmerte sich um die Penner in der Altstadt, um ein Männer- und ein Frauengefängnis. Warum geht so jemand heutzutage in ein Kloster? »Ich kann viel verändern hier«, sagte Bruder Wolfgang. Den Rhein, die Altstadt, das Kloster und seine Kirche liebte er genauso wie seine Arbeit. »Ich kann mich weiterentwikkeln. Das ist etwas, das mich glücklich macht.«

Man nannte ihn den ringenden Mönch, und heute hatte er einen seiner Kämpfe. Als Trainer bestand seine Rolle an diesem Abend hauptsächlich darin, die Kinder anzufeuern. In der lauten, verschwitzten Turnhallenatmosphäre blühte er auf. Er mochte es, wie die Mütter und Väter unter den Zuschauern aufkeuchten, wenn ein Kind das andere hoch über den Kopf stemmte, die Beine in der Luft verdreht, und es dann auf die Matte knallte.

Danach teilten wir uns ein Taxi in die Altstadt. Bruder

Wolfgang war aufgedreht und glücklich und trank wie ein Weltmeister. Ich ging zu einem Thema über, das ich schon früher versucht hatte anzusprechen: das Zölibat. »Man stößt sich manchmal eine blutige Nase daran«, meinte er.

Einmal war er verliebt. Das fiel ihm erst auf, nachdem er schon eine ganze Weile mit ihr gearbeitet hatte. »Ich stand da und habe mir gesagt, ich liebe die – das ist evident, das ist überhaupt nicht zu leugnen. Ich habe noch mal ganz neu über das alles nachdenken müssen.«

»Und Sie haben Gott gewählt?« fragte ich.

Die Frage war nie: Gott oder Liebe, sagte er. Selbst wenn er das Kloster verlassen hätte, hätte er Gott noch immer dienen können. Man kann Gott auch in einer Familie dienen.

»Aber was ist mit Ihren Gelübden?« fragte ich. Als Mormone weiß ich über Gelübde Bescheid. Ich habe eine Menge von den Dingern abgelegt, als ich jung war – und sie alle gebrochen, als ich die Kirche verließ.

Er zuckte die Achseln. »Das sind bloß Gelübde«, sagte er. »Mehr nicht.«

Es lief darauf hinaus, welche Art Leben er führen wollte.

»Ich mußte mich fragen, was macht mir Spaß?« sagte er. »Was kann ich? Wo fühle ich mich wohl? Im Kloster habe ich viele Möglichkeiten. Eine Zweierbeziehung beinhaltet für mich nicht den Reichtum, den ich jetzt habe. Ich würde eine Menge Dinge zu tun haben, die wertvoll sind, aber das, was mit mir jetzt geschieht – also, das ist das, was ich auch will.«

Er entschied sich gegen die Liebe.

Das machte mir Sorgen. »Äh … ist das nicht fast … egoistisch?« fragte ich ihn.

»Ja«, gestand er. »Ganz. Deswegen bin ich auch glücklich.«

Während wir uns unterhielten, fiel mir eine Gruppe gutaussehender Frauen in meinem Alter auf. Es waren Sekretärinnen aus Bonn. Sie musterten die Menge, und bald schon standen sie an unserem Tisch. Die Stimmung war ausgelassen, und eine von ihnen hatte ein verstohlenes Lächeln, das ich sehr mochte. Sie wollte wissen, was wir so machten.

Ich deutete auf Bruder Wolfgang, der ganz normale Kleidung trug, und sagte: »Er ist ein Mönch.«

»Ein Mönch?« Ihr fiel der Kinnladen herunter. »Ein echter Mönch?«

Fünf Minuten später war sie mit ihren Freundinnen verschwunden. Fort auf der Suche nach Abenteuern, mit vier aus dem Leim gegangenen Kerlen mit Schnurrbärten, die zufällig vorbeigekommen waren.

In der Nacht wanderte ich durch die äußeren Bezirke der Düsseldorfer Altstadt zurück zum Van. Es war spät geworden. Die Straßen leerten sich langsam, unten am Fluß jedoch führte eine Reihe von Stufen hinab zum Wasser, und die Treppen waren vollbesetzt. Ich konnte die Schemen von Hunderten von Rücken erkennen. Die meisten waren Teenager. Sie saßen in der Dunkelheit, Schulter an Schulter, tranken, flirteten und schauten über das Wasser.

Für eine so große Menge Teenager war es unnatürlich still. Es lag etwas fast Religiöses in dieser Ruhe, als ob sie dem Fluß ihre Ehre erweisen wollten. Ich setzte mich zu ihnen und betrachtete das Wasser. Dieser Fluß benimmt sich anders als der Ozean, den ich gewohnt bin. Der Pazifik schlägt unbarmherzig gegen den Strand, wie in einem tiefen, aber unruhigen Schlaf. Der Rhein fließt gleichmütig dahin. Er wußte, daß wir da waren, doch er ignorierte uns. Er war die Zeit selbst, für immer fließend, nicht anzuhalten.

Und hier am Ufer saßen wir und schauten zu.

In Köln suchte ich den Fluß nach einem Schlafplatz ab und fand einen an der Promenade, nicht weit von der Zoobrücke. Von hier aus konnte ich das Stadtpanorama an der Flußbiegung sehen und den mächtigen Dom, dessen Zwillingstürme alle anderen, weit häßlicheren Erhebungen der Stadt überragten. Wenn die Sonne aufging, verwandelte sie den Fluß in Gold. Abends öffnete ich manchmal ein Bier und schaute den vorbeituckernden schwerbeladenen Schiffen nach, denen das Wasser fast übers Deck spülte. Nachts war der Rhein schwarz wie Gußeisen, und ich konnte durch das Moskitonetz in meinem Zeltdach oben auf dem Van die kalte Brise spüren, die vom Wasser herauffegte.

Die Plätze direkt unter der Brücke waren bereits besetzt von ein paar Wohnwagen. Das waren keine Caravans, in denen eine laute, glückliche Familie Urlaub macht. Dies waren alte Wracks auf Stelzen und Steinen: ein ausrangierter Weinlieferwagen mit einem selbstgebauten Gepäckträger, auf den einige Fahrräder gebunden waren und ein ausgedientes Armeefahrzeug, lila angemalt mit psychedelischen Mustern und den Worten »Unsere Religion ist die Natur«.

Nie sah ich eine Menschenseele kommen oder gehen. Aber eines Morgens, es war bereits in der zweiten Woche, lag ein Stapel persönlicher Habe an der Flußpromenade, direkt vor der Tür des alten Wohnwagens: Kleider, Taschen, Briefe, Kosmetika. Sonst war alles wie immer. Den Tag über durchstöberten Jogger, Kinder und Spaziergänger, die ihre Hunde ausführten, den Stapel, fanden aber nichts, was ihnen gefiel. Als es Abend wurde, war er immer noch da.

Am nächsten Morgen war er fort.

Das hielt ich nicht aus. Ich klopfte an die Tür dieses großen selbstgebauten Caravans. Ein langer, schluffiger Typ in Shorts sagte, ich wäre ihm schon aufgefallen. Sein Name war Thomas, er war Gelegenheits-LKW-Fahrer. Sein Einzimmer-Wohnwagen war ordentlich, aber irgendwie nicht … frisch. Er bat mich herein. Ein anderer Camper war schon zu Besuch, Stefan, ein schlanker junger Mann mit schmalen Augen und einem sinnlichen Grinsen. Espresso kochte auf dem Herd.

Stefan hatte seinen Weinlieferwagen selbst umgebaut. »Zuerst bin ich mit dem Fahrrad überall rumgefahren«, sagte er, »dann mit einem Motorrad, dann mit einem Van wie du, drei Jahre lang – jetzt, seit vier Jahren, mit dem Truck.« Sie erzählten mir von der Polizei, die ab und zu vorbeischaute, und lachten über die Spießer, die ihnen neugierig in die Fenster guckten. »Warum soll ich ein Heidengeld im Monat für eine Wohnung bezahlen?« fragte Thomas. »Ich habe alles, was ich will, hier.«

Doch das freie Leben unter der Brücke hatte auch seine Schattenseiten. Vor ein paar Tagen hatte Thomas' Freundin angefangen, sich zu beschweren. Sie wollte nicht, daß er weiter so ein Leben führte. Also warf er sie raus.

Das erklärte den Haufen Klamotten.

»Wenn es ihr nicht gefällt, kann sie gehen«, sagte er, stolz darauf, so ein harter Kerl zu sein. »Ich habe sie rausgeschmissen von heute auf morgen. Ihre Sachen vor die Tür gesetzt. So bin ich.«

In Köln fand ich die Hunnen.

Ich war selbst überrascht, das können Sie mir glauben. Aber als ich zum ersten Mal das *Nibelungenlied* las, war ich genauso erstaunt gewesen, sie dort zu entdecken. Aus irgendwelchen Gründen bringen wir die Hunnen nicht mit Europa in Verbindung. Wir stellen sie uns in den Steppen Asiens vor, nicht in den Dörfern der Franken und Burgunder, nicht in Köln. Als ich damals den Namen »Attila der Hunne« im *Nibelungenlied* las, fühlte ich mich auf schäbige Weise betrogen, als zeterte der Produzent eines Hollywoodfilms in letzter Minute: »Wir müssen dieses Drehbuch aufpeppen! Wir schmeißen die Liebesgeschichte raus und bringen Jack the Ripper rein!«

Die Menschen des Mittelalters waren jedoch keineswegs überrascht, Attila in einer Geschichte über Siegfried und Kriemhild zu finden. Die Hunnen waren genauso Teil ihrer

Geschichte wie das alte Rom. Es waren die Hunnen, die die intensivste Periode der Völkerwanderung auslösten. Als sie um 370 n. Chr. herum in Europa einfielen, stolperten die germanischen Stämme auf der Flucht buchstäblich übereinander. Als sich die Invasoren durch die Lande brannten und plünderten, glaubten die Germanen, sie würden von den Göttern mit Blitzen geschlagen. Noch nie hatten sie eine dermaßen schnelle, erbarmungslose und tödliche Armee gesehen. Sie waren entsetzt – und voller Bewunderung.

Es war Dieter Breuers, der mir zeigte, wo die Hunnen in den Mythen Kölns auftauchen. Seine historischen Bücher habe ich gemocht, und so bat ich ihn, mir das mittelalterliche Köln zu zeigen. Also schleppte er mich einen Nachmittag lang von einer wundervollen romanischen Kirche zur nächsten. In der Sankt-Ursula-Kirche führte er mich in einen Raum, der von oben bis unten golden schimmert. Aber das, was an den Wänden glänzt, ist kein Gold – es sind vergilbte Knochen. Der Raum ist tapeziert mit Tausenden von Rippenbögen, Schulterblättern und Oberschenkelknochen, alle liebevoll arrangiert. Goldene Vitrinen in scharlachroten Nischen enthalten vollständige Skelette. Auf Sockeln stehen bunt bemalte, hohle Büsten, die in ihrem Inneren die Schädel der heiligen Ursula und ihrer heiligen Kolleginnen enthalten.

Ursula war die wunderschöne Tochter eines christlichen bretonischen Königs im 4. Jahrhundert. Ein Barbarenprinz aus England hielt um ihre Hand an. Ursula akzeptierte, unter zwei Bedingungen:

Erstens mußte der Prinz zum Christentum übertreten. Kein Problem, sagte er.

Zweitens wollte Ursula vor ihrer Hochzeit noch eine Pilgerreise nach Rom unternehmen, und zwar in Begleitung von 11000 Jungfrauen. Das mag doch recht außergewöhnlich erscheinen, aber der Prinz, bis über beide Ohren verknallt, zuckte nicht mit der Wimper.

Als Ursula und ihre 11 000 Jungfrauen Rom erreichten, wurde sie durch eine Vision darüber informiert, daß sie auserwählt war, als Märtyrerin zu sterben. Das waren fabelhafte Neuigkeiten! Auch ihre 11 000 jungfräulichen Gefährtinnen sollten den Märtyrertod sterben. Sie waren begeistert. Selbst der Papst und der Prinz in England hatten eine Vision, die ihnen befahl: »Triff dich mit Ursula und stirb mit ihr den Märtyrertod.« Somit waren alle überglücklich.

Auf dem Rückweg segelte Ursula mit ihren Gefährtinnen den Rhein hinab und traf sich mit dem Prinzen direkt vor Köln. Wie es der Zufall will, waren kurz zuvor die Hunnen aufgetaucht und gerade dabei, die Stadt zu belagern. Stellen Sie sich das einmal bildlich vor: Horden verschwitzter, blutrünstiger Hunnenkrieger sind mit der langwierigen Belagerung einer großen römischen Stadt am Rhein beschäftigt, bis plötzlich einer sagt: »He, Leute, schaut mal, wer gerade gekommen ist! Habe ich mich verzählt, oder sehe ich da 11 000 Jungfrauen?«

Da fragt man sich doch tatsächlich, wessen Gebete Gott erhört hat.

Wie auch immer, von der Situation profitierten beide Seiten. Die Hunnen fielen über die Jungfrauen her und vergewaltigten und töteten sie alle, womit sie zu Märtyrerinnen wurden. Auch der Papst und der Prinz überlebten nicht. Auf dem Höhepunkt des Massakers verliebte sich der Anführer der Hunnen in Ursula und wollte sie heiraten. Natürlich lehnte sie ab und wurde somit selbst zur Märtyrerin.

Der Barbarenprinz, die wunderschöne Jungfrau, das Massenschlachten durch die Hunnen – die Legende der heiligen Ursula war wie die Antwort der Kirche auf das *Nibelungenlied*.

Inzwischen haben Wissenschaftler bestätigt, daß die Knochen in der Kirche menschlich sind, aber es sind die Knochen von Männern. Höchstwahrscheinlich stammen sie von einem alten römischen Soldatenfriedhof. Außerdem, meinte Breuers, »stellen Sie sich vor, so viele Jungfrauen gibt's auf der ganzen Welt nicht.«

Als ich den Kölner Dom zum ersten Mal sah, es ist schon viele Jahre her, war ich überwältigt. Nach dem vierten oder fünften Mal begann ich mich zu fragen: Mag ich ihn wirklich, oder fühle ich mich bloß dazu verpflichtet? Schließlich beschloß ich, daß er häßlich ist.

Zuerst einmal ist er schwarz. Nennen Sie mich konservativ, aber ich finde, eine Kirche sollte nicht schwarz sein. Zweitens, muß er wirklich die Dimensionen eines Fußballfelds haben? Nicht nur in der Länge, sondern auch in der Höhe? Muß eine Kirche wirklich 120 000 Tonnen wiegen? Wenn man vor dem Dom steht und die Fassade hochblickt, ist man wirklich beeindruckt oder nur froh, daß die ganze Masse nicht auf einen niederstürzt? Drittens ist er so zugekleistert mit gotischem Schnickschnack, so überfüllt mit Kreuzblumen, Kriechblumen, Wasserspeiern, Vierpässen, Fünfpässen, Stabwerken und Archivolten, daß allein ihn anzuschauen sich so anfühlt, als versuchte man sich an ein Wörterbuch zu erinnern, und zwar an alle Wörter auf einmal. Das führt dazu, daß man am Ende das Gefühl hat, in ein schwarzes Loch aus Mittelalterlichkeit zu stürzen.

Es war Breuers, der mich dazu überredete, noch einen Blick zu riskieren. Wenn er von ihm erzählte, wirkte der Dom wie eine Art Bewahrer des Kölner Geistes. Zum Beispiel in der Geschichte des Grafen Edmundus, der lebte, bevor der Dom gebaut wurde, als noch eine ältere, bescheidenere Kirche hier stand. In seinem Testament versprach er den Klerikern, daß sie jedes Jahr ein großes Fest auf seine Kosten feiern könnten, unter der Bedingung, daß er im Kirchenboden an einer ganz bestimmten Stelle begraben würde. Es mußte partout diese Stelle sein. Falls sein Grab je verlegt werden sollte, war Schluß mit den Partys. Aber als man die alte Kirche niedergerissen hatte, um den neuen Dom zu bauen, erforderten die Pläne einen wichtigen Stützpfeiler, der genau an der Stelle auftreffen mußte, wo Graf Edmundus lag.

Auf einmal stand man als Kleriker vor einer existentiellen Entscheidung: ein großartiges sakrales Kunstwerk zu bauen oder festlich zu speisen. Es sah schlecht aus für das großartige sakrale Kunstwerk. Glücklicherweise wurde ein Kompromiß gefunden: Edmundus' Gebeine wurden in den Stützpfeiler eingemauert, wo sie noch heute ruhen. »Typisch kölsch«, sagte Breuers.

Nun wollte ich mir den Dom genauer ansehen. Breuers hatte mich auf ein paar interessante Details hingewiesen. Ich klopfte an die Tür des PR-Managers Klaus Hardering, ein netter Kerl, der einen riesigen altertümlichen Schlüsselbund am Gürtel trug. Er stopfte mich in einen ratternden Aufzug, der draußen an einem Baugerüst angebracht war, und wir fuhren 45 Meter hinauf zum Dach.

Dort oben empfing uns ein versteinerter Wald. Die Strebebögen und Pfeileraufsätze wuchsen uns entgegen wie die Speere einer feindlichen Armee. Wir manövrierten uns einen wackligen Laufsteg an dem steil abfallenden Dach entlang, und Hardering zeigte mir die Wasserspeier und Ornamente, die man von unten nicht sehen kann: Teufel, Heilige und Hexen. Ein Wasserspeier stellte den früheren Dombauhüttenbetriebsratsvorsitzenden dar, er schien die Touristen unten mit seinen quadratischen Kiefern anzuheulen. Eine Kreuzblume präsentierte Fußballspieler, in Stein verewigt, nachdem die Deutschen 1954 die Fußballweltmeisterschaft gewonnen hatten. Obwohl wir nicht rankamen, gab es irgendwo da oben auch ein Hakenkreuz, das während des Dritten Reiches angebracht wurde.

Anschließend ging es ganz nach unten, einen langen, muffigen Treppenschacht hinab, durch einen unterirdischen Korridor und in eine Grube halb voller Geröll mit einer sehr niedrigen Decke. Diese Grube war nicht immer hier gewesen. Sie wurde erst vor ein paar Jahren ausgehöhlt. »Jetzt sind wir genau unter dem Dom«, sagte Hardering zufrieden.

Das beunruhigte mich ein wenig. Ich hatte logischerweise angenommen, daß der Dom auf irgend etwas steht. Einem soliden Fundament beispielsweise. Ich sagte nichts, behielt aber den Ausgang im Auge.

Er führte mich zu einem Trittstein, der einsam mitten in der Grube stand. Er war abgewetzt, besonders in der Mitte. »Von Schritten«, erklärte Hardering. Es war eine Eingangsstufe der fränkischen Kirche, die damals niedergerissen wurde, um dem Dom Platz zu machen.

Wir standen im Augenblick also auf dem Fundament der alten Kirche, und direkt über uns war das Fundament des Doms. »Ist es nicht etwas riskant, hier unter 120000 Tonnen Stein ein Loch auszuhöhlen?« fragte ich.

Das Gewicht des Domes werde allein von Pfeilern getragen, erklärte Hardering. Der Architekt versenkte seine Pfeiler 16 Meter tief in die Erde. Das Verrückte ist, so tief, wie sie sind, wären sie in der Lage, noch weitere 100000 Tonnen zu tragen. So waren sie, die Baumeister des Mittelalters. Die Gesetze der Statik verstanden sie nicht, aber sie lernten aus ihren Erfahrungen, vor allem den schlechten.

Der Architekt, der damals die Bauleitung übernahm, war bekannt unter dem Namen Meister Gerhard. Man weiß nur wenig über ihn: Er hatte einige Erfahrung mit romanischen und auch gotischen Bauwerken und lange Jahre in Frankreich gearbeitet. Um 1260, zwölf Jahre nach dem Beginn der Bauarbeiten am Dom, verschwand er.

Wieder im Dom, zog Hardering seinen Schlüsselbund hervor und schloß ein Gittertor zu einer kleinen Kapelle hinter dem Chor für mich auf. Ein langer Vorhang bedeckte die linke Wand. Er zog ihn zur Seite und enthüllte ein vier Meter hohes Diagramm.

Ich sah das Bild, das wir alle kennen: die Domfassade mit ihren zwei Türmen. Es war ein erstaunlich akkurater Bauplan: Jedes einzelne Detail war an seinem Platz, jede Archivolte, jedes Bogenfeld, jede Kreuzblume, jedes kleinste bißchen Maßwerk.

Es sah aus wie am Computer erstellt – nur daß es 700 Jahre alt war und in fünfzehn aneinandergenähte Tierhäute gekratzt.

Plötzlich wurde mir klar, daß Gerhard von vornherein gewußt haben muß, daß er dieses Ding nie vollenden würde. Es war viel zu riesig, um im Laufe eines einzigen Lebens fertig zu werden.

Als Meister Gerhard verschwand, war erst ein Bruchteil fertig geworden – nicht einmal der ganze Chor. Die Bauarbeiten gingen weiter, bis 300 Jahre später das Geld ausging. Selbst dann war der Dom erst halbfertig. Das Kirchenschiff war in der Mitte offen, und die Türme waren noch nicht da – der höchste Punkt des Gebäudes war ein Kran. Dieser Kran dort oben war das Wahrzeichen Kölns für weitere 300 Jahre. Die Bauarbeiten wurden 1833, zur Zeit der Romantik, wiederaufgenommen und erst 1902 abgeschlossen. Zwölf Jahre vor dem ersten Weltkrieg war Deutschlands größtes mittelalterliches Bauwerk fertig – und entsprach genau dem ursprünglichen Bauplan. Das ist der Grund, warum die Kölner ihren Dom lieben.

Als ich in Köln war, bekam ich eine mysteriöse E-Mail. Sie war von Barbara und Josef. Wir hätten uns beim Karneval kennengelernt, behaupteten sie.

Ich erinnerte mich an diesen Karneval. Nur ein paar Monate vor Beginn meiner Reise war das gewesen. Ich wollte ein einziges Mal »richtig« Karneval feiern, bevor ich Deutschland verlassen würde.

Dieser seltsamen deutschen Sitte war ich vor langen Jahren während meiner Missionszeit zum ersten Mal begegnet. Damals waren mein Mitarbeiter und ich davor gewarnt worden, am Rosenmontag die Wohnung zu verlassen, doch wir starben vor Neugier und hielten es schließlich nicht mehr aus. Auf das, was da draußen vorging, waren wir nicht vorbereitet. Über Nacht hatten sich die vernünftigen Deutschen in lüsterne Wahnsinnige verwandelt. Durch die Straßen torkelten Betrunkene in dämlichen Kostümen, die sinnloses Zeug brüllten und auf der Suche nach Sex waren. Wir zogen uns schnell wieder in die Wohnung zurück und warteten ab, bis es vorbei war. Jahre später, als ich die Kirche verließ, fragte ich mich, ob ich mein Urteil nicht etwas vorschnell gefällt hatte. Vielleicht war ja ich derjenige, der verklemmt war?

Also gab ich dem Karneval noch eine Chance, eben in Köln. Ich nahm die Sache ernst. Ich erschien schon Stunden vor Beginn des Rosenmontagszugs auf den Straßen, um einen guten Platz zu erwischen: direkt vor dem Dom. Seine Turmspitzen waren leicht mit Schnee bestäubt, und er wirkte mehr wie ein Berg als wie eine Kirche.

Diesmal hatte ich ein Kostüm dabei.

Bald war ich umgeben von Kühen, größtenteils Holsteiner (es war zur Zeit der BSE-Krise), bunten Blumen, die alle Flöte spielten, Cowgirls und Catgirls. Französische Aristokraten warfen Bonbons in die Menge, und Männer in Wikingerhelmen und Hausfrauenfummel stürzten sich darauf. Bienen summten, eine Hexe spielte Saxophon, der Serienmörder aus *Scream* spazierte Hand in Hand mit einer männlichen Nonne vorbei, und die Müllbeuteljungs machten sich über den pausbäckigen kleinen Sheriff lustig.

Mein Kostüm bestand aus einem Filzhut in Form eines Bierkrugs. Als ich das Ding am Morgen aufgesetzt hatte, war ich noch voller Scham, so was Dämliches zu tragen. Jetzt ging mir auf, daß ich auf geradezu peinliche Weise den Dresscode unterlief.

Es wurde später Nachmittag, bis der Zug vorbei war, und

ich mußte dringend pinkeln. Vor der öffentlichen Toilette stand die Schlange einmal rund um den Block.

Mein Blick fiel auf die Mauern des Domes. Da stand eine Reihe Männer mit dem Gesicht zur Mauer, die naß war bis – na, ungefähr bis zur Gürtellinie. Pinkeln in der Öffentlichkeit ist illegal in Deutschland, aber nun dachte ich, im Zweifel für den Angeklagten. Ich hatte mich gerade in Position geworfen und begonnen, mich zu erleichtern, immer noch diesen Bierhut auf dem Kopf, als jemand zu mir trat und fragte, was ich da täte.

»Ich pinkle«, sagte ich.

Er war ebenfalls betrunken, obwohl er noch ein Junge war, und ein Türke noch dazu. »Das ist Gottes Haus«, informierte er mich.

»Du bist nicht mal katholisch«, informierte ich ihn.

»Ich bin in Köln aufgewachsen, und für die Leute hier ist es Gottes Haus«, sagte er. »Ich würde niemals an Gottes Haus pinkeln, egal, von welcher Religion es ist. Und du solltest das auch nicht tun.« Er redete auf mich ein, bis ich fertig war, und ging dann weiter, auf der Suche nach dem nächsten Opfer.

Ich erinnerte mich auch an die Nacht nach dem Rosenmontagszug. Die Straßen sahen aus, als hätte eine Bombe eingeschlagen. Man mußte kämpfen, um in die Kneipen reinzukommen. In Haus Zims saß ich neben einem Typen, dessen Jacke von oben bis unten mit Schaumzuckermäusen beklebt war und der ständig in sein Handy seufzte. Ein süßes Mädchen zwinkerte mir zu, aber bevor ich mich zu ihr durchkämpfen konnte, hatte bereits ein Kerl mit einem beachtlichen Überbiß seine Zunge in ihrer Kehle versenkt. Die fünfzigjährige Doris stieß mit mir an. Ich erzählte ihr, daß es mein erster Karneval sei, und sie nahm ihre Lamettaperücke ab und zeigte mir das silberne Haar darunter: »Es ist gefärbt, damit es zum Lametta paßt!« sagte sie. Aber keine Barbara und kein Josef.

Zwei Tage später kehrte ich am frühen Morgen mit einem dicken Schädel zum Dom zurück. Zur Aschermittwochsmesse hatte ich eine riesige Menge erwartet, vielleicht wie zu Weihnachten. Immerhin war das der Dom. Fünfunddreißig Leute waren in einer kleinen Seitenkapelle versammelt. Viele hatten die Nacht durchgemacht und verbargen ihre Kostüme mehr schlecht als recht unter den Mänteln. Eine junge Frau stand im Türrahmen und knutschte fünf Minuten mit ihrem Freund herum, bevor sie sich setzte. Sie nahm ihre Sonnenbrille während der ganzen Zeremonie nicht ab. Barbara?

Ein dicker Priester mit steifen Gelenken murmelte eine Messe und versprengte Weihwasser auf einem Teller mit Asche. Wir reihten uns vor dem Altar auf, und er schmierte uns kleine Aschekreuze auf die Stirn. Für einen Moment spürte ich, wie eine freundliche Wärme von ihm ausging, als er intonierte: »Bedenke, Mensch, von Staub kommst du, und zu Staub kehrst du zurück.«

Du bringst es auf den Punkt, dachte ich.

Es war noch immer früher Morgen, als ich durch den Dom zurückging. Sein hohes Gewölbe wirkte unheimlich und überirdisch. Als ob Engel da oben in den Nischen geschlafen hätten und soeben erwachten.

In ihrer E-Mail schrieb Barbara, daß sie oft an unser Gespräch in jener Nacht dachte und gerne wissen wollte, ob ich eine Antwort auf meine Frage gefunden hatte, die lautete: »Warum liebe ich Deutschland eigentlich?«

Ich konnte mich nicht erinnern, irgend jemand davon erzählt zu haben, aber diese Frage beschäftigte mich wirklich. Es ist leicht, über Deutschland zu schimpfen, und es ist schwer zu sagen, warum man es liebt. Vor allem für die Deutschen. Als Amerikaner war ich anfangs schockiert, zu hören, daß in Deutschland »Patriotismus« als schmutziges Wort gilt.

Doch ich bin kein Deutscher. Wenn ich erklären kann, wieso ich Amerika liebe, will ich auch sagen können, was mich mit meiner zweiten Heimat verbindet. Schließlich lebe ich hier nicht seit fast zwanzig Jahren, weil ich so gern darüber schimpfe.

Als ich nun den Rhein verließ, um einen Abstecher nach Westen zu machen, sagte ich mir: Diese Reise ist deine letzte Chance, auf die Antwort zu kommen.

Der Blick vom Hügel

Karl der Große und ich

Ich fand den Hügel.

Er thront über der Altstadt von Aachen, jener Stadt, in der Karl der Große sein eigenes Grabmal gebaut hat. Seine Gebeine liegen bis auf den heutigen Tag im Dom. Von dem Hügel aus konnte man ihn gut erkennen.

Die Straße führte zwischen schattigen Buchen hindurch. Die Geräusche der Stadt verklangen langsam, und der Park roch frisch und luftig. Es war September, und der Dunst färbte die braunen, grünen und goldenen Schattierungen der Blätter dunkler. Auf dem Gipfel dieses Hügels, der Lousberg heißt, kurvt die breite Straße in einem großen Bogen um einen Aussichtspunkt. Es gab eine Menge Platz zum Parken am Straßenrand.

Der gesamte Hügel war ein Park. In der Kühle des frühen Abends kamen Pärchen die Wege zwischen den Bäumen hochgestapft, angekündigt durch ihre Stimmen und das Bellen ihrer Hunde. Ich ging rüber zum Aussichtspunkt, um die Dämmerung über dem verschlafenen Aachen niedersinken zu sehen. Wenn es einen Platz geben sollte, an dem ich einen Blick auf Karl den Großen würde erhaschen können, dann hier.

Als es dunkel wurde, kamen die Kids. Sie kamen in gebrauchten Fords, im Familien-Audi, im aufgemotzten Golf GTI. Manche liefen rüber zum Aussichtspunkt und warteten dort auf ihre Freunde. Ein paar überdrehte Klassenclowns öffneten die Autotüren, drehten die Musik so weit wie möglich auf und tanzten dazu. Sobald ihre Freunde auftauchten, verschwand die Musik wieder hinter geschlossenen Türen, und der Konvoi brauste in einem gemeinsamen Aufröhren los auf die nächste Party.

In meiner zweiten Nacht auf Karls Hügel hatte ich es fast geschafft, bei dem mir bereits vertrauten Geräusch von auf- und zuklappenden Autotüren einzuschlafen, als ein kurzes Sirenengeheul mich weckte. Ein Polizeiauto stand mit laufendem Motor neben dem Van. Sie hatten mir was zu sagen.

In Deutschland verstößt es nämlich gegen das Gesetz, am Straßenrand zu schlafen, und meine Berliner Freunde hatten mich vorgewarnt, daß die Polizei das ziemlich ernst nehmen könnte. In Deutschland muß alles seine Ordnung haben, meinten sie verächtlich. »Es ist verboten, hier zu campen«, erklärte mir der Polizist auf dem Beifahrersitz. »Sie müssen sich zu einem ausgewiesenen Campingplatz begeben.«

Ich kannte aber ein Schlupfloch. Um Langstreckenfahrer davon abzuhalten, über dem Lenkrad einzuschlafen, erlaubt das Gesetz jedem Autofahrer, einfach anzuhalten und direkt am Straßenrand eine Nacht lang im Auto zu schlafen. Ich erwähnte das den Polizisten gegenüber.

»Wir haben Sie schon gestern nacht hier gesehen«, sagte der Polizist auf dem Beifahrersitz.

Darauf war ich nicht vorbereitet.

»Aber diese Campingplätze sind doch einfach Mist«, jammerte ich durch das Fenster meines Dachzelts von dem Van herunter, wo ich in mehrere Federdecken eingemummelt lag. »Da muß man zu einer bestimmten Uhrzeit zurück sein. Die sind so weit weg von der Stadt. Die haben keine schöne Aussicht.«

Das beeindruckte sie nicht besonders.

Ich machte einen letzten Versuch und erklärte, daß ich ein amerikanischer Journalist sei, der ein Buch über Deutschland schreibt. »Ich bin in Aachen, um auf den Spuren Karls des Großen zu wandeln«, erklärte ich.

Irgendwo in diesem Satz müssen magische Worte gewesen sein.

»Dann wandeln Sie mal schön«, sagten sie und fuhren langsam weiter, an den anderen parkenden Autos entlang.

Sie kamen auch in den anderen Nächten vorbei, hielten aber nicht mehr an. Nach einer Weile wurde mir klar, daß sie nicht wirklich daran interessiert waren, Recht und Ordnung gegen wilde Camper zu verteidigen. Eigentlich wollten sie nur sicherstellen, daß die Teenager hier oben in Ruhe den Angelegenheiten ihrer Pubertät nachgehen konnten.

Um Karl den Großen zu verstehen, muß man das Heilige Römische Reich verstehen, und das ist nahezu unmöglich. Das Gute daran ist allerdings: Hat man erst das Heilige Römische Reich begriffen, ist es leichter, Deutschland zu verstehen, und so was geschieht nicht alle Tage. Deutschland ist nicht wie andere Länder, das fängt schon im Mittelalter an. Im deutschen Mittelalter gab es Kaiser, deutsche Bischöfe trugen Rüstung und Schwert, und Deutschlands südlichster Punkt war Sizilien (auch wenn viele Italiener das nicht wußten). Schon im Studium dämmerte mir, das war nicht das Mittelalter, das ich kannte. Es kam mir vor, als sei ich in einem Paralleluniversum gelandet.

Ich hätte die Professoren danach fragen können, doch jedermann weiß, daß man als Student zu cool ist, um dumme Fragen zu stellen. Als Journalist allerdings darf man das. Also habe ich sie auf meiner Reise einfach den Historikern gestellt, mit denen ich sprach.

1. War Deutschland ein Königreich oder nicht?

Das Königtum war nicht die einzige Staatsform im Mittelalter. Nur Frankreich und England wurden von Königen regiert. Italien bestand aus einzelnen Stadtstaaten. Vor allem im Norden und Osten Europas herrschten Kriegsherren, die sich zwar »Könige« nannten, aber eigentlich nur Häuptlinge waren. Deutschland war ein loser Verbund nahezu unabhängiger Territorien, die sich ein Oberhaupt wählten. Auch damals konnte Deutschland nichts auf die einfache Art machen.

2. Hatte Deutschland einen König oder einen Kaiser?

Das Oberhaupt, das die Territorialherren wählten, war dem Namen nach ein König – aber in Wahrheit ein ungekrönter Kaiser. Sein erster Job war es, nach Rom zu reiten und den Papst dazu zu bringen, ihn zum Kaiser des Heiligen Römischen Reiches zu krönen. Manchmal tat der Papst das aber auch nicht, in welchem Fall er zwar immer noch König war, aber diese Art König, die ständig sagt: »Hey! Hat da jemand hinter meinem Rücken gekichert? Wer war das?« Und wenn er es zum Kaiser gebracht hatte? Er selbst würde es so sehen: »Nun bin ich das mächtigste Wesen auf diesem Planeten, und über mir steht nur noch Gott.« Dann müßte er hinzufügen: »Natürlich nur, solange meine Fürsten mich lassen.«

3. Was ist ein Fürst?

Fürst ist ein Überbegriff, der Herzöge, Bischöfe und sogar Grafen einschließt. Es sind jene große Territorialherren, die in Deutschland wirklich die Macht hatten. Es bedurfte der Teilnahme der wichtigsten Herzöge und Bischöfe des Reiches, um den Kaiser zu wählen. Das machte sie zu den Königsmachern, mit denen sich kein Herrscher ernsthaft anlegen wollte. Wann immer ein Kaiser mit etwas Weitblick versuchte, Deutschland in einen vereinten Staat mit einer zentralen Autorität zu verwandeln, waren es die Fürsten, die sagten: »Das ist eine großartige Idee, oh, Kaiser, und es gibt nichts, was wir lieber täten, aber nach Rücksprache mit unserer Rechtsabteilung müssen wir Ihnen leider mitteilen, daß uns die Hände gebunden sind.«

4. Warum waren Bischöfe so gefährliche Zeitgenossen?

In vielen historischen Filmen gibt es irgendwo einen bösen Bischof, der an der Seite des Königs steht und ihm im rechten Moment ins Ohr flüstert: »Sir, das Wohl der Kirche erfordert es, daß England angegriffen werden muß.« Diese Burschen wirken immer so finster, weil wir tief in unseren Herzen glauben, daß ein Bischof, der sich mit Politik einläßt, vom rechten spirituellen Weg abgekommen ist. Im Gegensatz zu heute wäre im Mittelalter kein Mensch auf die Idee gekommen, Kirche und Staat zu trennen. Bischöfe kamen aus den Adelsfamilien der Kriegerpolitiker, sie hatten nie Theologie studiert. Als kaiserliche Vasallen verwalteten sie große Landstriche und riesige Geldsummen, stellten Armeen auf und Ritter ein, erhoben Steuern und Zölle und schubsten ihre Dienerschaft herum. Wenn sie in den Krieg zogen, trugen sie kein Kruzifix, sondern ein Schwert – und wußten, wie man es benutzt. Bischöfe wurden vom Kaiser ernannt und waren ihm gegenüber deshalb loyal – im Gegensatz zu anderen Fürsten wie Herzögen. Wenn Sie also das nächste Mal einen Bischof einem König etwas ins Ohr flüstern sehen, denken Sie daran – das ist sein Job. Was Messe, Beichte, Seelsorge und sonstigen Kleinkram betraf, dafür gab es Lakaien, Priester genannt.

5. Warum haben die deutschen Kaiser immer auf Italien rumgehackt?

Nach dem Fall von Rom hatten die Barbaren ganz Europa für sich allein und alle Zeit der Welt, sich gegenseitig an die Gurgel zu gehen. Ein Stamm jedoch war stärker als der Rest. So ungefähr 800 n. Chr. hatten die Franken alle anderen unterworfen. Der fränkische König, der dies vollbrachte, war Karl der Große, ein geborener Eroberer, der den Krieg so sehr liebte, daß er jenen lässigen Spruch prägte, der bei Barbaren auf der ganzen Welt beliebt ist: »Ein Sommer ohne Krieg ist ein verschwendeter Sommer.« Im Prinzip gehörte Karl zu den gleichen Haudegen, die noch während der Völkerwanderung auf ihrer Flucht vor den Hunnen kreuz und quer durch Europa gerannt waren und mit den Römern oder miteinander im Dauerclinch lagen. Ihre Helden waren keine Philosophen, Künstler und Reformer, sie alle wären am liebsten wie Siegfried der Drachentöter gewesen. Den meisten Königen und Häuptlingen im Jahre 800 hätte es gereicht, als stärkster Barbar weit und breit zu gelten.

Das Überraschende an Karl dem Großen war: Er wollte mehr als das. Karl der Große versuchte, eine verlorene Zivilisation wiederaufzubauen. Er war begeistert von der Idee, die Nachfolge des alten Rom anzutreten, und er nahm diese Aufgabe ernst. Er organisierte seine eroberten Stämme zu einer paneuropäischen Föderation, veredelte das Ganze mit einer Art Verwaltung, stärkte die Kirche in ihrer Funktion als einziger Bildungsträger weit und breit, reparierte das römische Straßennetz und führte 1200 Jahre vor dem Euro eine gemeinsame europäische Währung ein.

Das klingt wie eine ziemlich langweilige Art, sein Alter zu verbringen, wenn man ebensogut draußen rumrennen und Leute erschlagen könnte – Karl der Große jedoch wollte Cäsar sein. Im Jahre 800 ritt er nach Rom und brachte die einzige Person mit ein bißchen Autorität in der Gegend – nämlich den Papst – dazu, ihn am Weihnachtstag zum »Kaiser aller Römer« zu krönen.

Damit hatte er das »Römische Reich – Teil 2« erfunden.

Leider gab es kein Handbuch, wie man das römische Imperium wiederaufbauen konnte. Karls Reich zerfiel nach seinem Tod. Frankreich wurde ein eigenständiges Königreich. Aus Italien wurde eine Ansammlung von Stadtstaaten.

Nur Deutschland hielt weiter an Karls Vision fest. Das Reich war kleiner geworden als ehemals unter Karl dem Großen, aber die italienischen Stadtstaaten und einige kleinere Territorien gehörten weiterhin dazu. Sie nannten es das »Heilige Römische Reich«, um eine direkte Assoziation mit Rom und mit dem göttlichen Willen zu erreichen. Wieder und wieder investierten frischgewählte deutsche Könige irrsinnige Summen, um eine Armee aufzustellen, mit der sie die Alpen überquerten, und in Rom gaben sie noch mehr Geld aus, um den Papst zu bestechen, damit der sie zum Kaiser krönte. Es war ein verdammt teures und riskantes Unterfangen, von dem jeder vernünftige Mensch abgeraten hätte, doch deutsche Könige gaben alles für den Versuch.

Die Maßstäbe, die Karl gesetzt hatte, hat keiner von ihnen je wieder erreicht. Otto der Große war nah dran, aber er reparierte noch nicht mal die längst wieder kaputten Straßen. Schon im Mittelalter hätte man wissen müssen, daß die Idee vom Reich überlebt war, um so mehr in der Neuzeit. Doch der Traum ging weiter. Noch Napoleon nannte sich Kaiser, und der letzte deutsche Kaiser (der den Titel nur dem Namen nach trug) trat erst ab, nachdem der Erste Weltkrieg verloren war. Sogar Hitler wollte wieder ein »Reich« erschaffen – vor siebzig Jahren noch. Karl der Große mag den definitiven Maßstab für das Mittelalter gesetzt haben, doch als seine Zeit vorüber war, wurde die Größe seiner Vision zum Fluch.

Die Stein- und Fachwerkhäuser der Aachener Altstadt neigen sich über die leicht abschüssigen Straßen, dicht an dicht zusammengedrängt. An dem weitläufigen Marktplatz steht das Rathaus. Die Mauer an seiner rechten Seite besteht aus graubraun gemusterten Feldsteinen, die einen Turm bilden – das ist alles, was von Karls Palast noch übrig ist.

Weiter unten in der Stadt sprudeln öffentliche Quellen, aus denen man trinken kann. Es stinkt nach faulen Eiern und schmeckt noch schlimmer. Dieses Wasser mit seinem hohen Schwefelgehalt hatte Karl einst nach Aachen gelockt. Mit dem Alter bekam er Rheuma und mochte es, in heißen Schwefelbädern herumzusitzen, am liebsten mit einigen seiner vier Frauen und sechs Konkubinen (ein schöner alter Brauch, der, wie ich finde, zu Unrecht in Vergessenheit geriet) sowie seinen Freunden, Vasallen, Leibwächtern und den Intellektuellen des Hofes, um mit ihnen über die neuesten Pläne für sein Reich zu plaudern. In diesen Schwefeldämpfen kann man sich geradezu vorstellen, so ein Gespräch im Bad mitzuerleben. Einer seiner Berater meint gerade: »Carolus Magnus, nun, da Ihr keine Kriege mehr zu führen habt – was haltet Ihr davon, ein paar Schulen zu bauen, damit die Leute lesen lernen?«

Karl hätte sagen können: »Bah, wozu müssen die Leute lesen? Wenn sie eine Frage haben, können sie zu mir kommen. Meine Tür steht immer offen. Ich hab eine bessere Idee. Laßt uns rausgehen und ein paar Leute erschlagen. Ihr wißt ja: Ein Sommer ohne Krieg ...«

Statt dessen sagt er so etwas wie: »Das klingt nach einer guten Idee. Machen wir.«

Seine Kapelle steht noch heute mitten in der Stadt, nur ein paar Meter hinter dem Rathaus. Sie ist inzwischen angeschwollen zu einem riesigen Dom, doch inmitten all der angebauten Erweiterungen befindet sich immer noch sein ursprüngliches Oktogon.

Was als erstes auffällt: Der Grundriß dieser Kirche hat nicht die übliche Form eines Kreuzes – er ist rund. Die Außenform beschreibt einen sechzehnseitigen Kreis, der Innenraum beschreibt einen achtseitigen Kreis, wie ein achtseitiges Loch in einem sechzehnseitigen Doughnut.

Man betritt die Kapelle durch schwere Bronzetüren mit Löwenkopf-Türgriffen. Der hohe, zylinderförmige Innenraum zieht sich ohne Unterbrechung bis hinauf zur Kuppel. Goldenes Licht schwebt von oben herunter und schimmert auf den Marmorsäulen, die aus Rom importiert wurden. Ringsherum ziehen sich offene Galerien über drei Stockwerke empor.

Alles in Karls Oktogon ist symbolisch. Die Zahl acht bezieht sich auf den achten Tag der Schöpfung – der Tag, an dem Christus von den Toten auferstand. Die römischen Säulen, die nur zur Zierde da sind und nichts weiter tragen, sagen: »Diese Kirche steht auf dem Fundament von Rom.« Oben in der ersten Galerie, mit Blick auf den Innenraum und den Altar, steht hinter einem Marmorbogen der Thron Karls des Großen.

Dieser Stuhl ist überraschend schlicht. Nicht wie diese hochlehnigen, juwelengeschmückten Dinger, die man aus Historienschinken kennt. Nur ein paar fast nachlässig zusammengesetzte Steinplatten, wie eine selbstgebaute Seifenkiste aus Marmor. Ein Kasten mit einer niedrigen Rückenlehne, der in starkem Kontrast zu dem durchdesignten Rest des Oktagons steht. Man munkelt, die Marmorplatten wurden aus Jerusalem importiert, vielleicht sogar vom Grab Christi.

Alle deutschen Kaiser kamen hierher, um Karl ihren Respekt zu erweisen.

Otto III., Theophanus Sohn, öffnete fast 200 Jahre später Karls Grab und fand den großen Kaiser nahezu unversehrt und aufrecht sitzend vor. Seine Fingernägel waren nach dem Tod angeblich sogar noch weitergewachsen und stachen inzwischen durch die Handschuhe. Er trug eine Krone und hielt sein Zepter, als ob er sich jederzeit erheben und seine Herrschaft fortführen könne. Von einem Zeitgenossen wurde Karl charmanterweise als ein Meter neunzig großer Mann mit Bierbauch und großer Nase beschrieben. Die Spitze dieser großen Nase fehlte, als Otto ihn fand. Das war das einzige. Also ließ Otto eine goldene Nasenspitze anfertigen und setzte sie dem alten Kaiser auf, bevor er das Grab wieder verschloß.

Selbst Napoleon war hier und wurde wütend auf Josephine, als sie sich aus Jux auf Karls Thron setzte.

Einer der Menschen, die einen großen Teil ihres Lebens damit verbracht haben, Karls Kapelle zu entziffern, ist Axel Hausmann, ein Physikprofessor der Aachener Universität. Wir trafen uns in einem Café in der Nähe des Doms.

»Er hat ein Mausoleum gebaut in Erwartung des Jüngsten Gerichts«, sagte Hausmann. »Er hat es für seinen Tod gebaut. Ein achteckiges Mausoleum, weil acht Menschen Noahs Flut überlebt haben. Es war die Zahl der Wiedergeburt. Das Oktogon sollte das Neue Jerusalem werden. Es wurde gebaut nach einer Vision Ezechiels.«

Wir stellen uns Karl den Großen immer als weltlichen Herrscher vor, er selbst aber sah sich als Gottes ausgesuchten Stellvertreter. Und er nahm diesen Job ernst. »Das Mittelalter ist kein bürgerliches Zeitalter, sondern ein christliches Zeitalter«, betonte Hausmann. »Der Kaiser war der Vermittler zwischen Menschen und Gott. Karl glaubte, er wäre der Stellvertreter Christi auf Erden. Und er glaubte, es käme bald das Ende der Welt.«

Es war eine fremde Art von Christentum, die dieser Kriegerkönig praktiziert hatte, und ich ahnte, wenn ich das nur verstehen könnte, dann würde ich eine Menge mehr übers Mittelalter begreifen.

Während unseres Gesprächs klingelte ständig mein Handy. Ich schaute aufs Display: meine Freundin in Berlin. Wahrscheinlich irgendein Problem mit der Katze. Ich ließ die Mailbox drangehen, aber sie wählte immer wieder. »Nun gehen Sie schon ran«, sagte Hausmann. Ich schaltete es ab.

Als das Interview zu Ende war, ging ich draußen vor dem Rathaus über den Marktplatz und checkte meine Anrufliste. In den letzten fünf Minuten hatte sie fünfmal angerufen. Ich rief zurück und erfuhr, daß Flugzeuge ins World Trade Center gecrasht seien.

Ich fing an, durch die Pflasterstraßen zu rennen, auf der Suche nach einem Fernseher.

Das Café Extrablatt hatte mehrere Fernseher laufen. Dicke Rauchwolken quollen aus den Twin Towers, doch sie weigerten sich, den Ton aufzudrehen. »Die Leute versuchen zu essen«, zuckte ein Kellner mit den Achseln. Die Menschen lärmten, lachten und tranken, während über ihren Köpfen die stillen Monitore zeigten, wie Manhattan zusammenbrach, wieder und wieder. Dieses Bild werde ich nie vergessen. Endlich fand ich eine kleine Eckkneipe, in der ein Fernseher mit Ton lief. Da stand ich in der Ecke, kämpfte gegen die Übelkeit und versuchte, meine Leute anzurufen. Ich hatte Familie in New York. Es dauerte die halbe Nacht, bis ich sie erreichte.

Am nächsten Tag war ich mit einem spirituellen Medium in Bonn verabredet. Sie wollte mir zeigen, daß Magie nicht nur was fürs Mittelalter ist. An jedem anderen Tag hätte ich mich darauf gefreut. Andererseits konnte ich es nicht absagen – wenn ich jetzt beginnen würde, Termine abzusagen, würde ich innerhalb kürzester Zeit die ganze Reise abblasen. Ich mußte mich zwingen, nach Bonn zu fahren.

Ihr Name war Rita von Assel, eine nette Blondine mit einem warmen Lächeln. Sie führte mich in einen Raum in hellen, freundlichen Pastellfarben. Ein Zimmerspringbrunnen sprudelte. Heilende Steine glühten. Pyramiden standen herum und strahlten Kraft aus. Sie sagte, sie wolle mich mit einem meiner früheren Leben in Kontakt bringen, und ich hoffte natürlich auf ein Leben im Mittelalter.

Sie bat mich, mich auf ihre Couch zu legen, und wickelte mich in eine warme Decke. »Ich möchte, daß Sie ein anderes Leben finden«, sagte das Medium. »Wir alle hatten viele Leben vor diesem. Machen Sie die Augen zu, und finden Sie eins davon.«

Ich konzentrierte mich aufs Mittelalter. Eine Lichtung fiel mir ein und in der Mitte davon ein Mädchen. Sie tanzte in einem Kleid aus Schleierstoffen. Sie war eine Märchenprinzessin, hübsch und zart. »Das ist zu kitschig«, sagte ich prompt. »Das glaube ich nicht.«

»Es ist wahr«, sagte sie. »Glauben Sie es ruhig. Es ist wirklich passiert.«

»Das ist unmöglich.«

»Wenn Sie es sehen, ist es real«, insistierte sie. »Das waren Sie in einem anderen Leben.«

»Das ist ein Märchen.«

Endlich gab sie auf. »Ich will, daß Sie den Moment Ihres Todes in einem anderen Leben finden«, sagte sie. »Finden Sie ein Haus, und gehen Sie rein. Gehen Sie runter in den Keller. Die Stufen runter.«

»Es ist dunkel hier unten«, sagte ich.

»Sehen Sie eine Tür?« Ich sah eine. Ich ging hindurch.

»Was ist auf der anderen Seite?«

»Noch ein dunkler Raum. Mehr Stufen.«

»Gehen Sie da runter. Sehen Sie eine Szene? Einen Ort? Es muß nicht im Mittelalter sein.«

Ich wanderte endlos Treppen herab und dunkle Korridore entlang. Ich merkte, daß sie langsam ungeduldig mit mir wurde. Ich stieg weiter runter. Es wurde langsam ganz schön tief. Es fühlte sich an, als ob ich sinken würde. Ich verlor den Kontakt zur Schwerkraft. Ich schwebte.

»Gehen Sie weiter.«

Dann stand ich im Sonnenlicht auf einem grasbewachsenen Hügel. Ich war ein Höhlenmensch. Andere waren bei mir, in Felle gewickelt, Keulen in der Hand. Wir waren unterwegs zur Jagd. Ich war der schmächtige Kerl. Nicht so gut mit der Keule. Aber ich war der Schlaue. Die anderen waren bloß, wie gesagt, Höhlenmenschen. (Selbst als Höhlenmensch hatte ich eine hohe Meinung von mir selbst.)

»Das kann nicht wahr sein«, sagte ich. »Das sind Bilder aus einem Film.«

»Man sieht sein anderes Leben immer in Bildern, die man schon kennt«, sagte sie. »Es ist real. Was sehen Sie sonst noch?«

Wir gingen an einer Höhle vorbei. Es war unsere Höhle. Ich blickte hinein und sah die Frauen und Kinder da drin. Eine Frau schaute mich an vom Hintergrund der Höhle aus, umringt von anderen Frauen, dunkel und haarig. Unsere Blicke begegneten sich. Ihre Augen waren groß und braun und voller Bedeutung. Sie hielt ein Kind, und ich wußte, es war mein Kind. Niemand würde es je erfahren. Die Frau gehörte zu einem der anderen Männer. Der andere konnte sie versorgen, ich nicht. Sie konnte ihn nicht verlassen und mit mir kommen – einen Kampf mit ihm würde ich nicht gewinnen.

Nun jagen wir wieder auf dem Hügel, Höhlenmenschen mit Keulen. Da sind Bäume. Unter uns Savanne. Über uns Sonne. Plötzlich passiert es.

Es kommt ohne Warnung. Es hat mich so überrascht, daß ich laut »oh!« sagte. Ich konnte es beinahe körperlich spüren. Ein einziger Schlag auf den Kopf. Der Typ hinter mir war es. Einer von uns, kein Feind. Die anderen waren eingeweiht.

Ich hatte es nicht kommen sehen. Vielleicht war ich ja doch nicht so schlau.

Ich stürzte. Noch ein Schlag, und ich war tot.

»Ihr Idioten«, sagte ich laut, und nur das Medium hörte zu. »Ihr Schweine.« Ich weinte fast, die Augen geschlossen, und schwitzte unter der Decke. Der Schock war real. Der Verrat, die Dummheit des Ganzen.

Sie nahm die Decke fort, und ich kam wackelig auf die Beine. Als ich die Augen öffnete, war es schwer, klar zu sehen. Es hatte sich so echt angefühlt.

Überall in Deutschland wurden Gedenkgottesdienste und Schweigeminuten abgehalten. Nachts wanderte ich zum

Rathausplatz, wo die Blumen und Kerzen waren, und stand da mit den anderen.

Es war mir klar, daß Amerika eines Tages fallen würde. Rom fiel, alle Imperien zerfallen, mein Land würde keine Ausnahme sein. Ich wollte bloß nicht dabei sein, wenn es passierte. Alles, was ich an meiner Welt liebte, wirkte auf einmal so flüchtig. Es schien fast wie ein Wunder, daß wir es bis hierhin geschafft haben.

Wir beschweren uns immer, daß unsere Politiker korrupt sind und unsere Kirchen scheinheilig, daß unsere Gesellschaft reformiert werden muß, und einiges davon ist sicher richtig, aber in Aachen sah ich, daß wir bloß Barbaren sind, die lesen und schreiben können und die, wenn sie mit ihren Nachbarn streiten, ihnen nicht mehr das Haus niederbrennen, oder zumindest sehr selten. Wenn ich solche Beschwerden heute höre, kann ich mir nicht helfen, zu denken: Wenn du nur wüßtest, wie die Dinge standen, als wir mit all dem angefangen haben.

Vielleicht wird es Menschen geben, die in tausend Jahren Osama bin Laden genauso verehren wie wir Karl den Großen? Moralisch gibt es zwischen den beiden nicht so viele Unterschiede. Beide fühlten sich von Gott berufen. Beide waren mehr als bereit, andere Menschen umzubringen, um die Macht des eigenen Stammes zu vergrößern.

Aber ich gehörte zu Karls Stamm. In diesen Tagen hätte ich alles getan, damit mein Stamm bestehen bleibt. Komisch, wie schnell wir ach so zivilisierten Westler um 1200 Jahre zurückgeworfen werden.

Ich verließ die Stadt, ohne zu wissen, wie viele von meinen Vorstellungen über Karl den Großen richtig war. Folgte er wirklich einer europäischen Vision, oder hatte er einfach Glück gehabt? Zwei Wochen Aachen reichten nicht aus, um die Geburt Europas zu erfassen.

Bevor ich aufbrach, saß ich am Aussichtspunkt, betrachtete die Stadt dort unten und erinnerte mich an meinen alten Traum, ihn auf einem Hügel zu treffen. Ich fragte mich, was er wohl heute sagen würde. Aus einer Laune heraus würde er meine Wenigkeit vielleicht fragen, was ich hier so treibe. »Ich versuche, auf den Spuren meiner mittelalterlichen Helden zu wandeln«, würde ich sagen.

Was würde er antworten? »Du bist ein dekadenter Amerikaner, und du lügst dir in die Tasche. Kein Wunder, daß deine Welt zusammenbricht. Habt ihr denn gar nichts von Rom gelernt?«

Oder würde er sagen: »Gut zu sehen, daß die Dinge sich so weit entwickelt haben. Geht doch. Hab ein wenig Vertrauen in die Welt, und wandele schön weiter.«

Der Fluch von Worms

Ein Schatz gibt keine Ruhe

Siegfried starb in einem Luftkurort namens Grasellenbach. Immerhin war es kein Herzinfarkt beim Training auf dem Laufband. Ein Speer wurde ihm in den Rücken gestoßen – peinlich genug für jemanden, der eigentlich unbesiegbar ist.

Es geschah während eines Jagdausflugs im Odenwald, einige Jahre nachdem er nach Worms gekommen war. Seitdem war eine Menge geschehen. Er hatte das wunderschöne Luxusweib Kriemhild geheiratet und sich mit Hagen angefreundet, seinem späteren Mörder. Woran sich nichts geändert hatte, war Siegfrieds Naivität. Er glaubte wahrhaftig, daß niemand fähig wäre, ihm weh zu tun.

Der Odenwald beginnt gleich gegenüber von Worms am anderen Rheinufer. Dort in den Hügeln hatte der Herbst bereits die Oberhand gewonnen, als ich ankam. Die kleinen Städte, von denen etliche behaupten, der Ort zu sein, an dem Siegfried starb (Grasellenbach liegt zur Zeit vorn), trieben wie verlorene Schiffe in einem Meer von rostigem Rot und leuchtendem Gold und Nebel, der durch die Täler zog. Um mich herum tauchten die Hügel ab und stiegen wieder auf, und alles tropfte von Regen, Tau und Dunst.

Grasellenbach besteht nur aus ein paar Häuschen und Kneippheilbädern, die entlang einer steil ansteigenden, gewundenen Straße verstreut sind. Hinweisschilder führten mich zum nächsten nassen Hügel. Am Ende eines schattigen Pfades lag ein Feld voller frischgeschlagener Baumstümpfe, trostlos wie ein verlassenes Grundstück. Etwas seitlich davon tröpfelte Wasser aus einem Felsen. Das war die berühmte Quelle, an der Siegfried seinen letzten Trank nahm. Sie ist nicht gerade etwas für den großen Durst. Wer hier was trinken will, muß das Wasser praktisch von dem Felsen saugen.

Bizarrerweise war ein Kreuz aus rosa Sandstein neben der Quelle errichtet worden, als ob hier wirklich jemand gestorben wäre. Das *Nibelungenlied* ermuntert die Menschen immer wieder dazu, die Grenze zwischen Realität und Phantasie zu ignorieren. Ich wäre nicht überrascht gewesen, eine alte Dame in Schwarz herantippeln zu sehen, die ein paar Blümchen auf diesem »Grab« niederlegt und dabei eine Träne zerdrückt. Ich fragte mich, ob ich die Traute hätte, ihr zu sagen: »Lady – es ist nicht wirklich passiert.«

Nachdem die Männer in den Hügeln gejagt hatten und Siegfried die spektakulärste Beute gemacht hatte (inklusive einem Bären und einem Löwen, der auf dem Rückweg zur Savanne irgendwo falsch abgebogen sein muß), fordert Hagen Siegfried zu einem Wettrennen heraus. Wer als erster die Quelle erreicht, ist Sieger. Natürlich gewinnt Siegfried. Er wirft seine Waffen ab und beugt sich herab, um den ersten Schluck zu trinken. In dem Moment stößt sein Freund Hagen ihm den Speer in den Rücken, genau in die einzige verletzliche Stelle – dort, wo das Lindenblatt lag, als Siegfried im Drachenblut badete.

Aber Siegfried ist noch nicht tot. Wütend kommt er hoch und greift nach der einzigen Waffe in Reichweite, seinem Schild. Hagen rennt wie der Teufel. Siegfried jagt hinter ihm her, den Speer noch immer im Rücken, und verprügelt seinen Mörder derart, daß der Schild zerbricht. Doch selbst die Kraft von Superbarbaren hat Grenzen. Siegfried bricht auf einer Blumenwiese zusammen. (Auf einer Blumenwiese! Das war eindeutig die Szene für die Ladys.) Seine letzten Worte sind: »Warum, Hagen, warum?« und: »Ein Fluch über dich und deine Familie!« und natürlich: »Sag Kriemhild, daß ich sie liebe.« Aber der Kern seiner Rede ist: »Du hast gerade den Kitt zerschlagen, der unsere Gesellschaft zusammenhält.«

Im *Nibelungenlied* kommt ein Wort wieder und wieder vor, und um dieses Wort geht es Siegfried jetzt: »triuwe«.

Heute ist aus triuwe Treue geworden. Dieses Wort hat nur noch eine emotionale, aber keine politische Bedeutung mehr. Heutzutage sind wir unserer inneren Überzeugung und unserer Frau treu. Aber wer behauptet, »ich bin meinem Arbeitgeber treu«, ist ein wenig merkwürdig (auch wenn der Arbeitgeber das vielleicht nicht so sieht).

Im Mittelalter war es genau umgekehrt. Wer nicht bereit war, für seinen Arbeitgeber zu sterben, der hatte auch keinen Job.

Wer sagte: »Ich bin meinem Herrn treu«, meinte damit: »Ich erfülle meine vertraglichen Verpflichtungen wie versprochen, selbst wenn es heißt, zu sterben oder in anderer Weise gegen meine eigenen Interessen zu handeln.« In einer Welt mit einem unterentwickelten Rechtssystem und ohne Polizei gab es sehr wenig, was einen Fürsten davon abhalten konnte, eines Tages zu sagen: »Du bist also Kaiser, na und? Warum soll ich dir meine Truppen zur Verfügung stellen, nur weil du Italien angreifen willst? Das ist eine dämliche Idee. Wenn ich so darüber nachdenke, warum bin ich nicht selbst Kaiser?« Es war also unbedingt erforderlich, daß man Vasallen aussuchte, auf die man sich verlassen konnte.

Triuwe war politische Verläßlichkeit.

Ohne triuwe: Chaos.

Das Publikum des *Nibelungenlieds* wußte das. In den fünf Jahrzehnten, bevor es geschrieben wurde, hatten die Deutschen miterlebt, wie einer ihrer mächtigsten Fürsten die triuwe gegenüber dem Kaiser gebrochen hatte und der Kaiser die triuwe gegenüber dem Papst. Es hatte das Reich grundlegend erschüttert und alle Welt zu Tode erschreckt. Wenn Siegfried also eine Rede über Hagens Treuebruch hält, sagte er in Wahrheit: »Hagen, indem du die Prinzipien verraten hast, die unsere aristokratische Welt zusammenhalten, öffnest du sozialem und politischem Chaos Tür und Tor – und je länger diese Tür offensteht, desto mehr werden wir es alle bereuen. Ach ja, und sag Kriemhild, daß ich sie liebe.«

Siegfrieds Geschichte endet auf dieser Blumenwiese. Und all das wäre nicht passiert, wenn er nicht nach Worms gekommen wäre.

Worms liegt am Rhein, aber man erreicht die Stadt über eine Landstraße vom Hinterland aus. Noch bevor man sie sieht, erscheinen die Turmspitzen des Domes über den Bäumen – runde Türme aus rosa Sandstein mit spitzen Dächern. Wenn diese Türme über den Weiden auftauchen, glaubt man, man nähert sich etwas Wundervollem. Sobald man die Stadt erreicht hat, verfliegt diese Illusion.

Worms ist ein Durcheinander aus engen Straßen, verrußten Mietskasernen, Tankstellen und Metzgereien. Ich fuhr in Richtung Dom, aber irgendwie leitete diese Stadt mich immer wieder von ihm weg, in irgendeine dunkle Seitenstraße rein oder eine Hauptverkehrsstraße hoch, an einem Park entlang und vorbei an dem riesigen Betondenkmal für Martin Luther. Schließlich parkte ich irgendwo und suchte mir meinen Weg eine kleine Gasse runter, wo der Dom kauerte, von Hotels und Wohnhäusern eingekreist wie Gulliver von den Liliputanern.

Neben Renaissance- und Barockkunst sieht man am

Dom noch viele mittelalterliche Skulpturen, darunter einen Löwen, der einen Mann verschlingt, und den Architekten mit einem Affen auf dem Rücken. Das Tor des Südportals ist gekrönt von einem imposanten Bogen mit zahlreichen Statuen von Sündern und Heiligen, Engeln und Dämonen – und einer Szene des Kindsmords in Bethlehem. Wichtiger jedoch ist das Nordportal. Im Jahre 1200, als das *Nibelungenlied* geschrieben wurde, stand der Palast von Worms dem Nordportal des Domes schräg gegenüber. Wer immer die Geschichte geschrieben hat, er hätte die große Zickenszene im Palast spielen lassen können, mit seinen riesigen Hallen, repräsentativen Treppen und dem Thronsaal. Aber er zog die Stufen des Nordportals vor.

Das Portal ist immer noch da. Der Kulturdezernent von Worms, Gunther Heiland, zeigte es mir. Ich hatte ihn vor einer Weile auf einem Wormser Nibelungen-Symposium kennengelernt. Heute ist es enttäuschend schlicht. Der romanische Torbogen ist nackt. Die original mittelalterlichen Statuen sind entfernt worden. Über dem Bogen sitzt ein Kaiser auf einem Thron, aber der wurde erst in einer späteren Epoche hinzugefügt.

Das Südportal war für das Volk bestimmt, erklärte Heiland, doch das Nordportal war der Eingang der Kaiser. »Damals, um 1200, war es wahrscheinlich leuchtend bunt angemalt«, sagte er. »Es gab goldene Fresken und andere Dekorationen über der Tür, vielleicht Girlanden und sogar eingelassene Edelsteine. Romanische Kirchen waren sehr farbenfroh, und die Portale sahen aus wie die Himmelspforte. Die Leute haben an den Kirchentüren geheiratet, auf den Stufen, weil sie dann mehr Zeugen hatten.«

Kaum hat Siegfried diese Stadt erreicht, läßt er wieder den Superbarbaren raushängen. Er ballert gegen das Tor. Er bedroht Hinz und Kunz. Er wird sie alle verprügeln, genau wie damals diesen Zwerg. Er will das ganze Königreich und alles, was dazugehört, und wenn er nicht bekommt, was er will, gibt's Ärger.

Die drei Könige von Worms sagen: »Was zum Teufel ist denn das?« Völlig verdattert von dieser Barbarenunverschämtheit rufen sie nach ihrem Chefberater. Der Chefberater erklärt: »Das ist Siegfried, der Erbeuter des Horts der Nibelungen, der Gewinner der Tarnkappe, der Drachentöter, der einzig wahre Superheld. Wenn er sagt, er wird uns alle umbringen, dann meint er das auch so.«

»Was machen wir jetzt?« fragt der Hauptkönig.

Der Chefberater antwortet: »Öffnet das Tor.«

Des Chefberaters Schlußfolgerung kann man fast als Zen bezeichnen. Der Gedanke geht so: Wenn man dem Barbaren gibt, was er will, wird er von einem abhängig, statt alles in Stücke zu schlagen. Also lassen sie ihn herein. Der Trick scheint zu funktionieren. Siegfried verprügelt niemanden. Im Gegenteil, er stellt sich in den Dienst der Könige. Offenbar will er etwas, aber er verrät nicht, was. Wenn er, bevor sie sich an ihn gewöhnt haben, zugibt, er sei gekommen, um die schöne Kriemhild zu heiraten, würden sie ihn sofort wieder rausschmeißen. Dann muß er sie alle umbringen, und was ist das für eine Art, eine Ehe zu beginnen? Also bleibt er cool und wartet auf seine Chance, während die drei Könige von Worms sich bald fragen, ob es so eine gute Idee war, den Tiger beim Schwanz zu packen.

Siegfried hat eine elektrisierende Wirkung auf diese Typen, und er weiß das. Er spürt, wie sie ihm nachschauen. Er spürt, wie Kriemhild ihn beobachtet aus ihrem Fenster in der Burg, wo sie als Jungfrau hinter Schloß und Riegel gehalten wird. Er merkt, daß sie ihn begehren wie einen Filmstar auf einem Klassentreffen in der Provinz.

Heute wissen wir, daß die Barbaren bloß kümmerliche Bauern waren, die sich mit ihren Schwertern ein kleines Zusatzeinkommen verschafften – aber für das mittelalterliche Publikum des *Nibelungenlieds* stand Siegfried für das einstige goldene Zeitalter, als Männer noch richtige Männer waren.

Im Gegensatz dazu war Worms bereits ein hochmoderner Staat, inklusive endloser politischer Wischiwaschi-Diskussionen. Er war so komplex, daß drei Könige erforderlich waren, um ihn zu regieren – drei Brüder, von denen Gunther der älteste war. Worms benötigte sogar ein Kabinett.

Heutzutage halten wir ein Kabinett für selbstverständlich, aber im Mittelalter machten sich Kaiser und Könige gerne vor, daß sie allein die Entscheidungen trafen. Das kann man an den Titeln sehen, die sie vergaben. Anstatt ihre Berater »Finanzminister« oder »Staatssekretär« zu nennen, nannten sie sie nach Hausangestellten: Stallmeister, Mundschenk, Truchseß und Kämmerer zum Beispiel, obwohl diese Hofämter in Wahrheit weitreichende, wenn auch ungenau definierte politische Macht besaßen.

Die Nummer eins im königlichen Kabinett von Worms war der Chefberater (eigentlich trug er keinen Titel, er war einfach des Königs wichtigster Vasall). Der Zuständigkeitsbereich des Chefberaters war der Nachrichtendienst. Zu der Zeit, als das *Nibelungenlied* geschrieben wurde, waren Information und Analyse bereits wichtiger als die Fähigkeit, einen Drachen zu töten oder einen Zwerg zu verprügeln. Der Name des Chefberaters war Hagen.

Ein Wort zu Worms.

Im *Nibelungenlied* wird Worms als die Hauptstadt des blühenden Königreichs Burgund dargestellt, und historisch gesehen hatte Worms sogar wirklich etwas mit Burgund zu tun. Die Burgunder waren ein germanischer Stamm von der polnischen Ostseeküste. Während der Völkerwanderung zogen sie bis in die Gegend von Worms und ließen sich dort für einige Zeit nieder. Im 5. Jahrhundert machte Burgund dann den Fehler, sich mit Rom anzulegen. Eine Weile ging das gut, bis plötzlich aus dem Nichts eine Armee blutrünstiger Hunnen angriff und jeden Burgunderkrieger abschlachtete, den sie kriegen konnten.

Es sieht ganz so aus, als ob die Hunnen im Auftrag Roms gehandelt hätten, zumal die Römer die Überlebenden kurz darauf in ein Lager in der Schweiz umsiedelten. Dort erholten sie sich erst mal und wanderten später nach Frankreich aus, weshalb Burgund heute in Frankreich liegt. (Kaum waren die Hunnen fertig mit dem Massakrieren der Männer, schlossen sie sich in Scharen den jungen Witwen an. Wir wissen das, weil Archäologen Hunnenskelette in Burgundergräbern in der Schweiz gefunden haben. Ein Hunnenskelett kann man an seinem kegelförmigen Schädel erkennen. Hunnen formten die Köpfe ihrer neugeborenen Kinder, damit sie später als Krieger furchterregender wirkten. Mit ziemlicher Sicherheit sahen sie schon als Kinder erschreckend aus.)

Das Massaker von Worms war so spektakulär und die Auslöschung eines ganzen Stammes so schockierend, daß der Vorfall bald zu einer gängigen Horrorgeschichte wurde. Zufällig war auch die Siegfried-Legende immer sehr beliebt am Lagerfeuer, und so war es unvermeidlich, daß beide Geschichten eines Tages verschmelzen würden. Fast 800 Jahre nach dem Fall von Burgund nahm ein unbekannter Autor den ganzen Krempel, mischte die Elemente neu, modernisierte sie, gab einen guten Schuß Rittertum und Liebe hinzu und hatte einen provokanten Mix aus Vergangenheit und Gegenwart geschaffen. Er verlieh dem Burgunderreich eine gewisse Ähnlichkeit mit dem Römischen Reich und der Stadt Worms einen Hauch von Aachen. Sein *Lied der Nibelungen* wurde eine Art mittelalterlicher *Herr der Ringe* – die Modernisierung einer toten Mythologie, die mehr über die Zeit des Autors aussagt als über die Vergangenheit.

Um 1200 wußte jedermann über den Fall des historischen Burgund Bescheid. Als Siegfried nun in Worms eingelassen wurde, wußten sie, was passieren würde. Sie wußten nur nicht, wie.

Siegfried erkennt seine Chance, als die Dänen und Sachsen eines Tages Worms angreifen. In einem Bravourstück kidnappt er die beiden Anführer und wendet so den Krieg ab. Jetzt schuldet ihm Worms einen Gefallen. Siegfried gibt endlich bekannt, was er will: Kriemhild. Gunther stimmt zu – unter einer Bedingung. Er bräuchte da noch mal Siegfrieds Hilfe. Es hat sich nämlich herumgesprochen, daß eine Barbarenkönigin einen Ehemann sucht, und Gunther will der Glückliche sein. Wenn er selbst schon kein Barbar sein kann, will er wenigstens einen heiraten.

Die Braut heißt Brünhild. Sie will aber nur einen Mann, der beweisen kann, daß er stärker ist als sie. (Allerdings weiß jedes Kind, daß es nur einen Mann gibt, auf den das zutrifft, und das ist Siegfried. Rein von der Logik her müßte Gunther darauf kommen, daß es in Wahrheit Siegfried ist, den sie will.)

Die Männer segeln also den Rhein hinab zu dem Land aus Eis im nebligen Norden. Dort angekommen, wird Gunther mitgeteilt, daß er in drei Prüfungen beweisen muß, der stärkste Mann weit und breit zu sein. Er muß einen Felsen hochheben, der so groß ist, daß kein Mensch ihn heben kann, er muß weiter springen, als ein normaler Mensch springen kann, und einen Speer werfen, der so schwer ist, daß kein normaler Sterblicher ihn heben kann. Wenn er versagt, wird Brünhild ihn töten, worauf sie sich schon freut (man hat wirklich eine Menge Privilegien als Barbarenkönigin). Gunther fragt sich, ob das Ganze nicht vielleicht ein Fehler war, doch Siegfried schlüpft unter seine Tarnkappe. Unsichtbar löst er die drei Testaufgaben für Gunther, der währenddessen nur die Bewegungen simuliert.

Brünhild merkt nichts. Widerwillig muß sie ihre Niederlage zugeben und mit Gunther nach Worms segeln. Dort heiraten sie, und Siegfried bekommt die schöne Kriemhild.

Soweit sieht es ziemlich gut aus für Gunther und seine Barbarenabenteuer. Er hat mit dem Feuer gespielt, als er Siegfried das Tor öffnete. Diese Show, die er im Land aus Eis abgezogen hat, war reichlich riskant. Doch all das hat er gemeistert. O ja, er weiß, wie man mit diesen gefährlichen Barbaren umgehen muß.

In der Hochzeitsnacht platzt die Bombe.

Brünhild wird den Verdacht nicht los, reingelegt worden zu sein. In der Hochzeitsnacht stellt sie klar, daß Gunther mitnichten in ihr Bett steigen wird. Es ist eine Herausforderung. Sie sagt: »Komm schon, Junge, du hast mich im Wettkampf geschlagen, jetzt zeig mir mal, wie hart du im Bett zur Sache gehst.«

Gunther geht im Bett nicht besonders hart ran.

In einem klassischen Beispiel von mittelalterlichem Slapstick (und einer Szene, die das spätere Stereotyp der deutschen Frau als groß, stark und kompliziert vorwegnimmt), hievt Brünhild Gunther auf einen Pflock und läßt ihn dort an seinem Gürtel hängen, bis der Morgen graut.

Burgund hat ein Problem.

Für uns ist das eine reine Privatangelegenheit. Dieses junge Paar braucht eine Eheberatung. Doch im Mittelalter war es sehr viel mehr als das. Wenn sich herumspricht, daß Gunther nicht Manns genug ist, seine eigene Frau zu entjungfern, sind die Tage von Burgund gezählt. Ein schwacher König ist wie ein blutendes Baby in einem Haifischbecken. Seine Vasallen – die Fürsten – hatten schließlich alle eigene Armeen, und die Dänen und Sachsen lungern auch noch irgendwo da draußen herum.

Hagen sagt: »Holt mir Siegfried.«

In der nächsten Nacht betritt Gunther wieder Brünhilds Schlafzimmer. Dieses Mal ist Siegfried bei ihm – unsichtbar unter der Tarnkappe. Zusammen zeigen sie dieser Eiskönıgin, was ein echter Mann ist (beziehungsweise zwei). Am nächsten Morgen ist aus der eisernen Jungfrau ein schnurrendes Kätzchen geworden, und alle sind wieder glücklich.

Wieder einmal hat Worms mit dem Feuer gespielt und ist unversehrt geblieben. Aber keiner hat mit Kriemhild gerechnet.

Schauen wir uns Kriemhild einmal genauer an.

Schön, sexy und charmant ist sie, die ultimative Trophäe für einen Mann – und dazu wurde sie von Anfang an erzogen. Während die Jungs lernen, wie man Drachen tötet und Dänen und Sachsen besiegt, ist Kriemhild besessen von ihrem einzigen Ziel im Leben: Heiraten. Sie träumt selbst davon. Ein Traum wird von ihrer Mutter analysiert. Diagnose: Kriemhild leidet unter neurotischer Bindungsangst aufgrund der Wahnvorstellung, eine Eheschließung würde zum Tod ihres Partners führen, und das würde ihr armes kleines Herz brechen. Ich will ja nicht herzlos sein, aber rücken wir das Ganze mal ins rechte Licht. Ringsum kämpfen große Königreiche ums Überleben. Die Entscheidungen ihrer Brüder beeinflussen Leben und Tod von Tausenden. Und mittendrin ist die kleine Kriemhild besorgt darüber, daß ihr eines Tages eventuell das Herz gebrochen wird. Nein, dieses Mädchen ist nicht erzogen worden für diese Männerwelt der abgebrühten Entscheidungsträger.

Also ist es nur logisch, daß keiner der Männer es kommen sieht, als sie sie alle ins Verderben stürzt.

Siegfried nimmt Kriemhild mit nach Xanten. Dort bringt sie einen Sohn zur Welt. Zeit vergeht, und sie bekommt Heimweh. Siegfried, ganz verständnisvoller Ehemann, lädt Frau und Kind aufs Schiff und fährt auf einen Besuch nach Worms.

Kriemhild verrät ihm nicht, was sie noch im Gepäck hat.

In Worms sitzen Kriemhild und Brünhild beim Turnier und prahlen voreinander mit den Vorzügen ihrer Ehemänner herum, wie das Luxusweibchen eben so tun. (Ich fragte meine Freundin, ob das heute eigentlich immer noch so sei. Sie sagte: »Das willst du gar nicht wissen.«)

»Ist es nicht wundervoll, daß mein Ehemann König von Worms ist und viel höher als jeder andere steht?« schnurrt Brünhild. »Zu schade, daß dein Mann nur ein Vasall ist.«

»Da scheinst du etwas falsch zu verstehen«, schnappt Kriemhild. »Mein Mann, der Zwergenverprügler, Besitzer des Nibelungenhorts, Töter des Drachen und König von Xanten, ist niemandes Vasall. Er ist außerdem viel mehr ein König, als dein Mann je sein wird.«

»Beweis es«, zischt Brünhild.

»Wir sehen uns in der Frühmesse«, zischt Kriemhild zurück.

Als die Frühmesse im Dom beginnt, treffen beide Frauen gleichzeitig mit ihrem Gefolge am Nordportal ein. Das Protokoll verlangt, folgendes beim Eintritt in den Dom zu beachten: Zuerst kommen die Königinnen, dann die Ehefrauen von Vasallen. Kriemhild drängt zur Tür. Brünhild kreischt so laut, daß Kriemhild stoppt: »Kein Vasall betritt die Kirche vor der Königin!«

Dies ist der Moment für Kriemhild, ihren Trumpf auszuspielen. Sie zieht einen Frauengürtel und einen eleganten Ring heraus und fragt: »Na, erkennst du die?«

Seit der Nacht, in der Gunther sie entjungfert hat, hat Brünhild diese Sachen vermißt. Der Gürtel war derselbe, mit dem sie Gunther auf den Pfosten gehängt hatte. Den Ring trug sie am Finger. Siegfried hat die Sachen damals mitgehen lassen, als er den Raum verließ. Was hätten Sie wohl mit solch heißen Souvenirs angestellt, wenn Sie Siegfried wären? Vielleicht ganz tief vergraben? Siegfried jedenfalls war stracks nach Hause gegangen und hatte sie seiner Braut gezeigt: »Warte nur, bis du hörst, was ich gerade getan habe!« Kriemhild platzte vor Stolz.

Mit dem Ring und dem Gürtel in der Hand sagt Kriemhild nun zu Brünhild: »Du magst ja Gunthers Königin sein, aber du bist ebenso die Konkubine meines Mannes.«

Das *Nibelungenlied* stellt ganz eindeutig klar, daß Siegfried in jener Nacht keinen Sex mit Brünhild hatte – er hielt sie nur fest für Gunther. Technisch gesehen, übertreibt es Kriemhild also hier. Doch das macht keinen Unterschied. Alle waren sie dort auf den Kirchenstufen versammelt – die Herzöge, die Bischöfe, alle von Rang und Namen –, und alle hörten sie, daß die Königin von Burgund Siegfrieds Dirne ist. Damit ist es wahr.

Den Tag verfluchend, an dem er sich zum erstenmal auf diesen Barbaren-des-goldenen-Zeitalters-Mumpitz eingelassen hat, befiehlt Gunther: »Holt mir Hagen.«

Hagen sagt: »Siegfried muß sterben.« Er hat sogar recht. Es geht nicht um Kriemhild. Sie ist nur der Bote. Derjenige, der die Königin von Burgund zum Flittchen machte, ist Siegfried. Er ist das Problem.

Hagen fädelt es geschickt ein. Er wendet sich an Kriemhild. »Ich mache mir Sorgen um Siegfried«, flötet er. »Ich habe Angst, daß ihm etwas zustoßen könnte. Ich weiß, daß er irgendwo einen wunden Punkt hat wegen dieses Lindenblatts. Wenn du mir sagst, wo, kann ich ihn im Auge behalten und beschützen.«

Genau wie Siegfried glaubt Kriemhild ernsthaft, daß jedermann auf ihrer Seite steht. Sie verspricht, ein X auf den Rücken von Siegfrieds Hemd zu nähen, um den Punkt zu markieren. Nur sie und Hagen werden wissen, daß er dort ist. Sie ist stolz auf sich, einen Weg gefunden zu haben, um Siegfried – dem Mann mit der Haut aus Stahl – mindestens ein wenig Sicherheit zu geben.

»Du bist eine gute kleine Ehefrau«, sagt Hagen.

Am nächsten Tag lädt er Siegfried zur Jagd in den Odenwald ein.

Ist Hagen gut oder böse?

Sicher ist er amoralisch, ein Machiavellist lange vor Machiavelli. Andererseits strebt er nie nach Macht für sich selbst wie die bösen Wesire in den Geschichten aus *Tausendundeiner Nacht*. Alles, was er tut, tut er für Burgund. Hagen ist derjenige, der sich die Hände schmutzig macht, wenn es sein muß. Er ähnelt den Männern, die bei Nixons Watergate oder Reagans Iran-Contra-Affäre den Sündenbock spielten und für ihren Präsidenten ins Gefängnis gingen. Ob man wollte oder nicht, irgendwie hat man sie dafür bewundert, daß sie getan haben, was sie taten, in dem Bewußtsein, daß es sie nicht zu Helden machen würde.

Als ich das *Nibelungenlied* zum erstenmal las, hatte ich einen existentiellen Kampf zwischen Gut und Böse erwartet, zwischen echten Helden und echten Schurken. Doch auf solch eine Ambivalenz war ich nicht vorbereitet. Nicht nur Hagen, auch Siegfried ist keine simple Figur. Einerseits ist er eine Art Hollywoodstar: ein Sunnyboy, einer, der's anpackt, ein typischer Amerikaner eigentlich, wie ein junger Robert Redford mit einem Schwert. Es ist sein schierer Sex-Appeal, in den sich das Publikum verliebt. Andererseits hat er Blut an den Händen, überlegt keine Sekunde, was er da eigentlich tut, und hat keine Ahnung, wann er besser die Klappe halten sollte.

So etwas könnte einem Hollywoodfilm nicht passieren. Der Zuschauer von heute will genau wissen, wer der Gute und wer der Böse ist. Verglichen mit uns war das mittelalterliche Publikum verdammt kultiviert. Würden diese Menschen einen Hollywood-Actionfilm von heute sehen, würden sie den Kopf schütteln und sagen: »Was für ein Kinderkram...« (und, wenn sie nett sind: »... aber die Spezialeffekte sind des Teufels«).

Im Wormser Fremdenverkehrsamt fragte ich eine Frau, ob es Parkplätze direkt am Rhein gibt. Sie rümpfte die Nase und schickte mich zu einem Gelände, das ungefähr einen Häuserblock vom Fluß entfernt lag. Es war ein unbefestigtes Feld gleich an der Autobahnausfahrt, übersät mit zugenagelten Wohnwagen, aufgegebenen Traktoren, alten Kühlschränken und Müll – Überrreste eines sporadisch abgehaltenen Flohmarkts. Ich erreichte den Platz bei Dunkelheit. Die Reifen schlitterten durch den Schlick. Ein schwefliger Gestank hing in der Luft. Ich konnte nicht erkennen, was es war oder woher es kam, bis ich einen Steinwurf entfernt den gigantischen Silo des Chemiewerks direkt am Ufer sah.

Ich machte, daß ich fortkam, und war gerade auf dem Parkplatz eines Schwimmbads zu Bett gegangen, als ein Paar Scheinwerfer auftauchte und zwei, drei Runden auf dem leeren Parkplatz drehte. Immer wenn es an mir vorbeikam, wurde das Auto langsamer. Plötzlich fiel mir ein, daß Worms regelmäßig ganz oben auf der Liste der Städte mit der höchsten Kriminalitätsrate auftaucht. Ich zog mich wieder an und fuhr raus aus der Stadt, rauf auf die Autobahn und weiter, bis ich einen Rastplatz erreichte.

Das stattliche Neonschild hieß mich willkommen. Die Lampen auf dem Parkplatz funktionierten. Das Restaurant hatte eine Panoramaglasfront, die hell wie ein Leuchtturm strahlte, und war die ganze Nacht geöffnet. Die Autobahn war laut, aber sie hatte einen beruhigenden Rhythmus an sich. Ich konnte ein Bier trinken, bevor ich zu Bett ging zwischen den gigantischen Trucks, die sich hinter mir auf den Platz schoben. Und am Morgen gab es Duschen.

Ich schlief gut auf dem Rastplatz Wonnegau, und das tat ich ab jetzt jede Nacht.

In Worms fühlte ich mich irgendwie unbehaglich. Wann immer ich in die Stadt hineinfuhr, war es in der falschen Richtung. Alles war hinter irgendwas versteckt. Das Zentrum der Stadt bestand es aus einer völlig verbauten Kreuzung. Das Rathaus mit seiner farbenprächtigen Sonnenuhr duckte sich im hintersten Winkel eines Parkplatzes, als ob es weder den Willen noch die Energie aufbrächte, die ganzen Autos aus seinem Vorgarten zu verscheuchen.

Ich ging ins Rathaus und fragte Gunther Heiland, den Kulturdezernenten, warum keiner, mit dem ich gesprochen habe, irgend etwas Gutes über diese Stadt zu sagen hatte. Die Frage überraschte ihn nicht.

Worms war einst eine bedeutende Stadt, sagte er. »Im Mittelalter wurden hundert Reichstage hier abgehalten. Ein Papst wurde hier eingesetzt und abgesetzt. Luther war da zum Reichstag 1521. Es war Königstätte der Burgunder und der Ort von großen Dichtungen.«

Doch seitdem geht es bergab.

»Im Mittelalter lebten rund 7000 Einwohner hier«, sagte er. »1800 waren es nur noch 4000. So ist die Stadt abgestiegen. In den Jahren 1689 und 1945 wurde Worms total zerstört.« Das erklärte den ganzen Beton.

Vor etwa acht Jahren begann Worms nach einem Weg zu suchen, sich irgendwie wohler in seiner Haut zu fühlen – und entdeckte die Nibelungen wieder. Inzwischen hält Worms ein jährliches Nibelungen-Symposium ab, hat vor kurzem ein supermodernes Nibelungen-Museum eröffnet, und als ich dort war, liefen gerade die Vorbereitungen für ein aufwendiges Open-Air-Theaterstück mit vielen Fernsehstars auf Hochtouren.

Sie setzten eine Menge Hoffnung auf ein altes Buch.

Ich wurde das Gefühl nicht los, das Geld sei besser angelegt, wenn sie ein paar knackige Models anheuern würden, die jeden Freitagabend in der Fußgängerzone tanzen und dabei knappe T-Shirts mit der Aufschrift »I ♥ Worms« tragen.

»Klingt ein wenig verzweifelt«, meinte ich.

»Es ist keine Verzweiflung«, verwahrte er sich. »Es ist die heimliche Sehnsucht nach dieser ehemaligen Größe.«

Was Heiland nicht erwähnte, war der Fluch.

Im *Nibelungenlied* wird man den Eindruck nicht los, daß auf dem Schatz ein Fluch liegt. Seit Siegfried die beiden

Prinzen von der Nibelungendynastie ermordet hat, klebt Blut am »Hort der Nibelungen«.

Von dem Moment an, als der Schatz nach Worms kommt, werden die Burgunder als »Nibelungen« bezeichnet. Der Name der ermordeten Brüder heftet sich an den jeweiligen Besitzer des Schatzes wie eine Markierung. Jeder, der ihn besitzt, stirbt eines unnatürlichen Todes.

Nach Siegfrieds Tod wird seine Leiche in den Straßen von Worms aufgebahrt. Kriemhild kreischt und wütet, rauft sich die Haare über dem Toten und verlangt das mittelalterliche Äquivalent eines Massen-DNA-Tests: Alle Männer, die mit auf der Jagd waren, müssen nacheinander an der Leiche vorbeigehen. Falls der Mörder unter ihnen ist, so die Theorie, wird die Leiche erneut anfangen zu bluten.

Als Hagen vorbeigeht, blutet die Leiche.

Kriemhild fordert Gerechtigkeit, aber ihre Brüder schützen Hagen. Kriemhild kann wüten und toben, soviel sie will, sie wird nichts damit erreichen.

Das ist der Augenblick, in dem sie Rache schwört.

Unterschätzen Sie nicht die Institution der Blutrache. Heutzutage trägt sie das Stigma der Lynchjustiz, aber in einer Zeit ohne nennenswerte Gerichtsbarkeit war sie ein legaler Weg, die Gerechtigkeit wiederherzustellen. Damals war eine Familie moralisch dazu verpflichtet, den Mord an einem ihrer Mitglieder zu rächen.

Allerdings war es ungewöhnlich, daß eine Frau Rache schwor. Wie sollte sie sie umsetzen? Ein Turnier mit Hagen ausfechten? Nein, Rache war ein Männerjob. Wenn Kriemhild Rache schwört, redet sie von etwas, das sie nicht versteht, und das Publikum weiß das. Jetzt ist die große Frage: Wie wird sie es anstellen?

Ihr fällt der Hort wieder ein. Der Schatz umfaßt einhundert Wagenladungen. Sie läßt ihn aus Xanten herbeischaffen. Und nach und nach, ganz unauffällig, beginnt sie sich damit Ritter zusammenzukaufen. Sie gibt ihnen Geld, so daß sie sich Burgen und Land beschaffen können, und im Gegenzug schwören sie ihr triuwe.

»Wirst du für mich töten?«

»Ja, Herrin.«

Als Hagen bemerkt, was da vor sich geht, ist er besorgt.

Es gibt nur eine Lösung. Er ruft seine Männer zusammen, stiehlt den gesamten Schatz und versenkt ihn im Rhein. Und wieder sind Kriemhilds Pläne geplatzt.

Sollten Sie daran denken, nach ihm zu suchen, im *Nibelungenlied* wird die Stelle erwähnt, wo Hagen ihn versenkte: »ze Loche in den Rin.«

Es gibt nur ein kleines Problem dabei – die richtige Interpretation.

Von Schatzsuchern wurden verschiedene Theorien aufgestellt. Die freundliche dünne Frau, die ich »Hilde« nennen werde, glaubt zum Beispiel, ein Ort namens »In den Lochen« sei damit gemeint.

Hilde lebte mit ihrer Familie in einem Dorf gleich vor der Stadt, das praktisch nur aus einer einzigen Straße ohne Bürgersteige bestand. Ich merkte, daß etwas nicht stimmte, kaum daß ich das Haus betrat. Irgendwer hatte es günstig gekauft und heiter verkündet: »Wir können es renovieren!« – und seither lebte die Familie auf einer Baustelle. Ich ließ meinen Mantel an gegen die Kälte. Die Heizung mußte noch installiert werden.

Hilde servierte mir einen Tee. Als sie von ihrer neu entdeckten Leidenschaft für den Hort erzählte, leuchteten ihre Augen mit einer wilden Intensität. Vor ein paar Jahren erst war sie nach Worms gezogen und hatte sofort das Gefühl gehabt: »Hier werde ich etwas finden.« Sie lernte ihre Nachbarin K. kennen. Eines Nachts hatte sie die Vision, daß K. die moderne Reinkarnation von Kriemhild sei. Und K.s Freund, mit dem sie ständig im Clinch lag, war die Reinkarnation von Hagen. Nennen wir ihn also H.

Hilde mochte die Idee, daß K. und H. in einem früheren Leben Erzfeinde, heute aber aneinander gebunden waren, um diese Dinge aufzuarbeiten. In Wahrheit, sagte sie, sind Hagen und Kriemhild füreinander bestimmt – aber es ist schwierig, schwierig.

Eines Tages erzählte sie H. und K. von ihrer Vision, und die drei beschlossen gemeinsam, daß das alles irgendwie einen Sinn ergeben würde, wenn sie den Hort finden könnten.

»Da ist etwas Spirituelles an der Suche«, erzählte mir Hilde. Es ging um Erlösung – womöglich für die gesamte Stadt. Wenn sie den Hort finden würden, sagte sie, könnten die Bürger von Worms wieder stolz sein. »Worms ist schmutzig und voller seltsamer Krankheiten«, verriet sie mir. »Die Stadt muß sich selbst aus diesem tiefen Loch ziehen, in dem sie steckt.«

Wir plauderten noch ein bißchen über Reinkarnation. Ein Hauptthema in ihrem jetzigen Leben, sagte Hilde, sei, ihr unterentwickeltes Ego aufzubauen, bis es für sich selbst einstehen und kämpfen konnte. Sie kam ganz gut voran. »Ich habe schon so viel Fortschritt gemacht, daß mein Ego versucht, aus meinem Körper herauszukommen«, meinte sie fröhlich. Ich könne ihr Ego anfassen, wenn ich wolle, sagte sie, und führte meine Hand an ihren Hinterkopf.

Ich spürte eine Beule so groß wie ein Vogelei.

»Sie müssen zum Arzt«, sagte ich.

»O nein«, sagte sie. »Ich heile mich selbst mit Tee und Meditation.«

Mir lief es immer noch kalt den Rücken runter, als wir bei K. und H. anklopften.

Die beiden sahen wirklich ein bißchen so aus, wie man sich Kriemhild und Hagen vorstellt.

Sie war blond und hatte etwas Glückliches, Naives an sich. Er war dunkelhaarig und sah kompliziert aus. Sie waren beide im mittleren Alter und leicht stämmig. Es war ein hübsches Paar.

Sie standen erst am Anfang ihrer Suche. Sie erzählten mir, wie sie Kontakt mit einem Heilpraktiker namens Petry aufgenommen hatten, der vor einiger Zeit von der Landesregierung beauftragt worden war, sich nach dem Hort umzuschauen. (Das stimmt tatsächlich – ich habe Petry später gesprochen. Mit Hilfe einer Wünschelrute hat er in einer Gegend, die auf alten Karten »In den Lochen« heißt, große Bestände an Metall aufgespürt, ungefähr zwanzig Meter unter der Oberfläche. Aber dann bekam die Regierung kalte Füße, und niemand versuchte, es auszugraben.)

Hilde, K. und H. und ein paar andere begannen sich für die Sache zu interessieren. Doch bevor es losging, wollten sich alle besser kennenlernen. Also fuhren sie hinaus zu einem ausgewiesenen »Kraftplatz« in einer Burgruine. Dort hielten sie sich an den Händen, schlossen die Augen und versuchten, sich gegenseitig geistig zu erreichen. »Ich hatte das Gefühl, daß ich allen hier zum zweiten Mal begegne«, sagte H. Sie besiegelten ihren Bund.

Anschließend begleiteten sie Petry zu den »Lochen«. Obwohl es dort an der Oberfläche nichts zu sehen gab (und das Graben dort eine Menge Kosten und Rechtsprobleme bedeuten wird), hatten sie alle das gleiche Gefühl: Da unten ist etwas.

Auch H. und K. sprachen von ihrer Schatzsuche mit nahezu spiritueller Hoffnung. »Manche sagen, Worms steht unter einer schwarzen Glocke«, sagte K. »Es ist unheimlich schwer, hier etwas ins Rollen zu bringen. Das *Nibelungenlied* bringt uns zurück zum Ursprung.«

»Ze Loche in den Rin« könnte auch einen Ort am Rhein bezeichnen, der auf alten Landkarten »Lochheim« heißt. Das Dorf ist inzwischen verschwunden. An seiner Stelle wimmelt es jetzt von Industriesilos, Kränen, herumbretternden

Lastwagen, Bergen von Kies und Wolken von Staub. Der Fluß nimmt hier eine scharfe Haarnadelkurve – so spitz, daß man sieht, wie sie auf einen zukommt und sich dann wieder zurückbiegt.

Hier will Hans Jörg Jacobi graben.

Mit Hilfe von Metalldetektoren konnten er und sein Vater ein Lager von Metall am Ufer ausmachen, tief unter der Oberfläche. Er hatte bereits einmal versucht, es zu heben, mußte dann aber aufhören, als er durch einen Unfall einen seiner Männer verlor. Seitdem wartete er auf eine zweite Chance.

»Es ist schön, wenn man hinter die Sachen schauen kann und was entdeckt, das andere nicht sehen können«, sagte er. Das trieb ihn an.

Seine Wohnung in Mainz war angefüllt mit Schätzen, die er auf Dachböden, in Trödelläden, in Ruinen, auf Baustellen entdeckt hatte: ein versilbertes Standbild von Hagen, wie er den Nibelungenschatz in den Rhein wirft, ein ungefähr 800 Jahre altes verrostetes Schwert, eine Sammlung von Harfen, wie sie im Mittelalter und der Renaissance gebaut wurden – einige davon Originale. Er spielte mir ein paar Verse des *Nibelungenlieds* auf einer gotischen Harfe vor.

Mit seiner Schatzsuche wollte er auch Einfluß darauf nehmen, wie die Deutschen ihre eigene Geschichte betrachten. »Wir wollen eigentlich beweisen, daß das *Nibelungenlied* ganz auf Wahrheit basiert«, sagte er, »mit nur ein paar Abänderungen um 1200. Eigentlich beschreibt es die Zeit um 450. Für Deutschland ist das bedeutend, letztlich auch für die Welt. Die Mondlandung war eine Wahnsinnsleistung, aber sie ist so weit weg. Die Schatzsuche hat etwas mit dem zu tun, wo wir leben.«

Wir fuhren zum Haus seines Vaters – sie waren Partner bei dem Projekt. Jacobi senior war in seinen Achtzigern, zart und munter, mit flusigem grauen Haar, das ihm um den Kopf schwebte. Ich fragte ihn, warum es denn so wichtig sei, zu beweisen, daß das *Nibelungenlied* historischen Tatsachen entspricht. Er wandte sich an seinen Sohn: »Können wir ihm trauen? Meinst du, wir können ihm die Wahrheit sagen?«

Wir saßen in einem geräumigen Wohnzimmer. Bücher bedeckten die Wände, hohe Fenster schauten auf den Garten, in der Ecke stand ein Klavier. Der Mann führte das hochgebildete Leben der oberen Mittelklasse. Er erzählte, daß er früher ein Mainzer Bürgermeister gewesen war. Er hatte Bücher über die Stadtgeschichte geschrieben. Aber nun erst wurde mir klar, daß er in seinen frühen Dreißigern gewesen sein mußte, als der Zweite Weltkrieg sein Ende fand. Ich warnte ihn vor: »Sie können mir trauen, daß ich sie nicht falsch zitieren werde – aber was Sie sagen, das schreibe ich auch.«

Er hatte da etwas, das er loswerden wollte. Wahrscheinlich seit fast sechzig Jahren. »Die Deutschen haben den Krieg nicht angefangen«, beschwerte er sich, und überhaupt, die Amerikaner hätten beide Kriege von vornherein geplant gehabt. »Schauen Sie nur die Fakten an«, meinte er, »nur wenige Leute kennen die Fakten.« Er sagte, daß Hitler von einem Dämon geritten worden sei.

Ich war nicht gerade scharf darauf, aber es war nur logisch, daß irgendwann die Rede auf Nibelungentreue kommen mußte.

Nibelungentreue ist wieder einer dieser Begriffe, die in einem fiktiven Buch noch einen Sinn haben, aber irgendwie fand der Begriff seinen Weg in die Wirklichkeit, und das war das Problem. Er bezieht sich auf das Ende des *Nibelungenlieds,* als die Wormser allesamt dem Tod ins Auge sehen. Es gibt da eine Szene, in der sie die Chance bekommen, ihre eigene Haut zu retten, wenn sie nur Hagen ausliefern, aber sie weigern sich, womit sie die höchste und heroischste Form von Loyalität zeigen: für einen der ihren zu sterben.

Aber dies war zur Zeit des Mittelalters, und selbst da passierte so etwas nicht im wahren Leben, sondern bloß in Büchern.

Als den Nazis klarwurde, daß sie den Krieg verlieren würden, machten sie eine letzte Anstrengung, die Menschen zum Durchhalten zu motivieren, obwohl es bereits sinnlos war. Wenn Hitler und seine Gang schon untergehen würden, konnten die Deutschen anständigerweise gleich mit ihnen sterben. Propagandaminister Goebbels erfand den peppigen, hochmodernen Slogan vom »totalen Krieg«. Reichsluftfahrtminister Göring, nicht faul, zielte mehr auf archaische Gefühle und kam auf »Nibelungentreue«. In einer Rundfunkansprache an die dem Untergang geweihten Soldaten in Stalingrad sagte Göring: »Stalingrad ... wird einmal der größte Heroenkampf gewesen sein, der sich jemals in unserer Geschichte abgespielt hat. Wir kennen ein gewaltiges, heroisches Lied von einem Kampf ohnegleichen, das heißt *Der Kampf der Nibelungen*. Auch sie standen in einer Halle von Feuer und Brand und löschten den Durst mit eigenem Blut – aber kämpften und kämpften bis zum letzten ...«

Es verblüfft mich, daß es funktioniert hat. Niemand sagte: »Moment mal, im *Nibelungenlied* sind alle umgekommen – ist das nicht das genaue Gegenteil von dem, was wir hier zu tun versuchen?«

Ich fragte Jacobi senior: »Glauben Sie, daß es richtig war, weiterzukämpfen, sobald feststand, daß sie alle sterben würden?«

»Es war das einzig Richtige«, antwortete er. »Für einen Soldaten ist Loyalität das Allerwichtigste, selbst bis zum Tod. Er muß kämpfen bis zum bitteren Ende. Was würde wohl passieren, wenn die Soldaten einfach beginnen zu desertieren?«

Plötzlich sah ich, daß ich hier mit einem lebenden Artefakt im Zimmer saß. Dieser Mann gehörte zu einer Generation, die mir völlig fremd war – jemand, für den »Nibelungentreue« ein existentieller Wert war.

Ich fragte mich, wie viele von unseren Werten – Tapferkeit, Treue, Ehre, Stärke – veraltete mittelalterliche Begriffe sind, die jetzt mehr Unsinn machen als Sinn. Doch wir halten daran fest. Auch in mir rufen diese Begriffe eine emotionale Reaktion hervor. Sie sind romantisch. »Denkt pragmatisch!« dagegen ist langweilig. Egal, daß wir heute triuwe nicht mehr brauchen, zumindest nicht im politischen Sinn. Wir brauchen vielmehr Recht und Gesetz, Polizei und Gerichte, Gewaltenteilung, ein Arbeitsamt. Diese Welt ist unendlich besser, als unter der Fuchtel einer Horde blutrünstiger Aristokraten zu leben, die einander ständig an die Gurgel gehen und uns mitleiden lassen. Aber »Füllt eure Formulare aus bis zum bitteren Ende!« wird als Slogan nie funktionieren. »Treue bis zum Tod!« ist dagegen einfach unschlagbar romantisch.

Es gibt da noch die Theorie, daß »ze Loche in den Rin« auch ein Hafenbecken sein könnte.

Helmut Siegert hatte das Rutengehen von einem Amerikaner gelernt. Als er in einem alten Sagenbuch von dem Hort gelesen hatte, nahm er sich eine Landkarte des Rheins vor und probierte seine Wünschelrute direkt auf der Karte aus. »Manchmal funktioniert's«, meinte er. Immer wieder zeigte seine Wünschelrute auf einen Ort namens Zullnstein.

Siegert war ein Durchschnittstyp mit roten Backen und einem kleinen Bierbauch. Er war Maschinist von Beruf und fuhr ein klappriges altes Auto. Auf dem Armaturenbrett klebte ein Foto von einer gutgelaunten, großen schwarzen Frau. Seine Frau, verkündete er stolz, aus Brasilien.

Er las mich auf in Worms und fuhr mit mir über den Rhein, hinein in den Odenwald. Wir liefen eine Weile einen grasbewachsenen langen Deich hinab, bis wir zu einer

Ruine zwischen den Bäumen kamen. Es war irgendein Fundament, nur ein paar Meter Steinmauer da und dort. »Hier war ein Hafen in der Römerzeit«, sagte er. »Es gab damals einen Rheinarm hier, aber der ist jetzt durch den Deich abgetrennt.« Er zeigte mir, wo die einzelnen Teile der kleinen Festung gestanden hatten, mit ihren steinernen Armen, die den Hafen umrundeten und in Wachtürmen ausliefen.

Mit seiner Wünschelrute hatte er hier zwei große Vorkommen von Metall lokalisiert, direkt nebeneinander, fünf oder sechs Meter tief im marschigen Boden. Das konnte nur eins bedeuten: zwei Schiffe, Seite an Seite versunken mit unbekannter Fracht. Sie hatten hier unentdeckt gelegen, als der Rhein begradigt wurde, und waren nun von einer dikken Schicht aus Matsch und Geröll bedeckt.

Siegerts Interpretation: Die Burgunder – die echten Burgunder – mußten diesen Ort als Hafen genutzt haben, lange vor den Römern. Als sie begriffen, daß die Hunnen sie alle vernichten würden (»Der Kampf muß sich über Wochen hingezogen haben«, meinte Siegert), luden sie ihren königlichen Schatz in zwei Boote und versenkten ihn hier, damit er den Hunnen und Römern nicht in die Hände fiel. Später verwandelten die Dichter – so seine Theorie – den verschwundenen Schatz der Burgunder in den Hort der Nibelungen.

Um zwei Bootsladungen an Schätzen auszugraben, die sechs Meter unter der Oberfläche liegen, braucht man eine Profiausrüstung. Siegert begann, Geld zu beschaffen, aber die Archäologen bekamen Wind von seinen Plänen und beschwerten sich bei den lokalen Behörden: Er könnte eine wichtige historische Stätte ruinieren (obwohl sie einräumen mußten, daß sie selbst leider weder Zeit noch Geld für eine offizielle Grabung hatten). Siegert wurde das Graben untersagt.

Heute sucht er nach Nazi-Gold in einem anderen Teil des Landes, aber er ist immer noch überzeugt, daß irgendwas da unten ist, und er will es immer noch in die Finger kriegen.

Siegert war kein Fan des *Nibelungenlieds*. Er wußte nicht viel darüber und glaubte nicht, daß es wirklich passiert sei. Als wir nach Worms zurückfuhren, fragte ich ihn, warum er denn so an dem Schatz interessiert sei.

Er habe einen Traum, sagte er.

»Ich will mit meiner Frau wieder nach Brasilien ziehen und das Leben genießen.«

Welche Erleichterung. Nach all dem Nibelungentreuezeugs und den verzweifelten spirituellen Suchern tat es gut, mal einen Kerl sagen zu hören: »Ich mache es des Geldes wegen.« Er schien mir geradezu ein leuchtendes Beispiel von Anstand und Moral zu sein.

Als Hagen den Hort der Nibelungen im Rhein versenkte, sah es so aus, als ob es mit Kriemhilds Chance auf Rache für immer vorbei sei. Bis eines Tages zwei Boten in Worms eintrafen und nach ihr fragten. Sie kamen von dem mächtigsten Herrscher weit und breit, einem Kriegerkönig, gegen dessen Macht selbst der Ruhm von Burgund verblaßte: Attila persönlich.

Er war auf der Suche nach einer Braut.

Und plötzlich war Kriemhild wieder im Rennen.

Aufzug in die Hölle

Kriemhild, Hagen und die Poesie der Blutrache

An einem Spätnachmittag fuhr ich an den nördlichen Ausläufern des Odenwalds entlang, als die Straße plötzlich eine Kurve machte und verschwand. Ich konnte gerade noch abbremsen und fand mich in einer Gasse zwischen zwei Häuserzeilen wieder, der Hauptstraße eines winzigen Städtchens. Der einzigen Straße dieses winzigen Städtchens. Ein paar Sekunden später hatte ich es hinter mir gelassen.

Ich wendete und sauste noch einmal durch. Das machte Spaß!

Passenderweise hieß das Städtchen Freudenberg. Ich parkte unten am Fluß und stieg den steilen Weg zur Burgruine hinauf: rosaroter Sandstein, ein verfallener Bergfried, ein Vor- und ein Innenhof. Nicht gerade der stolze Sitz einer mächtigen Dynastie, aber eine ordentliche Burg, groß genug, um den Zollwächtern unten am Fluß Schützenhilfe zu leisten.

Im Vorhof waren vier Männer dabei, einen an dem Turm angebauten Kiosk beiseite zu schaffen. Ein paar Tage später sollten Ausgrabungen beginnen. Unten in dem Turm, der immerhin den interessanten Namen Hexenturm trug, war ein merkwürdig gestalteter Stein gefunden worden, der Teil eines größeren Puzzles zu sein schien. Unter den vier Männern waren Heinz Hofmann, der Bürgermeister von Freudenberg, sowie sein Bruder Franz.

»Als ich klein war, haben wir hier oben gespielt«, erzählte Franz. »Und ich habe hier meine erste Zigarette geraucht.« Als er älter war und in seinen Heimatort zurückkehrte, fiel ihm auf, wie zugewuchert das ganze Gelände war. Er spannte seinen Bruder ein, den Bürgermeister, fand Geldgeber, ließ die Burg renovieren und brachte Freilichtspiele in Gang. Jetzt kamen die Leute an den Sommerabenden hier wieder herauf. Er schwärmte mir vor, wie das war: der Wind in den Bäumen, die langen Schatten, im Hintergrund der Widerhall der Stimmen auf der Bühne, das Flüstern von Pärchen, die sich in lauschige Ecken verziehen. Das Mondlicht auf dem Main, der sich tief unten durch das Tal schlängelt. »Aber wenn Sie etwas über das *Nibelungenlied* erfahren wollen«, schloß er, »müssen Sie mit den Pagels reden.«

Es wurde Abend, und Heinz, der Bürgermeister, wollte mir unten im Dorf sein neues Rathaus zeigen, ein frisch renoviertes Fachwerkhaus mit einem nagelneuen Anbau aus Chrom und Glas. Um das Alter des Gebäudes zu betonen, hatten die Architekten die Deckenbalken freigelegt und die eingesunkenen alten Dielen belassen, wie sie waren. Eine Wand war unverputzt und gab den Blick auf die Füllung des Gefachs frei, die einem Dickdarm nicht unähnlich sah. Wir saßen in seinem supermodernen Büro, unter uns die schiefen Dielenböden, über uns uralte Stützbalken, und er erzählte mir von den Spitzenprodukten seiner kleinen Stadt, besonders dem Edelbrand, dem »Ziegler Nr. 1«.

»Der ist weltberühmt«, sagte er. »Das ist nicht einfach ein Schnaps, das ist etwas Besonderes.« Er stöberte in seinem Schrank und zog eine Flasche Wildkirsch hervor. Wir tranken ein Schlückchen aus winzigen Gläsern. Er sog den Duft ein, rollte den Schnaps in seinem Mund hin und her und schloß die Augen. »Schmecken Sie das? Was Sie da trinken, ist die reine Frucht.« Die Flasche stand zwischen uns. Ich merkte, daß er einen Grund suchte, sich noch einmal einzuschenken. Nicht nur er.

»Ich wundere mich immer wieder über diese kleinen Städte am Ende der Welt«, sagte ich. »Man denkt, hier ist überhaupt nichts los, aber von wegen.«

»Sie müssen erstmal den Aprikosenbrand probieren«, sagte er.

Als wir aus dem Rathaus wankten, war es spät geworden. Wir gingen rüber in das griechische Restaurant, wo Franz und einige Verwandte um einen großen Tisch saßen und auf uns warteten. Sie waren von nah und fern gekommen, weil eine der Töchter am nächsten Tag Kommunion feierte. Es war laut, lebhaft und verräuchert. Die Unterhaltung schweifte von Familienangelegenheiten zur Weltpolitik und wieder zurück. Und ab und zu rieten mir Heinz oder Franz: »Sie müssen mit den Pagels reden.«

An diesem Abend fühlte ich mich wohl wie ein Fisch im Wasser. Ich mochte das Städtchen und das Essen und wie die Hofmann-Brüder ihre Wochenenden daransetzten, die Burgruine in einen Ort zu verwandeln, an dem man sich in einer lauen Sommernacht mit der Liebsten treffen konnte.

Ich hätte ewig bleiben können, aber ich hatte noch ein Rendezvous in 800 Kilometern Entfernung. In jener Festung von Attila dem Hunnen, in der das *Nibelungenlied* sein blutiges Ende fand.

Das *Nibelungenlied* handelt von zwei Menschen, die in einem Aufzug in die Hölle fahren.

Die Hölle ist ein Penthouse im fünfzigsten Stock. Irgendein Scherzbold hat sämtliche Knöpfe gedrückt, deswegen hält das Ding in jedem verdammten Stockwerk. In dem Aufzug befinden sich zwei Leute: Kriemhild und Hagen. Sie wissen beide, daß sie ganz oben ein Blutbad erwartet. Jedesmal, wenn die Tür aufgeht, lauern sie darauf, daß der andere aussteigt. Keiner will der erste sein. Die Tür geht wieder zu, und der Aufzug bringt sie der Zerstörung einen Stock näher.

Out of Time – Nach einer anstrengenden Zeitreise warten Mittelalterfans in Hannover auf den Bus, der sie nach Hause bringt.

Der Ritter von Welt trägt was Schickes zum Turnier – Von klassisch bis bonbonbunt, von Herzensbrecher bis »Hannibal Lecter«: Die Kunst der Rüstung aus der Wiener Hofburg und dem Grazer Zeughaus; dazwischen der Autor auf Hawaii im klassischen Topfhelm.

Zeitlose Orte – Willkommen, meine Damen: Eingang zur Frauenburg von Ulrich von Liechtenstein; die Kelsbachquellen, wo die weise Ente wohnt; der Ausblick auf die Donau aus dem Verlies von Richard Löwenherz, Straubings schönster Friedhof der Welt: St. Peter.

Zeitlose Gewohnheiten – Auch heute haut man gerne mit Schwertern aufeinander ein: Engelbert Liebmienger und Karl Quantscher von den Judenburger Hobbyrittern beim Training und Rudolf Mascha nach siegreichem Kampf.

Eberhard Kummer in Wien singt das »Nibelungenlied«.

Walter Klomfar sucht die Vogelweide in der Nähe von Zwettl.

Die Lieblingsfarbe des Mittelalters – Rosa Sandstein und was so alles daraus gebaut wurde. Schloß Heidelberg, der Wormser Dom, an dessen Nordportal sich Kriemhild und Brünhild ihren Showdown lieferten, ein Grabmal für einen Toten, den es nie gegeben hat, die Veste Oberhaus in Passau, ein staufischer Löwe mit modernem Löwenbändiger in Worms und Wolframs Wildenburg im Odenwald.

Die Nibelungen leben – Darsteller der Plattlinger Festspiele und »Kriemhild« Christina Pfeffer: Könnte diese Frau auch nur einer Fliege etwas zuleide tun?

Zeitlose Helden – Feride Niedermeier, die moderne Agnes Bernauer in Straubing; Charlotte Klaster und Sebastian Zang, Poetry-Slammers in Passau; Wolfram-Purist Dietmar Peschel in Eschenbach und Bruder Wolfgang, der ringende Mönch aus Düsseldorf.

Stadtluft macht frei – Eine Stadt wie am Mittelmeer: in Passau wurde das »Nibelungenlied« geschrieben; das Alte Rathaus in Bamberg ist mitten auf die Brücke zwischen Bürgerstadt und Bischofssitz gebaut; Adel verpflichtet: die Geschlechtertürme von Regensburg; die Burg Wertheim blickt über ihre Stadt; Miltenbergs »Riese« ist angeblich das älteste Gasthaus Deutschlands, auf jeden Fall das schönste.

Hotel
Riesen
Riesen

My Van is my Castle – Aufstehen bei Sonnenaufgang an der Mur in der Steiermark; eines Morgens in Würzburg: Erwachen mit den Mainfluten vor der Haustür; gemütlich schlafen in Worms; unterwegs in der Fränkischen Schweiz; und »Car and Cocktails« nach der Reise bei der Abschlußparty auf der Straße in Berlin.

ERIC ♡ KRIEMHIL

In der Wiener Hofburg: Ritter im eisernen Petticoat – so weit kann es kommen bei dem ständigen Wettrüsten.

Als Kriemhild nach Ungarn zieht und Attila den Hunnen heiratet, begibt sie sich in eine Machtposition. Sie überstürzt nichts, sondern festigt erst mal ihre Stellung bei Hofe. Sie gebiert Attila einen Sohn, Ortlieb, der einmal den Thron erben wird. Der Junge wächst heran. Zeit vergeht. Genug Zeit, um vergangenen Groll zu vergessen – oder zu glauben, er sei vergessen.

Attila hat heute ein schlechtes Image. Er ist die blutrünstige Karikatur eines Psychopathen zu Pferde. Man mag kaum glauben, daß es ihn wirklich gab. Sein Name beschwört Bilder von hilflos niedergemetzelten Bauern herauf, zischenden Pfeilen, Häusern, die in Flammen aufgehen, und Müttern, die mit ihren Babys im Arm schreiend davonrennen, ohne den Hunnen zu entkommen.

Das *Nibelungenlied* jedoch zeigt Attila (im Mittelalter »Etzel« genannt) als ehrbaren, gütigen Herrscher, dessen Reich mit dem römischen vergleichbar ist: riesig, perfekt organisiert und multikulturell. Ein Glanzlicht der Zivilisation.

Diese Beschreibung scheint der Wahrheit überraschend nahe zu kommen.

Heute glauben Geschichtswissenschaftler, daß Attila nicht nur Eroberer, sondern auch der Gründer eines Reiches war. Seine Plünderungen waren gut durchdacht. Er wollte mit all den eroberten Ländern, Geldern, Märkten und Vasallen eine große Föderation barbarischer Stämme schaffen. Er schloß sogar ein Bündnis mit Rom und empfing römische Diplomaten an seinem Hof. Er war eine Art heidnischer Karl der Große, und wären seine Träume nicht mit ihm gestorben, würden wir heute womöglich in einem heidnischen Europa leben. Die Zuhörer des *Nibelungenlieds* kannten diesen Attila.

Eines Nachts, nach einem ausgesprochen befriedigenden Gefecht im Bett, flüstert Kriemhild ihrem Attila ins Ohr, sie vermisse ihre Familie. Sie hat sie schon so lange nicht mehr gesehen. Könnten sie nicht eine Party schmeißen und alle einladen? Ihre Brüder, die wichtigsten Vasallen und natürlich Hagen?

Kurze Zeit später erscheinen Attilas Boten mit der Einladung in Worms.

Hagen mag die Einladung nicht annehmen. Er glaubt nicht, daß Kriemhild vergessen und vergeben hat. Ihre Brüder, die Könige, sind anderer Meinung. Dreizehn Jahre ist das her! Wenn sie die Einladung ausschlagen, könnte es ihnen als Feigheit ausgelegt werden. Botschaften wurden zu jener Zeit laut vorgetragen. Alle wußten davon Bescheid.

Hagen ist der Klügste unter ihnen. Er könnte sich eine Ausrede ausdenken. Zum Beispiel jemand hereinplatzen lassen, der behauptet, die Dänen und Sachsen seien wieder auf dem Kriegspfad. Doch er geht mit.

Sie haben eine lange Reise vor sich, die sie durch den Odenwald nach Süden bis zur Donau und dann den Fluß entlang nach Osten führen wird – durch Deutschland, Österreich bis nach Ungarn, wo Attilas Festung steht.

Im Mittelalter waren die Menschen ständig unterwegs: ein steter Strom von Pilgern, Kaufleuten, eiligen Boten, wüsten Truppen, leicht erzürnbaren Rittern, die Steuern eintrieben und Urteile vollstreckten, Herren mit großem Gefolge, die ihre Ländereien inspizierten.

Jeder kennt diese Filme, in denen sich das verwöhnte Prinzeßchen in ihrer Kutsche langweilt, während vor und hinter ihr Soldaten reiten. Vergessen Sie das. Gelangweilte Prinzessinnen ritten auf einem Pferd wie jeder andere auch. »Mit einer Karre zu reisen setzt einen gebahnten und breiten Weg voraus«, meinte Norbert Ohler, Fachmann für Reisen im Mittelalter von der Universität Freiburg. »Aber östlich des Rheins waren die römischen Straßen mit tiefen Rillen und Schlaglöchern übersät. Man hatte nur Karren mit zwei Rädern, und die waren nicht gefedert. Die gehen leicht kaputt. Karren sind hart, man spürt jedes Schlagloch, und sie machen einen Höllenlärm. Man nahm lieber ein Pferd, auch die Damen – auch deswegen, weil das Pferd zu allen Zeiten ein Statussymbol war. Auf einem Pferd saß man höher.«

Die Reise der Nibelungen durch halb Europa wird ganz wie der Zug eines kaiserlichen Hofstaats beschrieben. Ein Kaiser schaffte ungefähr zwanzig bis vierzig Kilometer am Tag, je nachdem, wie viele umgestürzte Bäume, Felsbrocken und Schlammlöcher ihm den Weg versperrten, erzählte Ohler, »es sei denn, er wurde verfolgt«. Die Menschen waren vom frühen Morgen bis zum späten Abend unterwegs, von Waffen, Rüstungen und Gefahren belastet. Sie trugen schwere wollene Kleidung, die in Regen und Nebel klamm und kalt war. »Wer kein Pferd hatte, ging zu Fuß.«

Die Kaiser wurden von Offizieren und Leibwächtern begleitet, manchmal auch von Familienangehörigen samt ihrer Dienerschaft. Außerdem gab es die Vasallen, die ihre eigenen Ratgeber und Ritter dabeihatten. (In der Nähe des Kaisers waren die Karrierechancen für einen Vasallen natürlich am besten.)

Dazu kamen noch die Kundschafter und Boten sowie Bedienstete, Jäger, verschiedene Ritter, Mengen von Packeseln und Treibern und die Sklaven. Und, ach ja, auch die Huren. Sänger, Musikanten, Geschichtenerzähler und Jongleure reisten ebenfalls mit. Vielleicht einer, vielleicht mehrere. Ein Kaiser, der ohne Entertainer reiste, war ein Kaiser ohne Stil.

Abends wurde geschlemmt – das war ein Ausgleich zu den Strapazen der Reise. »Deswegen waren veredelte Lebensmittel – Schinken und Käse – beliebt als Geschenk oder Abgabe. Vieh wurde oft lebend mitgeführt und vor Ort geschlachtet. Abgaben wurden dahin geliefert, wo ein König erwartet wurde.«

Die Reiseroute eines Kaisers wurde mindestens ein halbes Jahr im voraus geplant. »Könige schickten einen Voraustrupp, der das Camp aufbaute«, erklärte Ohler. »Das war notwendig, weil Könige erreichbar sein mußten. Man mußte wissen, wo sie zu finden waren. Logistik im Mittelalter war wahrscheinlich eine Frage des Naturtalents. Das konnte Sache des Marschalls gewesen sein.«

Diese ländlichen Gasthäuser, die man aus Filmen kennt, kann man auch vergessen. Die wurden erst nach dem Mittelalter erfunden. Die beste Übernachtungsmöglichkeit für Reisende war das ausgedehnte Netzwerk von Klöstern, die dazu verpflichtet waren, einem Reisenden wenigstens ein Strohlager und eine Schale Wassersuppe zu gewähren. Gehörte man einer Zunft an, konnte man auch in einem Zunfthaus unterkommen.

Kaiser führten zwar Zelte mit, orientierten sich bei der Routenplanung jedoch an den Burgen. »Sie kehrten gern bei Standesmitgliedern ein«, sagte Ohler. »Das beruhte auf Gegenseitigkeit. Ein Voraustrupp mußte fragen: ›Können wir durch das Land fahren?‹ Viele haben wahrscheinlich insistiert: ›Sie bleiben hier.‹«

Komfort war relativ. Vom großen Kaiser Barbarossa wird berichtet, wie ihm einmal ein Vasall seinen besten Wein zu trinken anbot und ein Frosch aus dem Weinkrug in des Kaisers Becher hüpfte. Der Vasall wollte den Kaiser von der Harmlosigkeit des Frosches überzeugen und verspeiste ihn vor seinen Augen – und alberte dabei die ganze Zeit nervös herum, schätze ich.

Gastgeber eines Kaisers zu sein konnte den eigenen Ruin bedeuten. Schließlich wurden Gesetze erlassen, die die Dauer einschränkten, die ein Kaiser die Gastfreundschaft eines Vasallen in Anspruch nehmen durfte.

Ich fuhr nach Süden in Richtung Donau – in die seltsamste Landschaft, die ich je gesehen hatte. Rechts und links der Straße erstreckten sich wellige braune Hügel, auf denen, von ein paar vereinzelten Tannen abgesehen, nichts zu gedeihen schien. In der Ferne weiße Kalksteinfelsen, die schroff und zerklüftet über dem Tal aufragten. Im einen Moment befand ich mich im superzivilisierten Deutschland, im nächsten in einer Mondlandschaft.

Das war das Altmühltal, ein ausgetrocknetes Seebett, das vor 150 Millionen Jahren ein tropischer See gewesen war. Noch heute werden hier Versteinerungen gefunden. Die Kalksteinfelsen waren einst Korallenriffe. Die Tannenbäume in der Ferne waren Wacholderbüsche. Auf Kalk wachsen nämlich gar keine Bäume.

Als die Nacht hereinbrach, waren nur noch die schimmernden Kalksteinfelsen zu sehen. Die dunkle Straße führte bergauf, und dann und wann erhaschte ich einen Blick vom glitzernden Fluß unter mir, aber als ich noch mal hinschaute, waren es die Lichter irgendeiner kleinen Ortschaft.

Das erste Mal sah ich die Donau in der kleinen bayerischen Stadt Pförring. Ich mußte nachfragen, ob es wirklich die Donau sei: dieser schmale, von Betonwällen eingefaßte Kanal mit einer träge dahinfließenden graugrünen Brühe.

Als die Nibelungen an die Donau kamen, war sie ein wilder Strom, der, von Stürmen und der Schneeschmelze angeschwollen, in einem mörderischen Tempo dahinbrauste.

Hagen macht sich auf, den Fährmann zu suchen. Da hört er entferntes Plätschern von Wasser und leises Gelächter. In einem Hain versteckt sieht er ein paar Frauen in einer Quelle baden. Zwei von ihnen werden mit Namen genannt: Hadeburg und Sieglinde. Es sind weise Frauen, die wie Vögel auf dem Wasser schweben.

Hagen stiehlt ihnen kurzentschlossen die Kleider. »Wenn ihr eure Kleider wiederhaben wollt«, spricht er, »sagt mir die Zukunft voraus.«

»Ihr werdet alle sterben«, prophezeit Sieglinde bereitwillig. »Nur einer wird überleben: euer Priester.«

Als Hagen zur Fähre zurückkehrt, beschließt er, die Vorhersage auf die Probe zu stellen. Sobald alle sicher übergesetzt haben, packt er den Priester und wirft ihn in die tosenden Fluten, damit er ertrinkt und die Prophezeiung Lügen straft. Aber der Geistliche überlebt. Er klettert am heimischen Ufer aus dem Wasser, so daß er nun von den anderen getrennt ist, murmelt etwas wie »Scheißjob« oder so und geht zu Fuß nach Hause.

Hagen weiß nun, daß die Vorhersage richtig ist.

Eben ist die Aufzugtür aufgegangen, nicht zum ersten- und nicht zum letztenmal. Was tut Hagen? Erfindet er eine Ausrede, um die anderen zum Umkehren zu bewegen? »Ich habe gerade ein Telegramm aus Ungarn erhalten – Attila muß dringend seine Mutter in der Mongolei besuchen. Die Party fällt aus, gehen wir heim.«

Nein. Er tötet den Fährmann und zertrümmert die Fähre, damit niemand umkehren kann. Er will weiter, finster entschlossen, einen spektakulären Abgang hinzulegen.

Diese Geschichte hat etwas verdammt Pubertäres. Die meisten Gestalten aus dem *Nibelungenlied* kann ich mir als gelangweilte Vorstadtteenager vorstellen, die verzweifelt nach einem Ventil für ihr überschäumendes Testosteron suchen. (Und die Zuhörer im Mittelalter übrigens auch.) Live fast, die young! No future! Wenn Hagen sagt: »Wenn wir schon alle sterben müssen, dann laßt uns ihnen ein Blutbad bereiten, das sie so schnell nicht vergessen werden!«, fangen alle mit Head-banging an. Keiner sagt: »Ich kann heute nicht in einem apokalyptischen Blutbad sterben. Wer soll die Kinder von der Schule abholen?« Das *Nibelungenlied* ist Todessehnsucht in bester Heavy-Metal-Manier.

In Pförring erlaubte Bauer Batz mir freundlicherweise, übers Wochenende auf seinem Grundstück zu kampieren. Er unterbrach sogar sein Karfreitagsmahl, um mir einen

Platz zwischen zwei großen Wellblechscheunen am Rande eines umgepflügten Ackers zuzuweisen.

Links von den Scheunen in einem Wäldchen verbarg sich eine Burgruine aus verwitterten Steinen, deren einziger Raum heute als Holzlager dient. Zwischen den Bäumen und auf der angrenzenden Wiese lagen vier oder fünf vereinzelte Weiher.

Das Wasser war perfekt. Glasklar und sauber sprudelte es aus dem Boden. Im sandigen Grund konnte man die Bläschen und das Strömen des Wassers erkennen. Unter den Bäumen glitzerte es blau, und auf der Oberfläche breiteten sich grüngesprenkelte Algenteppiche aus. Eine Schicht weicher, silbriger, fiedriger Pflanzen bedeckte die Weiher, außer an den Stellen, wo das Wasser unermüdlich aus der Erde blubberte.

Das waren die Quellen der weisen Frauen. Manche glauben, die Kelsbachquellen seien ursprünglich heilige Orte gewesen. Wie sah es hier aus, bevor irgendeine unbedeutende lokale Größe diese lächerliche kleine Burg hatte bauen lassen und der Wald abgeholzt war? Streiften damals Druiden und Hexen durch die alten Wälder und beteten den Hexenzirkel einer hohen Priesterin an? Irgendwas muß hier einmal gewesen sein – warum sonst wären die weisen Frauen des *Nibelungenlieds* hier aufgetaucht?

Ich holte meinen Laptop, setzte mich ans Wasser und versuchte, etwas Weises zu schreiben. Mir fiel nichts ein.

Ich machte es mir auf dem Hof zwischen den beiden Scheunen bequem und las und schrieb bis weit in den Abend hinein. Im Mondlicht spazierte ich dann um die Scheunen herum und ging über die Wiese zu den Quellen. Ich betrachtete das glitzernde Wasser, während hinter mir auf der Straße die Autos vorbeisausten. Am nächsten Morgen erwachte ich spät. Bauer Batz und seine Jungs fuhren bereits auf seltsamen Landwirtschaftsmaschinen umher und luden

Kartoffeln aus der riesigen klimatisierten Scheune. Die Scheune brummte, der Hund bellte. Jedesmal, wenn Bauer Batz an mir vorbeikam, grinste er und winkte mir zu. Heute denke ich, er hielt mich für verrückt.

Was die weisen Frauen konnten, konnte ich schon lange. Eines Morgens ging ich ganz früh raus zum größten Weiher. Eine Ente schnatterte aufgeschreckt davon. Ich zog mich aus, nahm ein Stück Seife und ließ mich schwerfällig in das eiskalte Wasser hinab.

Plötzlich vernahm ich merkwürdige Töne: »Ah! Ah! Ah!« Das war ich. Es war sehr, sehr kalt.

Meine Füße versanken bis zu den Knöcheln in silbergrauem Schlick und wühlten Schlammwolken auf. Wie sollte da irgendwer sauber werden? Die weisen Frauen müssen irgendeinen Zauber beherrscht haben, um mit der Temperatur fertigzuwerden. Während ich zwischen den Schlammwölkchen im Weiher stand, gingen die Bauern wieder an die Arbeit und schafften tonnenweise Kartoffeln aus der Scheune. Ich sah sie durch den dünnen Paravent der Bäume. Bald würden sie auf dem Feld sein. Ungewaschen krabbelte ich aus dem Weiher, trocknete mich an der Luft und schaffte es just in dem Moment zum Van zurück, als der Traktor aus der Ausfahrt rumpelte, um die Felder mit Jauche zu düngen.

Mein letzter Abend auf dem Bauernhof war der Ostersonntag. Ich ging noch einmal zu den Kelsbachquellen hinaus, meine letzte Gelegenheit, diesen Wassern ein wenig Weisheit zu entlocken. Kaum Autos, dunkle, weite Felder, in der Ferne die unbestimmte Silhouette eines Berges, der Himmel kühl und dunkel, die Sterne runde Stecknadelköpfe. Ich setzte mich an den größten Weiher, der wie ein schwarzer Spiegel vor mir lag, und atmete tief die frische Nachtluft ein.

Wie ich so dasaß, hörte ich ein Quaken. In der Dunkelheit war nichts Genaues zu erkennen, ich interpretierte:

Ente in vollem Flug nähert sich aus Richtung Scheune. »Quack, quack, quack.« Sie quakte wie das Nebelhorn eines Schiffes, als wollte sie den anderen Enten ihre Ankunft ankündigen.

Das mußte dieselbe Ente gewesen sein, die ich jeden Morgen verscheucht hatte. Sobald ich aufgetaucht war, hatte sie sich schwerfällig in die Luft erhoben und war mit einer Salve ungehaltener Quaker über die Felder geflattert.

Als sie jetzt zu ihrem Weiher zurückkehrte, konnte sie mich wegen der Dunkelheit nicht sehen. Ich hörte ein Platschen, als sie landete.

Es war die weise Ente vom Weiher.

Endlich die Chance, eine Frage zu stellen. Nach einer Weile des Schweigens hob ich meine Bierflasche und sagte: »Wieso kündigst du dein Kommen an? Hast du Angst, gegen irgendwas zu fliegen? Können Enten im Dunkeln denn nicht sehen?«

Eine tödliche Stille machte sich breit, als sie begriff, daß sie nicht allein war. Ich stellte mir die erstaunten Augen in ihrem Schnabelgesicht vor. Ein Platschen, dann erhob sie sich in die Luft und flatterte den Weg zurück, den sie gekommen war: »Quack, quack, quack!«

In Worms war ich ständig Leuten begegnet, die meinten, mich zu kennen. Sie fragten: »Waren Sie nicht früher schon mal hier? Haben Sie nicht bereits ein Buch über die Nibelungen geschrieben?« Irgendwo mußte es einen Doppelgänger von mir geben. Schließlich konnte mich Jacobi, der Schatzsucher aus Mainz, aufklären, mit wem ich verwechselt wurde. Er gab mir das Buch eines gewissen Walter Hansen. »Das wird Ihnen auf viele Fragen eine Antwort geben«, sagte Jacobi und wünschte mir Glück.

Er hatte recht. Während meiner Weiterreise lag es immer auf dem Beifahrersitz. Ich konnte nicht widerstehen, einen Umweg über München zu machen, um meinen Doppelgänger zu besuchen. Er war auch Journalist, allerdings eher Typ Naturbursche als Bücherwurm. Für seine Recherchen über die altnordische Mythologie war er mit dem Zelt durch die skandinavische Wildnis gereist. In seinem Buch über das *Nibelungenlied, Die Spur des Sängers,* ging Hansen zahlreichen Hinweisen auf reale Schauplätze und Personen nach.

»Was mich so fasziniert, ist, daß der Dichter Fact und Fiction mischt«, sagte Hansen. »Das ist moderne Thrillertechnik. Es gab wirklich eine historische Brünhild und einen Gunther. Die Burgunden sind wirklich untergegangen. Er hat alles auf die Zeit um 1200 gehoben und Schauplätze genommen, die allgemein bekannt waren. Wenn ein Autor die Fiktion auf wirkliche Schauplätze projiziert, wirken die Autorität und die Aktualität – die Illusion, daß es wirklich passiert – intensiver.«

Er wollte hinter die Identität des Mannes kommen, der den Text geschrieben hatte. Ein unmögliches Vorhaben. Der Autor des *Nibelungenlieds* gibt sich nicht zu erkennen. Es gibt Hunderte von Theorien, wer er gewesen sein könnte, aber keinen einzigen wasserdichten Beweis. Hansens Theorie ist nicht schlecht, aber in meiner Vorstellung bleibt der Autor ein »Anonymus«, was er auch immer sein wollte.

Was mich an Hansens Buch interessierte, war seine Theorie, daß Anonymus am Dritten Kreuzzug von 1189 bis 1192 teilgenommen und ihn überlebt hatte.

Auf seinem Kreuzzug ins Heilige Land reiste Barbarossa entlang der Donau durch Österreich und Ungarn, genau wie die Nibelungen. Es gibt noch weitere überraschende Parallelen. »Es gibt zu viele Übereinstimmungen«, meinte Hansen. »Er hat diese Strecke ab der Donau dem Barbarossa-Kreuzzug nachempfunden.«

Mir gefiel die Vorstellung, daß Anonymus an dem Kreuzzug teilgenommen hatte, ob als Ritter, Bote oder Entertainer. Das war vergleichbar mit einem Redenschreiber vom

Weißen Haus, der in der Air Force One von Washington nach London und weiter in den Nahen Osten jettet und sich beim Frühstück Notizen macht, wenn der Präsident über Krieg und Frieden und die Weltwirtschaft befindet. Was würde so ein Redenschreiber tun, wenn der Präsident die nächsten Wahlen verliert? Sich aufs Land zurückziehen und einen Politthriller schreiben, natürlich.

An diesem Punkt setzt der zweite Teil von Hansens Theorie an. Er glaubt, Anonymus sei mit dem *Nibelungenlied* beauftragt worden, um die anderen Fürsten des Reiches davor zu warnen, sich weiter die Köpfe einzuschlagen. Eine ziemlich neumodische Idee – wie ein Science-fiction-Film über die nukleare Apokalypse, der uns von der Ächtung der Atombombe überzeugen will.

Zu dem wenigen, was man über die Herkunft des *Nibelungenlieds* mit einiger Sicherheit sagen kann, gehört, daß es in Passau an der Donau geschrieben und vom dortigen Bischof finanziert wurde. (In jenen Tagen verfaßte man keine Kunstwerke, weil man einem inneren Drang folgte, der unbedingt zu Papier gebracht werden mußte. Es gab noch kein Papier. Und Pergament war für solche Vorhaben zu kostbar. Wenn jemand ein Buch wollte, engagierte er für teures Geld einen Schriftsteller.)

»Wieso gibt ein Bischof den Auftrag, so ein Werk zu schreiben?« fragte Hansen. »Der Bischof von Passau tritt immer wieder als Friedensvermittler auf. Er hat zwischen weltlichen Fürsten vermittelt, sogar zwischen Fürsten und dem Papst. Dieser Roman wurde Königen und Markgrafen vorgetragen«, sagte Hansen. »Da war er an der richtigen Stelle – bei den Leuten, die Krieg und Frieden gemacht haben. Er hat ihn schreiben lassen in der Absicht, den Leuten zu sagen, sie sollen endlich Frieden schließen – sonst endet es wie im *Nibelungenlied.*«

Jetzt freute ich mich, daß Passau auf meiner Route lag.

Barbarossas Burg steht in Nürnberg. Sie ist riesig. Sie beherrscht den Hügel mitten in der Stadt wie eine zweite Stadt aus rotem Sandstein. Von unten sieht man nur lauter Türme und Palastdächer und hohe Mauern.

Zu Barbarossas Zeit allerdings war sie kaum ein Viertel so groß wie heute. Sie bestand lediglich aus einem Turm, einem Rumpfpalast mit einem Saal und einer Kapelle, ein paar Holzschuppen und einem Hof voller Schweine und Hühner. Und die Stadt – die später eine der wichtigsten Städte Europas werden sollte – war kaum größer. Die Glanzzeit des Rittertums war eine bescheidene Zeit.

Nur hie und da wurde ein bißchen geprotzt. Barbarossa ließ sich hier eine architektonische Rarität bauen, eine »Doppelkapelle«. Ein Teil der Kapelle befindet sich oben, der andere unten, ohne daß eine Decke sie trennt. Ähnlich wie in der Kapelle Karls des Großen in Aachen, konnte Barbarossa also oben in der Galerie thronen und dem Priester zuschauen, ohne sich unters gemeine Volk mischen zu müssen. Warum auch nicht? Als Kaiser wußten sie sich Gott näher als der einfache Priester.

Friedrich I. von Staufen, genannt Barbarossa (italienisch für »Rotbart«), war einer der größten und am meisten verehrten Kaiser. Er war alles, was ein Ritter sein wollte: ein tapferer Krieger mit hohen Idealen und einem Sinn für Repräsentation. Außerdem machte er in seinem Kettenhemd eine großartige Figur. Er hatte Ausstrahlung. Zeitzeugen schrieben, in seiner Gegenwart würde alles leicht werden. Er war der Kaiser des Rittertums.

Falls Anonymus tatsächlich zu Barbarossas Kreuzzug oder zu seinem Hof gehört hatte, war er mit Sicherheit von ihm beeindruckt.

Auf der Suche nach einem Schlafplatz fuhr ich stadtauswärts und entdeckte einen großen asphaltierten Platz, auf dem vereinzelt Lastwagen parkten und ein Fahrlehrer seinen Motorradschüler schikanierte. Vor den Lastwagen ragten mehrere Tribünen aus Beton auf. Sie kamen mir irgendwie bekannt vor. Ein Stückchen weiter, hinter den Bäumen, entdeckte ich ein verlassenes Stadion und am Rand ein supermodernes Museum über das Dritte Reich, das Dokumentationszentrum. Ich war auf das Zeppelinfeld gestoßen.

Hier hatte Hitler seine Nürnberger Reichsparteitage abgehalten. Auf der Haupttribüne hatten er und seine Generäle die Truppenparade abgenommen. Ich kletterte hinauf, dorthin, wo Hitler gestanden hatte.

Ich wollte wissen, wie man sich dort oben fühlt. Zu meinen Füßen erstreckte sich der Platz ins Unendliche. Ich verglich ihn mit den Bildern aus Geschichtsbüchern: endlose Reihen von Helmen, und als sie am Führer vorbeimarschieren, rucken die Köpfe zu ihm hin, und die Arme fahren salutierend in die Höhe. Und dieser kleine Mann dort oben auf seiner Tribüne badet in dem Anblick, fühlt sich erhöht, ein selbsternannter Gott. Allein schon die Vorstellung, wie ein Gott verehrt zu werden, war aufputschend.

Das war es, was die Leute so süchtig gemacht hat, dachte ich. Nicht nur Hitler, alle anderen auch. Barbarossa mußte diesen Adrenalinstoß genauso gespürt haben, als er durch die Stadt ritt und das Volk seinen Namen rief.

»Keine Spur«, meinte Nikolas Jaspert, Historiker an der nahe gelegenen Universität von Erlangen, als ich mit ihm darüber sprach. »Dem Kaiser dürfte es ziemlich egal gewesen sein, ob das Volk beeindruckt war. Das Denken der Barone im Mittelalter war nicht auf die Masse gerichtet.«

Hitler nannte seine Reichsparteitage in Nürnberg nach den Reichstagen des Heiligen Römischen Reiches. Damit erschöpfen sich die Ähnlichkeiten aber schon.

»Ein Reichstag ist ein Treffen der Großen«, sagte Jaspert. »Der Kaiser oder König war da mit seinem Gefolge. Dazu kamen die Großen des Reiches. Insgesamt waren das nur ein paar hundert Personen. Das Volk war bei diesen Inszenierungen nicht von Bedeutung. Wenn ein Bauer den Kaiser sieht, hört der Rest des Reiches nichts davon. Aber wenn der Kaiser sich den Großen zeigt, wird die Botschaft weitergegeben.«

Schon oft hatte ich gehört, der Adelsstand des Mittelalters sei eine kleine, eingeschworene Clique gewesen. Ich hatte nicht verstanden, wie sehr sich das von unserer heutigen Welt unterschied, bis Jaspert mir erklärte: »Bei den Reichsparteitagen war es umgekehrt. Hitlers Botschaft ging an den kleinen Mann. Er entdeckt im Grunde die Masse für die symbolische Kommunikation. Das gab es zum erstenmal in Deutschland.«

Ich fragte ihn etwas, was ich schon immer über Kaiser wissen wollte: Haben sie je etwas Nützliches vollbracht?

Die Historiker, erklärte er, seien sich bis heute nicht einig, ob selbst so ein anerkannter Kaiser wie Barbarossa als »erfolgreich« bezeichnet werden könne, obwohl er innenpolitisch einiges bewirken konnte. »Wenn man die kaiserlichen Itinerare liest«, sagte er, »sieht man, daß die deutschen Könige und Kaiser viel öfter in Italien waren als in Mecklenburg-Vorpommern oder Lübeck, wo Menschen lebten und starben, ohne sie je gesehen zu haben.«

Zwölf der achtunddreißig Jahre, die Barbarossa an der Macht war, verbrachte er in Italien. Kaum hatte er die Kaiserkrone erlangt, stellte er eine riesige Liste von Steuern auf, die er von den Italienern forderte, und begann, ihre Städte zu belagern. Ein Jahr kostete ihn allein die Eroberung von Mailand. Dann hatte er die Nase voll und ließ die Stadtmauern einreißen, die Häuser zerstören und die Einwohner vertreiben. Doch das war sein einziger großer Sieg. Die Ruhr tötete zweitausend seiner Männer, und Barbarossa mußte nach Deutschland fliehen. Sieben Jahre später kehrte er zurück, wurde aber immer wieder geschlagen.

»Man dachte, man muß Norditalien beherrschen, um die Kaiserkrone zu haben«, sagte Jaspert. »Und natürlich hofften die Könige darauf, diese reichste Gegend Europas zu beherrschen. Was zum Beispiel Kaiser Heinrich VII. aus den italienischen Städten an Abgaben bekommen hat, war mehr, als er aus dem gesamten nordalpinen Reich erhielt. Die Kaiser waren nicht notwendigerweise arm, als sie zurückkamen.«

Als er mir noch mehr über die Kaiser des Heiligen Römischen Reiches erzählte, entfaltete sich ein merkwürdig ambivalentes Bild jener Welt, die das *Nibelungenlied* hervorbrachte. Auch als Barbarossa dem Reich zu scheinbar neuem Glanz verholfen hatte, zerbröselte es unter seinen Händen und enthüllte sein baufälliges Fundament. Die Menschen des Mittelalters erkannten deutlich und vielleicht zum erstenmal, daß sie ihr Leben nicht auf von Gott errichteten festen Grundmauern, sondern auf dünnem Eis gebaut hatten. Diese Erkenntnis machte alle etwas nervös.

Als der Papst starb und die Kardinäle zusammentraten, um einen Nachfolger zu wählen, ging alles drunter und drüber. Die Kardinäle waren in zwei Parteien gespalten. Die einen wollten einen Papst, der dem Kaiser Paroli bieten und die Macht der Kirche ausbauen sollte. Die anderen wollten einen Papst, der dem Kaiser nach dem Mund redet. Bei der Wahl trug dann der kaiserfeindliche Papst, der große Alexander III., offen und ehrlich den Sieg davon.

Politik im Mittelalter hatte jedoch nichts mit »offen und ehrlich« im Sinn; was wirklich zählte, waren Formalitäten. (Ein schöner alter Brauch, der bis heute nicht in Vergessenheit geraten ist.) Ein Papst wurde Papst, indem er den päpstlichen Mantel umlegte. Dieser Mantel bedeutete alles. Gerade als Alexander im Begriff war, ihn anzuziehen, sprang Barbarossas Kandidat auf, riß ihn Alexander herunter und rannte hinaus.

Ätsch!

Jetzt gab es also zwei Päpste.

Barbarossa versuchte, das Kaiserreich neu aufzubauen, und brauchte einen Papst, der ihm ein wenig entgegenkommen würde. Er unterstützte den Gegenpapst. Der war aber so verhaßt, daß er aus Rom fliehen mußte. Nahezu der gesamte europäische Adel war für Alexander. Vor allem die italienischen Stadtstaaten zeigten sehr deutlich, was sie davon hielten, indem sie den Kaiser jedesmal angriffen, wenn er mal vorbeischaute, um Steuern einzutreiben.

Schließlich mußte Barbarossa einlenken. Er hatte Unmengen von Geld, Zeit, Kraft und viele Menschenleben dafür eingesetzt, eine Schlacht zu schlagen, die er niemals gewinnen konnte. Selbst sein Kreuzzug schien zu beweisen, daß Gott nicht unbedingt auf seiten des Kaiserreichs stand. Bevor Barbarossa loszog, sagt man, konsultierte er einen Astrologen. Ihm wurde vorhergesagt, er würde auf der Reise sterben, und zwar durch Wasser.

Barbarossa war nicht so abergläubisch, daß er den Kreuzzug abgesagt hätte, aber abergläubisch genug, um seine Reiseroute umzuplanen. Anstelle des Seewegs, der ihm viel Zeit erspart hätte, nahm er den Landweg an der Donau entlang. Barbarossa kam bis in die heutige Türkei. An einem heißen Junitag des Jahres 1190 erreichte er den Fluß Saleph. Es gibt mehrere Theorien darüber, was dann geschah. Ich neige zu folgender Version: Das Wasser war blau, und die Sonne brannte heiß. Anscheinend kannte Barbarossa sich nicht mit griechischen Tragödien aus, sonst hätte er gewußt, daß er nicht ins Wasser springen durfte. »Was soll's«, sagte er, »der Prophezeiung habe ich ein Schnippchen geschlagen; Zeit, sich ein wenig zu entspannen.« Er ging schwimmen. Das Wasser war kälter als erwartet, und das kaiserliche Herz, das Ende Sechzig war, kam aus dem Takt. Er erlitt einen Herzanfall. Mitten im Fluß. Todesursache Ertrinken.

Die meisten Kreuzfahrer brachen die Sache daraufhin ab. Einige zogen weiter ins Heilige Land, wo viele umkamen. Nur wenige kehrten nach Hause zurück – darunter vielleicht auch Anonymus.

Samstag abend streifte ich durch die Straßen der Nürnberger Altstadt und landete schließlich in einem Irish Pub.

Ein handfestes kalifornisches Mädchen mit einem hinreißenden Lächeln schenkte das Bier aus. Ich sah ihr dabei zu, wie sie auf diese freche, typisch amerikanische Art mit den Gästen flirtete. Manchmal fehlen mir die amerikanischen Mädchen. Ich vermisse die Art, wie sie das Gesicht verziehen, wenn sie »no way« sagen, die Art, wie sie ihre Freunde »babe« nennen und die ganzen »yeahs« und »you knows«. Als ob sie klarstellen wollte, mit wem ich es zu tun hatte, legte sie Tom Petty and the Heartbreakers mit ihrem *American Girl* auf. Dann folgten Bob Seger und Lynyrd Skynyrd. Sie machte mich völlig fertig, und sie wußte es. Als Kind haßte ich dieses simple, oberflächliche Zeug. Aber hier im hochkultivierten Deutschland brachte mich das American Girl dazu, daß ich mich vor Heimweh krümmte.

Wahrscheinlich würde sie bald wieder zurückgehen, erzählte sie. Keine schlechte Idee. Hier ticken die Uhren anders, sagte sie. Junge, wie recht sie hatte. Erstens sind sie so verbissen, meinte sie, und außerdem haben sie komische Trinkgewohnheiten: Sie mischen Wein mit Wasser und Weizen mit Bananensaft. An manches könnte sie sich einfach nicht gewöhnen, sagte sie, und ich dachte: Gut für dich, Mädchen.

Ich hatte mich noch nie richtig in ein amerikanisches Mädchen verliebt, aber jetzt war es soweit. Es kam gerade recht. In Berlin war der amerikanische Präsident gerade im Begriff, meine Beziehung zu zerstören.

Begonnen hatte es in meiner Winterpause, als meine Freundin und ich den Angriff auf Afghanistan im Fernsehen verfolgten. Wie viele Amerikaner war ich der Meinung, jetzt müsse etwas passieren, sonst werde alles noch schlimmer. Wie viele Deutsche glaubte sie, einen Krieg zu beginnen sei das Schlimmste, was man tun könne. Und keiner von uns war fähig zu sagen: »Interessant, deine Meinung. Wie wär's mit Kino heute abend?«

Ich dachte, der Streit würde sich legen, sobald ich wieder unterwegs war, doch er folgte mir. Wenn ich abends anrief, um ihr »gute Nacht« zu sagen, lief alles gut, bis sie mir die Nachrichten des Tages mitteilte. Es war eine Erleichterung, wenn endlich einer von uns auflegte. Beim nächsten Anruf: »Rühren wir das Thema einfach nicht mehr an. Okay?«

Wir schafften es nie.

Wir hatten nicht geahnt, daß wir nationale Identitäten hatten. Auf einmal waren sie erwacht und stärker, als wir glaubten. Es gibt diese alten Sprüche: Alles, was uns trennt, ist ein Paß. Aus der Luft sieht man keine Grenzen. Fast zwanzig Jahre lang hatte ich das auch geglaubt. Dann passiert etwas, und man stellt erstaunt fest: Ein Paß reicht bereits aus, um zwei Leute zu trennen.

An meinem letzten Abend in Nürnberg ging ich noch einmal zum American Girl. Sie hatte mir gesagt, ich könnte sie an ihrem freien Tag besuchen. Sie würde dann an der Theke sitzen. Sie bestellte einen Long irgendwas, einen Cocktail mit jeder Menge süßem Kaffeelikör und Wodka, und erzählte von ihren Hippieeltern und der Kleinstadt, in der sie aufgewachsen war. Eines Nachts hatten sie, ihr damaliger Boyfriend und ein paar Freunde sich eine Ladung Bier besorgt, um sich auf einem Golfplatz in der Nähe zu betrinken. Der Platz war geschlossen, also kletterten sie über den Zaun. Sie schnappten sich zwei Golf Carts, schlossen sie kurz, luden ihr Bier auf und fuhren Richtung achtzehntes Loch. Obwohl nachts auf einem Golfplatz nicht gerade besonders viel Gegenverkehr herrscht, brachten die Jungs es tatsächlich fertig, einen der Golf Carts in einen Teich zu steuern. Also zogen sie sich alle bis auf die Unterwäsche aus, wateten hinein und zogen und zerrten. Das Ding rührte sich nicht vom Fleck. Schließlich gaben sie auf. Sie luden das Bier auf den anderen Golf Cart um und fuhren weiter.

Da jetzt ihre Unterwäsche naß war, zogen sie sie aus und breiteten sie zum Trocknen aus. Dann zogen sie die anderen Klamotten wieder an und öffneten das Bier.

Am nächsten Morgen prangte der Skandal von jeder Titelseite: Vandalen seien im Golfclub eingebrochen, hätten einen Golf Cart demoliert, im Teich versenkt, und alles, was sie zurückgelassen hätten, sei ihre Unterwäsche.

Ich mochte die Geschichte. Eine typische American-Girl-Geschichte. Als ich ihr das erzählte, drehte sie sich zu mir und sagte: »Wenn du das veröffentlichst, verklage ich dich.«

Plötzlich fiel mir wieder ein, was mir an deutschen Mädchen so gefiel. Sie drohen dir nicht gleich beim ersten Rendezvous mit ihrem Anwalt.

Wenn Nürnberg um 1200 ein Dorf war, war Regensburg die Großstadt. Heute wie damals erreicht man sie über ein Meisterwerk romanischer Baukunst: die Steinerne Brücke. Sie ist schlicht und breit gebaut und zieht sich dicht über den Wasserspiegel. Wenn man zu Fuß darüber geht, fühlt sie sich fest und sicher an. Hier kann einem das Wasser nichts anhaben. Als sie errichtet wurde, war sie fast ein Weltwunder. Es gab auch andere Brücken am Fluß, doch die waren aus Holz und wurden bei Hochwasser regelmäßig fortgeschwemmt.

Nachts ging ich manchmal über die Brücke und betrachtete, wie die kunterbunten Farben der Stadt im Licht der Straßenlaternen ineinanderzufließen schienen wie in einem psychedelischen Traum. Im Stadtbild herrschen die Farben Rot, Blau und Grün vor. Die Patrizierhäuser sind würfelförmige oder längliche Schachteln, und ihre Fenster und Türen wirken wie in Stein gestanzt. An jeder Ecke ragen Türme himmelwärts. Keine spitz zulaufenden Kirchtürme, auch keine Wachtürme der Stadtmauer, sondern rechteckige Türme, die zu den Patrizierhäusern gehören und manchmal sogar mit Zinnen bestückt sind.

Zinnen mitten in der Stadt? Sollten von dort oben mißliebige Kunden mit Öl begossen werden?

»Die mittelalterliche Skyline von Regensburg war so beeindruckend wie Manhattan«, meinte der Kunsthistoriker Peter Morsbach, »aber die Türme dienten keinem Zweck. Sie waren nicht einmal bewohnt.« Es gab ungefähr sechzig davon. Sie waren von reichen Patriziern erbaut worden, die ihre adelige Abstammung dokumentieren wollten. Die Türme sollten ihren Häusern das Aussehen von Burgen geben.

Im Jahr 1200 war Regensburg eine der reichsten Städte Deutschlands, eine Handelsstadt von gleicher Bedeutung wie Lübeck. Die Spezialität der Stadt war der internationale Handel, von der Ukraine bis zum Nahen Osten, von Konstantinopel bis nach Flandern. In Regensburg wimmelte es von Franzosen und Iren, Slawen, Griechen und Italienern sowie hundert anderen Nationalitäten und Sprachen.

»Das mittelalterliche Regensburg war wie ein orientalischer Basar«, sagte Morsbach. »Es gab eine Straße mit vielen Goldschmieden, es gab einen Stadtteil, wo die Kürschner Pelzmäntel machten. Jede Straße mündete in eine andere, und Straßennamen gab es hier schon im 12. Jahrhundert. Die Häuser waren bunt bemalt, auch mit Szenen.« Bei der Hygiene herrschten andere Standards. »Straßenpflaster existierte erst ab dem späten Mittelalter. Große Gasthäuser hatten viele Stallungen, wie die Saloons im Wilden Westen. Der Abdecker kam nachts und holte die Tierkadaver, die einfach auf die Straße geworfen wurden, und er entleerte die Aborte – riesige Gräben, sechs Meter tief, unter oder neben den Häusern. In die Aborte hat man alles geschmissen – Spielzeug, Körbe, kaputte Keramik.«

Im Haus allerdings war es so kalt, daß es niemanden lange

drinnen hielt. »Tierhäute hat man als Fensterabdeckung benutzt«, erklärte er. »Es ist entweder dunkel oder hell, dazwischen gibt es nichts, und es ist immer zugig. In dieser Zeit gab es offene Feuerstellen nur in der Küche.« Wenn man nicht gerade zu den Reichen gehörte und sich einen Kachelofen leisten konnte. »Der wurde aber erst 1350 erfunden«, stellte er klar. »Da gab es zum erstenmal die Möglichkeit, einen Raum zu wärmen, ohne das Risiko einzugehen, das ganze Haus abzubrennen. Jetzt fängt das Wohnen in unserem Sinne an. Man kann sich stärker in das Privatleben zurückziehen. Man lebt nicht mehr auf der Straße, sondern zunehmend in einer Kleinfamilie.«

Barbarossa hielt gern Reichstage hier ab, und die Patrizier taten alles, damit er sich auch zu Hause fühlte. »Es gab einen Ratsbeschluß«, erzählte Morsbach, »daß man während der Reichstage nachts auf den Straßen unter anderem kein Messer tragen, kein Glücksspiel spielen und keine politischen Diskussionen führen soll.«

Kriemhild begegnete ich in einem Städtchen namens Plattling unweit der Donau.

Eigentlich gehörte es zu den Orten, die ich auslassen wollte. Ich hatte mir vorgestellt, hinter der Ausfahrt kurz abzubremsen und zu murmeln: »Huch, eigentlich wollte ich doch hier abfahren, na ja, zu spät«, und weiterzufahren. Das sollte reichen für Plattling.

Die Stadt spielt im *Nibelungenlied* fast überhaupt keine Rolle. Sie ist bloß einer der vielen Zwischenstopps, die Kriemhild auf ihrem Weg von Worms zur Heirat mit Attila einlegte. In den meisten Abschriften des Werkes wird sie nicht einmal erwähnt.

Meine Absicht wurde durch einen Anruf über den Haufen geworfen, den ich von einem grimmigen Mann erhielt, der sich auch als »Grimm!« vorstellte und wissen wollte, warum gefälligst Plattling nicht auf meiner Website aufgeführt sei. »Plattling ist einer der wichtigsten Orte im ganzen Buch«, sagte er. »Plattling muß unbedingt dazu. Und was soll die ganze Geschichte über Störtebeker? Was hat der mit den Nibelungen zu tun?«

Mit einer Mischung aus Furcht und Neugier nahm ich also die Abfahrt nach Plattling.

Josef Grimm erwartete mich. Er war der Tourismuszuständige der Stadt und, wenn man ihn erst mal kennengelernt hatte, gar nicht mehr so erschreckend. Er hatte eine Überraschung vorbereitet: Zehn Männer und Frauen in bunten mittelalterlichen Kostümen, ein dicker Bischof mit Stab, ein Narr mit spitzer Kappe, ein Bauernmädchen mit Baby im Arm, eine Prinzessin in grünem Gewand und ein furchterregender Krieger mit Narbengesicht und nur einem Auge begrüßten mich.

Zwischen diesen Gestalten stand eine junge Frau. Sie trug Schwarz, denn sie war in Trauer. Und sie hielt ihren Kopf erhoben, so daß das breite Perlenband, das sie um den Kopf trug, wie eine Krone aussah. Ihre großen blauen Augen funkelten stolz. Es war Kriemhild.

Das waren die Männer und Frauen des Nibelungenspiels, das alle zwei Jahre in Plattling stattfindet. Die diesjährigen Festspiele sollten im Juni beginnen – in nur einem Monat –, sie waren gerade mit den Proben beschäftigt. Wir fuhren alle gemeinsam zum Stadtrand, zum historischen Juwel des Ortes, einer schlichten, anmutigen Kirche. Schon im Jahre 1200 hatte sie hier gestanden. In dieser Kirche, zwischen kühlen Säulen und Bogenfenstern, spielte die Truppe die Szene, für die Plattling berühmt war:

Kriemhild trifft in Plattling ein. Der Bischof von Passau, der ihr zur Begrüßung entgegengeritten war, umarmt sie. Dann sagt er (in meinen Worten): »Kriemhild, heirate Attila nicht.«

Darauf sie: »Ich muß.«

So viel zu Plattling im *Nibelungenlied*. Die Plattlinger

Festspiele erzählen das ganze Epos, aufgehängt an dieser einen Szene. (Natürlich wieder eine Aufzugszene: Die Tür geht auf, der Bischof drängt sie, auszusteigen, sie aber bleibt, die Tür schließt sich wieder.) Ich war begeistert.

Ich bestand darauf, den Star der Show zu einer Tasse Kaffee einzuladen. Wir setzten uns in ein Café und unterhielten uns darüber, wieviel Arbeit so ein Freilufttheater macht und welche Risiken man einging: Ungerechte Kritiken? Technische Probleme? Regen? Ich fragte sie, ob Kriemhild eine typisch deutsche Frau gewesen sei.

»Kriemhild ist für mich gar nicht typisch deutsch«, meinte Kriemhild, »sie ist nicht diplomatisch, das sind die Deutschen.«

Kriemhild hieß Christine Pfeffer (ich ziehe die englische Übersetzung »Tina Pepper« vor), ein großartiger Name. Sie schrieb Artikel für die Lokalzeitung, wollte Journalistin werden und studierte Kunstgeschichte in Passau. So ein Zufall – da wollte ich auch noch hin.

Sie war vierundzwanzig Jahre alt, katholisch, bayerisch und auf überraschende Art häuslich: Sie versuchte gar nicht erst, es zu verbergen. Ich glaube, ich kenne keine Frau, die nach 1970 geboren ist, die sich nicht verpflichtet fühlt, eine Berufslaufbahn anzustreben. Tina Peppers Ziele waren klar und eindeutig: »Ich will zwar Journalistin werden«, sagte sie, »aber das Leben liegt für mich eher im zwischenmenschlichen als im wirtschaftlichen Bereich. Ich will viele Kinder und eine Familie haben. Diese häusliche Geborgenheit ist sehr wichtig für mich. Das würde ich der Karriere nicht opfern.«

Ich fragte Tina Pepper, ob ihr Freund in Frankfurt die gleichen Ziele verfolge.

Na ja, vielleicht nicht ganz, gab sie zu.

Ich sagte ihr, ich würde sie anrufen, wenn ich in Passau sei.

Als ich am Anfang meiner Reise feststellte, daß der Van ein GPS-Navigationssystem besaß, reagierte ich mit Hohn und Spott. Ein echter Mann braucht so was nicht. Mir reichen meine Landkarte und mein sechster Sinn. Doch als ich bald darauf mehrmals kurz hintereinander die richtige Ausfahrt verpaßt hatte und im nächsten Dorf wieder wenden und zur Autobahn zurückfinden mußte, dachte ich: Dann wollen wir doch mal sehen.

Wir wurden schnell Freunde.

Ich freute mich jedesmal auf ihre Kommentare. Wenn ich falsch abbog, flüsterte die seidige Stimme: »Bitte wenden.« Aber gern. Wenn ich nicht wußte, wohin es als nächstes gehen sollte und wie ich die Leute finden sollte, mit denen ich verabredet war, schnurrte sie: »Bitte links abbiegen.« Wenn ich mich einsam fühlte oder völlig verfahren hatte, beruhigte sie mich: »Bitte weiter geradeaus fahren.« Wenn du mir Gesellschaft leistest, dachte ich, fahre ich überallhin.

Nur einmal wußte sie nicht weiter. Das war in Passau.

Der schöne deutsche Ausdruck »am Arsch der Welt« ist wie geschaffen für Passau, dieses vergessene Städtchen im südöstlichsten Winkel Deutschlands. Als ich dort ankam, fing meine Reisebegleiterin an zu stottern. Ich war in einem der Außenbezirke verabredet. Wir kamen bis zu der Kreuzung, die in den Vorort führte, dann verpaßte sie die richtige Abzweigung und lotste mich in den falschen Vorort. Als ich nach einigem Kopfzerbrechen schließlich den richtigen Weg gefunden hatte, war ihr einziger Kommentar dazu ein gelegentliches lustloses »Bitte wenden«.

In diesem Vorort wohnte Professor Theodor Nolte, der mir von dem denkwürdigen Tod Attilas berichtete.

Historiker meinen, der historische Attila sei in der Nacht seiner Hochzeit mit einer jungen gotischen Prinzessin namens Ildico – sprich »Hilde« – gestorben. Nicht der Sex machte dem alten Mann den Garaus. Er hatte einen Blutsturz. Rein technisch hatte Hilde also nichts mit seinem Tod zu tun, auch wenn sie es danach sehr schwer hatte, einen neuen Mann zu finden.

Daraus erwuchs die Legende, Hilde hätte Attila in der Hochzeitsnacht umgebracht, um ihre Familie zu rächen. (Attila hatte dieselbe nämlich auf dem Gewissen.) Diese Version wird in der ältesten Form der Burgunderdichtung dramatisiert. »In der *Edda* tötet die Hilde/Kriemhild-Figur nicht Hagen und ihre Brüder, sondern Attila«, erzählte Nolte. »Attila ist betrunken, den Schatz hat er nicht bekommen. Kriemhild tötet ihre eigenen Kinder und setzt ihre Herzen Attila vor. Dann ersticht sie Attila und zündet die Königshalle an.«

Irgendwann entstand dann eine Version der Geschichte, in der der Spieß umgedreht wurde. Nur rächt sich Hilde nicht mehr an Attila, sondern an ihrer eigenen Familie. Das war die Version, die den dynastiefixierten mittelalterlichen Zuhörern kalte Schauer über den Rücken trieb.

Und es war die Version, die Anonymus in sein *Nibelungenlied* einarbeitete. »Das ist eine ganz erstaunliche Leistung«, sagte Nolte. » Die Leistung dieses Epikers ist höher zu werten als die vieler anderer großer Dichter. Das war kein Zusammenschustern von zwei alten Legenden. Alles ist eng miteinander verwoben. Auch das Gefühlsleben der Kriemhild – das ist etwas ganz Neues. Das Leid der Kriemhild ist das Zentrum des ganzen Textes. Es führt zu einer furchtbaren Konsequenz.«

Viele meinen, die Nibelungen hatten keine Wahl – ihr System von triuwe und Ehre verlangte von ihnen, »im Aufzug« zu bleiben. Als ich in den achtziger Jahren zum ersten Mal das *Nibelungenlied* las, kam mir diese Fahrt von Stockwerk zu Stockwerk wie eine Parabel auf den kalten Krieg vor. Beide Supermächte rüsteten stetig weiter auf, bis das Erreichen des letzten Stocks unabwendbar geworden war, und viele behaupteten damals, wir hätten keine andere Wahl. Dann stieg die Sowjetunion aus, und die Gefahr war vorüber. Jetzt war Amerika in Afghanistan einmarschiert. Diesmal hatte ich selbst das Gefühl, wir hätten keine Wahl. Wir mußten etwas tun, oder? Aber als ich die Donau entlangfuhr, fragte ich mich, ob wir den Aufzug vielleicht soeben wieder betreten hatten.

Ich fragte Nolte: »Hätten die Nibelungen die ganze Sache stoppen können, einfach aussteigen, wenn sie gewollt hätten?«

»Diese Frage hat man sich im Mittelalter wohl auch gestellt«, meinte er. »Alle Figuren folgen festen Normen. Hagen fühlt sich in seiner Kriegerehre angesprochen und muß mitfahren. Wenn er nicht mitgefahren wäre, wäre das alles nicht passiert. Aber er kann nicht anders. Das *Nibelungenlied* zeigt immer wieder die Ausweglosigkeit, in der Menschen sich unbeabsichtigt schuldig machen.«

»Und im wirklichen Leben? Hätte ein Mensch des Mittelalters aus dem System aussteigen können, wenn er gemußt hätte?«

»In einer realistischen Situation, ja«, sagte Nolte. »Gunther hätte Hagen an Kriemhild ausliefern können und sein eigenes Leben und das Leben der anderen Wormser gerettet. Es wäre Verrat gewesen, aber es wäre denkbar. In der Realität hätte man einen solchen Pragmatismus angewandt. Man hätte gesagt, die Situation läßt es nicht anders zu, ich muß jemanden opfern. Politiker machen das jetzt, wann immer sie es müssen, warum soll das im Mittelalter anders gewesen sein?«

In Passau strahlte die Sonne, und es wehte ein Lüftchen wie an einem Tag am Strand. Drei Flüsse fließen hier zusammen, die Donau, der Inn und die Ilz. Passau wurde auf dem Zipfel erbaut, der in die Mündung hineinragt. Die drei Flüsse haben drei verschiedenen Farben: blau, schwarz und grün, nur an manchen Tageszeiten schillern sie in sämtlichen Blautönen.

Es mußte eine romantische Ader dazugehören, eine Stadt auf so einem schmalen Vorsprung zu bauen, der ständig überflutet wurde. Aber so war Passau: Der Rathausplatz öffnete sich zum Wasser hin, der Dom und die neue Bischofsresidenz überblickten den Inn, und die alte Bischofsfestung auf der anderen Donauseite stand hoch oben auf dem Felsen, der zum Wasser hin steil abfiel. Vernünftigerweise hatte jemand das Ufer nicht nur mit Felsblöcken und Beton befestigt, sondern auch gleich noch eine bezaubernde Promenade mit viel Grün angelegt.

Der Dom ist heute ein gigantischer Barockbau, aber das verschlungene Wegenetz drum herum ist pures Mittelalter. Die Wege führen an beeindruckenden Bischofspalästen, Residenzen und Verwaltungsgebäuden vorbei, die mit Statuen und Reliefs verziert sind, und gehen auf einen Platz hinaus, wo man gemütlich eine Pizza essen kann.

In einem dieser Gebäude befindet sich das bischöfliche Archiv. Dort traf ich den Archivdirektor Herbert Wurster, um mit ihm über den Mann zu sprechen, der das *Nibelungenlied* in Auftrag gab – Bischof Wolfger von Erla.

»Wir wissen von mehreren Bischöfen, daß sie Künstler gefördert haben«, sagte Wurster, »aber Wolfger stand an der Spitze. An seinen Reiserechnungen kann man sehen, daß er wie ein Fürst durch die Lande gezogen ist, begleitet von seinem Hofstaat, vielleicht zwanzig bis vierzig geistlichen und weltlichen Herren, um seine Aufgaben zu erfüllen. Dazu Boten, vielleicht ein Koch. Und die Künstler.« Wolfgers Diözese war groß, sogar Wien gehörte dazu, und er besuchte auch Rom und nahm an Reichstagen teil.

»Abends wollte er Unterhaltung haben. Ich stelle mir vor, er sagte seinen Leuten: ›Heute abend machen wir Musik, morgen neue Strophen vom *Nibelungenlied*, übermorgen nichts, da ist Kirchweih.‹«

Wolfgers Kirchenkarriere begann relativ spät, nach dem Tod seiner Frau. Erst mit fünfzig wurde er Passauer Bischof. Seine Vorgänger stammten alle aus mächtigen Familien, er dagegen aus dem niederen Adel Österreichs (das noch kein eigener Staat war, sondern ein Herzogtum innerhalb des Heiligen Römischen Reiches). Wolfger stieg nicht deshalb so weit auf, weil er sich gut in der Bibel auskannte. Er war ein Vollblutpolitiker.

Er nahm an mindestens einem Kreuzzug teil. Er war es, der dem Papst die Regel eines neuen Ritterordens – des Deutschen Ordens – zur Absegnung vorlegte. Und als ein benachbarter Graf, Heinrich von Ortenburg, den Fehler beging, bischöfliche Ländereien anzugreifen und zu zerstören, ließ er eine der gräflichen Burgen belagern und niederbrennen. Einhundert Burgbewohner wurden getötet, verstümmelt, verbrannt oder ersäuft. Der Graf versuchte es nicht noch einmal.

Seinem Ruf als Schlichter tat das keinen Abbruch, im Gegenteil. Wer mit ihm verhandelte, wußte, woran er war. »Wolfger war ein ausgezeichneter Diplomat, der die Leute dazu bringen konnte, miteinander zu reden«, sagte Wurster. »Daher überließ man es gern ihm, bestimmte Dinge zu regeln.«

Eine seiner ersten Aufgaben, nachdem er sein Amt in Passau angetreten hatte (Barbarossa war gerade gestorben), war die Verhinderung eines Krieges zwischen dem Reich und England. Es begann auf jenem verhängnisvollen Kreuzzug zwischen 1189 und 1192. Alle großen Ritterkönige waren damals dabei: Barbarossa, der allerdings nicht weit kam, der französische König Philipp II. und der englische König Richard Löwenherz. Ganz zu schweigen von einem Fürsten mit einem imposanten Ego und ebensoviel Macht: Herzog Leopold V. von Österreich. Dieser residierte in Wien, was zu Wolfgers Diözese gehörte.

Heute stellen wir uns einen Kreuzzug meist wie eine

zusammenhängende, konzertierte Attacke auf ein klar umrissenes Ziel vor, etwa so wie einen napoleonischen Feldzug. Tatsächlich aber waren die Kreuzzüge eher mit einem großen Open-Air-Konzert vergleichbar, das sich mit unregelmäßigen Pausen über zweihundert Jahre lang hinzog. Die großen Kreuzfahrer waren die Rockstars, die zu unterschiedlichen Zeiten auf dem See- oder Landweg anreisten, alle mit zuviel Equipment, zu vielen Roadies, zuviel Ego und zu wenigen Parkplätzen. Ständig streiten sie sich darum, wer welchen Trailer bekommt, wer zuerst auftreten darf und wer die beste Ausrüstung hat. Das waren die Monsters of Rock der Ritterwelt, und jeder haßte jeden.

Besonders Richard Löwenherz und Herzog Leopold hatten sich ständig in den Haaren. Es existieren verschiedene Berichte darüber. In dem einen beleidigt Richard den Herzog, indem er während der Belagerung von Akkon die österreichische Fahne niederreißt und ungefähr folgende Worte hervorstößt: »Das ist meine Belagerung! Meine!« In einer anderen Version zanken sich die beiden um die Beute.

Der Kreuzzug war eine Katastrophe, und alle gingen vorzeitig nach Hause. Als einer der letzten Richard Löwenherz. Mitten in der Adria erlitt er Schiffbruch. Er mußte also den Landweg nehmen – durch Österreich. In weiser Voraussicht verkleidete er sich als Tempelritter, wurde aber trotzdem von Leopolds Mannen geschnappt. Leopold ließ Richard nicht töten – wahrlich bewundernswert –, wollte ihn aber auch nicht einfach so ziehen lassen. Er hielt ihn erst mal im Dürnsteiner Schloß an der Donau gefangen. (Ich nehme an, Leopolds rechtliche Begründung, warum er Richard einsperrte, war: »Ich hasse diesen Kerl!«)

»Der Ausgangspunkt war die persönliche Feindschaft, die auf dem Kreuzzug entstanden war«, kommentierte Wurster. »Sieht so aus, als habe Leopold gedacht: ›Wenn ich ihn schon habe, dann laß ich mir ihn teuer auslösen.‹« Kein

Wunder, daß Richard in den ganzen Robin-Hood-Filmen immer so spät vom Kreuzzug heimkehrt. Er saß irgendwo in einem Burgverlies und frischte sein Deutsch auf.

Das war ein Job für Wolfger. Er war Leopolds Bischof und stand sich sowohl mit dem Papst als auch dem Kaiser gut. Alle wollten, daß er intervenierte. »Ein hochrangiger Kreuzfahrer wurde von einem mächtigen Mann widerrechtlich gefangengenommen«, sagte Wurster. »Für Wolfger war das Wichtigste, daß der Papst die Kreuzfahrer unter seinen Schutz gestellt hatte.«

Die Räder der Diplomatie liefen auf vollen Touren. Wolfger brachte Leopold dazu, Richard dem Kaiser auszuliefern, der wiederum versprach, Leopolds Recht auf ein Lösegeld zu vertreten. Dann verhandelte Wolfger mit den Engländern. Ob er Leopolds Lösegeldforderung im Namen des Friedens zu drücken suchte oder soviel wie möglich aus Richards Familie rausholen wollte, wissen wir nicht. Das vorrangige Ziel war, die ganze Sache zum Abschluß zu bringen, ohne daß ein englischer König in einem Kerker des Kaiserreichs zu Tode kam. Es dauerte zwei Jahre. Das Lösegeld war das höchste, das bisher gezahlt worden war: 100000 Silbermark.

»Das war eine gigantische Summe«, sagte Wurster. »Es hat die Finanzierung von großen Vorhaben des österreichischen Herzogs ermöglicht. Es war auch der Beginn von Österreichs Münzprägung. Wiener Neustadt wurde gegründet mit dem Geld. Stadtbefestigungen in ganz Österreich wurden aufgebaut. Die Babenberger – Leopolds Dynastie – waren zu dieser Zeit außerordentlich mächtig, jetzt wurden sie noch mächtiger.«

Wolfger war richtig gut.

Als dann die Superkrise eintrat, wurde er also wieder gerufen.

Dabei ging es um zwei mächtige Dynastien. Die Staufer waren zwar nicht reich, aber berühmt, und sie hielten den

Thron. Die Welfen waren reich und saßen nicht auf dem Thron. Sie haßten einander.

Unter Barbarossa, dem Staufer, bekam der Haß eine neue Dimension. Ohne Geld und Männer steckte Barbarossa in Italien fest und brauchte dringend Hilfe. Mit Hilfe frischer Truppen würde er Italien einnehmen können. Er wandte sich an seinen reichsten und mächtigsten Vasallen – einen Welfen. Dieser sagte geradewegs: »Nein.« Auch als Vasall hatte er das Recht, sich zu verweigern, moralisch gesehen war das jedoch ein schwerer triuwe-Bruch, der das ganze Reich erschütterte und für den Kaiser den Verlust von Italien zur Folge hatte.

Als Jahre später Barbarossa tot und seine Söhne an der Macht waren, waren die Welfen immer noch so reich. Im Jahre 1197 starb Barbarossas Sohn, und die Fürsten mußten einen neuen König wählen. Zwei Tendenzen zeichneten sich ab. Manche wollten wieder einen Staufer, andere einen Welfen. Beide Seiten waren ungefähr gleich stark, keine Seite konnte sicher sein, bei einer Wahl ihren Mann durchzubringen. Was würde man heute in einer solchen Pattsituation tun? Vielleicht vor den obersten Gerichtshof ziehen. Im Mittelalter gab es nur eine sinnvolle Lösung: die Wahl übergehen.

Ohne irgendwen zu informieren, krönten die Staufer ihren Kandidaten Philipp, einen Sohn Barbarossas. Als die Welfen das erfuhren, waren sie nicht faul und krönten ihren Kandidaten, Otto IV., auch.

Heute würden wir sagen, keine Wahl war gültig. Damals jedoch war das Leben einfacher. Derjenige, der die Krone trug, war König. (So was Simples kann nur ein Demokrat nicht verstehen.) Ansonsten waren nur ein paar hundert weitere simple Formalitäten erforderlich.

Zu diesen gehörten die sogenannten Reichsinsignien, darunter das Krönungsevangeliar, die Stephansbursa (eine Börse mit heiliger Erde), der Säbel Karls des Großen, die heilige Lanze, Reichskreuz, Reichsschwert, Königsgewänder, Zepter und schließlich der Reichsapfel. (Und nach der Krönung betranken sich alle und schlossen Wetten darüber ab, wer die meisten Insignien auf dem Kopf balancieren und gleichzeitig auf einem Bein stehen konnte.)

Entscheidend war, daß all dies auf dem Thron Karls des Großen in Aachen stattzufinden hatte.

Keine Seite machte es richtig. Philipp der Staufer wurde mit der richtigen Krone, aber nicht in Aachen gekrönt. Otto der Welfe wurde in Aachen gekrönt, aber mit gefälschten Reichsinsignien. Wer also war nun König? Eine Entscheidung mußte her, und die vernünftigste Methode, sie herbeizuführen, war Krieg.

Es war kein richtiger Bürgerkrieg, weil nicht alle Fürsten beteiligt waren (die beiden Kontrahenten finanzierten den Konflikt aus ihrem Privatvermögen). Trotzdem dauerte der Krieg zwanzig Jahre und erschütterte die Grundfesten des Reiches. Man darf nicht vergessen, daß die Königswürde ein Teil der gottgegebenen Ordnung aller Dinge war. Ein König war ein Gesalbter, ein Vertreter Gottes auf Erden, und auf einmal wollten sich zwei gekrönte Könige gegenseitig an die Gurgel.

Wolfger lief zu diplomatischer Hochform auf. Er bearbeitete die Fürsten, suchte sie in ihren Burgen auf oder nahm sie bei öffentlichen Versammlungen beiseite und beschwatzte sie, Philipp den Staufer zu unterstützen. Er reiste nach Rom und brachte den Fall vor den Papst, der bis dahin Otto den Welfen unterstützt hatte.

Für eine Weile sah es recht gut aus. Nach ein paar Jahren Krieg neigte sich die Waagschale auf Philipps Seite. Immer mehr Fürsten sagten dem Staufer ihre Unterstützung zu. Selbst der Papst wechselte die Seiten. Philipp besiegte Otto in einer wichtigen Schlacht. Otto entkam zwar, doch seine Zeit war abgelaufen. Bald würde alles vorbei sein.

Da wurde Philipp völlig überraschend ermordet. Von einem Vasallen, der in einem persönlichen Clinch mit ihm lag. Die Historiker sind sich einig, daß dies nichts mit den Welfen zu tun hatte. Plötzlich war wieder alles offen. Die Welfen sahen ihre Chance und gruppierten sich neu. Die Staufer wählten einen neuen König, und weiter ging der Krieg.

Wolfger war nicht mehr dabei. Schon vor der Ermordung Philipps – mitten im Krieg – fielen seine guten Taten angenehm auf, und er wurde nach Italien gerufen, wo ein fähiger Mann gebraucht wurde.

»Wolfger wird zum Patriarchen von Aquileja«, sagte Wurster, »einer der bedeutendsten Positionen im Reich. Das war mehr als ein Erzbischof. Das war die kirchliche Position, die Nordostitalien beherrschte und weltliche Macht besaß.«

Einige Zeit vor seiner Abreise aus Passau beauftragte Wolfger unseren Anonymus, das *Nibelungenlied* zu schreiben. Das war der Denkzettel, den er den Staufern und den Welfen hinterließ.

Die bischöfliche Residenz liegt gleich am Dom. Franz-Xaver Eder, ehemaliger Bischof von Passau, war vor kurzem in den Ruhestand getreten. Er war ein freundlicher Herr in den Siebzigern mit weichen Gesichtszügen und einem warmen Lächeln.

Ich erzählte ihm, daß ich mich mit ihm über einen früheren Bischof unterhalten wollte, über den, der im Jahre 1200 Anonymus engagierte, um das *Nibelungenlied* zu schreiben. Er lächelte verschmitzt: »Ich bin quasi direkter Nachfolger von Bischof Wolfger«, und bot mir an, mir die Liste seiner Vorgänger zu zeigen. Vielleicht amüsierte es ihn, daß die weltlichen Dynastien mit ihren arrangierten Ehen das Mittelalter nicht überlebt haben – wohl aber die kirchlichen Dynastien mit ihrem Zölibat. Ich fragte ihn, ob

Bischof Wolfger überhaupt eine Beziehung zu Gott gehabt hatte.

»Ich glaube schon, daß Wolfger den persönlichen Weg zu Gott gesucht und auch gefunden hat«, sagte er. »Das hohe Mittelalter war wesentlich menschlicher, als wir meinen. Wir übersehen, was alles positiv war. Der mittelalterliche Mensch war sich der Verantwortung bewußt, die er für andere trug. Da ist ein persönliches Element enthalten.«

»Vermissen Sie die politische Macht, die Bischof Wolfger im Jahre 1200 besaß?« fragte ich ihn. Er trug zwar denselben Titel wie sein mächtiger Vorgänger, aber im Vergleich zu den damaligen Zeiten ist die katholische Kirche heute kaum mehr als eine Subkultur.

»Ich habe oft an meine Vorgänger gedacht«, sagte er. »Sie waren Fürstbischöfe und waren die Garanten für Loyalität im Reich. Das hängt uns geschichtlich noch an. Die letzten zweihundert Jahre mußten wir unseren Weg in der Gesellschaft neu definieren. Das war manchmal schmerzlich.«

Ich fragte ihn, ob er das religiöse Monopol vermisse, das die Kirche früher besaß.

»Früher war die Gesellschaft kirchenkonform. Früher hat man geglaubt«, sagte er. »Jetzt ist es mühsamer für den einzelnen und herausfordernder. Das entspricht unserer pluralistischen Gesellschaft, die von Freiheit geprägt ist. Die Leistung der mittelalterlichen Kirche war, die ganze Gesellschaft dazu zu bringen, etwas zu vollbringen, was zur Verherrlichung Gottes geschieht. Unsere Möglichkeiten heute sind begrenzter. Die Gesellschaft ist nicht mehr einig über das Ziel des Lebens oder die Wege dahin. Die Kirche ist nicht mehr in der Lage, so etwas zu leisten.«

Bevor ich ihn verließ, zeigte er mir das letzte Überbleibsel aus alten Tagen: seine exklusive Privatkapelle. Jeden Morgen las er darin nur für sich und seine Schwester die Messe. Die Kapelle ist ein kleiner Raum mit einem Altar und zwei Reliquien. Das war ein wahres Privileg. Nicht einmal der amerikanische Präsident hat in seiner Kapelle einen Privatheiligen, geschweige denn zwei.

Eines Abends schlenderte ich durch Passau auf der Suche nach einem Abendessen. Zufällig lief ich am Scharfrichterhaus vorbei und sah, wie einige Teenies durch die Fenster hineinspähten. Da drinnen auf der Bühne fand gerade ein Poetry Slam statt. Durchs Fenster sah ich junge Männer und Frauen, die einer nach dem anderen ans Mikro traten und ihre neuesten Werke vortrugen. Es war brechend voll.

Das letzte, was ich auf leeren Magen hören wollte, waren die kruden Verse Heranwachsender darüber, warum die Welt sie nicht versteht und ihre Mütter doof sind. Ich kehrte der Kunst den Rücken und stieß in einem schmalen, einsamen Gäßchen auf die Wirtschaft Zum Grünen Baum. Es war ein uraltes Gebäude, dessen verputzte Wände in einem kalten Grün gestrichen waren. An einem der Tische draußen saßen ein riesiger Mann und eine dünne Frau. Ich setzte mich. Die Bedienung war nicht zu sehen. Na, typisch.

Ich wollte gerade wieder gehen, als die Frau vom Nebentisch aufstand und mich fröhlich fragte, ob sie mir die Speisekarte holen sollte. Die Leute sind so nett hier in Bayern. Wenn ich irgendwo in Amerika essen würde und bemerkte, daß ein fremder Gast nicht bedient wird, käme ich nie auf den Gedanken, ihm die Karte zu holen. »Das ist wirklich sehr nett von Ihnen«, sagte ich, »aber sie haben hier Leute, die das tun sollen.«

»Ich bin die Wirtin«, sagte sie.

Auf diese Weise lernte ich die Inhaber des Restaurants kennen, Doris und ihren Mann Charlie. Charlie erzählte mir alles über das Essen, das er mir brachte. Das braune Bier kam aus einer regionalen Biobrauerei, und den zarten, schmackhaften Surbraten durfte man keinesfalls mit dem klassischen Sauerbraten verwechseln, den man überall bekommt. Er hatte recht. Charlies Kochkünste waren mit nichts zu vergleichen.

Wie ich mich so vom guten Bier, bester Hausmannskost und netter Gesellschaft benebeln ließ, ging mir auf, daß ich gerade einen Poetry Slam verpaßt hatte. Poetry Slams sind eine Kunstform des Mittelalters. Lieder, Geschichten und Briefe wurden live vorgetragen, denn die Zuhörer waren meist Analphabeten. Und genau so was ließ ich mir gerade entgehen.

Ich hechtete zurück. Das letzte Mädchen war gerade an der Reihe. Sie sprach konzentriert und ernst. Sie trug Jeans und ein T-Shirt, das den Eindruck erwecken sollte, sie hätte sich irgendwelche ollen Klamotten übergeworfen. Ihr Gedicht handelte davon, wie sie als Jugendliche einmal einen roten Slip getragen hatte. Die Kombination kam an. Sie gewann den ersten Preis, eine Flasche billigen Whisky.

Anschließend sprach ich sie an. Mir gefielen ihre Intensität und Ernsthaftigkeit – und ihr Glaube an Dichtung im Zeitalter von Playstation 2! Als ich sie fragte: »Warum Gedichte? Kein Mensch kauft heute Gedichte«, sah sie mich an, als käme ich von einem anderen Stern.

»Ich wollte sehen, ob ich den Mut habe, mich da vorn hinzustellen«, sagte sie. »Deshalb kommen die Leute doch. Sie wollen sehen, ob du dich traust, und denken dann, das kann ich auch mal versuchen. Für mich ist es einfach wunderschön, da zu stehen, und die ganzen Leute hören dir zu.«

Das ist ein anderer Zugang zur Lyrik, als irgendwo im stillen Kämmerlein mit seiner Seele zu ringen. Mündlich vorgetragene Gedichte erfordern einen anderen Typ Dichter. Ob es das war, was Anonymus daran liebte?

Ich fragte Charlotte, ob sie sich vorstellen könnte, nicht fünf Minuten, sondern insgesamt fünfunddreißig Stunden lang vorzutragen. So lange dauert es, das *Nibelungenlied* laut vorzulesen. »Wie würdest du deine Zuschauer bei der Stange halten?« fragte ich.

»Die Stimmung sollte geheimnisvoll sein«, sagte sie. »Die Geschichte muß immer etwas Unwahrscheinliches und Unmögliches haben, was die Leute nicht losläßt. Die Geheimnisse müssen langsam ausgewickelt werden und bis zum Ende gehen. Die Charaktere muß man mögen, und die Beziehungen zwischen ihnen müssen langsam wachsen. Das muß der Hörer mitverfolgen können. Er muß miterleben können, wie ein Streit oder eine Liebschaft sich entwickelt. Und die Sprache muß schön sein, mit ganz vielen Bildern, die den Leser verzaubern. Und nach jeder Dreiviertelstunde gibt es immer eine Pause.«

Genau so hat Anonymus es gemacht, nehme ich an.

Hinterher gab es eine Fete, und ich ging mit. Sie fand in einer Studentenbude statt, die mit Filmplakaten gepflastert war, *Taxi Driver* und *Pulp Fiction*. Die Musik dröhnte, und das Bier floß in Strömen. Die Bude war gerammelt voll. Es herrschte so eine Nach-mir-die-Sintflut-Fröhlichkeit, die sich nur auf Studentenfeten einstellt. Während ich mich mit Charlotte unterhielt, bemerkte ich zwei Mädchen, die in der Nähe herumlungerten. Sie waren jung und schlank und auf Abenteuer aus. Vermutlich hielten sie mich für einen Literaturscout, der auf der Suche nach den neuen Dichtergenies ihrer pulsierenden Generation war.

Ich erzählte ihnen, ich sei ein Amerikaner, der ein Buch über Deutschland schrieb.

Die Schnuckeligere der beiden sagte: »Du schreibst hoffentlich nicht diese Klischees, wir seien alle ein Haufen Nazis.«

Das hörte ich jetzt zum wiederholten Mal auf meiner Reise, meist von jungen Leuten. Ob sie glauben, eine Sache wie der Zweite Weltkrieg kann innerhalb von siebzig Jahren vergessen werden? Das Massaker der Burgunder hatte im 5. Jahrhundert stattgefunden, und die Erinnerung blieb achthundert Jahre lebendig, bis sie im *Nibelungenlied* verewigt wurde. »Du gewöhnst dich besser dran«, schlug ich vor. »Es geht nicht vorüber. Hör auf, dich zu beklagen, und werd damit fertig.«

Das machte sie wütend. »Aber wir waren es nicht! Was sollen wir tun, uns den Rest unseres Lebens entschuldigen?« Irgendwo hatte sie recht. Die Deutschen wachsen auf mit einer Last, die für uns Amerikaner kaum vorstellbar ist. Zu Hause schwören wir schon in der Schule einen Treueid auf die Fahne und fühlen uns gut dabei, weil wir sicher sind, unser Land sei einfach das beste. Dieses Mädchen ging zur Schule und erfuhr, daß ihr Volk sich des größten Verbrechens unserer Zeit schuldig gemacht hat. Willkommen in deinem Land! Viel Spaß!

Jedesmal, wenn sie den Fernseher anstellt, sagte sie, geht es um Holocaust, Holocaust und noch mal Holocaust. Es seien die Amerikaner, die pausenlos Filme darüber drehen und ihr das Thema immer wieder reindrückten. »Wir haben euch Amerikaner zu uns eingeladen, und ihr behandelt uns wie eine Kolonie!« klagte sie.

Auf einmal hatte ich es satt, daß mein Land für alles verantwortlich gemacht wurde, angefangen vom Nahostkonflikt bis zum Verfall der Tischsitten in Europa. Ich ließ den häßlichen Amerikaner raushängen: »Ich glaube, in einem Punkt bist du nicht richtig informiert«, sagte ich kalt. »Ihr habt uns nicht eingeladen. Wir kamen her, um euch zu besiegen, und das haben wir auch getan. Es war ein Krieg. Wir haben gewonnen und ihr verloren.«

So etwas hatte ihr noch nie jemand ins Gesicht gesagt. Sie rang nach Worten, die sie mir entgegenschleudern konnte. Sie fand keine und merkte endlich, daß ihre Freundin sie schon die ganze Zeit am Shirt zupfte. Mit einem angewiderten Blick drehte sie sich um und ließ sich von ihr wegführen.

Sofort tat es mir leid. So spricht man nicht, wenn man zu Gast in einem anderen Land ist. Außerdem war sie süß. Warum verscheuche ich diese Mädchen immer? Hätte ich doch nur so getan, als sei ich ein großer amerikanischer Verleger, der ihre Gedichte sehen will. Manchmal möchte ich mir am liebsten in den Hintern treten.

Allein ging ich durch die dunklen Straßen und dachte über dieses verdammte Land nach, das einfach nicht so ist, wie wir Amerikaner es gern hätten.

Nachts wirkte Passau völlig anders auf mich. Der ganze Schnickschnack aus Barock und Rokoko war in den Schatten zurückgetreten. In bizarren Winkeln stiegen und fielen die Kopfsteinpflastergassen auf und ab und brachen plötzlich mitten in der Steigung hastig in eine Reihe Treppenstufen aus. Die vornübergeneigten Gebäude wurden durch bogenartige Klammern über den Straßen auseinandergehalten und vor dem Umstürzen bewahrt.

Ich fragte mich, ob auch Anonymus durch diese Straßen spaziert war. Vom Domplatz in die kleinen Gäßchen hinein. Unter den Bögen und Tunneln hindurch. Zum Marktplatz am Fluß, wo die Händler ihre Schiffe festmachten. Ich sah ihn mit den Salzträgern unten am Inn einen heben und dann die krummen, schiefen Gassen hinaufsteigen, die Milchgasse, Kleine Messergasse und Bratfischwinkel heißen.

Wußte er, daß er etwas schrieb, das über Jahrhunderte hinweg seine Zuhörer fesseln und erschrecken würde? Konnte er sich vorstellen, daß er die Generale vor Stalingrad wie die Politiker im kalten Krieg begleiten würde? Oder mochte er einfach die alten Heldensagen?

Ich stellte mit vor, wie er frustriert durch die Gassen stapfte. Er hatte den Stoff – der war schon seit ewigen Zeiten weitergereicht worden. Er hatte das Geld, und er hatte Pergament. Nun mußte er der Geschichte neues Leben einhauchen. Ich sah ihn vor mir, wie er wieder und wieder die Handlungsstränge und Hauptpersonen durchging, aber irgend etwas fehlte noch. Was war es nur? Er verstand Siegfried, er verstand den Niedergang Burgunds, aber trotzdem paßten die zwei Geschichten nicht zusammen.

Ich schlenderte am Grünen Baum vorbei in die Höllgasse und weiter in die Kleine Messergasse. Dort war es so eng und steil, daß man ein Geländer angebracht hatte. Und plötzlich meinte ich ihn zu sehen.

Dort oben auf den Stufen am Ende der Gasse. Als ich da hochging, hatte ich das Gefühl, er sei dagewesen. Eines Nachts stolperte er dort entlang, vielleicht betrunken. Und er murmelte vor sich hin: »Siegfried stirbt, wenn die Geschichte erst halb um ist. Er ist mein Held – wie kann ein Held auf halbem Wege sterben? Aus dieser Geschichte werde ich niemals schlau werden.«

Dann ging ihm ein Licht auf, genau an dieser Stelle. »Kriemhild ist es. Sie wächst über sich hinaus, sie tut das Unmögliche, das keiner von ihr erwartet. Die ganze Zeit war es Kriemhild, und ich habe es nicht kapiert. Kriemhild ist die Heldin.«

Am nächsten Morgen fuhr ich über die Grenze nach Österreich.

Dort sahen die Dinge nicht viel anders aus: die Farbe der Nummernschilder und der Verkehrsschilder vielleicht, und die Polizei hieß jetzt »Gendarmerie«. Ich fuhr meistens am Fluß entlang und wechselte nur auf die Autobahn, wenn es nicht anders ging.

Die Donau war breiter und blauer denn je, und die Berge, die steil am Ufer aufragten, waren hoch und dicht bewaldet. Dann und wann erhob sich über den Baumwipfeln ein weißer Kirchturm mit Zwiebelspitze.

Eilig ließ ich die vielen kleinen Städte, die im *Nibelungenlied* genannt werden, hinter mir. Ich wollte möglichst schnell nach Ungarn. Die letzte Stadt vor der ungarischen Grenze ist Hainburg. Die Einfahrt von Hainburg bildet ein riesiges mittelalterliches Stadttor mit zwei gedrungenen Türmen, die in eine bis auf zwei Schießscharten fensterlose Mauer übergehen. Es sieht aus, als führe man geradewegs in ein Maul, das einen verschlingen möchte. Danach geht es ohne Halt weiter nach Osten.

Hier begann das Land der Hunnen.

Die Menschen, die hier lebten, waren Reiter, vor allem die ungarischen Magyaren und ihre mächtige Arpadendynastie, die das Land vierhundert Jahre lang beherrscht hatte. Die Europäer des Mittelalters hielten sie für Nachfahren der Hunnen, und das aus gutem Grund: Wie die Hunnen waren die Magyaren erstklassige Reiter und konnten ihre Pfeile in vollem Galopp abschießen.

Hier ging es zu wie auf den Prärien der nordamerikanischen Indianer. Der Wind brauste über die Ebene, rüttelte an den Bäumen und versuchte sogar, meinen Van von der Straße zu drängen. Hier hatten Roß und Reiter mit dem Wind umgehen müssen wie ein Segelboot, das im Wind kreuzt.

Das Beste an der Fahrt durch die Slowakei und Ungarn waren die Autobahnen. Sie sind nur zweispurig. Wenn man überholen will, hält man sich einfach auf der Mittellinie, ohne den in beide Richtungen fließenden Verkehr zu beachten. Die Autos weichen zu beiden Seiten aus, so daß in der Mitte eine imaginäre dritte Spur entsteht, und verfluchen einen nicht einmal.

Auf der slowakischen Autobahn gab es Verbotsschilder für Pferdefuhrwerke. Am Straßenrand wiegten sich die Pappeln im Wind, und in der Ebene dahinter sah ich die Donau liegen. Kurz hinter der ungarischen Grenze dachte ich, ich hätte in einem unübersichtlichen Nest die falsche Straße genommen, aber in Wirklichkeit dauerte es nur eine Ewigkeit, bis das nächste Straßenschild auftauchte.

Dann erreichte ich Esztergom, eine der größten Städte Ungarns.

An den Straßen sah ich kaum Bürgersteige. An nackten Betonbungalows klebten Coca-Cola-Werbetafeln. Nirgendwo konnte ich Denkmäler oder Plätze entdecken, keine

Einkaufszentren, keine Ladenketten, keine Leuchtreklamen. Nur die Straßenkreuzungen waren das reinste Chaos und sprühten vor Leben. Laster ratterten vorüber, die aussahen, als seien sie aus alten Öfen zusammengeschraubt. Die Škodas und Ladas sahen wie überspritzte Go-Carts aus. Ich folgte ihnen die staubige Sankt-István-Straße entlang, an einigen kaum erkennbaren Kneipen vorbei und um einen bewaldeten Hügel herum bis ins Zentrum.

Auf einem Hügel, am oberen Ende einer breiten Treppe, stand eine riesige Kathedrale mit einer mächtigen Kuppel. Sie war ganz aus Marmor gebaut und schimmerte und strahlte wie sonst nichts in dieser Stadt. Man muß unbedingt darum herumgehen. Hinten in der Ecke, im Schatten der Kathedrale, hoch über der Stadt und dem Fluß gelegen, steht nämlich die Burg.

Hinter einem Torbogen und einer Brücke liegt der Palas, dessen langgestreckte Flügel einen großen Hof umfassen. In einer Nische in der Wand steht eine kleine römische Figur. Vielleicht ein Geschenk der Römer – oder ein Beutestück.

Bis vor ein paar Jahren wußte niemand etwas von der Existenz dieser Burg. Die verschütteten Grundmauern waren nur durch Zufall entdeckt worden. Seitdem haben Archäologen den größten Teil des Palas und Teile der Außenmauer rekonstruiert. Die ursprüngliche Burg bedeckte die ganze Hügelspitze. Zu ihr gehörte auch eine romanische Kirche, die dort stand, wo heute die große Kathedrale steht. Hätte man sich im Mittelalter dem Hügel genähert, hätte man auch Türme gesehen. Der Arpadenkönig Béla III. baute sie etwa um dieselbe Zeit, als Barbarossa in Deutschland herrschte.

Im mittelalterlichen Westeuropa glaubte man, Béla und die Magyaren stammten von Attila dem Hunnen ab. Doch Attila war niemals hier gewesen. Béla war ein christlicher Herrscher wie alle anderen. Das erkennt man auch an der romanischen Architektur. An den Bögen und Portalen, den

Säulen und dem rekonstruierten Kirchenportal. Als Barbarossa auf seinem verhängnisvollen Kreuzzug hier durchmarschierte, wurde er von Béla empfangen. Der Kaiser mit seinem Gefolge war vier Tage lang sein Gast.

Falls Anonymus zum Gefolge gehörte, hatte er genug Zeit, sich die Burg anzusehen. Im Inneren des Palas befindet sich ein Labyrinth aus Zimmern, Kapellen, Fluren und Treppen. Die Archäologen haben manche Zimmer und Wandgemälde vollständig rekonstruieren können, einschließlich eines Thrones und einer Schnitzerei, die einen Drachen darstellen könnte. Vielleicht war die Geschichte von Siegfried bis hierher vorgedrungen.

In der direkt über der Donau liegenden Ecke des Palas entdeckte ich ein kleines Zimmer, das die Kammer einer Königin hätte sein können. Die kunstvoll bearbeiteten Kapitelle der mittelalterlichen braunen Marmorsäulen stellten Pferde dar. Die Archäologen hatten auch einen einzelnen vollständig erhaltenen Ohrring gefunden. Er hatte die Form einer winzigen goldenen Kirche oder eines Palastes, der an einem Haken baumelt. Der Ohrring einer Königin.

Außerdem gab es hier die große Halle.

Sie liegt im Zentrum des Gebäudes, ein hoher, gewölbter Raum, groß wie ein Lagerhaus. Selbst der berühmte Saal der Wartburg ist nicht so groß. Heute hängen von der Decke elektrische Lampen und an den Wänden Gemälde, aber ich konnte mir lebhaft die Tische und Bänke vorstellen, die kräftigen, behaarten Nibelungen, die im spärlichen Licht der Fackeln eine Lammkeule auseinanderreißen. Ihre Schwerter lehnen an der Wand. Und plötzlich stürzt ein blutüberströmter Mann durch die Tür.

Anonymus war hier. Er hat diese Halle gesehen. Es war die Halle aus dem *Nibelungenlied*.

Als Hagen mit den Königsbrüdern in Esztergom ankommt, werden sie standesgemäß empfangen. Attila führt ihnen sein blühendes multikulturelles Reich vor: seine berühmten Vasallen, die zum Teil auf historischen Vorbildern basieren, wie Dietrich, Rüdiger, Iring, Hildebrand. Und natürlich auch ihre Krieger.

Die Festlichkeiten beginnen, aber die Nerven liegen blank. Zwischen Hagen und Kriemhild hagelt es zunächst Sticheleien, dann grobe Beleidigungen. Zwischen Hagens und Kriemhilds Männern kommt es zu kleinen Raufereien. Beim Turnier wird einer von Attilas Männern von einem Krieger Hagens getötet. Hagen geht in voller Rüstung in die Kirche. Er befiehlt seinen Männern zu beichten, aber diesmal ernsthaft.

Attila wundert sich über die Spannungen und darüber, daß alle bis an die Zähne bewaffnet sind, sorgt sich aber nicht weiter. Vielleicht ist er schon ein bißchen tatterig. Vielleicht kann er sich einfach nicht vorstellen, daß sich das Problem einer Frau zu einem ernsthaften Konflikt auswachsen könnte. Vielleicht ist es an der Zeit, daß jemand den alten Knaben beiseite nimmt und ihm sagt: »Ich finde, du solltest mal ein Wörtchen mit deiner Frau reden.«

Kriemhild will endlich Action sehen. Sie befiehlt einem ihrer Ritter, Hagens Bruder Dankwart zu töten. Dankwart überlebt. Blutüberströmt stürzt er mitten im Fest in die große Halle. Attila, die Wormser Brüder, ihre Familien und alle großen Vasallen sind gerade beim Essen. Dankwart schreit Kriemhilds Verrat heraus.

Hagen hat die Nase voll. Er sehnt das Finale herbei und weiß auch die passende Starthilfe dafür. Dankwart soll die Tür bewachen – von innen. »Kein Hunne darf lebend diesen Raum verlassen.« Dann trinkt Hagen ein letztes Mal auf die Toten, schnappt sich Kriemhilds sechsjährigen Sohn Ortlieb und haut ihm den Kopf ab.

Der Kopf fliegt durch die Luft und landet in Kriemhilds Schoß. Mit der Ermordung Ortliebs ist Attilas Dynastie beendet und sein Reich in den Grundfesten erschüttert. Nun kann auch er die Dinge nicht mehr aufhalten. Der Aufzug hat das Penthouse erreicht.

Eine furchtbare Schlacht entbrennt. Ein Durcheinander von klirrenden Schwertern und spritzendem Blut. Als einziger von Attilas Vasallen behält Dietrich einen klaren Kopf. Durch den Mordslärm brüllt er, die Nibelungen sollen ihn und seine Männer laufenlassen. Er ist ein Freund der Nibelungen, und der Kampf geht ihn eigentlich nichts an. Hagen und die Könige unterbrechen das Gemetzel, um Dietrich hinauszulassen. Ein wahrer Freundschaftsdienst. Da macht Dietrich das einzig Vernünftige: Er schnappt sich seinen König Attila und seine Königin Kriemhild und nimmt sie mit hinaus.

Als sie fort sind, schlachten die Nibelungen sämtliche verbleibenden Hunnen ab.

Hier ist Anonymus in seinem Element. Er ist ein Genie, was Gewaltszenen betrifft, wie Sam Peckinpah, Sergio Leone oder Quentin Tarantino. Es folgt eine Choreographie des Blutvergießens, aber nicht die Art von Gewalt, die man aus Actionfilmen kennt, wo es wirklich nur um Action geht. Kein Tropfen Blut wird hier vergossen, ohne daß nicht große Emotionen mit ins Spiel kämen.

Die großen Vasallen Attilas betreten einer nach dem anderen die Halle. Sie nehmen den Kampf mit den Helden der Nibelungen auf und werden auf morbid-romantische Weise mit ihnen eins. Zusammen sterben sie große, melodramatische Tode, begleitet von heroischen Gesten. Als Rüdiger auftritt, der dummerweise sowohl den Nibelungen als auch Kriemhild Triuwe geschworen hat, tauschen er und Hagen erst einmal die Schilde, ein Symbol der Freundschaft und Achtung. Dann stirbt er vom Schwert des zweiten Bruderkönigs Gernot.

Kriemhild befiehlt, die Halle in Brand zu setzen. Die Flammen schlagen hoch, brennende Balken stürzen auf die Menschen herab. Die Nibelungen sind in einem Inferno gefangen, aber sie fliehen nicht, o nein. Sie kämpfen gegen die Flammen. Als der Durst unerträglich wird, trinken sie das Blut der Gefallenen und kämpfen weiter.

Als ich in Passau war, hatte ich Nolte nach diesem apokalyptischen Höhepunkt gefragt.

»Eine Theorie sagt, das sei eine Art Dekonstruktion der höfischen Zivilisation«, erklärte er. Zuerst sieht es so aus, als gewinne die Zivilisation. »Zu Anfang wird Siegfried schrittweise integriert in den burgundischen Hof. Er dient hier, um die Königstochter als Frau zu erwerben. Das ist durchaus ein Stück Zivilisierung eines archaischen Kriegertypus.« Zivilisieren die Burgunden nun Siegfried – oder bringt Siegfried den Burgunden die Barbarei? »Die archaische Sphäre bricht immer wieder ein«, meinte Nolte.

In der großen Schlacht, dem Finale, ist Zivilisation nur noch eine blasse Erinnerung. »Aus dem hierarchischen Gebilde wird eine Meute«, sagte Nolte. »Es geht am Ende nur noch darum, die Einzelehre als Held zu beweisen. Die Burgunder degradieren sich in ihrem Untergang wieder ins Archaische, wo es nur noch um Kriegerehre geht. Das sind die letzten Ideale, die bis zuletzt aufrecht gehalten werden. Die sozialen Bindungen lösen sich auf, die höfischen Verhaltensweisen gehen verloren. Wenn die Krieger in der brennenden Halle das Blut der Erschlagenen trinken, wird deutlich, wie die höfische Atmosphäre immer mehr zerbricht.«

Ich fühlte mich an Berichte von ehemaligen Soldaten aus Kriegsgebieten erinnert. Sie besagen alle das gleiche: Im Krieg gehen einem sämtliche zivilisatorischen und humanitären Werte flöten. Es geht nur noch ums Überleben. Ich dachte mir: Anonymus muß den Krieg erlebt haben. Vielleicht hat er wirklich im Kreuzzug gekämpft.

Attilas letzter Vasall ist auch sein mächtigster – Dietrich, selbst ein König. Er will die Gewalt beenden. Er bietet Gunther und Hagen sicheres Geleit nach Worms, wenn sie sich ergeben. Hagen lacht nur. Dietrich betritt die Halle und ficht zwei Duelle aus, an deren Ende Hagen und Gunther seine Gefangenen sind. Er sperrt sie in einen Kerker.

Endlich ist Hagen da, wo Kriemhild ihn haben wollte. Sie besucht ihn in seiner Zelle. Aber sie schlägt ihm nicht den Kopf ab. Noch nicht.

Ich versuche, mir Kriemhild in diesem Augenblick vorzustellen. Hagen ist der Mann, den sie seit ihrer Kindheit bewundert hatte. Er war der Starke, der Kluge, der, zu dem ihre Brüder gingen, wenn sie Probleme hatten. An ihm wurden alle anderen Männer gemessen. Ihn wollte sie immer beeindrucken, aber für ihn war sie nicht mehr als ein Bauer auf dem Schachbrett: leicht zu opfern. Nun ist er in ihrer Macht. Ihn einfach zu töten reicht ihr nicht.

Sie verlangt den Hort.

Der Hort war alles, was ihr von Siegfrieds Größe geblieben war, und als Hagen ihn ihr wegnahm, wurde er zum Symbol ihrer Ohnmacht. Nachdem die Schlacht nun geschlagen ist, beginnt ein neuer Kampf, der endgültige Showdown zwischen ihm und ihr, ein Wettstreit der Willensstärke. Hagen weiß das. Er verweigert ihr den Hort. »Ich habe Gunther versprochen, niemandem zu verraten, wo der Hort liegt«, sagt er. »Solange er lebt, wäre das ein Bruch der triuwe.«

Kriemhild bleibt cool. »Fein«, sagt sie, geht in die Nachbarzelle und läßt ihrem Bruder den Kopf abschlagen. Sie kehrt zurück und läßt ihn vor Hagens Gesicht baumeln. »Sieht aus, als habe sich dein triuwe-Versprechen gerade erledigt«, meint sie.

Hagen weiß, er hat gewonnen. »Es ist so gekommen, wie ich immer dachte«, sagt er. »Jetzt wirst du den Hort nie bekommen!«

Kriemhild muß sich ihre Niederlage eingestehen. Letztendlich kann sie Onkel Hagen töten, ihn aber nicht besiegen. Sei's drum.

Sie schlägt ihm eigenhändig den Kopf ab.

Die Männer sind fassungslos angesichts dessen, was Kriemhild angerichtet hat. Entsetzt, wozu eine Frau in der Lage ist. Mit Attilas unausgesprochenem Einverständnis zieht einer der überlebenden Vasallen, Hildebrand, sein Schwert und streckt sie mit einem Schlag nieder. Und dann, weil er es einfach nicht gut findet, daß eine Frau so schreckliche Dinge anstellt, haut er ihren Körper in Stücke.

Am Fuß der Burg wartete ich in meinem Van auf die Dunkelheit. Die Souvenirbuden schlossen, und die Lichter gingen an. Der Parkplatz leerte sich, und bald war ich mit dem Parkwächter allein. Mitten auf dem Platz baute er einen Klapptisch auf und stellte eine Thermoskanne mit Kaffee darauf. Ein einsamer Vorposten im Kampf gegen mögliche Souvenirräuber. Ich holte meine halbleere Whiskyflasche hervor und stieg aus. Er bekam einen Schreck. Ich hatte im Dunkeln gesessen. Ich bot ihm einen Schluck an, doch er wehrte ab: »No, no! Boss kill me!«

Ich stieg die Stufen zum Hügel hinauf, schlenderte um den Burghof und spähte durch das geschlossene Tor zu den Schatten der Burg, Festung der Arpadenkönige und letzter Schauplatz des *Nibelungenlieds*. Dann setzte ich mich an einen Baum vor der Mauer. Von hier konnte man einen Teil der Stadt und die Sterne sehen. Ich trank einen Toast auf Kriemhild.

»Auf dich, Kriemhild«, sagte ich. »Den Mistkerlen hast du es gezeigt.«

Ich mußte an die Pagels denken.

Paul und Gerda Pagel stammten aus Freudenberg. Die Hofmanns hatten mir geraten, mit ihnen zu sprechen. Heute wohnen sie in der Nähe von Würzburg, am Rand des Odenwalds, und arbeiten als Lehrer. Sie haben die Texte zu den Freudenberger Freilichtspielen geschrieben. Das letzte wurde auf Flößen auf dem Main aufgeführt. Es handelte von dem Grund, aus dem die Nibelungen alle sterben mußten: Habgier. Sie hatten den Schwerpunkt auf die Geschichte um den Hort gelegt. Ich besuchte sie zum Tee und fühlte mich gleich wohl bei ihnen.

»Kriemhild ist keine Teufelin«, sagte Gerda. »Sie ist nur fair.«

So was hörte ich zum erstenmal. Es gibt wohl kaum jemanden, der das Wort »fair« auf Kriemhild – eine Psychopathin und Massenmörderin – schon einmal angewandt hat. Noch Hunderte von Jahren nach dem Mittelalter bezeichneten die Menschen ein schreckliches Blutbad als »Kriemhildfest«.

»Die Männer im *Nibelungenlied* dürfen morden«, sagte Gerda, »wieso Kriemhild nicht? Sie macht nichts anderes als die Männer. Siegfried mordet, Hagen mordet, alle morden. Wenn Männer Krieg führen, ist das natürlich. Wenn Kriemhild das tut, wird sie zur Teufelin. Warum können wir das nicht ertragen?«

Sie hatte natürlich recht. Niemand beschwerte sich über Attila, der halb Europa in Schutt und Asche legte. Wir finden das nicht schön, aber wir erwarten auch nichts anderes. Für einen Kerl wie Attila ist das ganz normal. Es ist sogar irgendwie aufregend, solange es nicht bei uns passiert. Doch wenn eine Frau so etwas tut, sind alle schockiert.

Ich fing an zu verstehen, wer Kriemhild war und was Anonymus in ihr sah: ein hilfloses Mädchen mit seinen niedlichen Kleinmädchenträumen und Sehnsüchten, die plötzlich von der Welt der Männer und ihren ach so wichtigen Entscheidungen zertrampelt werden. Jedes andere Mädchen hätte sich in sein Zimmer verkrochen und geheult, nicht aber Kriemhild. Sie erkannte die Herausforderung und wuchs an ihr. Sie lernte, wie die Welt funktionierte, lernte die Regeln der Männer und wie man sie anwendet. Sie fand heraus, wie sie mit ihren eigenen Mitteln zu schlagen waren – und schreckte davor auch nicht zurück.

Anonymus kannte die Welt der Männer. Er hatte die Kreuzzüge und die Politik der Staufer und Welfen gesehen. Er hatte die unermüdlichen diplomatischen Bemühungen und den Zorn des Passauer Bischofs erlebt. Er wußte, was die Welt der Männer alles anrichtete. Kein Wunder, daß er sich in ein Mädchen wie Kriemhild verliebte, die diese Welt beherrschen lernt.

Mitternacht war vorüber. Ich war auf der Nibelungenburg, und meine Whiskyflasche war leer. Ich war in einer sentimentalen Stimmung. Ich holte mein Handy hervor und tippte Kriemhilds Nummer – die Nummer von Tina Pepper.

Möchte jemand wissen, wo die schmale Grenze zwischen »sentimental« und »betrunken« verläuft? Ein Betrunkener wird auch mitten in der Nacht anrufen und glauben: »Zum Teufel, das freut sie bestimmt.« Sentimentale Leute senden eine SMS.

Ich schrieb: »liebe kriemhild, ich bin auf der nibelungenburg und stoße auf dich an. schön, wenn du auch hier wärst.«

Ein paar Minuten später, als ich schon die Stufen nach unten bewältigte, piepte mein Handy. Ihre Antwort lautete: »lieber herr hansen, seien sie froh, daß ich nicht hier bin. das würde laut nibelungenlied ein bitteres ende nehmen.«

Als ich am nächsten Morgen in Richtung Deutschland zurückfuhr, ungewaschen, aber glücklich, fiel mir die Lösung zu einem Problem ein, das mich die ganze Zeit schon beschäftigt hatte: Dieser Van, mit dem ich auf Reisen war, mußte einen Namen bekommen.

Ich stellte die Frage in meine Website und bekam ein Dutzend Vorschläge – phantasievolle wie »Lindefix«, »Turbo-Arthur« und »Germanaut«, romantische wie »Lola« und beunruhigende wie »Dieter«. Irgendwie paßte keiner so richtig. Sie waren zu unpersönlich. Immerhin schlief ich auch in dem Ding.

Jetzt wußte ich, wie er heißen sollte: Kriemhild.

Wer könnte das Mittelalter besser verkörpern? Und sollte ich auf der Straße mal ernsthaft in Schwierigkeiten geraten – wer würde mich besser rächen können als sie?

Auf meiner Fahrt von Österreich nach Deutschland konnte ich einem Schlenker am Inn entlang nicht widerstehen. Ich fuhr über eine endlose Landstraße, die mich an Weizenfeldern mit kleinen, braunen Scheunen vorbeiführte, und an Madonnen, die in käfigartigen Schreinen diebstahlsicher am Straßenrand standen.

In den Außenbezirken von Braunau am Inn zogen zerzauste Wiesen, Eisenbahnschienen und Scheunen vorbei. Dann ein bescheidenes Einkaufszentrum mit grellen Billa- und Interspar-Schildern. Zur Stadtmitte hin zwängte sich die Hauptstraße durch den Sockel eines Glockenturms, und plötzlich fand ich mich im Herzen einer perfekt renovierten Barockkulisse wieder. Die dichtstehenden Häuser waren pink-, pfirsich- und lachsfarben gestrichen. In der Mitte der Straße stand ein Brunnen. Im Mittelalter war Braunau eine Handelsstadt gewesen und diese Hauptstraße vermutlich der Marktplatz.

Am Brunnen bettelte ein Punkmädchen. Ich fragte sie, ob sie wüßte, wo Hitlers Geburtshaus stünde. Sie hatte keine Ahnung, daß Hitler hier geboren war. Ich versuchte es bei einem knarzigen alten Mann mit Fahrrad und Trenchcoat.

Er führte mich durch das Stadttor und die Straße runter zu einem mehrstöckigen gelben Quader mit hohen, schmalen Fensterlöchern. Das Haus – ein Mietshaus vermutlich – wirkte ungepflegt und heruntergekommen. Er sagte, es gehöre einer Frau aus Wien, sie würde es völlig verkommen lassen. Es war das einzige baufällige Haus in der Straße. Am Gehweg stand ein Stein mit einer Gedenktafel für die Toten des Holocaust.

Ich hatte mir diese abgelegene kleine österreichische Stadt ganz anders vorgestellt. Unheimlich. Unter einer Dunstglocke aus Haß und Verbitterung. Herumlungernde düstere Gestalten. Läden, die eilig geschlossen werden, wenn ich vorübergehe. Aber es war eine ganz gewöhnliche Stadt.

Ein anderer Mann kam vorbei. Ich fragte ihn, was er davon hielt, in Hitlers Geburtsstadt zu leben. Er sagte, diese Frage könne ihn nicht weiter schrecken. Es sei wirklich furchtbar, aber es habe nichts mit Braunau zu tun. Es sei reiner Zufall, daß Hitler hier geboren wurde. Sicher, es sei nicht schön, mit diesem Teil der Geschichte verbunden zu sein, aber das Haus sei nicht Braunau.

Ich stand vor dem Haus und betrachtete es eine Weile. Der Mann hatte recht. Die Geschichte hatte etwas Beliebiges an sich. Sie hatte Braunau einmal erwischt, aber es hätte auch jede andere Stadt treffen können. Wenn sie wieder zuschlägt, wird es woanders sein. Wir werden es erst wissen, wenn wir bis zum Hals im Schlamassel stecken.

Ich dachte an Barbara und Josef in Köln – an die E-Mail, in der sie mich gefragt hatten, ob ich herausgefunden hätte, was mir an Deutschland so gefällt. Es war viel leichter, ein paar Gründe zu nennen, Deutschland nicht zu mögen, und sie hatten alle mit diesem Haus zu tun.

Nun stand ich davor und merkte, daß es einfach nur ein Haus war.

Die Grenze nach Deutschland fiel mir nicht weiter auf. Ich fuhr weiter am Inn entlang auf die Donau zu, und plötzlich merkte ich, daß die Nummernschilder und Verkehrszeichen anders aussahen.

Merkwürdigerweise war ich froh, wieder auf dieser Seite der Grenze zu sein. Ich fühlte mich zu Hause. Vielleicht ist das ein Zeichen, daß ich schon zu lange hier lebe. Ich fuhr zügig nach Passau weiter. Den österreichischen Rundfunksender hatte ich voll aufgedreht und schmetterte die ganze Fahrt über die Lieder mit.

Im Grünen Baum wartete Tina Pepper auf mich. Ihre blonden Haare waren bis auf ein paar Locken hochgesteckt, ihre Lippen waren in zwei Tönen geschminkt und wollten geküßt werden. Sie trug Jungmädchenklamotten, ein schlichtes T-Shirt und verwaschene Jeans. Da saß ich nun mit diesem tollen Mädchen im großartigsten Restaurant Deutschlands.

Ich gestand: »Weißt du, für mich bist du Kriemhild.«

»Ich weiß«, sagte sie.

Wir unterhielten uns über ihre Familie. Sie war gläubige Katholikin und fühlte sich Gott nah, wenn sie in die Kirche ging. Sie erzählte mir von Weihnachten in ihrer Familie: Es gibt immer ein festliches Essen, dann lesen sie das Lukasevangelium und singen Weihnachtslieder unterm Baum, packen die Geschenke aus und eilen dann zur Mitternachtsmesse. Sie erinnerte mich an ein glückliches Mormonenmädchen, das in einer heilen Kleinstadtwelt mit perfekten Weihnachtsfeiern aufwächst.

Ich freute mich für sie und fragte mich, ob sie jemals eine andere werden würde, wie auch Kriemhild eine andere geworden war. Die erste große Enttäuschung hatte sie schon einstecken müssen, den ersten von vielleicht vielen Liebesbriefen, die die große, gemeine Welt ihr im Lauf ihres Lebens schicken würde: ihr Freund. Er hatte seine Wahl getroffen. Er würde Priester werden.

Sie versuchte, nüchtern damit umzugehen. »Ich wußte, daß das vielleicht passieren würde«, sagte sie. »Wenn das seine Entscheidung ist, ist das in Ordnung. Aber er wird damit nicht glücklich werden. Er braucht eine Geborgenheit, die er dort nicht finden wird.«

Wir schlenderten zu einer netten kleinen Kneipe in der Nähe. Dort wollte ich sie küssen, wagte es jedoch nicht. Ich sagte ihr, was mir durch den Kopf ging.

»Das kann ich nicht zulassen«, sagte sie. »Du wirst darüber schreiben. Wenn das mein Großvater zu lesen bekäme, wäre er sehr enttäuscht.«

Sie hatte ihr Fahrrad am unteren Ende der Kleinen Messergasse abgestellt – jener engen, steilen Gasse, wo ich Anonymus zu sehen geglaubt hatte.

»Komm her!« sagte ich. Ich nahm ihre Hand und führte sie zum oberen Ende der Gasse. Ich konnte ihn immer noch dort sehen: betrunken auf den Stufen sitzend, den Blick weit in die Ferne gerichtet. »Was fühlst du?« fragte ich. »Kannst du etwas fühlen? Kannst du dir hier etwas vorstellen?«

Sie dachte darüber nach. »Nein«, sie zuckte mit den Schultern. »Ich fühle überhaupt nichts.«

Ich rief meine Freundin in Berlin an und sagte, ich wolle ihr etwas zeigen. Sie nahm den Zug und traf mich in Bamberg.

Wir bewunderten die ausufernde Hofhaltung des Bamberger Bischofs, dann machten wir uns auf zum Odenwald. Ich zeigte ihr Freudenberg und erzählte ihr von den Abenden mit den Hoffmanns und den Pagels. Wir köpften eine Flasche Zieglers Nr. 1 und stießen auf das Mittelalter an. Ich zeigte ihr das Fachwerkmärchen Miltenberg, wo sie darauf bestand, einen Tag länger zu bleiben, weil das Essen dort einfach zu gut war, um wahr zu sein. Wir schliefen außerhalb der Stadtmauern am Mainufer, spazierten nachts am Fluß entlang, schreckten die Enten auf und lachten, als sie wütend quakend ins Wasser platschten.

Ich erzählte ihr von der Frage von Barbara und Josef, was ich an Deutschland liebe. Es lag auf der Hand, und ich hatte es die ganze Zeit übersehen: Es war der Karneval und Meister Gerhard in Köln. Es war der unermüdliche und erfolglose Romanschriftsteller in Xanten. Es war Dieter Breuers, wie er über Kriemhild sprach: »Von all den Figuren des *Nibelungenlieds* kommt sie vielleicht den Deutschen am nächsten. Sie ist voller Extreme, und das sind die Deutschen auch.« Ich mag es, wie die Deutschen über sich selbst denken, »… auch wenn sie manchmal zuviel denken«, sagte ich.

»Das ist mal wieder typisch amerikanisch!« sagte sie. Wir stritten uns die ganze Zeit nicht.

Der Codex-Club

In ist, wer drin ist

Der Leiter der Handschriften-Abteilung der Heidelberger Universitätsbibliothek rief nicht zurück. Es zog sich eine Woche hin, bis ich ihn schließlich am Telefon hatte. Wir machten einen Termin aus. Ein paar Tage später sagte er ihn ab. Ich rief zurück, doch es nahm niemand ab.

Die Heidelberger sagten mir, ich solle es vergessen. Niemand bekommt den *Codex Manesse* zu Gesicht, sagten sie. Das ist wie mit den Kronjuwelen. Der letzte, der ihn gesehen hat, war der Bundespräsident.

Ich hing so lange in Heidelberg herum, bis ich einen zweiten Termin bekam. Aber als ich die Universität betrat, fingen mich zwei wissenschaftliche Mitarbeiter in der Lobby ab. Matthias Miller und Karin Zimmermann bedauerten, der Boß sei heute leider nicht verfügbar. Doch sie würden mir gern jede Frage beantworten.

Ich hatte keine Fragen. Ich wußte, daß der *Codex* eigentlich *Große Heidelberger Liederhandschrift* heißt. Ich wußte, daß er ein künstlerisches Meisterwerk ist, das Hunderte von mittelalterlichen Gedichten enthält, die sonst nirgends überliefert sind. Ich hatte sogar ein preiswertes Faksimile im Van. Fragen hatte ich keine. Ich wollte das Original sehen. Ich wollte es berühren.

»Was würde ich auf dem Schwarzmarkt dafür bekommen?«

»Sie kriegen das Buch nicht los«, sagten sie. Sotheby's würde es nicht wagen, es anzubieten. Der *Codex Manesse* wurde niemals gekauft oder verkauft, aber er ist für 50 Millionen Euro versichert. Zum Vergleich: Die wichtigste Abschrift des *Nibelungenlieds* wurde gerade von der Regierung für 10 Millionen gekauft. »Sie müßten einen durchgeknallten Milliardär auftreiben, der glücklich damit wäre, es bis zu seinem Tod im Safe zu verstecken.« Während unseres Gesprächs heulten draußen die Sirenen los. Durch das Fenster sah ich die Feuerwehr die Straße herunterbrettern. »Das passiert andauernd«, seufzte Zimmermann. »Das Alarmsystem der Bibliothek ist so empfindlich, daß es ständig losgeht. Komisch, daß die Polizei noch nicht da ist.« Als ich gerade dachte, okay, das war's dann wohl, ich werde das Ding niemals zu Gesicht bekommen, sagten sie: »Haben Sie noch Fragen? Nein? Gut, dann gehen wir.«

Sie forderten den Mann mit den Schlüsseln an. Er führte uns durch eine Stahltür in einen Aufzug, den er mit Hilfe von Schlüsseln und Nummerncodes öffnete, dann hinab in den Keller, durch mehr Stahltüren, bis wir endlich in einem hell erleuchteten, klimatisierten Lagerraum standen. Miller zog eine große Schachtel aus einem Schrank und legte den *Codex Manesse* auf den Tisch.

Das Buch war fast so dick wie drei Duden und hatte das Format einer mittleren Aktentasche. Man konnte noch das Pergament der 700 Jahre alten Seiten riechen. Sie waren ungleichmäßig beschnitten, manche fleckig und eingerissen. Es ist etwas Wunderbares an der Textur von Pergament. Die Kratzspuren, die Ungleichmäßigkeit. Es scheint dem Bild eine Dreidimensionalität zu geben, es verleiht ihm Leben. Nichts war verblichen in all den Jahren. Die Farben glühten und schimmerten. Selbst die Pigmente hatten Struktur, als kämen sie frisch aus dem Mörser: gelbes Arsensulfid und Zinnoberrot, blauer Azuritstein, drei Farben Ocker, Bleiweiß und Bleigelb, Eisenvitriol und Blattgold.

Der *Codex Manesse* enthält über hundert Porträts, darunter einen Kaiser, vier Könige, mehrere Herzöge und Grafen, viele Ritter, Mundschenke und Truchsesse, zwei Mönche, einen Juden, eine Handvoll Bürger und eine Menge Spielleute. All diese Leute schrieben und sangen Liebeslieder – für einen anständigen Ritter gehörte das sowieso zum guten Ton –, und ihre Texte sind neben den Porträts aufgezeichnet. Da sie bis zu hundert Jahre nach dem Tod der Sänger gemalt wurden, wußte niemand, wie die Porträtierten wirklich ausgesehen hatten, also baute der Künstler sie in typische Szenen ihrer Lieder ein. Falls sie dabei komisch wirken, dann ist das kein Zufall. Sie sind in dieser Art gemalt, die man im Mittelalter liebte, farbenfroh und unbekümmert, voll tiefer Symbolik, Humor und zugleich ein wenig albern.

Es ist eine Enzyklopädie mittelalterlicher Popkultur. Man sieht Sänger, die auf dem Thron sitzen, blutige Schlachten schlagen, Burgen mit Maschinen belagern, vor einer nackten Frau im Bett knien, Geige spielen, mit Falken jagen, Bären töten, Turniere kämpfen, Helme reparieren, Schach spielen, Frauenröcke lüpfen, Mädchen küssen. Walther von der Vogelweide sitzt auf einem Felsen und denkt nach. Wolfram von Eschenbach posiert stolz in voller Rüstung. Ulrich von Liechtenstein reitet über den Strand von Venedig – mit einer gigantischen Venusfigur auf dem Helm. Sogar Klingsor ist dabei, der fiktive Magier aus dem »Sängerkrieg«. Vielleicht ist auch Anonymus darunter, ohne daß wir ihn erkennen – als singender Ritter oder Straßenmusikant.

»Kann ich es berühren?« fragte ich.

Sie nickten.

Ich hatte die Steine antiker Ruinen berührt, mittelalterliche Schnitzereien und das rostige Metall jahrhundertealter Schwerter, aber das war alles nicht vergleichbar damit, dieses Buch zu berühren.

Vorsichtig streckte ich die Hand aus.

Der Chef der Handschriften-Abteilung, Armin Schlechter, erklärte mir später, was man benötigte, um so ein Buch herzustellen. Zuerst einmal eine ganze Schaf- oder Rinderherde für das Pergament. »Man nahm ein Doppelblatt Schafhaut«, sagte er, »und kratzte Linien hinein mit einem Lineal. Dann wird Schlehenrinde mit Essig gemischt, das ergibt eine dunkle Tinte. Man trägt den Text mit einer gespitzten Gänsefeder ein, und nach dem Text wurden die Initialen eingezeichnet.«

Dies war die Aufgabe der Mönche. Ohne diese Mönche würden wir heute kaum etwas von römischer und griechischer Literatur wissen – die meisten erhaltenen antiken Handschriften sind nämlich mittelalterliche Kopien. »Was das Gefallen der Klöster nicht gefunden hat, ist allerdings fort«, sagte Schlechter.

Gegen Ende des Mittelalters erweiterte sich der Buchmarkt. »Inzwischen mußte ein Kaufmann lesen und schreiben können«, sagte Schlechter. »Es gab einen Markt für schöne Unterhaltungsliteratur, und da kommen auch weltliche, private Schreibstuben auf. Es gab nur eine verschwindend geringe Anzahl von Käufern: Patrizier, Kaufleute, Geistliche, Adelige. Man kopierte Werke im Auftrag, es gab aber auch schon Werkstätten, die die Top Ten von sich aus angefertigt und angeboten haben, oft illustriert.«

Der *Codex Manesse* enthält 6000 Strophen und 137 Illustrationen. Ein Mönch brauchte schätzungsweise eine Woche für eine Illustration. Man nimmt an, daß der *Codex* im Auftrag einer reichen Züricher Patrizierfamilie namens Manesse angefertigt wurde – daher der Name. Seine Herstellung hat wahrscheinlich über zehn Jahre gedauert, und er war so teuer wie ein kleines Haus.

»Das ist was Neues, so enorm viel Geld auszugeben«, sagte Schlechter. »Minnelyrik war Anfang des 14. Jahrhunderts eigentlich tot. Wenn sie diese Dichtung nicht gesammelt hätten, wäre sie weg, das haben sie gemerkt.«

Es gab andere Liederanthologien. Was es aber noch nie gegeben hatte, war der Versuch, die Sänger darin auch bildlich zu verewigen. »In dieser Hinsicht weist der *Codex Manesse* weit in die Zukunft«, sagte er. »Der Mensch wird als Individuum erfaßt.«

Nur das Zeitalter des Rittertums konnte dieses *Who is Who* der Träumer und Abenteurer hervorbringen. Es gibt kein zweites Buch dieser Art in der Geschichte. Keine »Gesammelten Werke der singenden Gladiatoren« zum Beispiel.

Es ist ein magisches Buch.

Meine drei Lieblingsfiguren der Ritterzeit aus dem *Codex*-Club? Der Sänger, von dem man sagt, er habe die Liebe erfunden. Der Ritter, der gern Frauenkleider trug. Das literarische Genie, das von der Suche nach dem heiligen Gral schrieb.

Ich stieg in meinen Van und machte mich auf den Weg zu ihnen.

Die Erfindung der Liebe

Wie ein paar Alleinunterhalter uns alle zu Romantikern machten

Meine erste Nacht in Wien verbrachte ich auf dem Heldenplatz mitten in der Innenstadt. Viel Schlaf bekam ich nicht. Lauter schicke Bars lagen in der Nähe, Leute kamen und gingen die ganze Nacht, es war ein Heidenlärm. Um fünf Uhr früh hämmerte ein Spaßvogel an meine Tür und rief: »Frühstück ist fertig!« Im Morgengrauen floh ich über die Donau, bis ich auf der anderen Seite einen grünen Uferstreifen fand. Der mächtige Strom war hier eher unwürdig in Beton gefaßt, wie ein Kanal, doch er floß ruhig und friedlich dahin. Am Ufer zog sich ein schmaler Park entlang.

Der nächste Morgen war ein Samstag. Ich wachte auf, und es war wie am Strand. Die Sonne schien hell, und der Parkplatz war voll. Alle Welt kramte Inlineskates, Surfboards und Picknickkörbe aus dem Auto. Die Uferwege wimmelten von Joggern, und die ersten Windsurfer waren bereits draußen auf dem Wasser.

Das war schon besser.

Am Abend wanderte ich runter zu der Freizeitmeile auf der Donauinsel und beobachtete, wie die Wiener sich fröhlich betranken. Ich hing das ganze Wochenende an der Donau herum, schaute den Windsurfern zu, lauschte Walthers Gedichten auf CD und dem guten Rock, der im Hintergrund aus Autos und Gettoblastern dröhnte.

Liebeslieder aus dem Jahr 1200 sind die schlechtesten Popsongs, die ich je gehört habe. Sie sind so manieriert und verkopft, daß man sie nur für verklemmt halten kann.

Ich dachte immer, der Mann des Mittelalters sei eins gewesen mit seinem inneren Schweinehund. Er mochte fettiges Essen, popelte in der Nase und kratzte sich, wann immer ihm danach war. Und er war nicht sexuell verklemmt.

Doch. Genau das war er, zumindest wenn er adelig war. Das hatte mit der Sicherung seiner Dynastie zu tun. In jener Feudalgesellschaft hatten die Ehefrauen eine Schlüsselfunktion als Nachwuchsproduzenten inne. Heutzutage ist es sarkastisch, eine Frau »Babymaschine« zu nennen, damals war es ein Kompliment. Doch jede Maschine kann mal verrückt spielen – und eine Babymaschine, die die Kinder eines anderen Mannes gebar, hatte offensichtlich eine ernsthafte Fehlfunktion.

Diese Frauen taten gut daran, ihre Hormone unter Kontrolle zu halten – allein schon, weil ihre Ehemänner ziemlich gut mit dem Schwert umgehen konnten. Was das Ganze natürlich noch verlockender machte. Es war verboten, es war gefährlich. Die meisten dieser Frauen waren Teenager – und das heißt Ärger!

Es war nur eine Frage der Zeit, bevor diese überhitzte Situation in ein prickelndes Salonspiel umgewandelt wurde. Die Franzosen, die großen kulturellen Erfinder des Mittelalters, kamen zuerst auf die Idee. Auf deutsch hieß das neue Spiel »Liebe« oder »Minne«, und es funktionierte so:

Ein Ritter teilte einer Minnedame seiner Wahl mit, daß er für sie schwärmte. Meist stand er unter dem Rang der Frau, was das Ganze zu einer echten Herausforderung machte. Er begann mit Blicken und Gesten und arbeitete dann darauf hin, ihr seinen nächsten Turnierauftritt zu widmen, obwohl er sie nicht beim Namen nennen durfte, »um sie nicht zu kompromittieren«. Wenn er einen Funken künstlerisches Talent hatte, verfaßte er vielleicht ein Lied für sie. Oder er kopierte die Verse eines professionellen Sängers und schickte sie seiner Lady durch einen Boten, der sie ihr laut vorsingen würde.

Und wenn sie tollkühn genug war, antwortete sie vielleicht sogar.

Wir schauen uns zur Unterhaltung Liebesfilme an – sie haben Liebesgeschichten zu ihrer Unterhaltung nachgespielt. Ritter machten es sich zum Hobby, mit Frauen zu flirten, die sie kaum kannten, und damit herumzuprahlen. Solange es ein Spiel blieb, schien es den Ehemännern nichts ausgemacht zu haben. In vielen Fällen spielten sie es ja selbst; derartige Liebeslieder sind auch von Kaisern und Herzögen verfaßt worden. Historiker versichern uns, daß es stets ein Spiel blieb und kein Mensch dabei tatsächlich Sex hatte, aber das klingt ein wenig, als ob sie sich was vormachen. Stellen Sie sich nur mal so eine Teenieprinzessin vor, wie sie delikat bei Hof herumsitzt, während einer der Ritter ein Lied singt, immer dasselbe Lied eigentlich:

> Ich Armer,
> die Frau, die ich liebe,
> hat keine Ahnung, daß ich existiere.
> (Ende)

Plötzlich merkt das Mädchen, daß er ihr direkt in die Augen schaut! Was hat das zu bedeuten? Ihr schießt das Blut in den Kopf. Die Hormone brausen in ihrem Gehirn herum wie ein Bienenschwarm in einem Marmeladenglas. Erwidert sie den Blick?

Mit dieser Entscheidung beginnt das Spiel.

Manche dieser Frauen luden ihre ritterlichen Verehrer nachts in ihre Gemächer ein, um ein bißchen mit dem Feuer zu spielen, und warfen sie dann wieder raus. Doch sicher hat sich die eine oder andere an einem knackigen Ritter die Finger verbrannt.

Der Soundtrack zu diesem Spiel wurde von den Minnesängern geliefert.

Ich kämpfte mich durch die nervöse Menge aus Shoppern und Touristen in der Wiener Innenstadt, vorbei am Stephansdom, der Hofburg, den Theatern, den schicken Boutiquen und Cafés. Ich fühlte mich verloren. Nach all den kleinen mittelalterlichen Ortschaften hatte ich völlig vergessen, wie es in der Großstadt zuging.

Hinter einer Buchhandlung mit goldbeschrifteten Schaufenstern fand ich den Platz am Hof. Es ist bloß ein leerer Platz mit einer einsamen schwarzen Mariensäule in der Mitte. Von dem berühmten Palast, der hier einst stand, ist nicht ein Stein übriggeblieben.

Diese Stadt ist überschwemmt mit Habsburger-Denkmälern, aber an die glorreiche Dynastie der Babenberger, die Wien erst erfunden haben, erinnert heute kaum noch etwas.

Bis ungefähr 1200 hatte Wien noch fast Dorfcharakter. Es gab jede Menge Gärten, Scheunen und Ställe. Hühner liefen über die Straße. Ich würde jetzt mitten auf einem Turnierfeld stehen, mit Blick auf den Palast der Babenberger. Vorher hatten sie etwa hundert Kilometer westwärts in einer Burg in Pöchlarn residiert. Doch als sie dann zu Herzögen aufstiegen, wurde ihnen klar, daß sie über die Zukunft ihres Territoriums nachdenken mußten. Und diese Zukunft lag nicht in Pöchlarn.

»Der erste Herzog von Österreich hat erkannt, daß es vorteilhaft ist, einen festen Mittelpunkt in der Region zu haben, der mit römischen Grundlagen ausgestattet ist«, sagte Ferdinand Opll, der Leiter des örtlichen Stadt- und Landesarchivs. Die antiken Ruinen lieferten hochwertiges Baumaterial, es gab ein Straßennetz und sogar Fernstraßen. »Aus Wien konnte man leichter eine richtige Stadt machen«, sagte Opll.

Irgendwann um 1190 tauchte praktisch aus dem Nichts ein junger Mann namens Walther von der Vogelweide am Babenberger Hof auf, um die Kunst des Liebeslieds zu lernen. Er war um die Zwanzig, und er war nicht schlecht. Bald schrieb er eigene Lieder. Man begann Notiz von ihm zu nehmen.

Während er sich einen Namen machte, lernte er die harten Fakten über das Leben eines Entertainers. Es war verdammt schlecht bezahlt. Copyright war noch nicht erfunden. Walthers einziges Einkommen war das, was er für eine Abendvorstellung bekam. Er konnte so viele Hits schreiben, wie er wollte, er wußte, er würde trotzdem sein Leben lang von Auftritt zu Nebenjob hetzen müssen. »Was sie sonst gemacht haben? Anstandsunterricht, Tanzunterricht, Lateinunterricht vielleicht«, meinte Helmut Birkhan, Literaturwissenschaftler an der Wiener Universität. »Wie soll man sonst essen?«

Es gab nur einen Ausweg aus diesem Von-der-Hand-in-den-Mund-Minnesang: Grundbesitz.

Das Honorar eines Sängers konnte viele Formen annehmen: Geld, ein Geschenk, ein Weilchen Unterkunft und Verpflegung, ein Schulterklopfen. Das beste Geschenk war Land. Wenn ein Fürst dich so sehr mochte, daß er dir ein Stück Land gab, hattest du es geschafft. Du konntest dein Land für dich arbeiten lassen, während du bei Hof herumhängst und dich beim Fürst beliebt machst, wie es die Adeligen taten. Land war der Bestseller, der Blockbuster, der Hit.

In Wien war der einzige, der Land verteilen konnte, der Herzog. Der Herzog mochte Walther. Doch er mochte einen anderen Sänger mehr.

Als künstlerische Leiterin des Wiener Tanzquartiers, eines avantgardistischen neuen Tanztheaters, kannte Sigrid Gareis sich aus mit dem Wiener Kulturbetrieb. Wie die meisten Dinge, die in Österreich (und Deutschland) mit Kultur zu tun haben, war das Tanzquartier staatlich subventioniert.

»Es gibt Listen in den Behörden, die dokumentieren, wieviel Geld jeder Künstler vom Staat bekommen hat. Man sieht ein rotes Kreuz neben manchen Namen und die Notiz, daß der Stadtrat diese Summe persönlich aufgestockt hat«, verriet sie mir. »Wenn Sie ein Problem mit jemandem in der Stadtverwaltung haben, dann haben Sie als Künstler ein Problem. Wenn Ihnen was Positives oder Negatives begegnet, steckt ein Netzwerk dahinter. Und ein Netzwerk ist meist parteigeprägt.«

Es ist das gleiche Mäzenatentum wie im Mittelalter: Die Macht liegt in den Händen von Menschen in politischen Positionen, die einen bestimmten Geschmack haben. Seit damals sind nur die Budgets gewachsen. »Wenn ich ein Künstler wäre«, fragte ich, »was müßte ich tun, um in Wien Erfolg zu haben?«

»Sie müssen sich vernetzen«, sagte sie, »so gründlich wie möglich, und auf allen Ebenen. In der Stadt, in der Verwaltung, in der Politik so viele Fürsprecher finden, wie es nur geht. Das ist das Wichtigste. Dann müssen Sie schrittweise die Leute für Sie arbeiten lassen, nach und nach. Dann geht das.«

Sie lernte eine Menge über die unsichtbaren Netzwerke der Stadt, als sie entschied, eine gewisse Tanztruppe (Namen wollte sie nicht nennen) nicht in ihrem Programm auftreten zu lassen. Dummerweise hatte die Truppe ein gutes Netzwerk.

»Dann ging's los«, erzählte sie. »Die Presselobby, die politische Lobby wurden mobilisiert. Die Presse hat gegen mich geschrieben. Ich habe einen Riesenstapel Artikel. Ich hatte die Kanonen vorm Haus. Wenn das passiert, dann wissen Sie, was das heißt.«

In Wien fand gerade ein großes Theaterfestival statt, und all die Politiker und Kulturgiganten der Stadt waren anwesend. Es gab viel zu sehen und zu feiern. Für eine der Partys nach einer Opernpremiere hatte ich eine Karte ergattert. Man hatte Klapptische in einem Gewächshaus im Park neben der Donau aufgestellt, und einmal die Stunde, wenn man Glück hatte, bahnte sich ein Kellner seinen Weg durch die Menge mit Bier und Wein. Ich setzte mich und genoß die Show:

Die alternde Diva mit baumelnden Ohrringen und dem Körper eines Panzers tanzte allein und fächelte sich dabei Kühlung zu. Die *Le-Monde*-Korrespondentin zuckte zu dem Rhythmus, als wollte sie Fliegen in der Luft erschlagen. Ein älteres Künstlerpaar versuchte verzweifelt, sich zu amüsieren, war aber offensichtlich auf der Suche nach Arbeit. Um elf herum erschienen die Teenies auf der Tanzfläche: langhaarige Jungs und Mädchen in Jeans und T-Shirt, bemüht, nach Antiestablishment auszusehen, hier mitten im Establishment. Nach ein Uhr nachts kamen die Dreizehnjährigen rein. Ich weiß nicht, wie.

Bevor die Party ausklang, glaubte ich den Herzog von Babenberg hereinkommen zu sehen. Er war ein schlanker, gediegener Mann in einem klassischen Anzug. Die tanzenden Mädchen erkannten ihn, und die Menge teilte sich vor ihm wie das Rote Meer. Von allen Seiten flogen ihm Küsse zu. Er wechselte ein Wort oder zwei mit Bischof Wolfger, der nur höflich lächelte. Ich meinte, ich hätte Anonymus in einer Ecke brüten sehen, wo er denkt: Was mache ich hier? Und Walther? Er trieb sich mit Sicherheit zwischen den schicken Jungs an der Bar herum, hin und her gerissen zwischen dem Alkohol, den Mädels und der Möglichkeit, sich – jetzt oder nie! – beim Herzog einzuschleimen.

Doch der Mensch, dem jeder gefallen wollte, war der Regisseur der Oper, die wir gerade gesehen hatten: Luc Bondy in einem cremefarbenen Sakko und mit kahlem Kopf. Die

Menge schwärmte um ihn herum. Jeder kam zu seinem Tisch, jeder wollte ihm gratulieren, ihn kennenlernen, in der Glorie des Meisters baden. Er hielt hof. Er lachte, er küßte die Mädchen, er sprang auf und schüttelte lebhaft Hände, er überschüttete jeden Pimpf mit seiner Aufmerksamkeit. Die ganze Nacht lang schnorrte er Zigaretten. Als die Nachbartische endlich keine mehr hatten, verschwand er. Ich dachte, er wäre heimgegangen, doch später sah ich, wie er am Rand der Tanzfläche entlangwanderte, auf der Suche nach einer Zigarette.

Bondy gehört zu einer Handvoll Eliteregisseure im paneuropäischen Kulturbetrieb. Schon früh in ihrer Karriere machen sie einen Rieseneindruck auf die Kritiker, indem sie etwas Neues und Gewagtes tun – zum Beispiel die Bühne überbelichten oder die Schauspieler in Zeitlupe agieren lassen –, und von dem Moment an sind sie eine Institution. Ihr Ruf ist unangreifbar, während sie durch Europa ziehen und gnädig überall Subventionen akzeptieren, um stets dasselbe zu machen.

Was den staatlichen Subventionsverteilern an diesen Typen so gut gefällt, ist, daß sie enorm avantgardistisch erscheinen, wobei sie erzkonservativ sind. Das macht sie zu Torwächtern. Sollten diese heißen jungen Talente, die hier tanzten, je den Fehler machen, etwas Neues zu wagen, etwas Originelles, das den Ruf der etablierten Generation in den Schatten stellen könnte, gehen sie ein großes Risiko ein. Einer dieser Torwächter könnte eines Tages in der Gegenwart eines staatlichen Geldgebers nebenher ihre Namen erwähnen – und dabei die Stirn runzeln.

So enden Karrieren.

Am Babenberger Hof gab es so einen Bondy.

Er war aus einer älteren, eher konservativen Generation und selbst ein Sänger. Er genoß die volle Aufmerksamkeit des Herzogs. Irgendwo in dieser Wiener Hierarchie gab es diesen Torwächter, an dem Walther vorbeikommen mußte.

Wer genau zwischen ihm und dem Herzog stand, darüber streiten sich die Gelehrten, doch viele glauben, daß es der Minnesänger Reinmar war.

Keiner beherrschte die Kunst des Minnesangs besser als er. Seine Kompositionen waren schlicht perfekt, Höhepunkte der hundertjährigen Evolution des höfischen Liebeslieds. War der Herzog gelangweilt oder schlechtgelaunt, schnippte er mit dem Finger, und zack, tauchte Reinmar auf, griff in die Saiten und litt melodisch:

> Bei ihr liegt die Hoffnung für mein ganzes Glück.
> Wenn ich das verliere, habe ich gar nichts mehr,
> ich mache mir ständig Sorgen um ihr Leben:
> Stirbt sie, bin ich auch tot!

Mann, hatte Reinmar den Blues. Jeden Tag mußte er leiden. Er erwachte sorgenvoll und ging gramgebeugt zu Bett. Leiden war seine große Kunst. Falls diese Frauen, hinter denen er her war, seine Gefühle je erwidert hätten, hätte er nichts mehr zum Singen gehabt.

Wenn Reinmar fertig war, ging es dem Herzog gewöhnlich schon viel besser.

Walthers einzige Chance, Reinmar zu verdrängen, war die Flucht nach vorn: Er griff ihn an mit seinen Liedern. Und Reinmar antwortete ihm in Liedern. Ihr Gesangsduell war voller Gerede über Frauen von hoher Tugend. Und Schach.

Schach war nicht nur unglaublich beliebt bei den Adeligen, es war auch hocherotisch. All dies sublime Jagen, Sichzurückziehen und Erobern machte es zum perfekten Spiel für eine Lady und ihren Ritter. Um dem Ganzen einen zusätzlichen Kick zu verleihen, spielten sie um Geld oder einen anderen Einsatz. (Warum muß ich dabei nur immer an Strip-Poker denken?) Wenn Reinmar also sang: »Meine Dame steht auf einem Schachbrett auf dem Feld der Ehre, von dem sie nie ein Fuß weggesetzt hat«, erwiderte Walther:

Da muß ich widersprechen.
Ich hätte lieber eine Dame, die mich zärtlich begrüßt,
so eine setzt Deine Dame schachmatt.

Das Liebeslied war inzwischen so theoretisch und blutleer geworden, daß es kaum noch was mit normalen menschlichen Wesen zu tun hatte, und Walther war derjenige, der forderte: »Jetzt komm mal wieder runter.« Er ließ Frauen – diese Säulen der Tugend – sogar menschlich handeln. Selbst wenn sie tugendhaft blieben, insgeheim schmachteten sie nach diesen Rittern.

Reinmar war Perfektion, Walther war die Revolution. Reinmar beherrschte die Regeln, Walther brach sie. Reinmar war Bing Crosby, Walther war Elvis. Aber Wien war nicht bereit für Elvis. Manche Historiker denken, daß es zu einem Konflikt kam und Walther fliehen mußte. Was auch immer geschah, wir wissen nur, nachdem er fast zehn Jahre in Wien am Babenberger Hof gelebt hatte, fand Walther sich plötzlich auf der Straße wieder.

Er war nicht allein da draußen.

Die Fernstraßen des Mittelalters wimmelten von Besitzlosen, Kranken und Blinden, Pilgern, verarmten Gelehrten und »Lotterpfaffen« (was immer das war), sogar von heimgekehrten Kreuzfahrern, die wie traumatisierte Vietnam-Veteranen übers Land zogen.

Und natürlich die fahrenden Spielleute. Von gehobenen Hofsängern wie Walther bis zu Tanzmusikanten, Mädchenchören und obdachlosen Mönchen, die deftige Verse auf Latein zum besten gaben, war alles dabei.

Thomas von Chobham teilte »Spielleute« in drei Kategorien ein: Erstens die Akrobaten, die alle zur Hölle fahren werden. Zweitens die Leute, die von Hof zu Hof ziehen, ihre Nase in die Angelegenheiten anderer Leute stecken und Lug und Trug verbreiten. Die fahren alle zur Hölle. Drittens Leute mit Instrumenten, von denen es zwei Sorten gibt. Die erste Sorte mischt jede Party auf, spielt Tanzmusik und bringt die Leute dazu, Zeugs aus dem Fenster zu schmeißen und sich unsittlich zu benehmen. Ab in die Hölle mit ihnen. Die zweite Sorte singt von den großen Taten von Königen und Heiligen. Diese Sorte kann gerettet werden.

Walther war in der Gosse der Showindustrie gelandet.

Was für ein Glück für ihn, daß etwa zu dieser Zeit der Krieg zwischen den Staufern und den Welfen ausbrach. (Zur Erinnerung, Philipp der Staufer hatte sich selbst mit der richtigen Krone, aber am falschen Ort gekrönt, Otto der Welfe dagegen am richtigen Ort mit einer falschen Krone, und beide wollten nicht wahrhaben, daß das nicht lange gutgehen konnte.) Beide Seiten brauchten gute Männer. Walther meldete sich freiwillig.

Dieser Krieg erforderte etwas mehr als das übliche Gemetzel. Schließlich mußten die Fürsten überredet werden, sich alle hinter einen der Königs-»Kandidaten« zu stellen, oder jegliches Gemetzel wäre umsonst. Philipp der Staufer brauchte dringend einen guten Public-Relations-Manager, und hier kam Walther ins Spiel. Seine Strategie: Werbejingles.

In kurzen Sprüchen, die sich zu langen Liedern zusammenfügen ließen, komponierte er so Slogans wie »Das Heilige Römische Reich geht den Bach runter« und »Der Papst weiß nicht, was er tut«. In seinem besten Spruch preist er den Hauptvorteil des Staufers über seinen Rivalen: die richtige Krone. »Die Krone ist älter als König Philipp«, sang Walther, »doch welch ein Wunder, der Schmied damals machte sie genau passend für Philipps Haupt.«

Dieses Argument mag in unseren Ohren vielleicht ein

bißchen schwach klingen, aber damals galt Königtum als gottgegeben. Wie konnte Otto der Welfe mit einer Krone mithalten, die sich ihren Träger selbst ausgesucht hatte? Vielleicht hat einer seiner Sänger daraufhin verkündet – da Otto bei seiner Krönung ja immerhin auf dem Thron Karls des Großen saß –, daß sein Hintern perfekt in die Abdrücke paßte, die Karl dort hinterlassen hatte, aber soweit ich weiß, spielte Otto diesen Trumpf nicht aus.

Wie Walther seine griffigen Slogans unter die Leute gebracht hat, ist nicht klar. Vielleicht hat ihn Philipp mit auf Reisen genommen, und jedesmal, wenn sie am Hof eines Fürsten logierten, trat Walther vor und ließ ein Loblied auf Philipp los. Oder vielleicht schickte der König ihn allein herum: »Besuch all die Burgen auf dieser Liste, erzähl ihnen, was für ein toller Hecht ich bin und warum sie diesen Blödmann Otto nicht unterstützen sollen, und wenn du wiederkommst, kriegst du eine heiße Schüssel Grütze für jeden Hof, den du besucht hast.« Vielleicht war Philipp auch ganz modern: »Walther, setz dich auf den Hosenboden, und schreib ein paar echt gute Lieder, ich lasse meine Mönche zwanzig Kopien machen und ein paar Spielleute damit von Burg zu Burg ziehen.«

Walther wird manchmal ehrfürchtig »erster politischer Dichter Deutschlands« genannt, aber er war ein Werbetexter und hätte für jeden gearbeitet. Tatsächlich ist dieser Job einer der Gründe, warum Wissenschaftler denken, daß Walther nicht adelig gewesen sein kann. »Der politische Spruch war eine Art Gewerbe«, sagte Birkhan. »Hochadelige haben sich nie dazu herabgelassen.«

Im Laufe seines Lebens hatte Walther eine lange Liste adeliger Auftraggeber überall im Reich – wenn man nach den Gönnern geht, die er in seinen Gedichten erwähnt –, darunter den Markgrafen von Meißen, den Herzog von Kärnten und Bayern, den Erzbischof von Köln, sogar den Graf von Katzenelnbogen am Rhein und den berühmten

Hermann von Thüringen, den »Mäzen« des Sängerkriegs auf der Wartburg.

Walther hatte nicht die geringste Hemmung, die Seiten zu wechseln. Als Philipp sich als mieser Geizkragen entpuppte, schrieb Walther seine Slogans eben für Otto, darunter ein Lied, das Philipp als miesen Geizkragen darstellt. Walther war ein streitlustiger Bastard. Ich kann mir genau vorstellen, wie er sich mit Philipp über das Honorar zankt, wütend aus der Burg stürmt und murmelt: »Das werden wir noch sehen, wessen Preise hier zu hoch sind!«

Walther scheute nicht davor zurück, seine politische Plattform zu benutzen, um seine zentrale persönliche Botschaft loszuwerden: »Walther braucht Geld.«

»Der Markgraf von Meißen schuldet mir Geld«, sang er und: »Hermann von Thüringen, Euer Ritter hat mein Pferd erschossen! Wer wird das bezahlen?« Und am wichtigsten: »Leopold von Österreich, wann bekomme ich endlich ein Zuhause?«

Als Eberhard Kummer anbot, mir seine Drehleier zu zeigen, konnte ich nicht widerstehen.

Ein eigenartiges Ungetüm war das, mit Saiten, Tasten und einer Kurbel. Es war liebevoll aus poliertem Holz gefertigt, sah aus wie ein gestrandeter Seehund und klang auch so. Er spielte mir ein paar Tanzweisen vor, wie sie ein Spielmann auf dem Marktplatz gespielt haben könnte, und schlagartig wurde mir der große Vorteil dieses Instruments klar: Es war ohrenbetäubend laut.

Walther, meinte er, würde so was aber nicht bei Hof gespielt haben. Wenn man Liebeslieder, politische Verse oder eine epische Ballade vorträgt, dann soll das Publikum die Worte auch verstehen. Kummer glaubte, daß Walther die Harfe vorzog.

Kummer war ein drahtiger, gepflegter Mann, ein pensionierter Jurist und Musiker, der sich das Spielen mittelalterlicher Instrumente selbst beigebracht hatte. Manche Historiker sind anderer Meinung, aber er glaubte, daß im Mittelalter alle Dokumente singend vorgetragen wurden. »So wie man in der Kirche zum Beispiel ein Gebet singt. Wir haben mal einen Versuch gemacht. Wir haben ein Dokument – eine Königsverkündigung – in der Kirche einmal gesprochen, dann gesungen. Beides war gleich verständlich, aber die gesungene Version hatte mehr Würde. Das übertrug sich auf Minnesang, ganz sicher.«

Wie konnte so was so populär werden? »Das klingt mir aber nicht nach Rockmusik«, sagte ich.

»Sie müssen sich von der Vorstellung von Rockmusik verabschieden«, sagte er. »Rock hatte einen wahnsinnigen Vorlauf durch das musikalische Virtuosentum, bis hin zur Entwicklung der Lautsprechertechnik. Stellen Sie sich einmal einen Saal in einer mittelalterlichen Burg vor«, fuhr er fort. »Dort sitzt der Burgherr, auch seine Frau, wenn sie brav ist. Seine Freunde – alle müssen unheimlich brav sein, denn schon wenn der Burgherr die Augenbraue hebt, kann jemand umgebracht werden. Das ist ein hermetisch abgeschlossener Bereich, und da ist eine Autorität, und die sagt, jetzt hört alle zu, und dann ist es still. Unter diesen Umständen habe ich keinen Anlaß, in die Tasten zu hauen, außer es ist ein Fest.«

Kummer sang ein paar Verse von Walther und zupfte dazu die Harfe, was mehr nach Ambientmusik klang. Sein tiefer Bariton hob sich, sank und zog mich regelrecht mit. Die Worte hatten eine fast hypnotische Wirkung. Das war keine Popmusik, das war eine Rezitation. Es funktionierte. Die Botschaft trat viel klarer hervor als in geschriebener Form.

Zweiunddreißig Stunden, verteilt auf fünf Nächte, so lange hatte es gedauert, als Kummer einmal das gesamte *Nibelungenlied* vorgetragen hatte, auf einem Festival in Wien. Die Melodie des *Nibelungenlieds* existiert nicht mehr, also sang er nach der Melodie eines anderen Heldengedichts, des *Hildebrandslieds*, das eine ähnliche Struktur hat. Als er mir eine Kostprobe davon gab, konnte ich es mir auf einmal vorstellen.

Walther erscheint spätabends auf irgendeiner Burg, und sofort beginnt der ganze Hof über ihn zu reden. »Er sagt, er war gerade in Wien und Köln, er hat mit König Philipp gesprochen, es gibt neuen Klatsch über den Herzog von Thüringen, und er hat eine spezielle Botschaft für eine der Frauen, aber er sagt nicht, für wen! Morgen nacht erzählt er alles.«

Am nächsten Abend versammeln sich alle in der großen Halle, essen und trinken, und nachdem sie ordentlich gedrängelt haben, erhebt sich Walther, und alle werden still. Er greift in die Saiten und macht ein paar schmeichelhafte Witze, alle lachen, und er hat ihre Aufmerksamkeit. Er singt ein Liebeslied, das angeblich für die Gräfin von Katzenelnbogen geschrieben wurde, stichelt gegen den Papst und macht ein paar Verse auf seinen derzeitigen Arbeitgeber, der gerade im Kampf so eine tolle Figur gemacht hat. Und da Walther inzwischen ein Star ist, wollen die Leute natürlich auch etwas Persönliches von ihm hören: vielleicht ein Liebeslied an eine anonyme Lady oder die haarsträubende Geschichte von dem Idioten, der Walthers Pferd erschoß, und – darauf warten sie doch schon alle – seine Beschwerde, daß er nicht ordentlich bezahlt wird.

Ja, das war genau die richtige Kombination aus würdevoller Hochkultur und Albernheit. Das klang nach Mittelalter. Und von diesen Typen soll damals die Liebe erfunden worden sein?

»Liebe hat es selbstverständlich schon vorher gegeben«, bemerkte die elegante Professorin Ingrid Bennewitz an der Universität von Bamberg. »Aber nicht in dieser Stilisierung. Diesen Entwurf von romantischer, leidenschaftlicher Liebe gibt es erst seit dem Mittelalter. Seitdem weiß man in

Europa, wie man sich als Liebender zu verhalten hat. Man spricht deshalb von der Neuerfindung von Liebe.«

Vor dieser Neuerfindung liefen die Dinge ungefähr so wie in einem Bericht von Gregor von Tours aus dem 6. Jahrhundert. Er beschreibt die bemerkenswert kurze Liebesaffäre zwischen einem gewissen Herzog Amalo und einem namenlosen jungen Mädchen. Als der Herzog sich in sie verliebt, schenkt er ihr keine Blumen, sondern geht auf sie los und versucht sie zu vergewaltigen. Sie aber ist ein zähes kleines Ding und wehrt sich so heftig, daß auf beiden Seiten Blut fließt. Schließlich ist Amalo so erschöpft von dem Unternehmen, daß er das eigentliche Deflorieren auf einen anderen Tag verschiebt und stockbetrunken einschläft. Worauf das Mädchen zu seinem Schwert greift und ihn ersticht.

Das Interessante hier ist nicht, wie sehr Herzog Amalo im Einklang mit seinen inneren Bedürfnissen ist, sondern daß der Bericht für seinen Vergewaltigungsversuch das Wort »amor« verwendet, was soviel wie »Liebe« heißt! Daß es da einen Unterschied gab, hielt man nicht für sonderlich erwähnenswert. Liebe mußte für einiges herhalten – sie war einfach nicht wichtig genug, um ein eigenständiger Begriff zu sein. Das änderte sich während des Mittelalters – vor allem zur Zeit des Rittertums. »Mit Beginn der Liebesdichtung in Frankreich gibt es ein massives Interesse am Sprechen über die Beziehung zwischen den Geschlechtern«, so Bennewitz. »Und die Literatur kann nicht über die Liebe auf diese Art diskutieren, ohne daß Ansätze dazu in der Gesellschaft vorhanden wären.«

Ich fragte sie nach den Zutaten der Liebe, mit denen sie im Mittelalter zusammengebraut wurde:

– Das Du-und-ich-gegen-die-ganze-Welt-Syndrom: »Die Liebe wird einzigartig«, sagte sie. »Das ist eine Ausgrenzung der Liebenden aus der Gesellschaft.« Noch heute ein romantischer Standard.

– Das Liebe-macht-stark-Prinzip: Die Ritter gewannen

ihre Kämpfe stets, wenn ihre Lady zuschaute, und noch heute sind männliche Cheerleader eher die Ausnahme.

– Das Sieh-wie-mein-Herz-blutet-Angebot: »Jetzt leidet der Mann«, sagte sie. »Er empfindet Schmerz. Da geschieht so etwas wie die erste individuelle Einführung des männlichen Ichs gegenüber der Gesellschaft. Und in bestimmten Genres leidet auch die Frau.« Ich dachte an den alten Hit von Nazareth, *Love Hurts*.

– Das Ich-hol-dir-die-Sterne-vom-Himmel-Versprechen: Es entstand die Idee, daß Liebe verdient werden muß. Man übertrug den Aspekt der Triuwe zwischen einem Herrscher und seinem Vasallen auf die Liebe. Die Lady war der Herrscher und der Ritter ihr Vasall. »Der Sänger leistet einen Dienst«, sagte Bennewitz, »und die Dame schuldet ihm Lohn.« Floristen und Juweliere können ein Lied davon singen.

Schon damals war ein Stück Frauenverarschung dabei. »Die Vorstellung entsteht, daß die Frau Macht empfängt über die Verehrung der Männer«, sagte Bennewitz. »Es ist die Leistung dieser Zeit, daß die Frau verehrt wird, umworben und verdient werden muß. Gleichzeitig sind die Frauen juristisch rechtlos und gesellschaftlich weitgehend machtlos. Der Frau wird literarisch eine Macht zugewiesen, die sie in der Realität nicht besitzt. Bis in die Mitte des 20. Jahrhunderts empfindet die Frau das als Entschädigung für ihre Ohnmacht: ›Was brauche ich das Wahlrecht, wenn mein Mann mich verehrt?‹«

Männer hoben Frauen auf ein Podest, aber das war nur ein Täuschungsmanöver, um ihre wahren Absichten zu verbergen: sich selbst zu promoten. »Indem sie eine Frau rühmten«, meinte Bennewitz, »haben sie sich selbst in den Vordergrund gestellt. Sie waren wie Rockstars. Minnesang ist auch die Aufwertung des Künstlers. Die Aufwertung der Dame ist ein Abfallprodukt.«

Es gibt nur spärliche Hinweise darauf, woher Walther kam. Sein Dialekt scheint aus der bayerisch-österreichischen Region zu stammen, und er behauptete, in vierzig Jahren nur einmal nach Hause gefahren zu sein, also lag sein Heimatort wohl nicht an einer vielbefahrenen Straße. Sein Künstlername »von der Vogelweide« führt auch nicht weit, denn es gab nicht gerade wenige Vogelweiden im mittelalterlichen Deutschland. Wenn er sich »von der Elefantenweide« genannt hätte, wäre das schon eher ein Hinweis gewesen.

Edith und Walter Klomfar glaubten zu wissen, wo die Vogelweide war.

Es war eine lange Fahrt in das nordöstliche Hinterland von Österreich. Das Waldviertel ist eine arme Grenzregion, die wahrscheinlich noch nie stark frequentiert war. Die Landschaft wurde grüner und grüner, je tiefer ich vordrang. Wolken hingen über dem Horizont und überschatteten die Hügel, die sich endlos dahinzogen. Diese Landschaft wirkte, als läge sie für immer im Zwielicht. Ich überholte einen Traktor nach dem andern, und irgendwann sah ich keine jungen Leute mehr – nur noch alte Frauen mit faltigen Gesichtern in Kittelschürzen und Kopftüchern, die genauso aussahen wie schon ihre Mütter und Großmütter. Sie schoben Schubkarren, harkten die Wiesen, hievten mit der Mistgabel Heu auf den Wagen, schleppten Körbe, zogen schwere Scheunentore auf.

Über eine Brücke ging es, vorbei an einem Kloster in dem Örtchen mit dem seltsamen Namen Zwettl, und dann war ich in einer kleinen Enklave von Bauernhäusern, die sich Großhasslau nannte. Als die Klomfars hier draußen ein Haus kauften, um ihre Wochenenden auf dem Land zu verbringen, begannen sie sich für alte Landkarten der Gegend zu interessieren. Dabei stolperten sie immer wieder über Referenzen an einen »Walther«.

Eine der Karten, von 1600, war mit erstaunlicher Akkuratesse gezeichnet – schließlich ging es um einen Grenzstreit. Flüsse, Waldlichtungen, sogar einzelne Bäume waren eingetragen. Sechs Bauernhäuser und ein größerer Hofkomplex schienen dem örtlichen Fürsten zu gehören – einem kleinen Hinterlandbaron vielleicht. Dieses kleine Bauerndorf nannte sich »Walthers Dorf«, und eins der Felder neben dem Haupthaus war als »Vogelweide« bezeichnet.

Über den Karten und weiteren Dokumenten auf ihrem Küchentisch erklärten mir Walter Klomfar und seine Frau ihre Theorie: Walther von der Vogelweide wuchs hier auf als Sohn eines kleineren Vasallen namens, logisch, Walther. Papa gehörte nicht notwendigerweise dem Adel an. Es ist wahrscheinlicher, daß er einem Fürsten oder dem Kloster in Zwettl vertraglich verpflichtet war. Für seine Herrschaft verwaltete er ein paar Morgen Land und Diener, die bald als »Walthers Dorf« bekannt waren. Walther senior war ein guter Vasall, also nahm das Kloster von Zwettl seinen Sohn auf und brachte ihm Latein bei, womit ihm eine Karriere als Gelehrter offenstand. Walther junior zeigte bald Talent, und die Mönche schickten ihn nach Wien, um für ihren Herrn, den Babenberger Herzog, zu arbeiten.

In Wien dauerte es nicht lange, bis Walther klar wurde, daß er sich einen neuen Namen zulegen mußte. »Walther konnte sich nicht ›Walther von Walthers‹ nennen«, meinte Klomfar. »Das klingt dumm.« Walther hatte eine sentimentale Ader und dachte manchmal an die Vogelweide, auf der er als Kind gespielt hatte. So entstand der Name.

Wir ließen Großhasslau hinter uns und fuhren tiefer ins Land, hinauf in die Hügel, an Heuwiesen und tiefgrünen Feldern vorbei, dann einen staubigen Schotterweg an einem langen, einsamen Bahngleis entlang. Ein Bauer tuckerte mit dem Traktor die Straße runter, als wir ankamen, gefolgt von einer alten Frau im Kopftuch, die eine Mistgabel trug. Das war alles, was von Walthersdorf noch übrig war.

Klomfar hatte hier Grabungen durchgeführt und den

alten Brunnen von der Landkarte entdeckt, sonst jedoch nicht viel.

»Wo ist sie?« fragte ich.

Klomfar wies zu einem Tannenforst, der direkt hinter dem Feld begann, auf dem wir standen. »Auf der Karte wird sie als Vogelweide zur Vogeljagd bezeichnet«, sagte er. Jeder denkt bei Walthers Namen an Singvögel, er aber dachte vielleicht eher an Raubvögel.

Edith Klomfar erzählte, was passierte, als sie den Brunnen ausgruben: Sie hatten Tische mit Brötchen und Bier aufgebaut für die Arbeiter, und plötzlich, aus dem Nichts, an einem sonnigen Tag, erhob sich ein kleiner Wirbelwind von dort, wo der Bauernhof gewesen war, peitschte über den Tisch, schlug die Gläser um, fegte die Brötchen herunter und verschwand zwischen den Tannen. »Na, klingt das nicht nach Walther?« fragte sie mich. In der Tat. Das klang genau nach ihm.

Der Wald liegt hinter Stacheldraht, denn heute ist er ein Truppenübungsplatz. Ich kletterte darüber und trat zwischen die Bäume. Vögel zwitscherten. Es war so friedlich hier, wie es nur weit draußen vor der Stadt sein kann. Ich stellte mir Walther als Jungen vor, wie er aufwächst auf diesem Bauernhof, der nicht mehr da war, Wasser von jenem Brunnen holt, wie er durch den Wald und die Wiesen der Vogelweide streift, Eichhörnchen, Rehe und Wildschweine beobachtet, Falken und Lerchen.

Als er zum erstenmal nach vierzig Jahren wieder herkam, erkannte er kaum etwas wieder:

O weh, wohin sind alle meine Jahre verschwunden!
Habe ich mein Leben nur geträumt, oder ist es wahr? …
Die einst mit mir gespielt haben, sind heute müd und alt,
erweitert ist das Feld, abgeholzt ist der Wald …

Ich hob ein paar Tannenzapfen von der Vogelweide auf, steckte sie ein und kehrte zurück zur Straße, wo ich den Klomfars verkündete, daß sie mich überzeugt hätten. Auf der Rückfahrt dachte ich: Walther, du bist in guten Händen.

In all den Jahren, in denen Walther ständig von Patron zu Patron unterwegs war, hat er Wien nie vergessen. Immer wieder versuchte er dort sein Glück. Und immer ohne Erfolg. Walther hatte an den großen Höfen des Reiches gesungen, er hatte für Könige gesungen. Er hatte abgebrühten Kriegern gezeigt, wie sie Frauen mit Liedern umwerben, und er hatte Königinnen zweifeln lassen, ob ihnen irgend etwas in ihrer Ehe fehlte. Aber am Ende des Tages gingen alle diese reichen Menschen zu Bett in ihren prächtigen Burgen, und er ging in einem Schuppen schlafen. Er war wie ein Kellner im besten Restaurant New Yorks. Die Millionäre, die dort speisen, grüßen ihn mit seinem Vornamen, doch er kann es sich nicht leisten, selbst dort zu essen.

Als er das letztemal Wien verließ, hinterließ er ein Lied, damit sie sich an ihn erinnern würden. Es war voller Bitterkeit. Wenn Sie es lesen, ersetzen Sie einfach das Wort »Frau« durch »Wien«:

Mich will eine Frau gar nicht mehr ansehen,
obwohl ich ihr Ansehen gebracht habe.
Soll ich in ihrem Dienst alt werden,
währenddessen wird sie auch nicht jünger.
Und wenn mein Haar lichter wird,
wünscht sie sich vielleicht einen Jüngeren.
Gott mit Euch, Herr junger Mann,
rächt mich und greift ihr altes Fell mit jungen
Gerten an.

Er war es leid, bei Hof kein Stück weiterzukommen. Und wenn er schon dabei war, wieso sollte er weiterhin unerreichbare Frauen preisen?

Mal wieder auf der Straße, sah sich Walther nach etwas Neuem um und fand es unter den ganz gewöhnlichen Leuten. Man nennt es seine *Mädchenlieder*.

»Herrin, nehmt diesen Kranz«, singt er, an ein einfaches Mädchen gerichtet, das nie zuvor jemand Herrin genannt hat:

Sie nahm, was ich ihr bot,
ganz wie ein Kind des Adels.
Ihre Wangen wurden rot
wie eine Rose, wenn sie neben Lilien steht.
Scham verdunkelte ihre hellen Augen,
doch sie verneigte sich freundlich –
das war mein Lohn,
und gibt sie mir eines Tage noch mehr, bleibt es mein Geheimnis.

Auch den Mädchen gab er eine Stimme:

Ich kam gegangen zu der Aue,
da wartete mein Liebster schon.
Küßte er mich? Wohl tausend Stund,
seht, wie rot mir ist der Mund!
Da hatte er ein Bett gemacht
aus prächtigen Blumen.
Darüber wird man noch lachen,
wenn man dort vorbeikommt –
an den Rosen merkt man noch,
wo mein Kopf gelegen hat.

Der rote Mund, die zerdrückten Blumen, das Lachen im hohen Gras. Daran ist nichts Verklemmtes mehr. Diese

Liebe kommt von Herzen. Sie hat nichts mit ehelicher Pflicht zu tun und auch nichts mehr mit Klassenbewußtsein. Der Germanist Friedrich Maurer nannte die *Mädchenlieder* eine »epochemachende Tat«. Jetzt ist die Liebe ein Spiel für jedermann. Walther hatte den Aristokraten ihre Erfindung weggenommen und dem gewöhnlichen Volk geschenkt – und nichts würde je wieder sein wie vorher.

Würzburg, am Rand des Odenwalds gelegen, ist ziemlich weit weg von Wien. Das war ein eigenartiger Ort für Walther zum Sterben.

Ich kam an einem nieseligen Tag dort an und lief durch die breite Fußgängerzone mit ihren belebten Geschäften und den hell erleuchteten Schaufenstern. Ich suchte nach diesem Grab, konnte es aber nicht finden. Die barocke Neumünsterkirche stand da, doch ihre Türen waren verschlossen. War das Grab durch ein Herrenmodengeschäft ersetzt worden? Ich drückte mir am Schaufenster die Nase platt und hoffte irrationalerweise, daß der Besitzer da drinnen vielleicht ein Kreuz oder irgendeine Gedenktafel aufgestellt hatte.

Endlich gab ich auf und ging in den McDonald's nebenan. Dort bemerkte ich eine Gruppe von Teenagern an einem Tisch: fünf Mädchen, zwei Jungs, alle um die Fünfzehn. Ich fragte sie, ob sie an die Liebe glaubten.

»Es geht doch alles um die Liebe, oder?« fragte die eine zurück.

»Liebe baut Brücken, sie bringt Menschen zusammen«, sagte eine andere.

War man als anständiger Teenager heutzutage nicht mehr zynisch und von Weltschmerz gebeutelt? Ich hätte eher so was erwartet wie: »No Future!« oder: »Wahre, selbstlose Liebe ist unmöglich in der oberflächlichen, materialistischen Welt unserer Eltern«, oder von mir aus auch: »Verpiß dich, Alter!«

»Das meint ihr nicht ernst«, sagte ich. »Habt ihr nicht gehört, daß die Hälfte aller Ehen wieder geschieden werden?«

»Nur, weil sie es nicht wirklich versuchen«, sagte das türkisch-deutsche Mädel mit dem Nasenpiercing. »Sie lassen sich von ihrer Karriere und von Statussymbolen ablenken. Man muß sich mehr Mühe geben, wenn man jemand echt liebt, damit es wirklich funktioniert.«

Da wurde mir klar, daß Punk tot war.

Am nächsten Morgen, als ich wiederkam, stand ein kleines Tor hinter der Kirche offen.

Das Lusamgärtlein quetscht sich genau zwischen die Kirche und die Geschäftsgebäude. Hinter der Kirche gab es einen schmalen Weg, der letzte Nacht zugesperrt gewesen war. Dieser »Garten« ist alles, was von dem alten Stift noch übrig ist. Das Stift beherbergte die Angestellten des Bischofs, die Kanoniker, und das Lusamgärtlein war damals sein Kreuzgang. Heute ist es eine quadratische Parzelle, von drei Seiten von Gebäuden begrenzt und auf der vierten von einer original romanischen Arkade.

Diese wenigen schmalen Sandsteinsäulen reichen aus, um an die Atmosphäre des Klosters zu erinnern. Es ist friedlich hier. Jemand kümmert sich um die Pflanzen und die zwei, drei Bäume. Vögel zwitschern und flattern über den Garten, gelegentlich landen sie auf einem rechteckigen Steinblock, der gegen eine Wand gelehnt liegt. Der Block hat leichte Vertiefungen auf jeder Ecke, in denen sich das Regenwasser sammelt, und die Vögel trinken daraus.

Frische Rosen und Nelken lagen darauf.

Seit 800 Jahren liegt Walther von der Vogelweide in diesem Garten begraben, und noch immer sind täglich frische Blumen auf dem Grab.

Ein Redakteur der Lokalzeitung meinte, daß die Germanistikstudenten hier zum Dank Blumen ablegen, wenn sie die Abschlußprüfung bestanden haben. Die Frau aus dem

Nebenhaus erzählte mir, daß man Blumen auf Walthers Grab legen soll, wenn man Liebeskummer oder einen Liebeswunsch hat.

Eine Woche lang kam ich jeden Tag vorbei. Einmal sah ich ein älteres Paar Blumen auf das Grab legen. An einem anderen Tag sah ich eine Stadtführerin, die ihrer Gruppe von Walther erzählte und eine Blume niederlegte. Und an meinem letzten Tag legte ich selbst eine rote Rose auf dem Grab nieder.

Dieser Mann hatte offensichtlich irgend etwas richtig gemacht.

Walther war wegen Friedrich II. wegen nach Würzburg gekommen, dem letzten großen Staufer und letzten großen Kaiser des Mittelalters überhaupt. Man nannte ihn Stupor Mundi, »das Staunen der Welt«.

Friedrich lebte in Sizilien, und griechische und arabische Philosophen und Diplomaten aus aller Welt gingen an seinem Hof ein und aus. Er hatte einen ganzen Harem voller exotischer Schönheiten (die Exotinnen beunruhigten die Kirche besonders). Mit viel Diplomatie und ein wenig Blutvergießen hatte er den Staufer-Welfen-Krieg beendet.

Friedrich II. liebte die Künstler und Intellektuellen, und diese Liebe beruhte auf Gegenseitigkeit. Andere Kaiser waren Analphabeten gewesen, er jedoch schrieb sogar ein Buch über den königlichen Sport der Falkenjagd.

Wenn man sich das Mittelalter als Zeitlinie vorstellt, markieren Friedrich II. und sein Großvater Barbarossa fast genau Anfang und Ende der Zeit des Rittertums. Barbarossa, der Ritterkaiser, wurde 1152 gekrönt, fünfzig Jahre nach Beginn der Kreuzzüge. Stupor Mundi, der Künstlerkaiser, starb 1250, gut fünfzig Jahre vor Ende der Kreuzzüge. Er stand für das Ende einer Epoche.

Und er war Walthers letzter Auftraggeber. Für Stupor

Mundi zu arbeiten war ein guter Griff. Friedrich II. gab Walther Land.

»Sein Lehen war wahrscheinlich ein Gut irgendwo draußen auf dem Land«, sagte der Würzburger Historiker Werner Detlbacher, »auf dem Bauern Wein, Getreide oder ähnliches angebaut haben. Er hat nur die Einnahmen bezogen – da draußen auf dem Hof hatte er nichts zu suchen.«

Walther war kein Bauer. Er übertrug die Verwaltung seines Lehens einem Profi und mietete sich in das Stift ein. Ein Stift ist einem Kloster sehr ähnlich, steht aber lediglich im Dienst des Bischofs und ist daher viel weltlicher. Es ist eine religiöse Gemeinschaft, jedoch ohne strenge Regeln. Die Vorteile lagen auf der Hand: Hier war man in Gesellschaft gebildeter Menschen. Es muß Walther viel mehr Spaß gemacht haben, mit dem Bischof von Würzburg zu streiten als mit den Bauern auf der Straße. »Das waren nicht Mönche«, erklärte Detlbacher, »Kanoniker sind freier als Mönche. Man mußte nicht adelig sein im Stift. Die Mehrzahl war bürgerlich. Es gab eine Bibliothek, und Wachs war da für Kerzen. Man konnte abends lesen. Es gab ein Refektorium und einzelne geheizte Räume. Es wird dort Unfreie gegeben haben, die Holz gebracht und saubergemacht haben.«

Es war wie im Hotel.

Ich kann mir Walther vorstellen, wie er ab und zu zum Mainufer spaziert, mit Hilfe einer Krücke vielleicht. Dann und wann, so hoffe ich, stolperte er über ein hübsches junges Ding, das von seinem Ruf beeindruckt war und neugierig, was der Meister der Liebe von ihrer bescheidenen Person hält. Vielleicht hätte es ihr geschmeichelt, wenn sie seine Aufmerksamkeit weckte und er die Harfe für sie spielte, eine Privatvorstellung der Art, wie man sie nur an hohen Höfen erleben konnte. Wäre das nicht spannend?

Sein glücklichstes Lied schrieb er, als er sein Land bekam:

Ich habe mein Lehen, alle Welt, ich habe mein Lehen!
Jetzt fürchte ich gar nicht mehr den Frost an meinen Zehen.
Der edle König, der freigebige König versorgte mich,
damit ich im Sommer Luft und im Winter Wärme habe.
Jetzt bin ich sogar meinen Nachbarn angenehm,
sie halten mich nicht mehr für ein Schreckgespenst, wie sie es früher taten.
Ich bin zu lange arm gewesen ohne jede Schuld,
ich war so voller böser Worte, daß mein Atem stank:
All das hat der König ins Reine gebracht, und dazu mein Singen.

Love Hurts

Vom Sieg der Unvernunft

Die beste Liebesgeschichte, die mir je zu Ohren gekommen ist, ist eine traurige Geschichte.

Es war noch in Köln. Bevor ich abends am Rheinufer in den Van kletterte, wollte ich noch etwas trinken gehen. Ich landete in einer Kneipe, die Stüsser hieß. Der Gastraum war L-förmig geschnitten, auf den Dielen standen Tische aus hellem Holz. Es war die Art Kneipe, die nach vergangenen Zeiten riecht, als das Leben noch nicht so kompliziert war.

Bei mir am Tisch saß ein schlanker Mann in einem weißen Leinenanzug. Er war ein Bäckermeister aus der Gegend. Als ich ihm erzählte, daß ich Ausländer sei, unterhielten wir uns gleich über Kölsch (das Bier) und Kölsch (den Dialekt). Das ist genau die Art Gespräch, das jeder Reisende in jeder beliebigen deutschen Kneipe führt, wenn er nichts dagegen unternimmt. Nur die Namen der Getränke und der Dialekte wechseln. Als ich sagte, ich müsse mich auf den Weg machen, meinte er: »Ich bleibe noch ein bißchen, und vielleicht werde ich heute nacht mein Junggesellenleben beenden.«

Ich bestellte mir noch ein Bier.

Ich fragte ihn, wie er das gemeint hatte. Er zuckte die Achseln und sagte, das würde er jeden Abend sagen. Er glaubte aber nicht mehr, daß er es jemals in die Tat umsetzen würde.

Wir gaben uns gegenseitig eine Runde nach der anderen aus. Ich fragte ihn, ob er jemals verheiratet gewesen war. Nein, nie. Und dann erzählte er von seiner großen Liebe.

Er muß ständig daran denken. Damals war er noch jung. Anderthalb Jahre war er mit ihr zusammen, dann wurde er einberufen und in eine andere Stadt versetzt. Einmal sagte er ihr, er würde am Wochenende auf Urlaub nach Hause kommen. Sie sagte, sie würde ihn dann anrufen.

Aber sie rief nicht an. Also rief er sie auch nicht an.

Es war Stolz, meinte er. »Ich war jung, zu jung, um zu wissen, was die Dinge wert sind. Heute würde ich sie anrufen. Ich verstehe einfach nicht, warum ich sie nicht angerufen habe.« Sie telefonierten auch am nächsten und übernächsten Tag nicht miteinander. Sie riefen sich nie wieder an. Seine große Liebe war vorbei, einfach so.

Anfang des Jahres stieß er in den Todesanzeigen auf ihren Namen. Sie war an Krebs gestorben. Sechsundzwanzig Jahre waren vergangen. Er ging auf ihre Beerdigung, und ihre Mutter erkannte ihn. Sie gaben sich die Hand, sprachen aber nicht miteinander.

»Das erzähle ich Ihnen nur, weil Sie fremd sind«, sagte er.

Die Sache, die er sich nicht erklären konnte, die er das »Phänomen« nannte, war ungefähr zwei Wochen vor ihrem Tod geschehen.

Er konnte in jener Nacht nicht einschlafen. Um zwei Uhr morgens hatte er das Gefühl, jemand bräuchte dringend seine Hilfe. Es ließ sich einfach nicht abschütteln. Also zog er sich schließlich an und fuhr durch das Viertel, in dem er schon immer gelebt hatte. Er kam an ihrem Haus vorbei. Es brannte Licht. Er fuhr langsamer, konnte sich aber nicht entschließen zu klingeln.

Er fuhr vorbei, und in dem Moment verließ ihn dieses Gefühl. Er ging nach Hause und legte sich schlafen.

Bei seiner Erzählung lief mir ein Schauer über den Rükken. Jeder Mann kennt das Erlebnis, die entscheidende Gelegenheit versäumt zu haben. Man kann es sich nicht erklären. Man spricht lieber nicht darüber.

Wenn man die Liebe als eine Erfindung ansieht, verändert das völlig die Perspektive. Plötzlich ist sie nicht mehr der Sinn des Lebens, sondern eine vergängliche Modeerscheinung. In hundert Jahren wird man vermutlich nicht mehr rauchen, in tausend Jahren gibt es vielleicht keine Spam-E-Mails mehr. Warum soll es der Liebe anders ergehen? Heutzutage ist sie populär, aber das muß nicht immer so bleiben. Vielleicht kehrt die Gesellschaft irgendwann zum System der arrangierten Ehe zurück.

Und wäre das so schlimm? Wenn dieser mittelalterliche Brauch noch heute gültig wäre, hätten sich meine Eltern um ein nettes hawaiianisches Mädel für mich gekümmert. Meine Eltern hatten mehr Erfahrung im Leben und in der Liebe als ich, sie hätten sicher eine gute Wahl für mich getroffen. Statt mich im regnerischen Berlin von Kebabs zu ernähren, würde ich jedes Wochenende mit Frau und Kind zum Strandpicknick spazieren, wo wir uns gegenseitig mit Mangos bewerfen. Meinen Traum vom Mittelalter hätte ich begraben müssen (»Das kannst du alles machen, wenn die Kinder groß sind, Schatz – das rennt dir nicht weg!«), aber dafür hätte mir ein echtes Hawaiimädchen endlich Surfen beigebracht.

Liebe macht das Leben weniger planbar. Man kann nicht steuern, in wen man sich verliebt und wo es hinführt. Eine Dynastie jedoch bedarf der Planung.

Also war es verständlich, daß man etwas gegen sie unternehmen mußte, als die Liebe im späten Mittelalter um sich griff.

Auf den ersten Blick macht Augsburg keinen besonders gefährlichen Eindruck.

Als ich ankam, war die Stadt voller Sonne und gutgelaunter Einkaufsbummler. Das Zentrum erstreckt sich um die breite, drei Kilometer lange Maximilianstraße. Überall stehen stolze Barock- und Rokokobauten – Kirchen, Paläste, der Herkulesbrunnen. Die weißgetünchten Mauern haben golden funkelnde Gesimse und sind mit verschnörkelten Malereien verziert. Im Mittelalter war diese breite Durchgangsstraße ein riesiger Marktplatz, der Weinmarkt. Damals war Augsburg eine der reichsten Städte Deutschlands.

Die meisten Häuser gehörten damals dem Patriziat. »Das war eine Art Stadtadel«, sagte Rolf Kiessling, Historiker der Augsburger Universität, ein großer, herzlicher Mann, dessen Gesicht von Silberhaar gerahmt war. »Einige waren Großkaufleute, aber sie haben auch Landbesitz gehabt und lebten zum Teil davon.« Die meisten Patrizier stammten auf die eine oder andere Weise vom Landadel ab, lebten aber in den Städten. Andere hatten als Kaufleute begonnen.

Viele Patrizier waren durch ein Tuch reich geworden, das begehrte Augsburger Leinen. »Eine gewebte Mischung aus Baumwolle und Flachsgarn«, erklärte Kiessling. »Die Vermischung der Garne ergibt Schattierungen in der Farbe, das reizte die Leute. Man war von dieser Webart so begeistert, daß sie ganz Europa eroberte. Im 16. Jahrhundert wurden in Augsburg allein eine Million Meter pro Jahr gewebt.«

Am weitesten brachte es die rührige Unternehmerfamilie Fugger. Sie begannen als kleine, einfache Weber, arbeiteten sich über die Jahrhunderte nach oben, bis sie sogar der Hanse Konkurrenz machten und schließlich das höchste Ziel erreichten: Sie wurden in den Adelsstand erhoben.

Unsere Geschichte spielt ungefähr zehn Jahre nach der Hinrichtung Störtebekers. Das Mittelalter neigte sich dem Ende zu. Noch einmal hundert Jahre, und Kolumbus sollte Amerika entdecken und Luther das Monopol der katholischen Kirche brechen. Die Liebeslyrik von Walther und anderen Dichtern hatte bereits gut zweihundert Jahre Zeit gehabt, den Jungs und Mädchen die Köpfe zu verdrehen.

»In dieser Zeit erfährt Augsburg den ersten Boom«, sagte Kiessling. »Deswegen kommen die Hochadeligen gern nach Augsburg. Hier war mehr Leben als in München.«

Wie viele andere mittelalterliche Städte war Augsburg jedoch eine zweigeteilte Stadt. Sie war an einem Hang gebaut. Der Teil, in dem die Patrizier wohnten, in dem sich der noble Weinmarkt und die vornehmen Paläste befanden, hieß Oberstadt und lag oben am Hang. Unten am Hang lag der andere Teil.

»Die Unterstadt war eng«, sagte Kiessling. Erst um 1420 habe man damit begonnen, die Straßen zu pflastern. »Die Häuser waren klein, die Werkstätten waren winzig. Es gibt eine ganze Reihe von Webern, die in der ›Dunke‹ sitzen – in einem Halbkeller, weil es dort feuchter ist. Es ist winklig und düster da unten, und sicherlich wird sich in der Dunkelheit manchmal etwas abspielen.«

Es war das Arbeiterviertel. Hier fand sich alles vom einfachen Handwerk bis zum gehobenen Gewerbe der Goldschmiede und Kürschner, die Luxusgegenstände produzierten. »Bis etwa Ende des 15. Jahrhunderts arbeiten die Handwerker meist auf Bestellung oder für die Märkte«, erklärte Kiessling. »Dann beginnen sie ein Brett am Fenster ihrer Werkstatt aufzuklappen, also eigentlich den Fensterladen, und die Ware auf dem Laden zur Ansicht auszustellen. Man kann die Kunden durch das Fenster bedienen. Daher die Bezeichnung ›Laden‹.«

Auch wenn man in der Unterstadt aufwuchs, war die Oberstadt immer präsent. Beide Teile waren voneinander abhängig, es war wie eine unbequeme Ehe. In der Unterstadt gab es immer wieder Unruhen. Im Jahre 1368 erhoben sich die Zünfte – erfolgreich. Die Patrizier wurden gezwungen, einen Teil ihrer Macht abzugeben. »In Augsburg gab's immer zwei Bürgermeister«, sagte Kiessling, »einer aus dem Patriziat, einer aus den Zünften. Auch die großen Ämter wurden von Patriziat und Zunft gemeinsam geleitet. Trotzdem waren in dieser boomenden Stadt keineswegs alle am Boom beteiligt.«

Die Straßen der Unterstadt waren von etwa vierzig Kanälen durchzogen, die von dem Donaunebenfluß Lech abgezweigt waren und eine Länge von insgesamt siebzig Kilometern hatten. Überall plätscherte und gurgelte Wasser durch die Stadt, entlang der Gehwege, unter Brücken hindurch, an Haustüren und Werkstattfenstern vorbei, manchmal sogar direkt unter den Dielenböden der Häuser durch. Diese Kanäle waren der Treibstoff, der die Maschine Unterstadt unermüdlich am Laufen hielt. Die ansässigen Gewerbe wie Färber, Wäscher, Kürschner, Gerber, die Sägemühlen, Pulvermühlen, Getreidemühlen, alle waren sie vom Wasser abhängig.

Ebenso die Badestuben.

Badestuben boten Essen, Trinken, Unterhaltung und angenehme Gesellschaft. Darüber hinaus konnte man sich massieren oder die Haare schneiden lassen. Oft konnte der Bader auch gebrochene Knochen flicken oder einen Aderlaß durchführen. Mittelalterfans nehmen die allgegenwärtigen Badestuben gerne als Beweis dafür, wie reinlich die Menschen im Mittelalter waren.

Zu Beginn meiner Reise besuchte ich ein Mittelalterfest in Freienfels, einem kleinen hessischen Städtchen. Hunderte von Mittelalterfans kampierten dort in voller Montur. Ritter, Bauern, Barbaren und Künstler wohnten in einem mittelalterlichen Zeltdorf, verkauften Speis und Trank und führten Touristen am Wochenende ihre Handwerkskünste und Turnierkämpfe vor.

Mitten auf dem Platz war ein großer Badezuber mit heißem Wasser aufgestellt. Er war mit einer Pumpe und einem Abfluß ausgerüstet. Zuerst war ich skeptisch, doch dann ergriff ich die Gelegenheit zur Feldforschung. Eintauchen ins

Mittelalter! Zu sechst, Männer und Frauen, zogen wir uns in einem Nachbarzelt aus und stiegen dann in den Zuber mit dem heißen grauen Wasser. Es war in der Tat recht entspannend. Wir saßen herum, unterhielten uns, tranken Met und machten uns über die Stielaugen der Passanten lustig. Nach einer Weile aber bemerkte ich, wie unten im Wasser etwas an meinen Füßen entlangwischte. Diskret fischte ich danach, bekam etwas Weiches zu fassen und zog ein riesiges Haarknäuel heraus. Am nächsten Morgen verzichtete ich auf Authentizität und stürzte mich in den eiskalten Bach, der neben dem Parkplatz floß.

Als einst ein Italiener namens Poggio Bracciolini, Diplomat des Vatikans, eine Reihe vornehmer Badestuben im Schwarzwald besuchte, war er ziemlich angetan. Seinen Worten zufolge war das Baden ein gesellschaftliches Ereignis. Die Leute kamen in ihren feinsten Kleidern, sie waren mit Gold, Silber und kostbaren Edelsteinen behängt, nur um sie gleich wieder abzulegen. Männer und Frauen badeten separat, konnten sich aber sehen und sogar durch die Fenster der Trennwände berühren. Sie aßen und tranken von schwimmenden Tabletts und sangen zum Spiel von Musikanten. Auch Leute, die nicht baden wollten, trafen sich hier. Man saß auf einer Galerie, unterhielt sich, trank und beobachtete das Treiben unter sich. Wenn Frauen bemerkten, daß Männer sie von oben beobachteten, forderten sie scherzhaft Bezahlung für das Vergnügen, und dann warfen die Männer eine Münze hinab.

Es war die heitere Atmosphäre, die den Italiener am meisten faszinierte. Die Badehäuser schienen eigene Gesetze zu haben, vergleichbar mit den Wasserlöchern in der Wildnis, wo Löwe und Antilope friedlich Seite an Seite trinken. »Nichts ist so schwer«, schrieb Bracciolini, »das nach ihren Sitten nicht federleicht wurde.« Er war so begeistert, daß er mehrmals täglich in die Badestuben ging, sich auf den Galerien herumtrieb und sein ganzes Kleingeld an die Mädchen unten im Wasser verschwendete. Eine Badestube ist nicht unbedingt ein Bordell (in Augsburg zum Beispiel gab es siebzehn amtlich registrierte Bordelle und ebenso viele Badestuben, die offenbar nichts miteinander zu tun hatten), aber die sexuell aufgeladene Atmosphäre dort machte es den Huren leicht, Kunden zu finden – und den Männern leicht, sich den Frauen zu nähern.

Agnes Bernauer war die Tochter eines Badehausbesitzers. In der Badestube wuchs sie heran, und dort arbeitete sie als junges Mädchen, schleppte Wasser und glühende Kohlen, nahm Befehle entgegen und ertrug tagein, tagaus die Altherrenwitze halbnackter Männer.

Eines Abends spazierte ich durch das Viertel der Unterstadt, das heute Lechviertel heißt. Es war schon spät. Die regennassen Pflastersteine glänzten im Licht der Straßenlaternen, und das Rauschen der Kanäle übertönte jedes andere Geräusch. Ich folgte den Wasserläufen durch die Gassen und über die Brücken.

Damals waren die Straßen aus Lehm. Die Mühlen ratterten Tag und Nacht. Wenn es regnete, steigerte sich der Lärm zu einem Tosen, und all die Farben, Säuren und Abfälle, die in die Kanäle geschüttet wurden, stauten sich auf und verbreiteten einen fürchterlichen Gestank. Ich stellte mir vor, in einem der Häuser zu schlafen und das Wasser direkt hinter meiner Wand vorbeirauschen zu hören. Heute haben die Kanäle Handläufe, die gab es damals noch nicht. Ebensowenig Straßenlaternen. Wer in dieser Gegend nachts betrunken nach Hause ging, legte sein Leben in Gottes Hand.

Damals hatten diese Straßen nichts Romantisches an sich. Wer Romantik suchte, ging in die Oberstadt. Dort waren die Straßen breit und die Gebäude stolz und farbenprächtig, dort pulsierte das Leben. Im Jahre 1428 war Agnes siebzehn. Das perfekte Alter, um den Unterschied zwischen

Ober- und Unterstadt zu begreifen, und den Wunsch zu entwickeln, lieber dort oben zu leben als hier unten.

Agnes hatte nur einen Trumpf, den sie ausspielen konnte: Sie war ungewöhnlich schön.

Selbst Lästermäuler mußten das zugeben. Ihr Ruf als Schönheit war so verbreitet, daß sogar diejenigen, die nie einen Blick auf sie geworfen hatten und sie vielleicht sogar haßten, ihr Aussehen rühmten. Sie war »unvergleichlich reizvoll und wohlgebaut in ihren Gliedern«, schrieb ein Chronist, der offenbar etwas von Proportionen verstand.

Im Februar 1428 wurde an Fasching ein großes Turnier in der Oberstadt abgehalten. Es fand in einem zwischen dem Dom und dem Bischofssitz gelegenen Hof am Ende des Weinmarktes statt. Den Bischofssitz gibt es nicht mehr, aber die gotische Kirche ist noch da, ebenso der Fronhof, heute eine Parkanlage mit ein paar Statuen.

Ehrengast des Turniers war Albrecht, herzoglich bayerischer Kronprinz und wackerer Turnierkämpfer.

Als designierter Nachfolger des bayerischen Herzogs sollte Prinz Albrecht eines der mächtigsten Länder im Heiligen Römischen Reich erben. Bemerkenswert an ihm war, daß er einen Fuß im Mittelalter und den anderen schon in der Frührenaissance hatte. Obwohl er sich nicht immer so verhielt, war er durchaus schon vom Humanismus beeinflußt. Er galt als gebildet und verantwortungsvoll. Mit siebenundzwanzig Jahren war er ein angesehener Herr und sollte endlich heiraten.

Seine Familie arrangierte die Verheiratung mit Elisabeth von Württemberg. Die Verträge waren unterzeichnet und die Verlobung bekanntgegeben, als die Schlampe plötzlich verkündete, sie sei in einen anderen verliebt und wolle die Verbindung auflösen. Wie im Vorvertrag festgelegt, bekam Albrecht zehntausend Gulden für die geplatzte Verlobung. (Zweihundert Jahre nach Walther erkannte selbst der Adel einen Zusammenhang zwischen Liebe und Heirat an – solange es sich um jemand vom gleichen Stand handelte, natürlich.)

Albrecht freute sich also schon darauf, bei dem Turnier in Augsburg ein paar Ritter k.o. zu schlagen. Wir wissen nicht viel über dieses Turnier, nicht einmal, wer es gewann. Fest steht nur, daß die ganze Stadt in Aufruhr gewesen sein muß. »Wenn der Herzog da war, war es ein außerordentliches Fest«, sagte Kiessling. »Das gehörte zu den Höhepunkten im Jahr. Die Stadt war geschmückt. Wenn man eingeladen war, als Zuschauer am Turnier teilzunehmen, gehörte man zur Oberschicht. Die armen Handwerker konnten sich das wahrscheinlich nicht erlauben. Aber es wird auch in der Unterstadt eine außerordentlich turbulente Atmosphäre gewesen sein.«

Nach dem großen Ereignis schlenderte der Star der Show, Prinz Albrecht, den Hügel hinab in die Unterstadt, um ein Bad zu nehmen. Wie das Glück so spielt, landete er in der Badestube, in der Agnes arbeitete.

Ich frage mich, wie sie es fertigbrachte, einen Frauenhelden wie Albrecht zu verzaubern, einen begehrten Junggesellen und gebildeten Ritter. Agnes war den Anblick halbnackter Aristokraten gewohnt. Sie war den lässigen Umgangston gewohnt. Sie war es gewohnt, Kontra zu geben und offen ihre Meinung zu sagen. Und sie erwartete von Männern, daß sie das akzeptierten. Er mochte ja der herzogliche Prinz von Bayern sein, sie aber war die Prinzessin der Badestube. Als Albrecht sie ansprach, antwortete sie geradeheraus, frech und direkt.

Ich kann mir vorstellen, daß Albrecht dachte: Warum nur können die Frauen meines Standes nicht so sein? Wie auch immer, als sie am nächsten Morgen zusammen aufwachten, wußte er, daß er diese Frau wiedersehen wollte.

Hier ist die Chronologie einer Liebesgeschichte zwischen einem Adeligen und der Tochter eines Bürgerlichen im Mittelalter:

Erstes Jahr. Er ist siebenundzwanzig, sie ist siebzehn. Ganz klar, es geht um Sex. Eine Baderstochter hat keine Chance auf mehr. Seine Familie meint, ein paar wilde Wochen mit einer kessen Dirn könnten ihm helfen, über die Schmach mit Elisabeth hinwegzukommen. Ihre Familie hofft auf eine gute Abfindung.

Zweites Jahr. Albrecht braucht wirklich lang, um über Elisabeth hinwegzukommen. Agnes zieht in Albrechts Herzogspalast in Straubing an der Donau ein.

Drittes Jahr. Seine Familie wird langsam unruhig. Er soll endlich ans Heiraten denken. Ihre Familie ist jetzt sicher, daß sie eine beachtliche finanzielle Entschädigung erwarten kann. Aber wann?

Viertes Jahr. Agnes bringt eine Tochter namens Sibilla zur Welt. Nun gehört sie eindeutig zum alten Eisen. Das Ganze kann nicht mehr lang dauern. Und mit dem Kind ist ihr eine großzügige Abfindung gewiß. Beide Familien sind erleichtert.

Fünftes Jahr. Albrecht kauft Agnes ein Landgut in Niedermenzing vor den Toren Münchens. Seine Familie wird sauer. Ihre Familie erzählt in der ganzen Unterstadt herum, es sei mehr als bloß eine Affäre.

Etwa um diese Zeit verkündet Albrecht, er habe Agnes schon längst heimlich geheiratet.

In der Unterstadt ist Agnes eine Heldin.

In Straubing bricht Albrechts Familie der kalte Schweiß aus.

Wenn ihr Sohn eine einfache Bürgerliche in seinen Stand erheben konnte, dabei sämtliche Barrieren ignorierte, als existierten sie nicht, dann existierten sie vielleicht wirklich nicht. Wenn Gott ihn nicht stoppte, war die Herrschaft des Adels vielleicht doch nicht gottgegeben. Wenn jemand einfach sagen konnte: »Ab jetzt gehöre ich zum Adel«, was war der Adelsstand dann anderes als eine bloße… Illusion?

Der Adel war in hellem Aufruhr.

Es ist interessant, was die Chronisten, die selbst dem Adel angehörten beziehungsweise von ihm bezahlt wurden, in den folgenden Jahren über Albrecht und Agnes zu berichten hatten. Fast alle lehnten die Verbindung ab (obwohl sie zugaben, daß sie eine Schönheit war). Laurentius Hochwart beschrieb Albrechts Verbindung mit Agnes als eine »fast krankhafte Liebe«. Der Ritter von Wildenberg nannte Agnes ein »verführerisches und hochmütiges Geschöpf«. Der bekannte Humanist Piccolomini, der spätere Papst Pius II., unterstellte Agnes »mangelndes sittliches Verhalten und einen waghalsigen Vorstoß gegen die gottgegebene Standesordnung«. Damit hatte er den wunden Punkt getroffen.

In München wurden prompt zwei Frauen aus dem Volk gesichtet, die ein handschriftliches Pamphlet bei sich trugen, das gegen den Adel polemisierte und Agnes' Recht auf eine Ehe mit Albrecht verteidigte. Das roch nach Revolution. Die Frauen verschwanden im Gefängnis.

Im *Nibelungenlied* gibt es diese Szene am Nordportal, in der Kriemhild Brünhild als Konkubine beschimpft. Die Krise, die sie damit auslöste, traf das Feudalsystem mitten ins Herz. So eine Krise hatte Agnes jetzt im wirklichen Leben ausgelöst.

So etwas konnte vom Adel nicht geduldet werden. Als Albrecht eines Tages zu einem großen Turnier nach Regensburg kam, wurde er wieder fortgeschickt. Die Botschaft war klar: Wenn du mit einer Bürgerlichen leben willst, dann leb gefälligst wie ein Bürgerlicher. Albrecht, einst Kronprinz einer der wichtigsten Herzogtümer des Heiligen Römischen Reiches, war zum Paria geworden.

Es sind Briefe von Vater und Sohn erhalten, in denen Ernst Albrecht bekniet, von der Heirat zurückzutreten und Agnes rauszuschmeißen. Aber Albrecht wollte nicht hören. Ernst entzog Albrecht sogar die Regierungsverantwortung in einigen Provinzen. Trotzdem stand Albrecht zu seiner Frau.

Liebte Agnes ihn wirklich? Oder war er für sie einfach das Ticket aus der Unterstadt heraus? Die Frage ist schwer zu beantworten. Sicher zog es Agnes zur Oberschicht. Eine ihrer ersten Handlungen als Ehefrau von Albrecht war die Stiftung eines Altars im Karmelitenkloster in Straubing. Als Gegenleistung wollte sie dort begraben werden, und die Mönche sollten für ihre Seele beten. Für das eigene Seelenheil zu bezahlen, das war ein Privileg der Reichen.

Andererseits bekannte sie sich zu den kleinen Leuten. Als ein berüchtigter Raubritter namens Münnhauser verfolgt wurde, weil er einem Bauern mehrere Pferde gestohlen hatte, klopfte er bei der Herzogsresidenz in München an und bat um Asyl. Adel verpflichtet, vor allem, wenn man sich vor Gesindel schützen muß. Der Räuberbaron wurde eingelassen. Zufällig war Agnes zugegen. Als sie erfuhr, daß diesem Verbrecher Schutz gewährt wurde, flippte sie aus. Sie zeterte so laut und lange, daß der Vorfall sogar von den Chronisten erwähnt wurde. So sehr liebte sie den Adel nicht, daß er ungestraft kriminell werden durfte. (Übrigens wanderte Münnhauser in den Kerker und wurde später gehängt.)

So ging das nicht weiter. Albrechts Vater Ernst sah sich nach Hilfe um. Freunde in Landshut boten sich an. Sie luden Albrecht für ein paar Tage zum Jagen und Plaudern ein. Im Oktober 1435 ritt Albrecht nach Landshut. Agnes blieb in Straubing zurück.

Kaum war er fort, marschierte Ernst mit ein paar Rittern in den Palast und verhaftete sie. Die Anklage: Hexerei. Hauptbeweis dafür war die Tatsache, daß Albrecht sie liebte. Für die Adeligen war das ein überzeugendes Argument. Sie waren wahrscheinlich ehrlich davon überzeugt, daß sie ihn verhext hatte. Welche Erklärung sollte es sonst geben?

Agnes war allein. Ihre Familie, ihre Freunde, die Arbeiter der Unterstadt, die in ihr eine Heldin sahen – sie alle waren weit fort. Sie konnte schreien, soviel sie wollte: »Ich bin keine Hexe! Das ist ein Scheinprozeß!« Oder: »Das Recht mag auf Eurer Seite sein, doch hört auf Euer Herz!« Oder sogar: »Wartet nur, bis mein Mann davon erfährt!« Nichts konnte sie jetzt noch retten.

Als der Henker sie zur Donaubrücke vor der Stadt schleifte, war sie an Händen und Füßen gefesselt. Sie konnte höchstens noch kreischen und zappeln. Aber damit machte sie sich allenfalls lächerlich. Sie warfen sie von der Brücke.

Die Brücke zu finden war nicht schwer. Sie heißt Agnes-Bernauer-Brücke, und die Straße nach Straubing führt darüber. Als ich ankam, wurde es gerade Abend. Ein schmaler Weg neben der Straße führte an einer Gartenkolonie vorbei bis hin zu der Stelle, wo die Brücke auf das Ufer trifft. Ich parkte da illegalerweise die Nacht über und setzte mich unter die Brücke. In der hereinbrechenden Dunkelheit lauschte ich dem Verkehrslärm über mir und stellte mir vor, in die schwarze, kalte Donau zu sinken.

Agnes wußte, daß ihr letztes Stündlein geschlagen hatte. Was mich am meisten beeindruckte, war die gähnende Leere zwischen der Brücke und dem Wasser. Es war ein langer Fall, und es gab nichts, woran sie sich hätte festklammern können. Nichts als Luft. Wenn ich die Augen schließe, kann ich es spüren. Dann schlug sie auf dem Wasser auf, und auch da gab es nichts zum Festhalten. Nichts als Wasser. Sie konnte zappeln und kämpfen, soviel sie wollte, das Wasser gewinnt immer. An dieser Stelle ist die Donau kalt und klar. Sie muß gesehen haben, wie rein das Wasser war. Dann füllten sich ihre Lungen damit.

Der nächste Tag war warm und sonnig. In der Mitte von Straubings liebevoll hergerichteter Hauptstraße, die immer noch viel barocken Charme besitzt, steht ein hoher Turm, von dem aus einst der Türmer nach Bränden Ausschau hielt.

In der Nähe des Turmes traf ich mich mit Werner Schäfer. Schäfer war Anfang Fünfzig und Rektor eines Straubinger Gymnasiums. Er hatte mehrere Bücher über Agnes Bernauer veröffentlicht. Ich bat ihn, mir Albrechts Rolle in der Geschichte zu schildern. Wir setzten uns in ein Straßencafé und bestellten uns zwei große, kühle Hefeweizen.

»Der spannende Punkt war«, sagte Schäfer, »es gab keinen Thronfolger. Wenn Albrecht einen älteren Bruder gehabt hätte, hätte man ihm gesagt: ›Geh auf dein Schloß, jage und halt sonst den Mund.‹ Von Agnes konnte kein Thronfolger kommen. Auch wenn die Heirat legitim gewesen wäre, hätten die anderen Herzöge den Thronfolger nicht akzeptiert. Die Herzöge stritten sich schon jetzt. Sie hätten sich bekriegt.«

Albrecht wußte, welches Risiko er einging, als er auf der Ehe mit Agnes bestand. Und Agnes wußte es auch. Sie hätten sich offiziell voneinander lossagen und weiter als Geliebte zusammenleben können, sogar falls Albrecht neu heiratete. Dagegen hätte keiner was gehabt, wahrscheinlich nicht mal Albrechts neue Frau. Aber das taten sie nicht.

»Der Grund dafür kann nur eine große Liebe gewesen sein«, meinte Schäfer. »Das ist neuzeitlich, daß eine Liebe über Jahre alles übersteigt. Es war eine bemerkenswerte, echte Liebestragödie.«

Wahrscheinlich dachte Albrecht: Wir leben in einer modernen, zivilisierten Welt. Was kann schon Schlimmes passieren? Papa wird sich an sie gewöhnen.

»Er hat die Lage falsch eingeschätzt«, sagte Schäfer.

Agnes' Tod hat die Probleme des Herzogtums nicht gelöst.

»Es war eine Zeit der Krise«, so Schäfer. »Es gab die Bedrohung durch die Türken und starke Auseinandersetzungen in den Städten zwischen Bürgern und Zünften auf der einen Seite und Patriziern und Landesherren auf der anderen Seite. Deutschland, und vor allem Bayern, war zersplittert. Albrecht hatte bislang ein gutes Verhältnis zum Vater gehabt, das zerbrach jetzt. Die Erschütterung war ganz tief. Man hat um die Zukunft des Herzogtums gebangt. Ernst wollte den Mantel des Schweigens darüberlegen. Er schrieb an Albrecht, er soll den Mund halten, er habe dem Herzogtum Schaden zugefügt. Doch das klappte nicht.«

Alles hing davon ab, wie Albrecht sich nun verhalten würde.

Wäre das eine Geschichte aus dem *Nibelungenlied* gewesen, hätte Albrecht Rache geschworen. Aber seitdem waren zweihundert Jahre vergangen, Albrecht waren Begriffe wie Rache und Truiwe fremd. Sein Wesen war von Verantwortungsbewußtsein geprägt. Nachdem der Schock und der Schmerz ein wenig nachgelassen hatten, wachte er auf und sah, daß es an ihm lag, das Land aus der Krise herauszuführen. Er begann, sich seinem Vater wieder vorsichtig zu nähern.

»Die Annäherung dauerte nach der Tat mehrere Monate«, sagte Schäfer. »Es gab ein Ritual der Versöhnung. Ernst muß eine Staatskapelle zum Gedächtnis an Agnes Bernauer bauen. Da muß er innerlich geschäumt haben. Das ist derselbe Mann, der Agnes als Zauberin beschimpft hat. Albrecht gibt nach, man muß sagen – vernünftigerweise.«

Albrecht erwies sich auch weiterhin als fähiger und ehrbarer Herzog. Er reformierte die Klöster, hielt die Raubritter in Schach und schloß mit einigen Nachbarländern Frieden. Er wurde Albrecht der Fromme genannt, weil er die Kirche verteidigte, und er gründete das Kloster Andechs mit seinem berühmten Bier.

Sein wichtigster Job nach Agnes' Tod war die Aufrechterhaltung der Dynastie. Ein Jahr und einen Tag später heiratete er Anna, Prinzessin von Braunschweig. Sie gebar ihm zehn Kinder, trotzdem hätte ich nicht in ihrer Haut stekken mögen. Albrechts Liebe zu dem toten Mädchen aus der

Unterstadt war wohlbekannt. Er verschwieg sie auch nicht gegenüber seiner Braut. Am 6. November 1436 wurde geheiratet, den Hochzeitsbrief unterschrieb Albrecht aber erst zwei Monate später, am 21. Januar, dem Namenstag der heiligen Agnes.

Ich stelle mir gern vor, daß Albrecht irgendwann vor ihrem Tod etwas richtig Schmalziges zu ihr gesagt hat, so was wie: »Ich werde dich ewig lieben.« Das wäre natürlich völlig atypisch für diese Zeit gewesen. Erst heutzutage, wo niemand mehr weiß, was der Partner wirklich empfindet, und jeder jederzeit die Scheidung einreichen kann, brauchen wir diese starke Rückversicherung unserer Gefühle: »Wirst du mich ewig lieben? Wirklich?«

Agnes und Albrecht hätten solche Sprüche verstanden.

Straubing prahlt damit, den schönsten Friedhof Deutschlands zu besitzen. Nicht zu Unrecht. Der Sankt-Peter-Friedhof erinnert mich irgendwie an Halloween. Er ist schattig, zugewuchert und mit altertümlichen schmiedeeisernen Kreuzen übersät. Hier steht auch die Kapelle, die Ernst für Agnes bauen ließ. Innen sieht man die Steinplatte, die einst auf ihrem Grab gelegen hat und ein Flachrelief von ihr zeigt. Die Platte ist heute in die Wand eingelassen. Wenige Jahre nach ihrem Tod ließ Albrecht ihre Gebeine in das Karmelitenkloster nach Straubing bringen, wo sie hatte beerdigt sein wollen.

Ich kehrte zur Brücke zurück. Schäfer meinte, im Mittelalter habe sie anders ausgesehen. Damals war es eine Art Pontonbrücke, eine Reihe von Booten mit einigen Planken darüber. Also hatte es keinen tiefen Fall gegeben. Die Rettung war stets ganz nah – sie sah die Boote, an die sie sich hätte klammern können, wäre sie nicht gefesselt gewesen. Als sie ins Wasser geworfen wurde, ging sie auch nicht gleich unter. Sie wand sich und zappelte und blieb oben. Der Henker mußte eine Stange nehmen und sie nach unten drücken. Immer wieder hieb er mit der Stange auf ihren

Kopf und stieß in ihren Leib, während sie sich krümmte und wand. Doch schließlich konnte sie nicht mehr. Sie öffnete den Mund und ließ das Wasser hereinströmen.

Ich hatte von Agnes' Geschichte lange vor meiner Reise gehört. Damals schien sie mir nicht mehr als eine kitschige kleine Liebesgeschichte zu sein – Bürgerliche verliebt sich in Prinzen, ein Aschenputtelmärchen. Jetzt sah ich, daß die Angelegenheit im Mittelalter viel mehr war als das. Sie war eine kleine Revolution. Sie war die Geschichte einer erwachenden Emotion, der Liebe, die Grenzen überschreitet und Barrieren niederreißt, die ihr Recht fordert, die unberechenbar ist.

Was ihre politische Bedeutung anbetrifft, können wir Agnes und Albrecht vergessen. Ihre Liebesgeschichte jedoch wurde noch Jahrhunderte später diskutiert, literarisch verarbeitet, geschmäht und romantisch verklärt. Sie bedeutete etwas – so etwas wie die Priorität des Herzens über die Politik. Schriebe jemand eine europäische Geschichte nicht unter politischen Aspekten, sondern als Geschichte der Mentalitätsentwicklung, würden Agnes und Albrecht viel Raum darin einnehmen.

Heute ist natürlich alles anders. Heute verliebt man sich, zieht zusammen, die Schwiegereltern lernen sich gegenseitig kennen. Es wird nicht darüber diskutiert, ob die Liebe der Kinder die Pläne der Eltern durcheinanderbringt oder gar eine Dynastie ruiniert. Die Liebe ist so normal wie Zähneputzen (wobei ich zugeben muß, Liebesfilme sind schon interessanter als Filme übers Zähneputzen). Die Liebe ist zahm geworden, sie überschreitet keine Grenzen mehr, sie verändert unsere Gesellschaft nicht mehr.

Dachte ich. Auch da war ich im Unrecht.

Mit ihren langen, schwarzen Locken, ihren dunklen Augen und ihrem umwerfenden Lächeln ist die junge Türkin Feride eines der schönsten Mädchen von ganz Straubing. Kein Wunder, daß sie im letzten Agnes-Bernauer-Festspiel der Stadt die Agnes verkörpern durfte. Daß sie die erste türkische »Agnes« war, zeigt, wie fortschrittlich die kleine bayerische Stadt geworden ist.

Doch daß sie zu der Rolle kam, ist nicht das Interessanteste an ihr.

Feride wuchs als jüngstes von sechs Kindern einer türkischen Einwandererfamilie auf. Sie gehörte zu dieser Immigrantengeneration, die zu Hause die traditionellen Werte lernt und in der Schule die fremden Werte der neuen Heimat und im ewigen Zwiespalt zwischen den beiden steht.

»Nach außen sah man nicht, daß ich traditionell erzogen wurde, weil ich kein Kopftuch trage«, sagte sie. »Aber ich mußte direkt nach der Schule zu Hause sein.« Ihre Schulkameradinnen waren deutsch, doch der Umgang mit ihnen war begrenzt. Keine Diskos, keine Partys. »Mit vierzehn habe ich zum erstenmal das Freibad richtig gesehen.« Und keine Jungs. »Die Jungs haben sich nicht an mich rangetraut«, sagte sie. »Sie wußten, was bei uns abgeht.« Heute kennt jeder deutsche Junge diese neue Urangst, auf die er gern verzichtet hätte: daß hinter jedem hübschen türkischen Mädchen ein Bruder mit einem Messer lauert.

Was sie am meisten wollte von der Welt »da draußen«, war: Fußball.

»Zu Hause habe ich alle Fußballspiele angeschaut«, erzählte sie, »und hin und wieder habe ich Papi überreden können, mich zu den Spielen zu bringen, wo meine Brüder gespielt haben. Ich war die stolze kleine Schwester, die schreit, wenn mein Bruder ein Tor schießt (aber wenn einer ihm sagte: ›Mann, sieht deine Schwester gut aus‹, war es ein Horror für ihn). Aber als Mädchen habe ich niemals selbst spielen dürfen.«

Feride glaubte, daß die meisten türkischen Familien wollen, daß ihre Kinder was Besonderes werden. »Meine Eltern haben mir eine gewatscht, wenn ich schlechte Noten nach Hause brachte. ›Willst du so sein wie wir?‹ sagten sie dann.

›Morgens zur Arbeit gehen und abends zurückkommen und nie die Sonne sehen?‹«

Nun, sie haben bekommen, was sie wollten.

Als Teenager jobbte sie als Kassiererin bei REAL. Ein Kunde kam immer wieder, ein Deutscher. »Er ist zweimal am Tag gekommen«, sagte sie. »Als ich achtzehn war, hat er mich angesprochen, ob ich einen Kaffee mit ihm trinken will. ›Nein‹, habe ich gesagt. Ich habe Angst vor ihm gehabt – was soll ich bei ihm, er ist doch viel älter. Aber er kam immer wieder und hat immer wieder gefragt.« Schließlich gab sie nach. Sie verabredete sich mit ihm – um ihm zu erklären, warum sie sich nicht mit ihm verabreden könne.

»Wir saßen heimlich in einem Café, und ich habe ihm das erklärt. Er hat aber nicht losgelassen. Dann, mit der Zeit, wurden die Gefühle zu ihm immer stärker. Ich habe Angst gefühlt. Tu ich's? Tu ich's nicht?«

Er war über dreißig. Er hatte eine kleine Firma für Elektromotoren. Er wußte, was er wollte. Sie sahen sich jetzt häufiger. »Er hat mich immer von der Schule abgeholt, es war immer nur ganz kurz. Aber er hat mir so viel Liebe und Wärme gegeben. Ich fühlte mich wohl, beschützt bei ihm, ich konnte mich gehen lassen. Es war schön – und Angst macht starke Gefühle.«

Sie mußte eine Entscheidung treffen. Solange die Beziehung heimlich war, waren ihre Treffen auf ein paar Minuten begrenzt.

Sie beschloß, mit ihm zusammenzuziehen.

Die Hölle brach los. Ihre Eltern ließen sie nicht mehr aus dem Haus. Es hieß sogar, sie sollte in die Türkei geschickt und dort mit einem guten türkischen Jungen verheiratet werden. Ich kann geradezu ihren Vater brüllen hören: »Du gehst nirgendwo hin, junge Dame!«, während er gleichzeitig von der Gewißheit gequält wird, daß er die Kontrolle über seinen kleinen Liebling verloren hat. Der Alte tut mir leid. Hat sein ganzes Leben lang gearbeitet, hat immer versucht, das Richtige zu tun, und dann so was.

»Ich war die Jüngste«, sagte sie, »sie haben nur gesehen: Sie will raus, sie will was erleben. Meine drei Brüder waren am schlimmsten.«

Ich bin immer wieder erstaunt, wenn ich in der Zeitung von einem Mord an einem türkischen Mädchen lese, bei dem die Polizei nach dem Bruder fahndet, der sich in die Türkei abgesetzt hat. Diese Brüder sind ja auch in Deutschland aufgewachsen, ein Fuß in der Tradition, ein Fuß in der neuen Welt. Ich stelle mir vor, wie sie, nachdem sie sich einige Jahre versteckt gehalten haben, an ihre kleine Schwester denken und sich fragen: »Warum habe ich das nur getan?«

An einem Abend war es soweit, glaubte sie, daß sie entweder in die Türkei verfrachtet oder getötet werden sollte. Sie lebte schon mit ihrem jetzigen Mann zusammen und ging zu ihren Eltern, um sich noch ein letztes Mal auszusprechen. »Mein Mann sagte: ›Tu's nicht, sie lassen dich nicht weg.‹ Ich ging aber hin.«

Zum Glück war jemand von der Caritas bei ihr.

Die Eltern baten sie, die Nacht über zu Hause zu bleiben. Sie interpretierte das nicht als Drohung, aber dann sagte ihre Mutter etwas, das ihr die Haare zu Berge stehen ließ. »Meine Mutter hat die Wahrheit ausgesprochen. Sie sagte: ›Glaubst du wirklich, daß du einen Deutschen heiraten darfst?‹ Sie ist sehr ehrlich. Sie kann nicht lügen. Es war für mich eine indirekte Warnung. Mir ist ein Licht aufgegangen: ›Ich muß hier raus.‹«

Sie stand auf und ging mit dem Sozialarbeiter langsam zur Tür.

Danach war es vorbei. Sie hatte gewonnen. Die Drohungen ihrer Brüder blieben Drohungen. »Ich glaube, sie waren auch hin und her gerissen«, sagte sie. »Sie konnten nicht aus sich heraus, aber ich habe ihnen auch leid getan.«

Ein halbes Jahr später waren sie verheiratet. Jetzt heißt sie Feride Niedermeier.

»Vielleicht war es gut, daß ich die Jüngste war«, sagte sie. »Sie konnten mich nicht aufgeben. Einige Zeit später war ich elend krank. Ich dachte schon, ich muß sterben. Ich rief meine Mutter an und sagte: ›Mutter, komm zu mir.‹ Sie sagte: ›Wenn du krank bist, schreist du auch nach der Mutter.‹«

Mama kam natürlich doch. Und daß die Versöhnung begonnen hatte, wußte Feride an dem Tag, als ihre Mutter sagte: ›Wenigstens ist er kein Dummer.‹«

Letztes Jahr, nachdem ihr erster Sohn zur Welt gekommen war, fing sie an, im Verein Fußball zu spielen.

Popstar im Panzer

Wie eine Handvoll Krieger das Showgeschäft entdeckte

Der Pfad führte den Granitberg hinauf durch Ahornbäume, Tannen und Buchen, sanft ansteigend zunächst, doch als ich mich dem Gipfel näherte, so steil, daß ich beim Klettern die Hände zu Hilfe nehmen mußte.

Dann konnte ich die Ruine sehen: erst ein paar Mauersteine, dann eine Gasse, die durch ein Tor führte, nicht breiter als eine Tür. Innen wand sich eine Mauer um die Bergspitze. Nicht auf dem Gipfel – um ihn herum. Bisweilen mußte ich über umgestürzte Bäume klettern, die eine Hand an der Mauer, die andere am Fels. Mit den Füßen berührte ich nicht einmal von Menschen geschaffenen Boden. Die natürliche Bergspitze muß für jeden Raum die vierte Wand gebildet haben. Ich fand ein Loch in einer der Außenmauern, weit unten nahe dem Felsboden, und sah hindurch. Ich blickte nicht hinaus, sondern hinab. Es ging steil nach unten.

Hier war Ulrich von Liechtenstein aufgewachsen, der Ritter im Frauenfummel.

Ich war in die Steiermark gekommen, um etwas über sein Leben zu erfahren. Um mich umzuschauen, kletterte ich den Gipfel ganz hinauf und blickte hinaus über das ländliche Murtal. Ja, so könnte eine mittelalterliche Landschaft ausgesehen haben: Bis zum Horizont erstreckten sich grün bewaldete Berge. Auf der anderen Seite überzog ein Flickenteppich aus Acker- und Weideflächen das breite, ebene Tal.

Davor breitete sich die kleine Stadt Judenburg aus mit ihren roten Dächern. Ich wollte wissen, wie es sich da unten lebt.

Ich suchte nach jemandem, der einem Ritter möglichst nahekommt – und fand ihn im Nachbarort: Johann Wieland war pensionierter Polizeibeamter. Fohnsdorf war ein Ort von knapp 9000 Seelen. Die Gendarmeriestation war winzig, bloß ein paar Zimmer in einem Mietshaus.

Nur einmal hatte Wieland während seiner Dienstzeit die Pistole aus dem Halfter ziehen müssen. »Der Mann hat mehreren Leute gedroht, sie mit seinen eigenen Händen umzubringen«, sagte er, »wozu er aufgrund seiner körperlichen Konstitution in der Lage gewesen wäre. Ich bin ihm nachgefolgt, und er hat sich umgedreht und mich mit einem Holzpflock bedroht. Ich habe daraufhin die Pistole gezogen. Da schmiß er den Holzpflock weg, riß das Hemd auf und rief: ›Da, schieß her!‹«

Wieland kannte diesen Typen. »Mir ist die Überlegung gekommen, was ist jetzt, wenn ich wirklich abdrücke? Ich wußte, daß er ein guter Familienvater war. Ich wußte, er ist nur schlimm, wenn er trinkt – er trinkt aber nie zu Hause. Das war früher der große Vorteil: Wir haben uns viel bei den Dorfbewohnern aufgehalten. Man redet mit den Leuten über Fußball und solche Dinge. Und da stand er, mit dem zerrissenen Hemd, und hat mich angeschrien, das werde ich nie vergessen ...« Wieland sprach das im hiesigen Dialekt aus: »Da schi-eß her!«

»Ich redete auf ihn ein«, sagte er, »›Bernd, mach keinen Blödsinn‹, steckte die Waffe betont langsam weg, und er ließ sich verhaften. Ich habe sogar vom Staatsanwalt den Vorwurf zu hören bekommen, warum ich in dieser gefährlichen Situation nicht geschossen hätte. Ich habe erzählt, weil ich diese Person kannte und wußte, daß er so etwas nur in alkoholisiertem Zustand begehen konnte. Am nächsten Tag bei der Verhandlung hat Bernd sogar geweint.«

Ich stellte mir vor, daß die meisten Ritter in ganz ähnlichen Umständen gelebt haben müssen – von der Kleinstadt, in der jeder jeden kennt, bis hin zum Schlichten von Streitfällen in der Gemeinschaft.

»Der Großteil der Ritter waren ganz biedere Beamte, die im Steinhaus saßen, in einer Stadt vielleicht, und die den Großteil der Zeit mit Verwaltungsaufgaben verbrachten«, sagte mir Michael Schiestl, Direktor des Stadtmuseums von Judenburg später. »Es gab Ritter, die noch nie in ihrem Leben in den Krieg geritten waren.«

In unserer Vorstellung sind Ritter entweder Helden in glänzender Rüstung oder psychopathische Räuber. Ich glaube aber nicht, daß man sein Leben lang in einer dieser Kleinstädte leben kann, ohne zumindest ein Minimum an Verantwortungsgefühl zu entwickeln. »Ein Bauer war nicht nur rechtlos; er hatte Rechte, die einklagbar waren. Der Adelige war verpflichtet, den Bauern zu schützen. Es gab einen Fall von einem Bauern, der im Zuge der Türkenbedrohung gegen seinen Grundherrn geklagt hat, weil der ihn nicht gegen die Türken geschützt hat. Der Adelige mußte den Bauernhof an den Landesfürsten abgeben.«

Auf der Suche nach etwas, das an ländliches Burgleben erinnert, stieß ich nicht weit entfernt auf den Reitstall Ehrmeierhof. Der Burgherr Manfred saß schon draußen auf einer Bank und genoß den Feierabend mit einem seiner tschechischen Arbeiter. Manfred war das Befehlen gewohnt. Als erstes befahl er mir, mich hinzusetzen, ihn zu duzen und ein gutes steirisches Bier mit ihm zu trinken.

Er erzählte mir ein paar Anekdoten aus dem Landleben, von den Weihnachten seiner Kindheit zum Beispiel, wo er von dem furchterregenden »Krampus« – einem österreichischen Knecht Ruprecht – durchs Haus gejagt wurde. Ich mußte an den mittelalterlichen Karneval denken, wo die Leute sich verkleidet und einander freudig verprügelt hatten. Ich hatte immer geglaubt, »Fensterln« wäre eine Legende aus alten Zeiten. Nicht hier. Manfred grinste. »Jeder hat eine Geschichte übers Fensterln. Jeder ist mal vom Nachbarn erwischt worden.« Es erinnerte mich an die Bilder im *Codex Manesse*, in denen Ritter die Balkone erklettern, auf denen die Damen warten.

Manfred hatte den Tag wie immer damit verbracht, seinen Reiterhof weiter aus- und umzubauen. Die Dränierung mußte installiert werden, Zäune gebaut, es gab Pläne für eine Reithalle. Dieser Hof war sein Projekt, sein Werk. Auf einer mittelalterlichen Burg ging es nicht anders zu: Ständig wurde repariert, gebaut, expandiert. Wir stellen uns vor, die Burgherren hätten kaum Kontakt zu den unteren Klassen gehabt, doch ich denke, auch sie haben sich abends hingesetzt und mit den Arbeitern ein Bier getrunken. Zumindest hier auf dem Land.

Wir blickten über die Felder, als die Sonne unterging. In der Ferne lagen die sanften Erhebungen der Berge wie gemütlich schlafende Riesen. Der Nebel kroch über die Wiesen. Die Landstraße war ein dunkles Band, das sich zum Horizont hinzog. Die fernen Scheinwerfer wirkten von hier aus wie kleine Irrlichter. »Das ist das schönste Land auf Erden«, sagte Manfred. »Ich war mal in Florida, aber ich wollte nur wieder nach Hause.«

In dieser ersten Nacht parkte ich auf der Wiese unterhalb des Reiterhofs. In der Finsternis hörte ich Wasser fließen, konnte aber nichts erkennen außer dichten schwarzen Bäumen. Ich drang durch das Gebüsch, kletterte über einen Zaun, und dann sah ich sie: Die Mur, von der schon Walther von der Vogelweide erzählt hatte, flach und silbern im Mondlicht.

Manfred hatte mir empfohlen, den Wecker auf halb sechs zu stellen, und das tat ich. Im Morgengrauen bildeten die Tannen eine dichte, dunkle Mauer am gegenüberliegenden Ufer. Sie lebten. Die Vögel – es müssen Tausende gewesen sein – tschirpten, krächzten, gackerten, piepsten, pfiffen, schnatterten, gurrten, zwitscherten und kreischten. Ab und zu quakte eine Ente eine andere wütend an und floh über das Wasser. Die Mur wand sich durch die Bäume um eine Biegung, wo die Sonne aufging, den Horizont zartrosa färbte und den Fluß in einen perfekten Spiegel verwandelte.

Es gibt zwei Theorien über Ulrich von Liechtenstein.

Da ist einmal das Bild, das die Historiker zeichnen. Sie sehen sich rund einhundert Urkunden an, in denen Ulrichs Name erwähnt ist, und rekonstruieren daraus ein Leben, das mit wenigen Änderungen auch heute so stattfinden könnte. Heute wäre Ulrich ein Kommunalpolitiker, der in der Hierarchie relativ weit unten stünde, ein Stadtrat vielleicht, der spät im Leben seine Karriere klug voranbringt, in die Landespolitik geht und viel arbeitet, bis er hochangesehen im Alter von 75 Jahren tot umfällt.

Über sein frühes Leben als Ritter wissen wir nicht viel. Ulrich wurde um 1200 in der beengten kleinen Burg über Judenburg geboren, in eine Familie, die in der Region bereits einen gewissen Rang erreicht hatte. (Dieselbe Familie übrigens, die später dem kleinen Land Liechtenstein seinen Namen gab, aber nur durch eine Seitenlinie – Ulrichs Dynastie starb irgendwann aus.) Ulrich wurde an verschiedenen Höfen zum Ritter ausgebildet und erhielt die Schwertleite. Wahrscheinlich hatte er rund um Burg Liechtenstein mit dem Eintreiben von Steuern und ähnlichem sehr viel um die Ohren.

Mit etwa vierzig änderte sich das alles – er stieg in den herzoglichen Dienst auf. »Als Truchseß verwaltete Ulrich die Finanzen des steirischen Herzogs«, sagte Schiestl vom Stadtmuseum Judenburg. »Er wurde Marschall, bekam die Oberaufsicht über die Heere des Herzogs. Das war ein symbolisches Amt. Jemand, der rechnen und schreiben konnte, hat die Ämter tatsächlich ausgeführt. Ulrich war also Berater des Herzogs. Als er schon fast siebzig war, wurde Ulrich auch Landesrichter, der höchste Richter in der Steiermark. Er hat Rechtsfälle innerhalb des Adels und des Klerus geschlichtet.«

Der praktische Grund, warum er sich in die Dienste Ottokars II. begab, des Herzogs von Österreich, lag darin, daß Ulrichs Familie reich und mächtig war und Ottokar seine Loyalität brauchte. Doch es gehörte etwas mehr dazu, solch ein Hofamt zu ergattern. Man mußte schon des Königs Leben retten oder sonst eine Heldentat vollbringen. Im Falle Ulrichs war die Heldentat etwas subtiler.

Kurz zuvor hatte ein Ritter Ottokar darüber informiert, daß eine Handvoll anderer Ritter gegen ihn intrigierten, um ihn zu entthronen. Tatsächlich war Ottokar bei vielen großen Rittern Österreichs nicht sonderlich beliebt. Er verhaftete die mutmaßlichen Verschwörer, warf sie ins Gefängnis und nahm ihre Burgen und Besitztümer an sich, obgleich alle ihre Unschuld beteuerten und sich erboten, mit dem Informanten zu kämpfen, um dadurch die Anschuldigungen zu widerlegen. (Die beliebte Gottesurteil-Methode zur Rechtsfindung: der Sieger hatte recht.) Ottokar jedoch war skeptisch und schmiß sogar den Informanten zur Sicherheit gleich mit in den Kerker.

Einer der Ritter war Ulrich. Er blieb sechsundzwanzig Wochen lang in Haft – ein halbes Jahr. Als die Ritter schließlich freikamen, waren sie verständlicherweise ziemlich mitgenommen. Nur Ulrich nicht. Er riß Witze. Wie gewonnen, so zerronnen. Ottokar, so heißt es, beeindruckte das so sehr, daß sie Freunde wurden. Wenig später wurde Ulrich zum Truchseß ernannt.

Von den wenigen persönlichen Anekdoten in Ulrichs Leben gefällt mir eine besonders gut. Sie handelt von einer Frau, die ständig drauf und dran war, entweder ungeheure Macht zu erlangen oder plötzlich ermordet zu werden, oder beides zugleich.

Gertrud war eine Babenbergerin, aber das leider zu einer Zeit, als die Babenberger Österreich schon nicht mehr regierten. (Ja, das war dieselbe mächtige Familie, die Wien gegründet hatte und Walther von der Vogelweide nicht fördern wollte.) Als junger Mann hatte Ulrich unter dieser legendären Dynastie gedient und sie bewundert. Als der letzte Herzog von Babenberg starb, war Ottokar, der Böhme, an der Reihe. Doch für Ulrich blieb es die größte Dynastie aller Zeiten, und Gertrud war die Nichte des letzten Herzogs von Babenberg.

Damit war Gertrud eine der begehrtesten Partien auf dem Heiratsmarkt. Ihr erster Mann war der Neffe des Königs von Ungarn. Allein, daß sein Neffe mit einer Prinzessin von Babenberg verheiratet war, erlaubte es dem König von Ungarn bereits, Anspruch auf die Herzogswürde von Österreich zu erheben, und genau das tat er. Das teilte er Ottokar mit. Ottokar von Böhmen und der König von Ungarn zogen also um Österreich in den Krieg.

Als der Neffe starb, war Gertrud wieder frei und noch immer heiß begehrt. Sie heiratete nun den Markgrafen von Baden. Doch bevor der eine Armee aufstellen und den Kampf um Österreich aufnehmen konnte, starb auch er, und Gertrud war wieder zu haben. Nun zauberte der König von Ungarn schnell einen weiteren Neffen aus dem Hut, diesmal einen Russen. Er heiratete Gertrud, und der Krieg um Österreich konnte fortgesetzt werden.

Am Ende gewann Ottokar endgültig den Herzogstitel, und Gertruds russischer Ehemann verließ sie wegen einer anderen Prinzessin. Dumm gelaufen. Was nun? Gertrud hatte Grundbesitz in Judenburg – eine ganze Menge sogar, also ließ sie sich dort nieder.

Dort lernte sie Ulrich von Liechtenstein kennen. Er half Gertrud bei der Entwicklung Judenburgs. (Die Stadt verdankt ihren Namen vermutlich einem sehr alten jüdischen Fernhandelsstützpunkt – es gibt ein Dutzend solcher Orte in Deutschland und Österreich.) »Judenburg bestand aus zwei Siedlungen«, sagte Schiestl. »Erstens die Burg, damals auf dem Martiniplatz. Zweitens die Kaufmannssiedlung. Erst im Mittelalter sind die zwei Siedlungen zusammengewachsen.« Ulrich leitete zwei Wasserläufe in den Ort: einen zur Burg, den anderen durch die Kaufmannssiedlung. »Judenburg war sehr, sehr reich im Mittelalter«, sagte Schiestl. »Es hatte große Bedeutung durch die Venedigstraße und war bedeutender als Graz. Die bedeutendste Stadt in der Steiermark im Hochmittelalter.«

Ulrich wurde Gertruds Beschützer und Berater, und es entwickelte sich eine Freundschaft. In den Urkunden nannte sie ihn »Fideles«, Vertrauter. Viele Jahre lang standen sie sich sehr nahe.

Dabei stand Ulrich inzwischen auf Ottokars Seite. Gertrud, obwohl zur Zeit nicht verheiratet und daher zeitweilig aus dem Rennen, auf der Gegenseite.

Gertrud hatte aber noch einen letzten Trumpf im Ärmel: einen Sohn. Der letzte Prinz von Babenberg wies gern darauf hin, daß er der rechtmäßige Erbe des Throns von Österreich sei. Als er ein Teenager war und damit erwachsen, wurde er für Ottokar zur Bedrohung, und er vertrieb ihn aus Österreich. Der Junge fand Zuflucht bei einem weiteren Prinzen mit zuviel Vergangenheit und zuwenig Zukunft: dem letzten Staufer.

Wie die Babenberger war auch die Familie der Staufer nicht mehr an der Macht, sie verfügte aber noch über ausgedehnte Ländereien in Süditalien. Die beiden Jungs beschlossen daher, ihren Aufstieg zur Macht damit einzuleiten, daß sie ihre Machtbasis in Italien wiedereroberten. Der letzte Staufer und der letzte Babenberger sammelten eine Armee und marschierten gen Italien.

Wenn ich mir die beiden auf ihrem Ritt nach Italien vorstelle, denke ich mir: Das muß die großartigste Zeit ihres Lebens gewesen sein. Zwei Jungs, die hochfliegende Zukunftspläne schmieden, sehen sich bereits auf dem Thron sitzen und eine neue Ära einläuten. Wahrscheinlich beteuerten sie sich gegenseitig: »Auch wenn ich an die Macht komme, verspreche ich dir, wir bleiben Freunde, nichts kann uns auseinanderbringen!« (Im *Codex Manesse* sieht man die beiden zusammen zu einer idyllischen Falkenjagd reiten – auch der junge Staufer hat Minnelieder geschrieben.)

In Italien wurde ihre Armee sofort vernichtend geschlagen. Die Jungs flohen, wurden aber gefaßt und vor Gericht gebracht. Es wurde kurzer Prozeß mit ihnen gemacht. Man befand sie für schuldig, schuldig, schuldig, zerrte sie hinaus auf den Marktplatz von Neapel und köpfte sie. Zwei Schwerthiebe – zack! zack! –, und das war das Ende zweier der größten Dynastien des Heiligen Römischen Reiches: derer von Babenberg und derer von Staufen.

Zu Hause in Österreich hatte Ottokar das alles mitbekommen. Er war nun etwas beunruhigt, daß Gertrud ihrem Jungen wohl nicht die gebührende innere Distanz zum Herzogsamt von Österreich beigebracht hatte. Vielleicht fehlte ihr ja selbst die gebührende innere Distanz.

Als Ottokars Männer kamen, um Gertrud zu holen, lieferten ihnen die Bürger von Judenburg, die sie zu beschützen versuchten, ein Gefecht, doch sie hatten keine Chance. Ottokar tötete sie nicht, was beweist, was für ein großzügiger Kerl er war. Doch er nahm ihr so gut wie alle Besitztümer und jagte sie aus dem Herzogtum. Gertrud starb viele Jahre später machtlos und allein in einem Konvent weit weg von Österreich.

Wo aber war Ulrich, als Ottokars Männer Gertrud holten? War er nicht ihr »Fideles« und persönlicher Freund?

Ulrich muß eine schwere Entscheidung zu treffen gehabt haben. Er trug große Verantwortung für seine Region, seine Familie und seine Dynastie. Er hatte Ottokar triuwe geschworen, und er glaubte an truiwe. Er war in einer verzwickten Situation, wie ein Held im *Nibelungenlied,* der gleichzeitig Kriemhild und den Wormsern Truiwe geschworen hatte. (Hat nicht Oscar Wilde gesagt, das Leben ahme die Kunst nach?) Im Gegensatz zu den Judenburger Bürgern wußte Ulrich auch, daß er nicht gewinnen konnte und nur unnötiges Blutvergießen verursachen würde. Als Ottokars Männer kamen, trat er einen Schritt beiseite und ließ sie passieren.

Hätte Ulrich seine Memoiren über diesen Teil seines Lebens geschrieben, hätte er ihnen vielleicht den Titel »Politischer Dienst« gegeben. Aber damit verschwendete er seine Zeit nicht. Zwar schrieb er seine Erinnerungen nieder – eine Seltenheit im Mittelalter –, doch es war nicht die Politik, an die er sich erinnern wollte.

Die Liechtensteiner waren nicht nur Ritter, sondern auch Ministerialen. Ich hatte keine Ahnung, was das war.

»Ministerialen waren unfreie Dienstleute im 11. Jahrhundert«, erklärte mir Egon Boshof, Historiker an der Universität Passau. »Sie waren eine bestimmte Gruppe von Unfreien, die der Grundherrschaft gehörten, das heißt, sie waren rechtlich an das Land ihres Herrn gebunden. Zum Teil kamen sie aus dem Bauernstand. Es gab Unfreie, die durch einen besonderen Dienst am Hofe eines Adeligen oder Königs dienen durften und sogar aufsteigen konnten – der Motor war der besondere Dienst. Das konnte so etwas sein wie Verwaltung oder Kriegsdienst, auch die Hofämter – Truchseß, Mundschenk, Marschall. Sie blieben unfrei, aber sie heben sich mehr und mehr von den üblichen Unfreien ab. Im 12. Jahrhundert vollzieht sich der soziale Aufstieg am deutlichsten.«

Mit anderen Worten: Für die Beinahesklaven des Mittelalters kam ein Job als Ministerialer, modern gesprochen, der Flucht aus dem Getto gleich.

Im Mittelalter waren fünfundneunzig Prozent der Bevölkerung Bauern. Sie befanden sich am unteren Ende der sozialen Leiter. Bauern leisteten tagein, tagaus ohne nennenswerte technische Hilfe Knochenarbeit, lebten in engen, kalten, feuchten und zugigen Hütten ohne Privatsphäre und anständige Hygiene. Im 12. Jahrhundert gab es in Europa nicht weniger als fünf große Hungersnöte – so alle zwanzig Jahre eine (wer mit neunzehn starb, hatte dem Schicksal ein Schnippchen geschlagen).

Bei der Erforschung mittelalterlicher Gräber auf dem Land stellten Archäologen fest, daß die meisten Menschen im Alter zwischen vierzehn und zwanzig Jahren gestorben waren. Die zweitgrößte Gruppe war zwanzig bis vierzig Jahre alt geworden. Die Gräber waren auch kürzer als heute, durchschnittlich etwa hundertsechzig Zentimeter lang. Damit waren die Menschen noch kleiner als die Barbaren der Germanenstämme. Schuld war die Mangelernährung. Der durchschnittliche Bauer sah wahrscheinlich sein Leben lang kränklich aus. Im Vergleich dazu muß selbst der häßlichste Aristokrat dagestanden haben wie ein Supermodel. Größer war er auch. Kein Wunder, daß die Bauern glaubten, Adel sei gottgegeben.

Doch wer den Hof seines Lehnsherrn ordentlich bestellte und ihm gutes Geld erwirtschaftete, der bekam von diesem vielleicht eine seiner Burgen als Lehen zum Wohnen überlassen, dazu etwas Land und Leibeigene, die es bewirtschafteten. Oder wenn jemand genügend Muckis und einen Hang zur Gewalttätigkeit hatte, bekam er vielleicht ein Schwert in die Hand gedrückt und wurde in den Krieg geschickt. Irgendwo war immer was los.

Aber seien wir uns über eins im klaren: Auch dann ist derjenige noch unfrei. »Der Herr verfügt über ihn. Er oder sie kann verkauft werden, meist mit Grund und Boden, aber auch persönlich«, erklärte Boshof. »Wenn Ministerialen von unterschiedlichen Herren heiraten, wird geregelt, welchem Herrn die Kinder gehören.«

Die Ministerialen waren ein deutsches Phänomen, doch überall in Europa gab es ähnliche Klassen von Unfreien, die auf vergleichbare Weise der Not des Bauernstands entflohen. Alle Lehnsherren brauchten Handlanger, denen sie ihre Finanzen anvertrauen oder die sie in den Krieg schikken konnten. So begann nicht nur die Ministerialität, sondern auch das Rittertum. Aus diesem Grund waren viele Ministeriale zugleich Ritter.

Um die Zeit Karls des Großen gab es bereits einige Krieger zu Pferde, viele davon aus unfreien Familien. Ein Mann hoch zu Pferd war irgendwie sexy, und ein berittener Krieger galt als etwas Besseres als ein Fußsoldat. In der Schlacht war er auch wirklich besser. Vielleicht hatte man sich in Europa in das Pferd verliebt, als man die Kraft der Hunnen zu spüren bekam (weder die Römer noch die früheren Barbaren waren so verrückt nach der Kavallerie wie die Europäer).

Dann geschah etwas Seltsames. Die Kirche mischte sich ein.

In Südfrankreich terrorisierte der örtliche Adel – mittlerweile vorwiegend zu Pferde – die Gegend. Schlimmer noch, er raubte die Kirchen aus. Die Kirche beschloß zu handeln. Sie erfand aber keine Polizei, sondern eine erstaunlich modern anmutende Marketingstrategie, eine Art exklusiven Klub namens »Gottesfrieden«. Es war so etwas wie die Platinumkarte des Kriegertums. Wer dazugehörte, erhielt von der Kirche eine Flagge und den Segen für sein Schwert, er durfte Reliquien berühren und wurde zu einer Art Gotteskrieger geweiht. Im Gegenzug mußte er schwören, mit seinem neu von Gott gegebenen Kriegertum die Kirche und jeden Schutzbedürftigen zu beschützen.

Dieses Modell war für den Mann des Mittelalters leider noch nicht sexy genug. Doch etwa um diese Zeit kamen die Kreuzzüge auf – die Gelegenheit, unschuldige Muslime zu töten, ihre Häuser zu plündern und sich selbst womöglich zum König einer ihrer Städte aufzuschwingen. Das klang plötzlich sehr interessant.

Die Kirche wandte nun das Prinzip des »Gottesfriedens« auf die Kreuzzüge an, und plötzlich war der Ritter kein gemeiner Schläger mehr, sondern ein Schläger Gottes. Der Ritterstand, wie wir ihn kennen, war geboren.

»Die Ritter hatten bald eine eigene Standesethik«, sagte Boshof. »Das war der Einfluß der Kirche. Die Kirche hatte immer ein Problem mit Kriegen, aber die Kreuzzüge waren ja Kriege. Wenn man Kriege akzeptieren muß, muß man dem Ritter ein Standesethos mitgeben. Dieses Ritterethos ist nicht Phantasie, es ist gelebt worden. Auf Kreuzzügen haben Ritter bei einer Niederlage Frauen und Kinder der Muslime geschont, zum Beispiel. Wobei das Ideal nicht immer der Realität entsprach.«

Diese Idee war so attraktiv, daß sie sogar die Menschen faszinierte, die eigentlich hätten darüberstehen müssen – die Adeligen. »Auf den Kreuzzügen werden alle Krieger zu Pferd Ritter genannt, sogar die Söhne Barbarossas empfangen die Schwertleite. Die Ministerialität wird attraktiv auch für den niederen Adel«, so Boshof. »Sie treten jetzt manchmal in den Ministerialenstand ein und geben dabei ihre Freiheit auf. Aber im 13. und 14. Jahrhundert verlieren dann die Ministerialen die Merkmale der Unfreiheit. Sie orientieren sich zum Adel hin oder bilden das Patriziat in den Städten und haben sich mit Absicht abgegrenzt gegen die Untertanen, die auch noch aufsteigen wollten. Ab dem 14. Jahrhundert sprechen wir nicht mehr von Ministerialen. Einige haben den Aufstieg in die Höfe des Reiches geschafft, andere bleiben Krieger.«

»Wenn Sie ein kleiner ministerialer Ritter wären und sozial aufsteigen wollten, was würden Sie tun?« fragte ich ihn.

»Wenn ich aufsteigen wollte«, sagte er, »würde ich versuchen, an einen führenden Hof zu kommen, am besten in den Königsdienst. Oder auf Turnieren – da kann man sich auch profilieren.«

Am Wochenende kamen die Hobbyritter von Judenburg zum Ehrmeierhof: Horst, 37, Bankcomputerspezialist, Engelbert, 37, Personalmanager, Rudolf, 54, Dachdecker, Karl, 49, Dreher und der Elektriker Christian, 24. Sie schleppten einen Haufen Schwerter, Keulen und Schilde auf ein Feld an der Mur und luden mich ein, mit ihnen zu kämpfen.

Ich schaute eine Weilchen zu, wie sie mit den Waffen aufeinander einprügelten. Es war eine Art zu kämpfen, die ich noch nie gesehen hatte – kein Schlagen , Stechen und Parieren. Das war nicht wie im Kino. Sie kreuzten ihre Schwerter nicht, sondern benutzten sie wie Keulen.

Engelbert, in Tennisshorts, sagte, er sei ziemlich sicher, daß sie im Mittelalter in etwa so gekämpft hatten: Man schwang das schwere Metall hoch über den Kopf und ließ es dann mit Karacho auf sein Gegenüber niedersausen. Dann holte der Gegner aus und schmetterte sein Schwert auf einen selbst herab.

Es wurde nicht gefochten, sondern geprügelt. Die Schwerter waren so schwer, daß man mit ihnen nicht stechen konnte, sondern sie schwingen mußte. Doch damit gab man dem Gegner genügend Zeit, seinen Schild zu heben. Ich nehme an, die meisten Schwerthiebe trafen den Schild, nicht den Helm. Wurde der Helm getroffen, konnte er so tief eindellen, daß das Eisen den Schädel zerquetschte.

Er ließ es mich auch versuchen. Ich prügelte mit einer Keule auf seinen Schild. »Fester!« Ich schlug noch einmal zu und legte die ganze Wucht aus der Schulter in den Hieb. Engelbert wich mit jedem Hieb einen Schritt zurück, und ich ging voran. Noch einmal, noch einmal. »Fester! Fester!«

Ich fühlte die ungeheure Kraft, die darin steckte, die Energie, die Explosivität des Angriffs. Die Schwerter krachten. Die Schilde donnerten. Die Kraft lag darin begründet, sich nicht zurückzuhalten. Man mußte alles rauslassen, alles, immer wieder, immer weiter, nichts zurückhalten, bis der andere zusammenbrach. In voller Rüstung muß es wie ein Tanz in einem Sturm aus Metall gewesen sein. Man wurde ein Teil davon, schwelgte darin, badete darin, wollte mehr, wie von einer Droge. Wir sagen, »Krieg ist die Hölle«, aber ich glaube, daß diese Kerle sich im Himmel wähnten – zumindest bis ein Hieb endlich ihren Helm durchbrach und ihren Schädel spaltete.

Ich könnte mich daran gewöhnen, dachte ich. Den ganzen Tag lang auf jemanden einzuhauen mit einem Schwert. Dann war ich aus der Puste und mußte mich setzen.

»In einer Feldschlacht gingen zwei Reihen von gepanzerten Rittern auf einem festgelegten Feld aufeinander los«, sagte Wolfgang Etschmann, Leiter der wissenschaftlichen Abteilung im Heeresgeschichtlichen Museum in Wien. »Im Vorbeireiten versucht man, den Gegner vom Pferd zu hauen. Die Reihen lösen sich auf. Man sieht sein Banner, man weiß, wo der Anführer ist, aber es wird ein Gefummel von Nahkämpfen. Das Fußvolk und die Ritter auf dem Boden wurden zertrampelt. Diese Kämpfe sind extrem anstrengend gewesen. Allein ein Kettenhemd wog bis zu zehn Kilo, die Vollrüstung um die vierzig Kilo. Innerhalb von ein, zwei Stunden war alles vorbei. Wenn klar ist, wer die größten Verluste hat, wird das Feld geräumt.«

Ritter waren Schlachtschiffe auf vier Hufen. Das Ankleiden dauerte ewig, sie kamen ohne Hilfe gar nicht aufs Pferd, bewegen konnten sie sich kaum, und ihre Sicht war äußerst begrenzt. Damit waren sie auf Regeln angewiesen. »Zum Teil wurden Ort und Zeit der Schlacht vereinbart«, meinte Etschmann. »Manchmal hat man gewartet, damit sich einzelne Ritter am Feld vorher duellieren konnten.« Ein Ritter war geliefert, wenn er vom Pferd fiel, in einen

Hinterhalt geriet, auf dünnes Eis oder in einen Sumpf getrieben wurde, mit Armbrust, Langbogen oder Hellebarden attackiert wurde und was es noch an Gefahren gab …

Daher kommen unsere Ideen von Ritterlichkeit – von Schlachten, die einem Sport ähnelten. Es muß selbst ihnen doch klar gewesen sein, daß ein Kriegswesen, das auf Fairneß beruht, keine Zukunft hatte.

1315 wurde die Armee der Habsburger in Morgarten von einer Horde ungehobelter, offensichtlich wenig ritterlicher Schweizer Bauern angegriffen – und war ziemlich schokkiert, als die Bauern sie in Grund und Boden kämpften. Die Bauern hatten vier Meter lange Spieße, die sie den heranstürmenden Rittern entgegenstemmten, das untere Ende fest im Boden verankert. Alles, was die Ritter sahen, war ein Wald aus Speerspitzen. Nun stellen Sie sich vor, wie Sie im schnellen Galopp auf diese Mauer zupreschen, und die bewegt sich einfach nicht. Ehe Ihnen klar wird, daß die Bauern, die die Speere in der Hand haben, zu weit weg sind, als daß Sie ihnen mit dem Schwert etwas anhaben könnten, haben sich die Speere bereits in die Brust Ihres Pferdes gebohrt und kommen direkt vor Ihrem Unterleib wieder heraus.

»Die standen da wie die Igel«, sagte Etschmann. »Die Wucht der Attacke war gestoppt, es kamen Verwirrung und Unruhe in den Vorstoß. Dann griff das Fußvolk mit langen Spießen und Morgensternen an.«

Nicht die neuen Waffen besiegelten den Untergang des Rittertums – es war das Fußvolk.

Diese Waffen waren nur sinnvoll, wenn sie in rauhen Mengen eingesetzt wurden – von untrainierten und billigen Bauern. Bald war das Rittertum nur noch ein Sport, und der Krieg wurde von Söldnergruppen geführt, die nach Bedarf angeheuert wurden. Irgendwann ging man dann zu stehenden Armeen über. Dies war die Geburt des Soldaten – ein Profi, der ganzjährig bezahlt wurde (meistens) und sich als Teil eines Teams begriff (wenn er bezahlt wurde). Der moderne Soldat, der seinen Namen gegen eine Nummer eintauscht und gesichtslos in einer Masse aufgeht, ist ein effizienter Krieger. Aber er ist kein Ritter.

Ein Ritter trug niemals eine Uniform. Ein Ritter trug Persönlichkeit.

Ich ging zur Wiener Hofburg und schaute mir die Waffensammlung an. Die meisten Rüstungen stammten aus der späteren Zeit des Rittertums, wo man Plattenharnische trug, aber da waren auch einige klassische Topfhelme aus der Zeit um 1200. Wichtig war der Zierat obendrauf. Einer trägt oben einen goldenen Ziegenkopf, ein anderer Hörner, die wie die Hände einer Tänzerin nach oben geschwungen sind und sich in der Spitze treffen. Ein dritter Helm ist so charakteristisch mit sanft geschwungenen Linien und spitzen Kanten gestaltet, daß man sich unwillkürlich fragt, ob ihn ein in die Vergangenheit gereister Kubist entworfen hat.

Man hatte auch zwei Rittergewänder aus der Blüte des Rittertums rekonstruiert, mit Kettenhemd, Topfhelm, Waffenrock und Federn. Sie waren eine Explosion aus Farben und Mustern. Das eine war ein flimmerndes Schachbrett ganz in Schwarzweiß. Das andere leuchtete in einem Karo aus Feuerrot und Orange. Selbst die Pferde trugen Überwürfe in Schwarzweiß oder Orangerot. Der Ritter muß darin ausgesehen haben wie ein übergroßer Lolli im Jagdgalopp. Da liefen regelrechte Kostümwettbewerbe ab. Bei jeder Tjost prallten zwei Persönlichkeiten aufeinander.

Pardon – vier.

Eva, eine der Frauen, die auf dem Ehrmeierhof ein eigenes Pferd stehen hat, erzählte mir ein bißchen etwas über die Tiere: Pferde müssen lange ausgebildet und umsorgt werden, sagte sie. Das braucht schon ein oder zwei Jahre. Ein Pferd für den Kampf zu trainieren muß noch länger gedauert haben. Sie erzählte mir von Pegasus, einem schwierigen Tier, das immer stieg und buckelte und seine Reiter abwarf. Seit einem Jahr arbeitet sie mit ihm, und erst jetzt akzeptiert er allmählich, daß sie der Boß ist. »Das ist es, was mich fasziniert«, sagte sie. »Zu sehen, wie das Pferd mir die Macht gibt, nach und nach.«

Wenn wir an Ritter denken, stellen wir sie uns in Rüstung vor, im Kampf, nicht in den Ställen oder auf der Koppel. Aber wo sonst sollten sie ihre Pferde so weit bringen, daß sie sie freiwillig in eine Schlacht tragen – und nicht in die Gegenrichtung rennen. Ritter müssen mindestens soviel Zeit mit ihren Pferden verbracht haben wie Cowboys. Oft schliefen sie sogar unter einem Dach mit ihnen.

Es war Zeit für ein wenig Feldforschung.

Wir streuten also in Baby Sues Box, die im Moment nicht da war, frisches Stroh ein, und ich legte meinen Schlafsack darauf. Es gab zwei Reihen von Boxen, die zum überwiegenden Teil besetzt waren. Als die Lichter ausgingen, war es stockdunkel. Eine stattliche Palette unterschiedlicher Düfte stieg mir in die Nase: Pferdeschweiß, Pferdeäpfel, frisches Stroh, altes Stroh, Pferdepipi und die stickige Luft.

Pferde, stellte ich fest, haben nicht die gleichen Schlafgewohnheiten wie wir. Sie machen die ganze Nacht über Lärm: Sie schlagen gegen die Wand, rütteln mit der Nase am Gitter oder furzen und schnauben ohne Pause. Eins schlug immer wieder gegen das metallene Boxentor. Es war ein zorniges Pferd. Hin und wieder pieselte eins mitten in der Nacht wie mit der Powerdüse eines Hochdruckreinigers in das Stroh. Als Ritter muß man die Fähigkeit besitzen, all das einfach zu verschlafen.

Dem kleinen Braunen mit der weißen Mähne nebenan war ich wohl ein Dorn im Auge. Ich sollte nicht da liegen, wo ich lag. Er ging hin und her in seiner Box, beäugte mich durch das Gitter und stampfte, stampfte, stampfte die ganze Nacht. Einmal bot ich ihm einen Apfel an, aber er nahm ihn nicht, bis ich ihn in einen Eimer warf. Im frühen Morgenlicht blickte ich rüber und sah, wie mich ein großes Auge durch die Stäbe anstarrte. Das Pferd mochte mich nicht.

So schlief ich die ganze Woche. Ich versuchte, mich daran zu gewöhnen. Eines Nachts regnete es stark, und die Fenster waren zu. Es war unerträglich stickig. Wie haben die Ritter das nur ausgehalten? Endlich war ich fast eingeschlafen, als irgendwas auf meinen Schlafsack fiel. Plopp! Fingen die Pferde jetzt an, mich zu bewerfen? Ich griff zur Taschenlampe und sah auf meinem Schlafsack einen wunderschönen, aber überaus schleimigen Frosch, der mich fixierte, als ob er gerade ausrechnete, ob ich auf seine Zunge passen würde.

Eines Nachts hörte ich Schritte. Sie kamen in meine Richtung. Ich machte die Taschenlampe an, doch es war niemand da. Eine Stunde später war ich fast wieder eingenickt, als die Schritte erneut kamen. Nein, es waren Hufe. Bloß ein Pferd in seiner Box, dachte ich. Dann merkte ich, daß die anderen Pferde ganz still geworden waren. Dann waren die Schritte direkt vor meiner Box. Ich griff schnell zur Taschenlampe. Nichts.

Die anderen Pferde waren jetzt unruhig. Irgend etwas war da draußen. Plötzlich ging auf dem Hof das Flutlicht an – etwas hatte die Bewegungssensoren ausgelöst. Als ich rausging, war nichts zu sehen. Endlich schlief ich ein, aber gegen ein Uhr morgens ging es wieder los: Hufgeklapper draußen. Die Pferde wurden unruhig. Die Hufe kamen näher. Die Pferde traten gegen die Wände, dann hörte ich das Hufklappern im Mittelgang. Aber keiner schaltete Licht an. Ein Mensch hätte das Licht angeschaltet, oder? Zwei Schatten zogen an der Box vorbei: riesige Pferde ohne Reiter.

Die Pferde des Todes!

Was würde ein echter Ritter in einer solchen Situation tun? Wenn es wirklich die Pferde des Todes waren, würden sie mich früher oder später sowieso holen. Wenn nicht, wollte ich endlich schlafen. Ich stand auf und machte das Licht an.

Da standen sie: ein riesiger schwarzer Hengst und eine hellbraune Stute. Sie standen da und schauten mich an. Etwas erwartungsvoll, war mein Eindruck, als ob sie sagen wollten: »Wo warst du? Wir suchen dich schon die ganze Nacht!« Ich öffnete eine Box, und die beiden trotteten rein. Ich schloß das Tor hinter ihnen und ging zu Bett. Diesmal schlief ich wie ein echter Ritter.

In dem Tal hinter Judenburg liegt ein Dorf namens Unzmarkt an einem Hang. Weiter oben steht eine alte Kapelle. Dort parkte ich und ging den restlichen Weg bis zum Gipfel zu Fuß.

Ulrich, der Ministeriale, erbaute die Burg hier oben, als er vierzig oder fünfzig Jahre alt war und reich und angesehen genug, um seine eigene Traumburg zu entwerfen. Er baute sie in jeder Hinsicht so, wie Burg Liechtenstein nicht war.

Teile davon stehen noch, insbesondere der riesige Palas, das Herzstück der Burg. Er war höher als breit, fünf oder sechs Stockwerke hoch und übersät mit Fenstern. Er war alles andere als eng. Mit seinen vielen Räumen glich er einem Wohnblock. Es gab viel Platz für die Familie, für Freunde, für Partys, für die Bewirtung von Adeligen, sogar für ein wenig Privatsphäre. Die Burg hatte Verteidigungseinrichtungen: Eine Reihe von Mauern hatte sich einst über den Berghang darunter gezogen, und noch heute sind die sogenannten Pechnasen über einem der Tore zu sehen: Aus den nach unten geneigten überdachten Erkern oberhalb des Tores konnte man heißes Pech oder Öl über ungebetene Besucher gießen, ohne daß man selbst von einem Pfeil getroffen wurde.

Von der Enge der Burg Liechenstein war sie meilenweit entfernt, vom Elend der Bauern Lichtjahre. Ulrich hatte es geschafft. Er hatte da oben sogar fließendes Wasser. Doch die Burg bot mehr als Luxus. Sie barg auch den Hauch eines Traumes. Das zeigt ihr Name.

Ulrich benannte die Burg nicht nach der Landschaft oder seiner Familie. Er nannte sie nicht Hohenmur oder Ulrichsburg und auch nicht Hohenfelsentrutzhorst.

Ulrich wählte den Namen Frauenburg.

Die zweite Theorie über Ulrich gewinnen wir aus seinen eigenen Erinnerungen, die er im Alter in der Frauenburg niederschrieb. Sie erzählen die seltsame Geschichte seiner Jugend, und Historiker halten sie für ein Lügengespinst.

»Wenn man die ganzen Urkunden, die Ulrichs Leben belegen, mit seinem dichterischen Werk abgleicht, sieht man, daß die ›Venusfahrt‹ und die ›Artusfahrt‹ niemals hätten stattfinden können«, sagte Michael Schiestl vom Judenburg-Museum. »Die Historiker sagen, es wäre unmöglich gewesen, daß ein Mensch so viele Turniere ausgehalten hätte. Das ist Fiktion.«

Heinz Gerstinger glaubte an Ulrich. Gerstinger, über achtzig, Schriftsteller und Theaterregisseur, hat eine Biographie über Ulrich verfaßt. Ich traf ihn in einem schnöseligen Wiener Café in der Nähe des Platzes am Hof und fragte ihn, warum er Ulrich Glauben schenkt.

»Ich würde sagen, sechzig Prozent sind wahr«, sagte er. Selbst er war vorsichtig. »Jeder Autor schreibt von seinem Leben und schmückt es aus«, meinte Gerstinger. »Und die Daten – da kann er sich geirrt haben. Er schrieb das Buch ja über zehn Jahre nach den Ereignissen, und die Menschen des Mittelalters hielten es sowieso nicht so genau mit den Fakten.«

Gerstinger erinnerte mich daran, daß sich die Leute damals unheimlich gern verkleideten. Die wilden Kostüme und noch wilderen Streiche zum Fasching sind ein gutes Beispiel. Auch Ritter erschienen bisweilen voll kostümiert zur Tjost – als Figuren der Artuslegende beispielsweise. Man zog gern eine kleine Show ab. »Die Ritter haben keinen großen Unterschied gemacht zwischen Spiel und Ernst«, sagte Gerstinger. »Damals hat das Spiel zum Leben dazugehört.«

Wenn Ulrich seine Ausbildung zum Ritter schildert, dann beschreibt er statt der Technik des Schwertfechtens und der Reiterkünste lieber, wie er lernte, »wie man über Frauen spricht und in Briefen süße Worte dichten soll«.

Zu dieser Zeit lernt er das Spiel der höfischen Liebe kennen und beschließt, sich darin zu versuchen. Er wählt eine Dame der klassischen Art, hochadelig und arrogant. Er umwirbt sie mit Briefen und Liebesliedern, und sie führt ihn an der Nase herum. Wenn er sie in ihren Gemächern besuchen will, fordert sie ihn auf, heimlich zu kommen, in Lumpen verkleidet, und mit den Kranken und ungewaschenen Bettlern im Wirtschaftshof der Burg auszuharren, bis ihr ein Weg einfällt, ihn hereinzulassen. Vier Tage läßt sie ihn warten, bis die anderen Bettler schließlich merken, daß er Unterwäsche trägt – ein sicheres Zeichen für Reichtum –, und ihn davonjagen.

Als Beweis dafür, daß er alles für ihre Liebe tun würde, unterzieht er sich sogar einer Schönheitsoperation. Er war vermutlich nicht der bestaussehende Ritter weit und breit (das machte er mit seiner dandyhaften Kleidung wett), vor allem aber hatte er eine Hasenscharte. Er genoß übrigens nicht die Vorzüge einer Narkose, als er sich die Lippenspalte zusammennähen ließ. Die Operation dauerte wahrscheinlich mehrere Stunden.

Der Frau muß das alles gefallen haben. Wahrscheinlich hatte auch ihr Ehemann seinen Spaß daran.

Ulrich war noch keine dreißig, als er auf die Idee kam, der Frau und dem Rest der Welt zu beweisen, daß er nicht bloß irgendwer sei. Eines Winters verschwand er, ohne zu verraten, was er vorhatte. Heimlich reiste er nach Venedig. Dort versteckte er sich und ließ sich zwölf Kleider schneidern, außerdem bestellte er zwei braune Zöpfe, durchwirkt mit Perlen. Alles war weiß, selbst Sattel, Schild und Lanze. Die Kleider sollten ihm passen – über der Rüstung.

Als der Frühling kam, war alles bereit. Eines frühen Morgens erschien er in voller Montur am Strand von Venedig, als sei er soeben dem Meer entstiegen. Bei sich hatte er ein Gefolge aus Bannerträgern, Posaunenbläsern, Trommlern, Geigern, Knappen, einem Marschall, einem Koch und zwei netten Mädchen, die ihn bedienten. Er verkündete, er sei Frau Venus, die Göttin der höfischen Liebe. Jeder Ritter, der willens sei, einen Zweikampf mit Frau Venus auszufechten, werde mit einem Ring aus ihrer Hand belohnt (er hatte einen ganzen Sack voll dabei).

So begann die Venusfahrt zu Ehren seiner Minnedame.

Ein Jahr lang zogen er und sein Gefolge durch Italien gen Norden und bis nach Wien. Unterwegs lieferte er sich mit jedem Ritter, den er traf, eine Tjost – in offiziellen Turnieren und auf dem offenen Feld. Seine Reise führte ihn durch mehrere Dutzend Städte.

In Sankt Veit liefert sich Frau Venus einen Turnierkampf mit Ilsunc von Schiefling, der fünfhundert Glöckchen an seiner Rüstung befestigt hat, so daß er unter lautem Geklingel aufs Feld reitet. In Villach fordert Herr Zachäus von Himmelberg die Frau Venus zum Zweikampf heraus, doch Ulrich lehnt ab. Zachäus hat sich als Mönch verkleidet, indem er sich eine Perücke mit Tonsur übergestülpt hat. Die Göttin der Liebe kämpft nicht gegen Mönche. Doch Zachäus folgt ihm, bis Ulrich schließlich einlenkt. In Kindberg überbringt ein berittener Bote der Frau Venus die Herausforderung eines »Windisch Weibs«. Ulrich lacht nur: »Wenn ich mit Frauen tjostiere, trage ich nie Rüstung«, doch das Windisch Weib bleibt hartnäckig – natürlich ist es Otto von Buchau, der ebenfalls Kleid und Zöpfe trägt. Bitte beachten: Seine waren blond!

Die Risiken solcher Turniere sind übrigens nicht vergleichbar mit denen eines Boxkampfs im Schwergewicht oder eines professionellen Fußballspiels. Sie sind größer.

Beim klassischen Turnier gab es nicht nur die Tjost, sondern auch den Buhurt, in dem zwei Gruppen von Rittern in Nachahmung einer offenen Schlacht aufeinander losgingen, für gewöhnlich mit stumpfen Schwertern. Die Tjost dagegen, in der ausschließlich die Lanze zum Einsatz kam, brachte dem Ritter einen enormen Vorteil: Er war der Star. Anders als im Buhurt, in dem die Sicht gering und die Verwirrung groß war, beherrschten bei der Tjost zwei Ritter die Bühne. Alle Augen waren auf sie gerichtet. Diese Darbietung vor einem Publikum aus Gleichgestellten, aber auch edlen Herren und Damen, war der schönste Teil des Ritterdaseins.

Und der tödlichste. Der Schriftsteller Dieter Kühn versuchte sich auszumalen, was es bedeutete, zu Pferd in vollem Galopp auf eine Lanze zuzupreschen. Zunächst stelle man sich das Gewicht hinter der Lanze vor: das schwere Kriegsroß plus Ritter plus vierzig Kilo Rüstung in Höchstgeschwindigkeit dahinjagend. Und beim Aufprall verdoppelt sich die Wirkung.

Wenn die Lanze mit voller Wucht trifft, kann sie töten. Sie kann eine Delle in die Rüstung stoßen, die womöglich die Kehle zerquetscht, Rippen bricht oder innere Blutungen verursacht. Selbst wenn sie nicht direkt trifft, können Übelkeit, Kopfschmerzen, Schwindel und Sehstörungen den Ritter wochenlang plagen. Eine Gehirnerschütterung zieht möglicherweise schwere Konzentrationsstörungen, Epilepsie oder Lähmungen nach sich.

Es ist schwer zu sagen, wie viele Ritter auf Turnieren fürs Leben geschädigt wurden. Offenbar waren es nicht genug, um sie damit aufhören zu lassen. Im Jahre 1175 fanden mindestens sechzehn Ritter in Sachsen und vierzig in Köln auf Turnieren den Tod. Im Jahre 1559 drang dem französischen König Heinrich II. eine Lanze durchs Auge ins

Gehirn; mehrere Tage darauf starb er. Sein Herausforderer wurde daraufhin von der Königinwitwe ohne jeden Sportsgeist exekutiert. Danach verlor der Turnierkampf zunehmend an Beliebtheit.

Doch Ulrich erwähnt die tödliche Gefahr seines Sports nicht. Er kostet jede Minute aus. (Und natürlich gewinnt er immer.)

Wer kann solch einem Spaß widerstehen? Bald flehen andere Ritter die Frau Venus an, ihr Marschall, Truchseß, Koch oder Diener sein zu dürfen. Sie wollen in ihrem Hofstaat mitreiten.

Die Frauen finden es großartig.

Sie kommen in Massen, Frau Venus zu besuchen. Normalerweise mußten sich Frauen vielen Beschränkungen unterwerfen, wenn sie einen Mann sehen wollten, doch Frau Venus war ja eine Frau. Diese Überschreitung der Geschlechtergrenzen hatte ihren Reiz.

Nach seiner ersten Tjost in Treviso geht Ulrich früh zu Bett. Doch als es Abend wird, weckt ihn einer der Diener und meldet ihm, draußen seien mehrere Frauen, die Frau Venus zur Messe begleiten möchten. Er legt eilig seine Verkleidung an, verschleiert sein Gesicht (samt Bart) und schließt sich ihnen an. Draußen trägt die Gräfin höchstpersönlich den Saum von Frau Venus' Gewand, damit es nicht schmutzig werde. In der Kirche hat man der Göttin der Liebe ein eigenes Betpult aufgestellt. Nach der Messe war es unter den Frauen Sitte, sich mit einem Küßchen zu verabschieden – nur von den anderen Frauen natürlich, niemals von Männern. Doch als die Messe vorüber ist, lüftet die Gräfin Ulrichs Schleier und gibt Frau Venus einen Kuß. Die anderen Mädels stellen sich an.

Nach der Tjost in Wiener Neustadt geht Ulrich ins Badehaus und bittet um eine eigene Wanne, um sich in Ruhe zu erholen. Plötzlich kommt ein Bote herein und streut ihm eine Handvoll Rosenblütenblätter ins Badewasser. Ulrich, schmerzgeplagt von den Folgen des Kampfes, ist verstimmt über die Störung (nun weiß er, was es bedeutet, ein Mädchen zu sein – nicht mal in Ruhe baden kann man). Er will wissen, was los ist, doch der Bote geht wortlos davon. Gerade als Ulrich es sich wieder gemütlich macht, erscheint ein zweiter Bote und läßt schon wieder Rosenblätter regnen. Diesmal erhält er in Umkehrung des Ritter-Dame-Spiels einen Brief mit den besten Grüßen der bewundernden Dame, die ihren Namen aber nicht preisgibt. Er findet nie heraus, wer dahintersteckt.

»Er war stolz darauf, daß Frauen ihm Briefe geschickt haben«, sagte Gerstinger. »Den Frauen hat das alles großen Spaß gemacht, auch als sie erkannten, daß das ein Mann ist. Es gab wahnsinnig viele Frauen, die ihm Briefe geschrieben haben in Form von Gedichten.«

Wenn ihm auf seiner Venusreise langweilig wurde, kehrte er über das Wochenende heimlich zu seiner Frau Perchta nach Judenburg zurück. Im selben Buch, in dem er die Reize der angebeteten Dame preist, beschreibt er auch seine Frau in liebevollen Worten. Sie sind Sexpartner, Dynastiepartner und beste Freunde.

»Er hat seine Frau geliebt«, sagte Gerstinger. »Er führte eine gute Ehe bis in späte Jahre. Aber er wollte ein Ideal besingen, nicht eine biedere Hausfrau. Sie war sein bequemes Zuhause. Die andere war eine Phantasie.« Die Heirat war natürlich politisch gewesen, und beide hielten sich an ihren Teil der Vereinbarung. Er war erfolgreich, und die Menschen redeten über ihn; sie gebar vier Kinder. Wenn sie darüber hinaus auch noch glücklich waren, so war das nur das Tüpfelchen auf dem i.

Die Venusreise endete in Wien. Dort kündigte Ulrich das letzte Turnier an, das diesmal auf einem abseits gelegenen geheimen Feld mit wenigen Rittern stattfinden sollte. Vor der vereinbarten Zeit verschwand Ulrich in seinen gewöhnlichen Kleidern mit seinem Diener in den Wald, packte seine Frau-Venus-Tracht aufs Pferd und stahl sich zurück in die Stadt. Dort entließ er seine Mannschaft und kehrte als er selbst nach Judenburg zurück.

Sein Diener kümmerte sich um den letzten Fanfarenstoß. Er führte das Pferd zu dem Feld, auf dem die Ritter warteten, und teilte ihnen mit, daß Frau Venus sich in Luft aufgelöst und nur ihre Kleider zurückgelassen habe.

Ulrich war Dichter und Schriftsteller, vor allem aber war er Ritter. (Mit Sicherheit war er kein literarisches Genie.) Er schrieb über die Kultur des Rittertums. Das war seine Art der Verehrung. »Er hält die Minne, die höfische Liebe, für das Höchste, was es gibt«, sagte Gerstinger. »Frau Minne ist so gewaltig, daß ihr alle Länder dienen. Der Künstler wirft seine ganze Kraft und Sehnsucht in die Kunst. Die ganze Liebe zu einer Frau ist in dem Kunstwerk drin.«

In seinen Augen war die höfische Liebe das beste, was einem Ritter widerfahren konnte. Sie verwandelte Krieger in Dichter, faule Säcke in Edelmänner. Sie brachte einen Hauch von Verrücktheit in ein Leben voller Dreck, Blut und Krankheit. Egal, ob er die Venusreise je gemacht hat oder nur darüber schrieb – er zollte Frau Venus auf diese Weise seinen Tribut.

Was geschah mit seiner Minnedame? Selbst ein so aufrichtiger Ritter wie Ulrich kann sich nicht bis in alle Ewigkeit peinigen lassen. Nachdem er die kaltherzige Schlampe dreizehn Jahre lang umsonst verehrt hatte, ließ er sie schließlich sausen.

Und sah sich nach Ersatz um.

Ulrich ist nun älter und verliebt sich nicht mehr Hals über Kopf. Er geht daher sehr rational auf die Suche nach einer zweiten Dame. Sie muß bestimmten Anforderungen gerecht werden, was den gesellschaftlichen Stand, die persönliche Anmut und den Charakter angeht. Und sie soll freundlicher sein als die erste. So, wie er die Venusreise angetreten hatte, um Eindruck auf seine erste Dame zu machen, so ersinnt er zehn Jahre später einen ähnlichen Gag, um seiner zweiten Dame zu imponieren. Dieses Mal verkleidet er sich als König Artus. Von der Dame Nummer zwei kam wohl auch die Bitte, sein letztes Buch zu verfassen. Das *Frauenbuch* ist eine Zwiesprache zwischen einem Mann und einer Frau über die rechte Art, das Spiel der Liebe zu spielen – einer der ersten Beziehungsratgeber.

Obgleich Ulrich andeutet, daß diese zweite Dame schlußendlich seine Liebe erwiderte, sagt er nicht ausdrücklich, daß sie ein Liebespaar wurden. Und natürlich gibt er nie ihren Namen preis. Aber Gerstinger hat so ein Gefühl, daß es Gertrud gewesen sein könnte.

Ich saß da auf dem Gras in der Ruine der Frauenburg, diesem vergessenen Denkmal einer vergangenen Kultur, und dachte: Das Rittertum ist tot, und trotzdem lebt es noch. Die Welt der Ritter war vor allem eine Welt der Träume, und als sie ausstarben, haben wir ihre Träume weitergeträumt.

In Wolframs Gehirn

Wie ein Loser dem hohen Adel die Show stahl

⌖

Vögel haben mich nie besonders interessiert. Die einzigen, die ich je identifizieren konnte, sind der Hirtenmaina und der Truthahn, die man beide auf Hawaii findet, am Himmel oder im Kühlregal. Doch seit ich von München nach Berlin gegangen war, um Journalist zu werden, hörte ich immer wieder ein Keckern vor dem Wohnzimmerfenster; es klang, als zöge jemand einen Trommelschlegel über ein Waschbrett. Draußen, im Kastanienbaum oder auf dem Zaun, saß eine Elster.

Wahrscheinlich suchte sie nur etwas zum Stibitzen. Das tun Elstern doch, oder? Ich hatte einiges über Elstern erfahren, als ich die ersten Worte dieses geistreichen, rätselhaften Buches über die Suche nach dem Heiligen Gral las – den *Parzival*:

Wenn Zweifel im Herzen wohnt,
da wird die Seele sauer.
Elegant, doch ehrlos
ist der Mann,
der Mut nur vortäuscht.
Wie die Farben der Elstern,
hat er ein wenig von beidem:
vom Himmel und der Hölle.

Wann immer ich den Vogel da draußen mit seinem pinguinähnlichen schwarzweißen Gefieder sah, mußte ich an meinen Traum denken, das Mittelalter suchen zu gehen, und fragte mich, ob meine Seele langsam sauer wurde.

Seltsam, wieviel Bedeutung ein x-beliebiges Tier plötzlich erhalten kann. Es war, als habe Wolfram von Eschenbach, indem er vor 800 Jahren von Elstern schrieb, die Tiere in kleine, durch die Zeit flatternde Botschaften verwandelt. Aus diesem Grund mußte ich die letzte Etappe meiner Reise der Suche nach dem Dichter widmen, der einfach nicht lockerließ – selbst als er schon tot war.

In Wolframs-Eschenbach gibt es kein Fremdenverkehrsbüro, daher mußte ich im Rathaus anrufen. Die Stadt legte sich vor rund hundert Jahren den Zusatz »Wolframs-« zu, als sie offiziell als Geburtsort Wolframs anerkannt wurde, zum Leidwesen einiger Mitbewerber. Man verwies mich an den Hobbyhistoriker des Ortes, Oskar Geidner. Ich erzählte ihm, daß ich gern eine Woche lang leben wollte wie Wolfram. »Kann ich wohl irgendwo auf Stroh schlafen?«

»Ich denke, das läßt sich einrichten«, sagte er.

»Und ich will nicht duschen. Gibt es einen Brunnen, an dem ich morgens einen Eimer Wasser holen kann, um mich mit dem Schwamm zu waschen?«

Geidner meinte, das werde er hinbekommen.

»Wie steht es mit dem Essen?« fragte ich. »Ich würde gern eine Woche lang nichts als Brei essen.«

»Sicher wird sich in der Stadt Brei auftreiben lassen«, sagte er.

»Und noch was«, sagte ich. »Wissen Sie, wo ich mittelalterliche Kleidung herbekomme?«

Geidner sagte: »Ich hol mir was zum Schreiben.«

Mein zweiter Anruf galt der Universität Erlangen, und zwar einem Wissenschaftler namens Dietmar Peschel. Von allen mittelalterlichen Helden, nach denen ich im Lauf meiner Reise geforscht hatte, würde Wolfram der schwierigste werden, weil wir so wenig über sein Leben wissen. Ich brauchte einen Experten.

Ich erzählte Peschel von meiner Suche nach dem Mittelalter und meinem Vorhaben, mich mittelalterlich zu kleiden, in Wolframs Heimatstadt auf Stroh zu schlafen und Brei zu essen.

»Sie können das Mittelalter nicht ›finden‹«, sagte er. »Es ist vorbei. Wir sind zu weit davon weg. Unser Verständnis und unser Wissen werden nie vollständig und richtig sein.«

»Ja, ja«, sagte ich. »aber –«

»Wir wissen nichts über Wolframs Leben«, stellte er klar. »Es gibt keine Urkunden, nichts von dem, was er selbst sagt, läßt sich verifizieren. Wir wissen nicht einmal mit Sicherheit, ob er aus Eschenbach stammte. Wir wissen nur, daß er ein paar Bücher verfaßt hat.«

Das wollte ich nicht hören. Das hatte ich auf der Universität schon zur Genüge gehört.

»Können wir uns nicht wenigstens treffen, und Sie erzählen mir etwas über seine Bücher?« fragte ich.

»Klar«, sagte er munter. Ja, er wollte mich sogar in Wolframs-Eschenbach durch das Museum führen. »Rufen Sie mich einfach an, wenn Sie dort sind«, sagte er.

Peschel weckte meinen Ehrgeiz.

Franken, das sind weite, offene Felder, sanfte, mit dichten Wäldern bewachsene Hügel und vereinzelte Dörfer. Dieser Landschaft mangelt es dermaßen an besonderen Kennzeichen, daß sie ebenso langweilig wie angenehm wirkt. Wolfram war Franke, daher begann ich hier mit meiner Suche.

Hohentrüdingen besteht nur aus zwei Häuserreihen rechts und links einer Straße, die auf einen der fränkischen Hügel führt. Im *Parzival* schwärmt Wolfram von den Hohentrüdinger Krapfen. An der Straße fragte ich eine Frau, ob es im Dorf eine Bäckerei gebe.

»Wir haben hier nicht einmal einen Kiosk«, sagte sie.

»Wie steht es mit Krapfen?« fragte ich.

»Die backen wir einmal im Jahr«, meinte sie. »Zu Fasching.«

»Wie schmecken sie?«

»Fettig«, sagte sie.

Schon hatte ich etwas über Wolfram gelernt. Ich fragte mich, was Peschel dazu sagen würde.

Wie viele Städte am Main, drängt sich auch Wertheim an einen Hang zwischen dem Fluß und einer Burg, die hoch auf dem Berg thront. Die Burg ist so massiv gebaut, daß der Hang alle paar Jahre unter ihrem Gewicht nachgibt, Fels und Schlamm die Straße am Fluß unter sich begraben und die Stadt Millionen investieren muß, um den Hang wieder abzustützen. Heute sind einige Türme zerbröckelt, Dächer fehlen, doch die Ruine vermittelt noch immer eine Ahnung von der Pracht jener Tage, als die Burg Wolframs Gönner gehörte, dem Herzog von Wertheim. Der alte Adel sitzt noch heute in Wertheim.

Der Fürst zu Löwenstein-Wertheim-Freudenberg war bereits über siebzig, hatte noch immer eine kräftige Statur, zurückgekämmtes graues Haar, ein warmes Lächeln und einen festen Händedruck. Er empfing mich in seinem Schloß im barocken Stil, das völlig von einer Mauer umgeben war. Wir unterhielten uns in einem rot tapezierten Raum mit hohen, weißen Bücherregalen. Er trug ein Tweedjackett, eine grüne Jägerkrawatte und eine große Brille. Ein riesiges Porträt von seinem Vater hing hinter ihm an der Wand. Während unseres Gesprächs erschien hin und wieder seine persönliche Sekretärin und sagte so Dinge wie: »Die Fürstin fragt nach dem Dackel.«

»Was macht ein Aristokrat eigentlich?« wollte ich wissen.

»Ich jage noch«, sagte er. »Es ist mir eigentlich schon angeboren. Von klein auf bin ich mit der Jagd vertraut gewesen. Mein Sohn wurde auch so erzogen.«

Er war ein echter Blaublütiger. Er besaß ein Erbe, das sich 800 Jahre lang entwickelt hatte, und ich dachte: Das Land und die Schlösser, die diesem Mann gehören, müssen ein Vermögen wert sein. Seine Vorfahren haben es sicher alles längst in Industriebeteiligungen und Sitze in wichtigen Gremien umgewandelt.

Aber als ich danach fragte, meinte er, seine Familie besitze etwa 5000 Hektar Wald und dazu 500 Hektar nutzbares Land. Das war's.

»Was ist mit Industriebeteiligungen?«

»Keine.«

»Und die Schlösser? Die Burg?«

»Das sind Lasten«, sagte er. »In unserem Besitz haben wir wahrscheinlich 100000 Kubikmeter an Bauten. Wahrscheinlich sind zwanzig Prozent davon so verwertet, daß sie sich tragen.«

Es steht alles unter Denkmalschutz. Er kann sie nicht abreißen, er kann sie nicht in Wohngebäude oder Einkaufszentren verwandeln, und obendrein muß er alles instandhalten. Vor kurzem hatte er die alte Burg an das Land verkauft.

»Haben Aristokraten heute noch eine Funktion in der Gesellschaft? Was tragen sie bei?«

»Der Adel soll ein Aushängeschild für ganz Deutschland sein – daß man sich benimmt«, sagte er. »Ich bin auch der Präsident der Vereinigung der deutschen Adelsverbände. Die Aufgabe des Verbands ist die Hochhaltung der adeligen Tradition.«

»Das ist alles?«

»Man wurde für Deutschland und den Kaiser geadelt«, betonte er. »Das ist eine ganz große Tradition, und das fortzupflanzen ist meine Aufgabe. Wir sind gewohnt zu führen. Das machen wir heute im Verein. – Zum Beispiel in Jagdschutzverbänden«, setzte er hinzu.

Er hatte in der Tat etwas Vornehmes an sich. Es war die Art, wie er sich hielt – aufrecht und elegant. Die Art, wie er seinen Kopf trug, das Kinn leicht angehoben. Keine Nervosität, keine »Hmms« und »Ähs«. Er ruhte in sich selbst. Ich dachte: Das hat er schon als Junge geübt.

»Was ist mit Politik? Politik war mal die Berufung der Aristokraten.«

»Durch die Demokratie sind Leute reingekommen, die sehr ehrgeizig waren«, bemerkte er, »mit den Ellenbogen, und das liegt dem Adel nicht. Sie sind zu anständig. Sie können sich nicht immer durchsetzen.«

Im Prinzip gibt es in Deutschland heute keinen Adel mehr. 1918 wurde ein Gesetz erlassen, das die Monarchie abschaffte. Damit verlor die Aristokratie den Zugang zu Steuermitteln, die Teilhabe an der Regierung und offiziell sogar ihre Titel. Weil aber die Deutschen irgendwie vernarrt sind in ihre Adeligen, erlaubte man ihnen, den Titel in ihrem Namen integriert zu behalten. Heute ist »Fürst« ein Teil von Fürst zu Löwenstein-Wertheim-Freudenbergs Nachnamen, genau wie Michael Jacksons Sohn »Prince Michael« heißt (mit dem Unterschied, daß Prince Michael niemals in den deutschen Adelsverband aufgenommen wird).

»Das war eine Riesenumstellung«, kommentierte der Fürst. »Sie haben immer die ganzen Steuereinnahmen gehabt, dann entfielen die. Das fiel nicht allen leicht, grad dem hohen Adel.« Der deutsche Adel hält sich allerdings bis heute für edel.

Mir fiel zum erstenmal auf, was Adelige eigentlich tun. Sie heilen weder Krebs, noch arbeiten sie an der Lösung des Nahostkonflikts. Auch die Künste fördern sie nicht mehr. Sie verwalten Land. Sie führen Listen, auf denen steht, wie viele Bäume jedes Jahr geschlagen und an welchen Holzbetrieb sie verkauft werden. Sie nehmen Pacht ein. Sie sind Landbesitzer.

Um das Land in der Familie zu halten, enterben sie praktisch alle Kinder bis auf den erstgeborenen Sohn. Er bekommt das Land und lernt, es zu verwalten. Die übrigen erhalten eine Ausbildung und werden aus dem Haus geschickt, sich selbst zu versorgen.

»Wenn Sie einen Besitz in dieser Größe aufteilen würden, wäre er nach einer Weile nicht mehr da. Sie müssen die Kinder so erziehen, daß die restlichen Kinder rechtlich und schriftlich auf das Erbe verzichten. Sie müssen das früh tun, bevor zu viele Schwiegerkinder da sind«, erklärte er mir.

Ich war überrascht, daß die übrigen Kinder das heutzutage mitmachen.

»Wenn Ihre Kinder verzichtet haben, dann haben Sie sie gut erzogen«, meinte er. »Ich hoffe, daß ich sie gut erzogen habe.«

Als ich das Schloß verließ, ging bereits die Sonne unter. Draußen empfing mich die Vorstadt. Die Leute waren auf dem Weg nach Hause. Es herrschte Feierabendverkehr. Ein Mann reparierte seinen Wohnwagen in der Auffahrt. Eine Frau überquerte die Brücke über den glitzernden Main mit einem grimmigen Ausdruck im Gesicht. Es war schön, wieder in der ganz normalen Welt zu sein.

»Die Dürner waren machtbewußt und skrupellos, zumindest die erste Generation«, sagte Wolfgang Meister, Archivar des Fürsten zu Leiningen in einem Städtchen mit dem überraschend romantischen Namen Amorbach. Die Dürner waren Bilderbuchritter: verwöhnt, protzig und arrogant. Sie nahmen an Kreuzzügen teil und dienten als Berater der staufischen Kaiser. Sie zählten zu Barbarossas Lieblingsrittern.

Ich war tief in den Odenwald gekommen, um nach ihrem Kamin zu suchen. Wolfram hatte ihn mit einer beiläufigen Bemerkung berühmt gemacht. Im *Parzival* beschreibt er die Burg des Heiligen Grals und vergleicht ihren Kamin mit dem »hier in Burg Wildenberg«. Diese Zeilen sollten offenbar vor Publikum in der Burg der Dürner rezitiert werden.

Ich fuhr in das Tal hinter Amorbach, an einem Bächlein namens Buch entlang und dann bergauf, bis ich den kiefernbestandenen Bergrücken erreichte.

Wildenburg war eine riesengroße rosa Kiste. Sie hat keine Dächer mehr und keine Innenwände, doch der hohe Turm steht noch, ebenso die ausgebrannte Kapelle, die unmittelbar über dem Torbogen errichtet worden war, weil ja Christen niemals (o nein, niemals!) eine Kirche angreifen würden. Die Wände sind etwas ausgebleicht, die Steine überzogen von unzähligen weißen Flecken.

Ich parkte im Hof, passierte zwei Torbögen und fand an der einstigen Rückwand des Palas den Kamin. In ihm hätte ein Kleinwagen Platz gefunden. Der massive Kaminsims war mannshoch und ragte fast bis in die Mitte des Raumes. Rätselhafte dreieckige Symbole waren in den roten Sandstein gemeißelt.

Man konnte immer noch erkennen, daß der Bau der Burg einmal viel Geld verschlungen hatte. Die Pfeilersockel am Burgtor waren mit Emblemen in Form von Ahornblättern und Sternen verziert, die romanischen Fenster hoch oben in der Wand waren kleine Kunstwerke.

Die Dürner Dynastie erinnerte mich an die Medien- und Internetfirmen am Neuen Markt, die in den neunziger Jahren über Nacht reich wurden, obgleich sie eigentlich nichts weiter produzierten. Die Dürner führten sich auf wie Adelige, waren jedoch nur Ministeriale. Der Grund und Boden, auf dem sie saßen, gehörte ihnen nicht, sie konnten damit auch keineswegs tun, was sie wollten. Die Dürner waren im höchsten Maße von der Gunst ihrer Lehnsherren abhängig, und ihr Absturz kam genauso plötzlich wie der am Neuen

Markt. Als das Reich in andere Hände geriet, fielen die Dürner in Ungnade.

Plötzlich wurde ihnen klar, daß sie das Geld zum Fenster hinausgeworfen hatten, als würde die Herrschaft der Staufer ewig währen. Sie begannen hektisch, alles zu verkaufen. Amorbach hatten sie im Jahre 1254 gegründet. Zwanzig Jahre später schlugen sie es wieder los. »Zwischen 1280 und 1300 verkauften sie ihr ganzes Gut«, sagte Meister, »und um 1340 starben sie aus – gescheiterweise.«

Das also waren die Ritter, die sich Wolfram einkauften.

Er war sicher nicht billig. Sie mußten ihm eine Menge teures Pergament besorgen und sehr wahrscheinlich einen Schreiber (Wolfram war Schriftsteller, kein Kalligraph). Dazu kamen Kost und Logis und vermutlich ein Honorar.

Am teuersten aber war das französische Original. Ja, der *Parzival* ist eine Übersetzung. Heute verlangen wir von einem Schriftsteller, daß er neue Welten erfindet, damals interessierte sich kein Mensch für die Visionen eines Schreiberlings. Man wollte wissen, was in der Welt draußen vor sich ging, und dafür brauchte man Übersetzer. Wolfram gab vor, das jüngste Buch des genialen Erfinders der Artuslegenden, Chrétien de Troyes, zu übersetzen, doch in Wahrheit schrieb er ein neues und weit besseres Buch. Dem Publikum in der Wildenburg war das vollkommen gleichgültig. Es interessierte sich ausschließlich für die neueste literarische Mode aus Frankreich (die Deutschen haben schon immer gern Kultur aus dem Ausland importiert). Stellen Sie sich den Manager einer Internetfirma vor, Mitte Zwanzig, der in eine Galerie geht, einen Farbklecks an der Wand hängen sieht, der eine Million Dollar wert ist, und sagt: »Das brauche ich für mein Büro.« Eines Tages haben die Ritter von Dürn Wolfram irgendwo gesehen – in Wertheim vielleicht, als er bereits an der Übersetzung saß – und gesagt: »Was kostet es, dich dem Grafen von Wertheim abzuwerben?«

Wolfram sagte: »Viel.«

Als ich in Würzburg unterwegs war, trank ich ein Bier in einer Kneipe, die Haupeltshofer hieß. Dort hielten sich eine Menge prächtiger Jungs vom Land auf, die viel Zeit im Fitneßstudio verbracht hatten. Ihr Haar war perfekt verstrubbelt oder nach hinten gegelt. Sie trugen getrimmte Kinnbärte und Koteletten und zweifarbige Lederjacken. Diese Brustkörbe! Die Oberarme! Die Tätowierungen, die aus ihren Ärmeln hervorblitzten! Aber ihr wichtigstes Accessoire war ihr lässiger Gang. Sie bewegten sich raumgreifend, Schulter und Ellbogen voraus. Sie waren die Stars der Kneipe, bewundert von den Mädels, bewundert von sich selbst.

So stelle ich mir die Herren von Dürn vor.

War es Wolfram verhaßt, als Intellektueller zwischen lauter Kriegern zu leben? Oder hat er Blut geleckt und sich gedacht: »Was die können, kann ich auch! Eines Tages imponiere ich dem Kaiser, und dann gibt er mir auch eine Burg. Und dann mache ich meine eigene Internetfirma auf!«

Ich saß im Van bei offener Schiebetür, mitten im Hof, und wartete, daß es dunkel wurde. Ich ging meine Notizen durch und listete auf, was ich bislang über Wolfram erfahren hatte:

1. Wolfram lebte zur Blütezeit des Rittertums: Geboren ein paar Jahrzehnte vor 1200 und gestorben ein paar Jahrzehnte danach. Das letzte sichere Datum ist 1217 – da lebte er noch.

2. Wolfram liebte Turniere, den Karneval, wilde Frauen und fettiges Essen. Eher ein Partylöwe als ein intellektueller Einsiedler.

3. Oder doch nicht? In seinen Büchern finden sich so viele Bezüge zu Medizin, Astrologie und anderen Wissenschaften (von seinem Latein und Französisch einmal ganz zu schweigen), daß er sein halbes Leben damit verbracht haben muß, ganze Bibliotheken zu verschlingen.

4. Mitten in der Arbeit wechselte Wolfram von einem Gönner zum nächsten. Warum? Bekam er bessere Angebote? Zerstritt er sich immer wieder mit seinem Mäzen? Seinen unvollendeten *Parzival* und das französische Original nahm er jeweils mit.

5. Es gibt keine Urkunde, nach der Wolfram je Land oder eine Stellung bei Hof erhalten hätte. Obgleich einige seiner Gönner den Stauferkaisern sehr nahestanden, hat er nie den Sprung in die erste Liga geschafft.

6. Sein wichtigster Mäzen scheint der letzte gewesen zu sein – der Herr der Wartburg, Landgraf Hermann I. von Thüringen, der Schirmherr des legendären »Sängerkriegs«.

7. Wolfram hat seine letzten Bücher nie vollendet – *Willehalm* und *Titurel* –, vermutlich weil Hermann im Jahre 1217 starb.

8. Danach verliert sich Wolframs Spur. Nicht in einer einzigen Urkunde wird sein Name noch erwähnt. (Hat er seine Gönner so sehr beleidigt, daß er im gesamten Heiligen Römischen Reich nie wieder einen Job fand? Hat er sich Rüstung und Schwert besorgt, ist auf einen Kreuzzug geritten und nie zurückgekehrt?)

Er konnte nicht mal seine Bücher zu Ende schreiben. Das ist die Biographie eines Underdogs. Wolfram als Underdog! Also hatte ich doch etwas über ihn herausgefunden. Was würde Peschel dazu sagen?

Die Nacht brach herein, und das Schwarz der Schatten in den nackten Fenstern und Toren wurde geradezu greifbar. Unter den Wolken schimmerte der dunkle Himmel. Die Wände, das Gras, die Bäume und der Hof waren grau, die Konturen verschwammen. Ein Wind wehte über die riesigen Felsplatten am Boden und raschelte in den Bäumen und Sträuchern, die in den Ecken wuchsen. Die Dunkelheit, die das Tor erfüllte, wirkte auf mich undurchdringlich wie eine geschlossene Tür; wenn ich weg wollte, würde ich nicht durchkommen. Jenseits der Mauern, im Wald: Stille.

Es war kalt, und ich hatte eine Gänsehaut. Ich versuchte, in dem offenen Kamin Feuer zu entfachen, doch es nieselte. Ständig blickte ich über die eigene Schulter in die dunklen Ecken. Ich schlief unruhig, wachte immer wieder auf und spähte durch die Fenster in den silbergrauen Hof. Ich hatte mir nicht die Mühe gemacht, Vorhänge aufzuhängen, und war froh, Kriemhilds metallene Wände um mich zu haben. Als ich wieder einschlief, träumte ich von Geistern und Stimmen. Einmal hatte ich das Gefühl, daß etwas bei mir hier drin war und sich neben mich legte, ein schwarzer Geist, der seine Arme um mich schlang. Ich schreckte aus dem Schlaf hoch. Die Wolken waren verschwunden, die Gebäude hatten ihr Grau verloren. Der Vollmond strahlte wie silbernes Feuer. Der Turm warf einen tiefen schwarzen Schatten über das Gelände, das wie unter Flutlichtern erstrahlte. Die mittlere Wand mit ihren schmuckvollen gotischen Bögen war so hell erleuchtet, daß ich jede Fuge, jede Unebenheit im Stein sehen konnte. Sie war weiß wie Papier. Mein Herz raste.

Am Morgen erwachte ich, kurz bevor die Sonne aufging und ihr Licht über den Turm ergoß. Seine Mauern leuchteten in einem fließenden rötlichen Gold. Noch nie zuvor hatte ich eine solche Farbe oder ein solches Morgenlicht gesehen.

Mein erster Eindruck von Wolframs Heimatstadt: ganz schön weit weg von der Autobahn.

Ich fuhr über endlose gewundene Landsträßchen, an aufgeräumten Feldern und einsamen Bauernhöfen mit eingesunkenen alten Dächern vorbei. Am Horizont ein grüner Fleck: der dunkle, unheimliche Mönchswald. Schließlich verengte sich die Straße auf eine Spur und duckte sich unter ein mittelalterliches Stadttor.

Dahinter führte eine Kopfsteinpflasterstraße leicht bergauf, vorbei an schlichten zweistöckigen Häusern, die gelb, grün, orange und braun gestrichen waren, und mündete auf einen Platz im Zentrum des Städtchens.

Dort stand er, Wolfram, lorbeerumkränzt, an der Seite ein verhülltes Schwert und zu seinen Füßen wasserspeiende Schwäne. Ach, wie die Romantiker ihre Dichter geliebt haben. Bunte Wimpel flatterten im Sonnenschein. Alle wichtigen Gebäude der Stadt waren auf das Denkmal ausgerichtet, als seien es Zeichen der Huldigung: das Alte Rathaus, das Neue Rathaus, die Alte Vogtei, die Kirche, das Café, der Friseur.

Peschel erwartete mich. Ein mittelgroßer, drahtiger Mann mit grauem, gestutztem Bart, die Stimme markig und entschlossen, Kettenraucher. Er hatte etwas an sich, als sei mit ihm nicht immer gut Kirschen essen. So sieht ein Wolfram-Purist aus.

»In diesem Museum gibt es kein einziges mittelalterliches Objekt«, verkündete er und zeigte zum obersten Stockwerk des Alten Rathauses hinauf. Peschel hatte an der Entstehung des Museums mitgewirkt und war stolz darauf. »Es geht allein um Ideen«, sagte er, »um die Ideen in Wolframs Büchern.«

Zuerst wußte ich nicht, was so ein Museum ohne Schwerter, Helme oder wenigstens ein paar zerknitterte Manuskriptseiten überhaupt sollte. Aber als er mich herumführte, sah ich, daß er recht hatte. In nur neun Räumen hatte man Wolframs Gehirn auferstehen lassen.

In dem Raum, der Parzivals Stammbaum gewidmet war, hingen lauter Spielkarten von der Decke. Auf jeder Karte stand ein Name. Parzival begegnet all diesen Gestalten auf seinen Abenteuern, mit manchen kämpft er, von anderen nimmt er Ratschläge an, ohne zu wissen, daß er mit ihnen verwandt ist. Der Raum hing bis in den letzten Winkel mit Familienangehörigen voll.

Der Gralsraum war weiß und makellos sauber. Zu sauber. Zu weiß. Streng. Im *Parzival* schildert Wolfram die

Gemeinschaft des Heiligen Grals als einen utopischen Ritterorden, der sich als Hüter des Heiligen Grals versteht. Eine Elitetruppe, noch großartiger als König Artus' Ritter, denn sie dienen nicht einem König, sondern Gott selbst. Während manche Historiker schwärmerisch die spirituellen Aspekte dieser Gemeinschaft hervorheben – die Verschmelzung von Rittertum und Religion –, bezeichnete Peschel sie als eine sich selbst geißelnde, faschistoide Gesellschaft, die das Ziel verfolgte, ihre Mitglieder in Machtpositionen überall auf der Welt zu installieren, und den bloßen Gedanken an Sex mit unvorstellbarer Pein bestrafte. »Die mittelalterliche Gesellschaft ist weitgehend eine Militärgesellschaft«, erinnerte er mich. »Sie zieht eine Kriegs- und Kampfliteratur vor.«

Langsam wurde mir der Bursche sympathisch.

Im blutroten Willehalm-Raum sagte er: »Das ist Wolframs bestes Buch. Es ist reifer.«

Willehalm erzählt die Geschichte des Wilhelm von Orange, der sich in eine muslimische Prinzessin verliebt, sie zum Christentum bekehrt und heimführt. Als ihre Familie sie zurückholen möchte, entbrennt in Europa ein Religionskrieg – eine Art Umkehr der Kreuzzüge. Überraschenderweise beschreibt Wolfram die Muslime nicht als böse, gottlose »Orks«, sondern als Ritter, die den christlichen Rittern in jeder Beziehung vergleichbar sind. Krieg ist etwas Grausames, Tod etwas Reales, und einmal wird ein christlicher Krieger sogar als »Mörder« bezeichnet.

»Ich dachte, moderne Ideen wie Gleichberechtigung der Religionen und Kulturen waren damals unbekannt«, sagte ich.

»Nur weil es das Mittelalter war, war es nicht dumpf und finster«, sagte er. »Sie waren durchaus in der Lage, über ihr Tun zu reflektieren.« Seine Stimme wurde zornig: »Ich werde Bernhard von Clairvaux niemals vergeben, daß er in seinen Predigten für die Kreuzzüge warb.« Er sprach von dem berühmten Mönch, als wäre er noch am Leben, als seien sie Freunde gewesen, sprächen aber nicht mehr miteinander. Ich mochte ihn dafür. Ein Mann, der Bernhard von Clairvaux so persönlich nahm, liebte das Mittelalter. Ein Mann, der diesen großen Intellektuellen nicht aus der Verantwortung entließ, um so mehr.

Wir saßen draußen auf den Stufen, und ich fragte ihn, warum er Wolfram so mochte.

»Wolfram hat eine Art, einen Witz zu erzählen und breitzutreten und noch die Pointe zu erklären und dem Witz noch mal einen Drive zu geben, der ihn auch noch kaputt macht«, sagte er. »Das finden Sie auch bei Karl Valentin. Man hat den Eindruck, er sitzt beim Schreiben und kichert darüber, wo sein eigener Text ihn wohl hinführt, und kriegt doch immer wieder die Kurve.«

Und Wolfram mache aus seinen Charakteren keine Supermänner. König Artus und die Ritter der Tafelrunde im *Parzival* sind nicht so, wie wir sie heute kennen. (Der König Artus, den wir kennen, stammt aus *Le Mort d'Arthur*, das erst im 15. Jahrhundert geschrieben wurde.) Wir erleben König Artus seltener auf dem Thron als mit Königin Ginover im Bett, in dem unermüdlichen Bemühen, ein wenig Privatsphäre zu finden (keine Chance). Wolfram muß Betten geliebt haben. Vielleicht, weil er selten in einem schlief. Eine der größten Mut- und Kraftproben, die Gawan bestehen muß, der zweite Held des Buches, ist das Ausharren auf einem bockigen Zauberbett, das wild umherjagt und bukkelt und ihn abzuwerfen versucht.

»Es fasziniert mich, daß Wolfram bereits damals über die ungeheure Vielfalt an Beziehungen der Menschen untereinander nachgedacht hat«, sagte Peschel. Die Beziehungsprobleme im *Parzival* sind unseren heutigen nicht unähnlich. Nur die Lösungen sind anders. *Parzival* ist eine gewaltige Seifenoper, in der sich jedes Problem, das die Leute haben, durch ein Turnier lösen läßt.

Der Ruf einer Dame wird ohne ihr eigenes Verschulden beschmutzt, trotzdem wird sie von ihrem eifersüchtigen Ehemann bestraft. Parzival mißt sich mit ihm beim Turnier, gewinnt, der Ehemann küßt seine Frau und bittet um Verzeihung. So oder so ähnlich geht es in jedem Kapitel zu. Wolfram sah das Heil im ritterlichen Zweikampf. Damit stand er nicht allein, alle glaubten an das Gottesurteil. Nach dieser Rechtsauffassung mußten zwei Männer darum kämpfen, wer im Recht war. Wurde jemand eines Verbrechens beschuldigt, ließ man ihn kämpfen, um seine Unschuld zu beweisen. Gewann er, mußte er unschuldig sein. Denn eines wußte schließlich jedes Kind: Gott läßt immer den Guten gewinnen. Jedesmal, wenn ich einen dieser großen Actionfilme sehe, in denen Gut und Böse gegeneinander antreten, merke ich, daß wir immer noch daran glauben.

Obwohl Parzivals Mutter früh stirbt, ist seine Beziehung zu ihr im Buch von zentraler Bedeutung. Parzivals Vater war ein berühmter Ritter, der seine schwangere Frau allein ließ, als er auf Abenteuersuche ging und dabei umkam. Parzivals Mutter fürchtet nun, der Junge könne nach seinem Vater kommen und ebenfalls im ritterlichen Kampf sterben. Sie läßt ihn deshalb in einer abgeschiedenen, ländlichen Umgebung groß werden und befielt ihren Dienern, ihm kein Sterbenswörtchen über das Rittertum zu erzählen. Trotzdem kriegt Parzival davon Wind. Er beschließt, abzuhauen und sich König Artus anzuschließen.

Bevor er geht, gibt seine Mutter ihm einige Ratschläge. Es sind hinterhältige Ratschläge, damit er als Ritter versagen und womöglich aufgeben wird. Als er sich wortwörtlich an ihre Tips hält, gerät er in Schwierigkeiten. Sie hat ihm beispielsweise geraten, niemals eine Frage zu stellen. Als er den Gralskönig zum erstenmal trifft, macht er also den Mund nicht auf. Doch genau das wurde von ihm erwartet. Die Begegnung ist eigentlich ein Einstellungsgespräch, und Parzival soll eine ganz bestimmte Frage stellen. Er bekommt den Job nicht.

»Einem Kind wird es ja verboten, ständig Fragen zu stellen, schon weil es nervt«, erklärte Peschel. »Aber im Grunde geht es darum, daß das Kind so lange nachfragen muß, bis es erkennt, daß der Papi nicht alles weiß, kein Gott ist. Dann weiß es: Ich habe eine Chance.«

»Reden Sie von Psychologie?« fragte ich.

»Man soll die Leute im Mittelalter nicht für dümmer halten, als sie gewesen sind«, sagte er.

Als Peschel gegangen war, notierte ich mir noch einen Punkt:

9. Wolfram war nicht dumm.

Oskar Geidner hatte alles für mich organisiert.

Die Besitzer der Alten Vogtei – heute ein Restaurant und Hotel – hatten sich einverstanden erklärt, mir jeden Morgen Grießbrei zu bereiten, sogar umsonst. Geidner hatte im Rathaus gestöbert und eine verschlissene rote Kutte gefunden, die mir bis zu den Knöcheln ging. Sie war von einem alten Festspiel übriggeblieben und war der Tunika des unbekannten Knappen nachgebildet, der im *Codex Manesse* Wolframs Pferd hält.

Eine Woche lang schlief ich in der kleinen Kammer im Erdgeschoß des Alten Rathauses aus dem 17. Jahrhundert, in dem sich auch das Museum befand. Es ist ein riesiges Fachwerkhaus, weiß verputzt mit roten Balken und groß wie ein Schiff. Die Eingangstür der Kammer war dünn wie Papier, so daß ich die Gespräche der Passanten und das Plätschern im Wolframsbrunnen draußen hören konnte. Meine klamme Zelle hatte bisher als Abstellkammer gedient. Ein hilfsbereiter Angestellter der Stadt warf ein paar Strohballen für mich hinein und stellte mir einen Kübel hin, den ich morgens mit Wasser aus dem Brunnen füllte, um mich mit einem Waschlappen zu waschen. Diese alten Stadtverordnungen fielen mir ein, die jeden Bürger anweisen, mindestens einmal die Woche eine Badestube zu besuchen, ob sie es nun nötig hatten oder nicht. Alle machen sich darüber lustig: »Ob sie es nötig hatten!« Inzwischen nahm ich an, daß die meisten Leute sich zu Hause einfach mit dem Lappen wuschen.

Zum Frühstück ging ich in die Alte Vogtei hinüber, und die rundliche Mama Dörr servierte mir meinen Grießbrei. Sie bestand darauf, daß ich einen Apfel dazu aß.

»Im Mittelalter waren die Äpfel kleiner und ein bißchen bitter«, belehrte ich sie. »Man aß sie niemals roh, sondern nahm sie nur zum Kochen.«

»Sie brauchen Vitamine«, sagte sie.

Ich war überrascht, daß ich den Brei mochte. Er war warm und wohltuend und machte satt. Mit ein wenig Honig war er sogar richtig gut. Erst am Spätnachmittag bekam ich wieder Hunger. So hat man sich also damals gefühlt, dachte ich.

Abends bereitete mir Papa Dörr Sauerkraut mit Würsten zu. »Grießbrei reicht völlig«, sagte ich, aber er ließ sich nicht davon abbringen.

»Im Mittelalter aßen die Leute aber auch Würste«, beharrte er. »Sie waren Bauern. Sie waren arm, aber sie aßen.«

Vermißt habe ich weder das elektrische Licht noch das Leben nach der Uhr. Auch Musik und Filme haben mir nicht gefehlt. Pizzas und Tacos, Steaks und Pasta ließen mich kalt. Aber ich vermißte Kaffee. Oh, Mann, vermißte ich Kaffee. Ich kam zwar auch ohne Kaffee auf die Beine – die Kirchenglocken läuteten früh –, aber den ganzen Tag lang war ich irgendwie schläfrig. Sehen Sie? Die Moderne hat doch etwas Wertvolles hervorgebracht.

Tagsüber las ich. Das war Peschels Idee gewesen. Ich saß draußen auf einer Bank gegenüber der Kirche, neben mir zwei verschiedene Ausgaben des *Parzival*: die mittelhochdeutsche Ausgabe zu meiner Rechten, die neuhochdeutsche Übersetzung zu meiner Linken.

Während ich las, notierte ich mir:

10. Wolfram schrieb Geschichten für Ministerialen.
11. Wolfram war selbst ein Ministeriale.

Kaum hat er sein Zuhause verlassen, versucht Parzival, zunächst vergeblich, dann mit Erfolg, der größte Ritter aller Zeiten zu werden – der Ritter des Heiligen Grals. Er ist hochadelig, weiß es aber nicht. Er muß bei Null anfangen. Er ist wie ein Ministeriale, oder wie die zweit- und drittgeborenen Kinder des Adels, die nichts erben und aus eigener Kraft und mit einer Prise Glück in der großen, weiten Welt da draußen ihr Schicksal meistern müssen.

Ich fragte mich, warum ich als Kind immer ein Ritter werden wollte und nicht Cowboy oder Astronaut.

Nur der Ritter wagt sich allein in den dunklen Wald auf der Suche nach Abenteuern. Nur der Ritter erschlägt den Drachen, rettet die Prinzessin, heiratet sie und erbt das halbe Königreich, weil er beweisen kann, daß er der Beste von allen ist. Das war der Traum aller Ritter: sich zu profilieren und dadurch aufzusteigen. Es muß eine unwahrscheinliche Kraft darin gesteckt haben. Um diese Idee herum haben sie eine ganze Kultur gebaut. Wir machen das heute noch. Wir wagen uns in die Welt hinaus auf der Suche nach dem Glück. Wir gehen nach Hollywood und werden Stars; wir gehen in die Großstadt auf der Suche nach Reichtum; wir trainieren Tag und Nacht, damit wir eines Tages große Fußballer werden.

Der amerikanische Traum wurde im Mittelalter erfunden.

Es gab eine Menge zweitgeborene Söhne damals, und auch heutzutage sind die meisten von uns irgendwie »Zweitgeborene«. Ich wette, Wolfram war auch einer. Ein Mensch, der diese »Vom Tellerwäscher zum Millionär«-Geschichte so gut verstand, mußte auch ein Ministeriale sein. Allerdings einer, der sich nicht durch Turniersiege oder sonstige Heldentaten profilierte. Er mußte einen anderen Weg finden.

12. Er verarscht uns.

Als Parzival zu einer belagerten Burg kommt und sieht, daß es nichts zu essen gibt und die armen Leute am Verhungern sind, hören wir plötzlich Wolframs Stimme, der von den fettigen Krapfen von Hohentrüdingen schwärmt.

Wolfram spricht ständig von sich, als wäre er eine seiner Figuren. Er mischt sich unter sie. Fast hört man sie sagen: »Da kommt wieder der Schreiber! In Deckung!« Er ist eine Figur, die zu den anderen Figuren und gleichzeitig zu den Zuhörern sprechen kann. Er hat seine Bücher ja live vorgetragen – jedoch ohne zu improvisieren. Er hat diese Nebenszenen in den Text eingearbeitet, sie gehören dazu.

Er flirtet mit den Zuhörerinnen, spielt einmal den Frauenhasser, dann wieder den Charmeur oder den Lustmolch:

> Parzival lag so höflich und bescheiden bei ihr,
> daß viele Damen hier
> mit solch einem Manne unzufrieden wären.

Der Wolfram im *Parzival* ist eine schwer zu fassende Figur. Manchmal scheint er an einem Minderwertigkeitskomplex gegenüber Rittern zu leiden und davon zu träumen, selbst ein großer Ritter zu sein:

> Eine Frau, die blind ist für meine Kraft
> Und mich liebt, weil ich singe,
> die muß verrückt sein.
> Wenn ich die Liebe einer guten Frau will,
> verdiene ich sie mit Schild und Lanze.

An einer anderen Stelle behauptet er, über solchen Dingen zu stehen:

> Wer kämpfen will, soll das auch.
> Ich persönlich bin nicht heiß drauf,
> aber ich höre gern Geschichten darüber.

Stets läßt er seine Zuhörer im Ungewissen darüber, wer er eigentlich ist: »Ich bin Wolfram von Eschenbach«, sagt er stolz. »Und ich kann singen.« Dann dreht er sich um: »Doch ich kann nicht einen einzigen Buchstaben lesen.«

Er spielt mit uns. Er weiß, solange wir ihn nicht festnageln können, hat er unsere Aufmerksamkeit.

Auf meiner Bank hinter dem Museum mußte ich in der heißen Sonne kämpfen, um nicht einzudösen. Nicht immer gewann ich den Kampf. Zwischen Museum und Kirche gab es eine ziemlich gute Akustik. Ab und zu hörte ich jemanden mit mir reden und schreckte hoch, aber es war nur ein Echo von irgendwo anders her. Und immer wieder vernahm ich das Klack-klack von Pferdehufen auf Pflastersteinen. Ich erwartete, Pferde um die Ecke kommen zu sehen, aber dann war es wieder vorbei. Wo kam das Geräusch her? Ich ging um die Kirche herum, sah aber nichts. Doch jeden Tag kehrte das Klack-klack wieder. Es kam aus dem Nichts, als ob es irgendwo einen Riß gab, und wenn ich mein Ohr dagegen pressen würde, könnte ich das Mittelalter hören.

Endlich fand ich die Antwort. Es war das Klatschen der Seile gegen den Fahnenmast im Wind, mehr nicht.

Irgendwann begann ich, nachts von den Gralsrittern zu träumen, aber alles war in die Moderne versetzt. Die Ritter waren Anwälte, Manager oder Fußballer. Sie alle suchten den Gral. Er war das Wichtigste überhaupt. Sie reisten um die Welt auf ihrer Suche. Sie forschten im Internet. Sie machten Anrufe und empfingen Faxe. Und wenn sie sich im Gang eines Flugzeugs oder in den Hochhäusern ihrer Riesenfirmen begegneten, kämpften sie miteinander. Ohne Warnung gingen sie aufeinander los. Sie benutzten ihre Aktentaschen als Schilde und ihre Hände statt Schwerter. Sie waren alle ausgezeichnete Kickboxer. In einem Traum, nach einem Kampf, entdeckten zwei Anwaltritter, daß sie durch einen gemeinsamen Stammbaum miteinander verwandt waren, und die Moral des Traumes schien zu sein, daß wir uns mal nichts vormachen sollen und das Leben eine Serie Wettkämpfe und schwieriger Liebschaften ist.

Fast jeden Abend, bevor ich mich schlafen legte, ging ich ins Museum zurück. Ich knipste die Lichter an und wanderte allein durch die Räume. Mich begleitete das Gefühl, Wolfram wäre auch hier. Nicht er als Mensch, sondern sein Spiegelbild: ein wenig verzerrt, aber trotzdem seins. Fast jede Nacht setzte ich mich in den verschiedenen Räumen hin und ließ den Eindruck auf mich wirken, bis sich nach und nach die ganzen Impressionen vermischten und nur noch ein Gefühl blieb: eine gewaltige Sehnsucht.

Im Dynastieraum, in dem Parzivals heimliche Familie auf Spielkarten von der Decke hing, spürte ich eine Sehnsucht nach Geborgenheit, nach einem Leben im Schoß einer großen, mächtigen Familie. Im Artusraum mit seinem ewigen Frühling lag ein Wunsch nach Leichtigkeit – einer Leichtigkeit, die im Mittelalter sicher selten war. Der Gralsraum war das Verlangen nach Kampf – aber nach einem Kampf, der sinnvoll ist. Im blutroten Willehalm-Raum legte ich mich hin, umgeben von feuerrot erleuchteten Edelstahlschilden. In den Boden um mich herum hatte man die Namen der im Kampf gestorbenen Helden des Buches eingelassen, als ob es von enormer Wichtigkeit sei, daß der Name jedes einzelnen Gefallenen in Erinnerung bleibt – obwohl es bloß Romanfiguren sind.

Es war die Sehnsucht, nach dem Tode nicht vergessen zu werden. Da wurde mir klar, was Wolfram gemacht hat.

Er hat sie alle ausgetrickst.

Sein Job war es, zur Verherrlichung seiner Gönner zu dichten. Er sollte Hermann von Thüringen, den Grafen von Wertheim und alle anderen als mondäne Kunstkenner darstellen. Diese Herrscher waren stets bemüht, im Gedächtnis der Menschen groß zu erscheinen, auch nach ihrem Tod. Dafür erbauten sie Paläste, stifteten Kirchen und bezahlten Mönche, für ihre Seelen zu beten. Weltlicher Ruhm und ewiges Gedenken waren ein Vorrecht der Großen.

Wolfram jedoch schnappte diesen hohen Herren den Ruhm weg, ohne daß sie es bemerkten. Und zwar mit einem Minimum an Aufwand. Karl der Große kämpfte sein ganzes Leben lang um Ruhm und sah sich die halbe Zeit dem Tod auf dem Schlachtfeld gegenüber. Wolfram dagegen schrieb ein Buch. Und ließ andere auch noch dafür zahlen.

Aber Wolfram war es nicht genug, daß sein Name überlebt – seine ganze Persönlichkeit mußte mit. Er flocht sich ständig in die Geschichte mit ein, und das auf eine so freche, widersprüchliche und faszinierende Weise, daß wir ihn nicht übergehen können. Er gibt uns einen kleinen Hinweis, damit wir Blut lecken, dann sagt er: »Kommt, sucht mich« – und verschwindet.

Das ist der Grund, warum wir bei der Stange bleiben. Warum sonst hätten Peschel und seine Kollegen ein Museum gebaut, warum wäre ich gekommen, um nach ihm zu suchen?

Jedesmal, wenn wir den *Parzival* aufschlagen, begrüßt uns Wolfram, als ob er es sich darin gemütlich gemacht hat und jetzt dort wohnt, eigentlich schon immer.

»Guten Morgen, Eric.«

»Guten Morgen, Wolfram. Darf ich jetzt weiterlesen?«

»Aber sicher. Laß dich von mir nicht stören. Ich trink nur meinen Kaffee und sage gar nichts.«

Aber ich weiß, gleich wird er etwas sagen.

In der letzten Nacht saß ich am Wolframsbrunnen, bevor ich ins Bett ging, und dachte über die Reise nach.

Ich fühlte mich wie ein Mönch. Ich hatte zwar während der Reise nicht siebenmal am Tag gebetet, aber ich hatte es mehr oder weniger geschafft, ohne die vielen Ablenkungen des Alltags zu leben: Nachrichten, Werbespots, Klatsch und Tratsch, »Worauf hast du heute abend Lust?«, »Wie findest du diesen Film?«

Ich betrachtete den wolkenlosen blauen Nachthimmel, ein perfekter Farbverlauf mit blinkenden Sternenpünktchen. Ich sah keine Autos und hörte kein Fernsehen aus den Häusern. Ich saß in einer schönen kleinen mittelalterlichen Stadt, und sie war sicher damals genauso schön gewesen. Ich dachte: Ich wette, ich hätte im Mittelalter hier leben können. Am Anfang wäre es schwierig gewesen, aber es wäre gegangen. Ich hätte es gelernt. Die Leute würde ich mögen. Die Arbeit würde ich mögen. All der Dreck und die Entbehrung – ich würde mich daran gewöhnen.

Eine seltsame Sehnsucht ergriff mich. Sie war mein Leben lang bei mir gewesen, aber erst jetzt, nach dieser kleinen Prise Mittelalter, merkte ich, wie groß sie war. Hätte sich in diesem Moment, hier am Wolframsbrunnen, eine Zeitpforte geöffnet, ich wäre hindurchgetreten.

Als ich mich nachts auf mein Stroh legte, genoß ich das Gefühl, in dieser klammen, dunklen Kammer zu liegen. Nicht das Stroh war es, sondern endlich die Klarheit – zum erstenmal auf der Reise –, daß ich mir tatsächlich meinen Traum erfüllt hatte. Als ich einschlief, spürte ich förmlich, wie die Bitterkeit aus meiner Seele wich.

Am nächsten Morgen stieg ich in meine Jeans, ging zum Gentner-Bräu am anderen Ende der Stadt und kaufte einen Kasten von dem einheimischen Bier mit Wolframs Bild auf dem Etikett. Genau das Richtige für einen Abend, an dem ich mir mit ein paar Freunden wieder mal ein Fußballspiel ansehen würde.

Im Neuen Rathaus (gegenüber vom Alten Rathaus) verabschiedete ich mich von den Leuten, die mir so viel geholfen hatten.

Als ich aus der Tür trat, hörte ich wieder das Klack-klack. Ah, dachte ich, diese Seile im Wind werde ich vermissen. Dann drehte ich mich zum Platz hin – aus dieser Perspektive hatte ich ihn ganz im Blick – und sah sie: Vier Pferde standen dort, ihre Reiter waren schon abgestiegen, und tranken aus dem Wolframsbrunnen, bevor der Ritt weiterging.

Epilog

Ich lag auf dem Boden im Willehalm-Raum und überlegte, wie ich mich Wolfram erkenntlich zeigen konnte. Mit einer Elster hatte er sich in mein Leben geschmuggelt. Konnte ich mich auch in seines schmuggeln?

Wenn überhaupt, dann nur in diesem großartigen kleinen Museum. Ich mußte nur irgendwohin »Eric was here« kritzeln. Aber ich wollte nichts beschädigen. Nein, ich mußte mir eine subtilere Methode ausdenken. Eher ein Rätsel als ein Graffiti. Dabei durfte nichts zerstört werden, und wenn jemand danach suchte, mußte er es finden, ohne dafür die Dielenbretter herauszureißen. Es mußte verborgen und gleichzeitig offensichtlich sein, wie in der Geschichte *Der entwendete Brief* von Edgar Allan Poe. Ich überlegte, ob ich meinen Namen mit unsichtbarer Tinte schreiben oder Zeichen in die Dielenbretter einritzen sollte, die meinen Namen ergaben, wenn man sie zusammensetzte. Aber das war auch nicht gut genug.

Ich war noch nie besonders begabt darin gewesen, Rätsel zu lösen, geschweige denn mir selbst welche auszudenken. Ich fürchtete schon, die Reise beenden zu müssen, ohne einen Weg gefunden zu haben.

Dann auf einmal wußte ich, wie ich es anstellen könnte. Es hat auch funktioniert.

Nimm das, Wolfram.

Danksagung

In einem der vielen Interviews, die einfach nicht mehr in dieses Buch gepaßt haben, hat mir Karl Georg Dlugos in Moers gesagt: »Man erreicht nur so viel, wie die anderen zulassen.« Ich hätte diese Reise nie realisiert, wenn nicht überraschend viele Leute – privat und in Institutionen – gesagt hätten: »Warum nicht? Machen wir.«

Allen voran hat mir Volkswagen Nutzfahrzeuge großzügigerweise mein mobiles Hotel »California Coach« zur Verfügung gestellt, ohne das ich mir die Reise gar nicht hätte leisten können. Als ich dann nach der Reise – bevor ich einen Verlag fand – dringend Geld brauchte, um weiterschreiben zu können, haben mir die Accor Hotelerie, die Allianz Kulturstiftung und MAN immer wieder unter die Arme gegriffen. Unterwegs bekam ich hin und wieder Hotelzimmer zur Verfügung gestellt: Berghotel am Burschenschaftsdenkmal in Eisenach, Steigenberger InterCityHotel in Wien, Hotel Theophano in Quedlinburg, das Stadthotel in Magdeburg und das Klassik Altstadt Hotel in Lübeck. Die folgenden Bürgermeister und Kulturdezernate haben mir freundlicherweise Empfehlungsschreiben ausgestellt: Augsburg, Bamberg, Heidelberg, Nürnberg, Rothenburg ob der Tauber, Wertheim, Würzburg, Xanten, aber auch die Deutsche Zentrale für Touristik und Stephan Nobbe vom

Goethe-Institut New York. Verlage haben mir wichtige Bücher überlassen, allen voran der Hörverlag die wunderbar gelesenen und kommentierten Aufnahmen vom *Nibelungenlied, Parzival* und den Gedichten von Walther von der Vogelweide auf CD, der Klett Verlag das *Pons Lexiface* CD-ROM-Lexikon und der Deutsche Taschenbuch Verlag das grandiose und unverzichtbare neunbändige *Lexikon des Mittelalters.*

Meine Freunde haben sich so viel Mühe mit dem Projekt gemacht, daß es ihnen auch gehört. Mein Dank an Dominique Ule für die technische Realisierung und an Astrid Hansen und Martin Lange für das Design der Website (und an Astrid für ihre Unterstützung, lange bevor es die Reise gab); an Ralf Ilgenfritz und Tanja Schotola für die Überlassung einer professionellen Videokamera und für die Bearbeitung des Materials; Sonja Dragova und Frank Trümper für ihren Einsatz für das Buch (und Sonja für den deutschen Titel); Andi Rupprecht für die Konversationen über die Seele der Deutschen und für den englischen Titel, Katrin Palme für Tippdienste und Angela Lucke für Recherchen.

Einen besonders großen Dank an die drei Frauen, die mir mein erstes Buch ermöglicht haben: meine großartige Agentin Ursula Bender und meine knallharten und unermüdlich engagierten Redakteurinnen Antje Steinhäuser und Britta Egetemeier.

Danke auch an eine Menge Freunde und Nachbarn mit ihrer nervigen Fragerei: »Wie steht's mit dem Buch?« Und Victoria Johnson muß ich danken für ihre Worte: »Sobald du erst wieder zurück in Amerika bist, wirst du es nicht mehr tun.« Allen voran war es Astrid Ule, ohne die dieses Buch nicht zustande gekommen wäre. Vom Konzept über die Website-Redaktion bis zur Übersetzung stand sie professionell dahinter, und ganz nebenbei übernahm sie die weitaus schwierigere Aufgabe, die Reise trotz persönlicher Nachteile zu lieben und irgendwie an mich zu glauben.

Allen Presseabteilungen, Fremdenverkehrsämtern, Rathäusern, Universitäten und Museen, Stadtführern, Lokalexperten und Zufallsbekanntschaften will ich für ihre Hilfe und Unterstützung danken, und von ihnen will ich einige namentlich nennen sowie ein paar wichtige Bücher, auf die ich beim Schreiben zurückgegriffen habe (eine komplette Bibliographie findet sich auf *www.nibelungenreise.de*):

DIE VORBEREITUNG: Dr. Michael Borgolte, Doris Bulach und Dr. Werner Röcke von der Humboldt-Universität, Berlin; Dr. Barbara Demandt, Berlin; Peter Dinzelbacher, Universität Salzburg – alle gaben mir gute Ratschläge betreffend meiner Heldenauswahl und mehr; Jürgen Wörlitz, Adelskenner; Marila Mörner, Klaus Ohlendorf und Heiko und Stephanie Scholz, Mittelalterfans von Hannover. LITERATUR: *Geschichte der Religiosität im Mittelalter* von Arnold Angenendt; *Lebensformen im Mittelalter* von Arno Borst; *Ritter, Mönch und Bauersleut* von Dieter Breuers; *Höfische Kultur* von Joachim Bumke; *Überall ist Mittelalter* und *Einladung ins Mittelalter* von Horst Fuhrmann; *Cathedral, Forge and Waterwheel* von Frances und Joseph Gies; *Europäische Eßkultur* von Gunther Hirschfelder; *Bettler und Gaukler, Dirnen und Henker* von Franz Irsigler und Arnold Lassotta; *Medieval Civilization* und *Der Mensch des Mittelalters* von Jacques Le Goff; *Europäische Technik im Mittelalter* von Uta Lindgren.

DIE WARTBURG: Petra Sorg (und die Sorg-Familie); Dr. Günter Schmidt, Schuldirektor; Yvonne Wiedemann, Ramona Kühn und Uwe Kempter vom Hexenkontor; die Bibliothekare der Wartburg und Dr. Reinhold Brunner, Stadtarchivar; Rainer Lämmerhirt, Bürgermeister der Gemeinde

Mihla, und Bertram Triebel und Philipp Klemm, seine Schüler. LITERATUR: *Die Wartburg* von Werner Noth; *Sängerkrieg* von Burchart Wachinger.

STÖRTEBEKER UND DIE HANSE: Dr. Ralf Wiechmann, Museum für Hamburgische Geschichte; Dr. Matthias Puhle, Magdeburg; Rolf Hammel-Kiesow, Stadtarchiv Lübeck; Harm Bents, Autor, Marienhafe; Dr. Michael North, Universität Greifswald; Elf (Michael Mayer), Hamburg; Claus H. Wulff und Bernd Spöntjes, Hamburger Wasserschutzpolizei; Herr Kramer, Hamburger Freihafen-Zoll; Dr. Wolfgang Schwarz von *Ostfriesische Landschaft*, Aurich; Fremdenverkehrsbüro der Stadt Verden; Marion Hinz und Rosemarie von Waaden, Stadt Lübeck; Frau Pohlmann von der Stadt Wismar für ihr Wissen und ihre Begeisterung. LITERATUR: *Störtebeker* von Harm Bents; *Gottes Freund – Aller Welt Feind* von Jörgen Bracker; *Die Vitalienbrüder* von Matthias Puhle; *Die Hanse* von Rolf Hammel-Kiesow; *Das Geld und seine Geschichte* von Michael North.

THEOPHANU: Dr. Gerd Althoff, Universität Münster; Dr. Petra Sevrugian, Halberstadt; Dr. Michael Peter, Magdeburg; Christian Mühldorfer-Vogt, Museum Quedlinburg; Eva-Maria Reiher, Karolin-Anne Zänker und Anja Arnold in Eisenach; Dietmar Fröhlich, Restaurator, Magdeburg; Katja Krüger und Heiko Hadasch von »Radtour gegen Fremdenfeindlichkeit«; Panos Kondogtis vom Bistrorant Adonis; Homann Joffe von Bingöl Döner, Magdeburg; »Die Zone«, Magdeburg: Ronald Mainka, Projektleiter, Franziska, Tonja und Elina Michailowsk; Jonathan, John, Eric, noch ein John, Steven, Henning, Antje, Glenn und Marién, alle von der Sprachschule Griffin in Magdeburg; Doris Breitschneider, Gernrode; Gabriele Vesters vom Hotel Theophano; Klaus-Dieter Platte, Quedlinburger Sanierungsamt; Christof Silz, Quedlinburg Holzwurmmuseum; Dagmar Hoppe von der Stadt Quedlinburg für die großartige Hilfe. LITERATUR: *Otto III.* von Gerd Althoff; *Centuries of Childhood* von Philippe Ariès; *The Empress Theophano* von Adelbert Davids; *Theophanu und der König* von Ekkehard Eickhoff; *Frauen machen Geschichte* von Gabriele Hoffmann; *Die Heiratsurkunde der Kaiserin Theophanu* von Dieter Matthes; *Kindheit im Mittelalter* von Shulamith Shahar; *Theophanu* von Peter von Steinitz.

AACHEN (UND DAS HEILIGE RÖMISCHE REICH): Dr. Matthias Becker, Universität Bonn; Dr. Hanns Axel Hausmann, RWTH Aachen; Uschi Heitzer, Roland Wentzler und Franz Baumann von der Stadt; Rita von Assel, Heilpraktikerin, Bonn; und vor allem Abudi im Café Kittel. LITERATUR: *Einhard – Vita Karoli Magni* (Original und Übersetzung) von Evelyn Scherabon Firchow; *Karl der Große* von Matthias Becher; *Cherubim und Kreuze* und *Aachen im Mittelalter* von Axel Hausmann; *Friedrich Barbarossa* von Alfred Haverkamp; *Friedrich der Staufer* von Eberhard Horst; *Die Kreuzzüge* von Peter Miller; *Friedrich II. von Hohenstaufen* von Ekkehart Rotter.

DIE NIBELUNGEN (DER RHEIN / WORMS / DIE DONAU BIS ESZTERGOM): Dr. Theodor Nolte und seine Familie, Universität Passau; Dr. Herbert Wurster, Bistumsarchiv Passau; Dr. Nikolas Jaspert, Erlangen; Maurizio und Katharina Bach und Manfred Hinz, Universität Passau; Dr. Volker Schupp und Dr. Norbert Ohler, Universität Freiburg i. Br.; Thomas Liebert, Archäologe, Nürnberg; Dr. Ernst-Dieter Hehl, Mainz; Rainer Kaussen, Redakteur, Xanten; Dr. Wilhelm Müllers, Werner Böcking, Dr. Johannes Fabian, Ina Reinders, Edith Beine, Willi Fährmann, alle Lokalhelden von Xanten; Bruder Wolfgang Sieffert und Monika Voss, Düsseldorf; Karl Georg Dlugos, Moers; Jürgen Lodemann, Autor, Freiburg i. Br.; Deutsches Fastnachtmuseum, Kitzingen; Dr. Friederike Naumann-Steckner, Römisch-Germanisches Museum, Köln; Michael Oster, Bildhauer, und Dr. Klaus Hardering, Dombauhütte Köln; Dieter Breuers, Autor, und Damian van Melis, Verleger, Köln; Elmar Scheuren vom Museum in Königswinter; der Kapitän der »Vivarium«; die KD Schiffahrtsgesellschaft, Köln; Hans und Hans Jörg Jacobi, Mainz; Dr. Gerold Bönnen, Stadtarchiv Worms; Karl-Heinz Petry, Naturheilpraktiker, Worms; Helmut Siegert, Worms; Walter Hansen, Autor, München; Gunter Heiland, Kulturdezernat, Worms; Volker Gallé, Ulrike Schäfer und Arnulf Kienast, Nibelungen-Gesellschaft, Worms; Heike Di Benedetto, Feng-Shui-Expertin, Frankfurt a. M.; Gerda und Paul Pagel in Würzburg und Heinz und Franz Hofmann in Freudenberg für die guten Gespräche; Wilhelm Otto Keller, Miltenberg; Bürgermeister Bernhard Sammiller und Bauer Batz in Pförring; Sabine Teisinger, Dr. Peter Morsbach und Heinrich Wanderwitz von der Stadt Regensburg; Anneliese Hertel, Stadt Passau; Altbischof Franz-Xaver Eder, Passau; Charlotte Klaster und Sebastian Zang, Autoren, Passau; Josef Grimm und das Plattlinger Festspiel: Manfred Hiller, Franz Günther, Peter Eiglmeier, Tamara Halser, Carmen Wanninger, Bettina Fasching, und Regisseurin Renate Bernhard, Augsburg – und vor allem Christina Pfeffer. LITERATUR: *Das Nibelungenlied* (Original) nach Karl Bartsch und Helmut de Boor; *The Nibelungenlied* (englische Übersetzung) von A. T. Hatto; *Die Nibelungen* (Kommentar) von Helmut Berndt; *Fenster, Pfeiler und Gewölbe* von Dieter Breuers; *Kielwasserrauschen* (Kurzgeschichten) von Werner Böcking; *Die Nibelungen,* illustriert von Carl Otto Czeschka; *Nibelungenlied* (Kommentar) von Otfrid Ehrismann; *Siegfried von Xanten* und *Kriemhilds Rache* (Jugendromane) von Willi Fährmann; *Die Spur des Sängers* von Walter Hansen; *Siegfried und Kriemhild* (Roman) von Jürgen Lodemann; *Nibelungenlied und Klage* (Kommentar) von Dietz-Rüdiger Moser und Marianne Sammer; *Reisen im Mittelalter* von Norbert Ohler; *Der*

Rhein von Helmut J. Schneider; *Die Welt der Narren im Wandel der Zeit* von Hans-Joachim Schuhmacher; *Worms und die Heldensage* von Eugen Kranzbühler.

CODEX MANESSE: Armin Schlechter, Matthias Miller, Karin Zimmermann, Handschriftenabteilung, Universität Heidelberg; Pascale Lang vom Bücherwurm; Dr. Walter Berschin, Universität Heidelberg; Raimund Pousset, Autor. LITERATUR: *Codex Manesse – Die Miniaturen* von Ingo F. Walther.

WALTHER: Dr. Ingrid Bennewitz, Universität Bamberg; Dr. Helmut Birkhan, Universität Wien; Dr. Ferdinand Opll, Archivar, Wien; Dr. Volker Mertens, Freie Universität Berlin; Dr. Eberhard Kummer, Musiker, Wien; die sehr hilfreichen Damen des Wiener Fremdenverkehrsamts; Sigrid Gareis, Wien; Angela Sey und Walter Vogel, Sänger, Würzburg; Fred Wollin und Gisela Walter, Würzburg, für ihre Liebesgeschichten; Michael Cygan, Redakteur, Würzburg; Norbert C. Payr, Wirt Zum lustigen Bauer in Zeiselmauer, und Edith und Walter Klomfar, Walther-Freunde in Zwettl. LITERATUR: *Sämtliche Lieder* (Originale und deutsche Übersetzungen – diese Ausgabe diente mir als Übersetzungshilfe) von Friedrich Maurer; *Reinmar – Lieder* (Originale und Übersetzung) von Günther Schweikle; *Das Nibelungenlied* (CD – gesungene Interpretation) von Eberhard Kummer; *Walther von der Vogelweide ante Portas* (CD – Interpretation) von Angela Sey und Walter Vogel; *Liebe im Frühmittelalter* und *Über die Entdeckung der Liebe* (Aufsätze) von Peter Dinzelbacher; *Lust und Liebe* von Leah Otis-Cour; *Sexualität und Emotionalität in der vormodernen Ehe* von Rüdiger Schnell.

AGNES: Dr. Rolf Kiessling, Universität Augsburg; Werner Schäfer, Autor und Schulleiter, Straubing; Frau Thieme von der Stadt Augsburg; Bernd Hielscher, Redakteur, Straubing; Feride Niedermeier, Sachbearbeiterin und meine Lokalheldin, Straubing. LITERATUR: *Agnes Bernauer* von Werner Schäfer und Erwin Böhm.

ULRICH: Dr. Heinz Gerstinger, Ulrich-Biograph, Wien; Dr. Wolfgang Etschmann, Heeresgeschichtliches Museum, Wien; Dr. Egon Boshof, Universität Passau; Dr. Michael Schiestl, Stadtmuseum Judenburg; Hans Peter Taucher, Unzmarkt; Johann Wieland, Fohnsdorf; Hellfried Heilinger und Thomas Kühler, Waffenschmiede des Grazer Zeughauses; die Turnierritter zu Judenburg: Horst Kaiser, Engelbert Liebmienger, Rudolf Mascha, Karl Quantscher, Christian Bokesch; und Manfred und Monika Ebner und Eva vom Reitstall Ehrmeierhof. LITERATUR: *Frauendienst* (Original und Übersetzung) von Franz Viktor Spechtler; *Frau Venus reitet…* (Biographie) von Heinz Gerstinger; *Cambridge Illustrated Atlas of Warfare* von Nicholas Hooper und Matthew Bennett; *Imperial Austria* von Peter Krenn und Walter J. Karcheski; *An Illustrated History of Hungary* von István Lázár; *Eisenkleider* von Gerhard Quaas; *Ritterburg und Fürstenschloß* von Herbert W. Wurster und Richard Loibl.

WOLFRAM: Dr. Dietmar Peschel, Universität Erlangen; Dr. Max Oexle, Göttingen; Franz Kornbacher, Abenberg; Frau Eder, Dollnstein; dem Fürsten zu Löwenstein-Wertheim-Freudenberg für seine Gastfreundschaft; Wolfgang Meister, Archivar, und Herrn Winkler von der Stadt, Amorbach; Marina Heine, Archivarin in Wertheim; in Wolframs-Eschenbach: Oskar Geidner; Georg und Monika Dörr von der Alten Vogtei für den Grießbrei; Peter Dreyling, der Dichter von Eschenbach; Anna Gösswein von »Schöne Dinge beim Besner«, und die Stadt selbst. LITERATUR: *Parzival* (Original) im Verlag Walter de Gruyter; *Parzival* (englische Übersetzung) von A. T. Hatto; *Parzival* (neuhochdeutsche Übersetzung) von Peter Knecht; *Der Parzival des Wolfram von Eschenbach* (Kommentar und Übersetzung) von Dieter Kühn (die Knecht- und Kühn-Übersetzungen dienten mir als Übersetzungshilfe); *Willehalm* (englische Übersetzung) von Marion E. Gibbs und Sidney M. Johnson; *Wolfram von Eschenbach* (Kommentar) von Joachim Bumke; *Wolframs-Eschenbach* von Erwin Seitz und Oskar Geidner.

Ich möchte auch all jenen danken, die mir bei den Themen Arminius, Bonifatius, Faust, Hildegard von Bingen, Rabbi Meir von Rothenburg und den Romantikern unter die Arme gegriffen haben – obwohl diese Kapitel aus Platzgründen keinen Eingang ins Buch gefunden haben und vorerst nur auf der Website *(www.nibelungenreise.de)* stehen werden, haben diese Menschen mir etwas gegeben, das ich sehr schätze.

Danke.

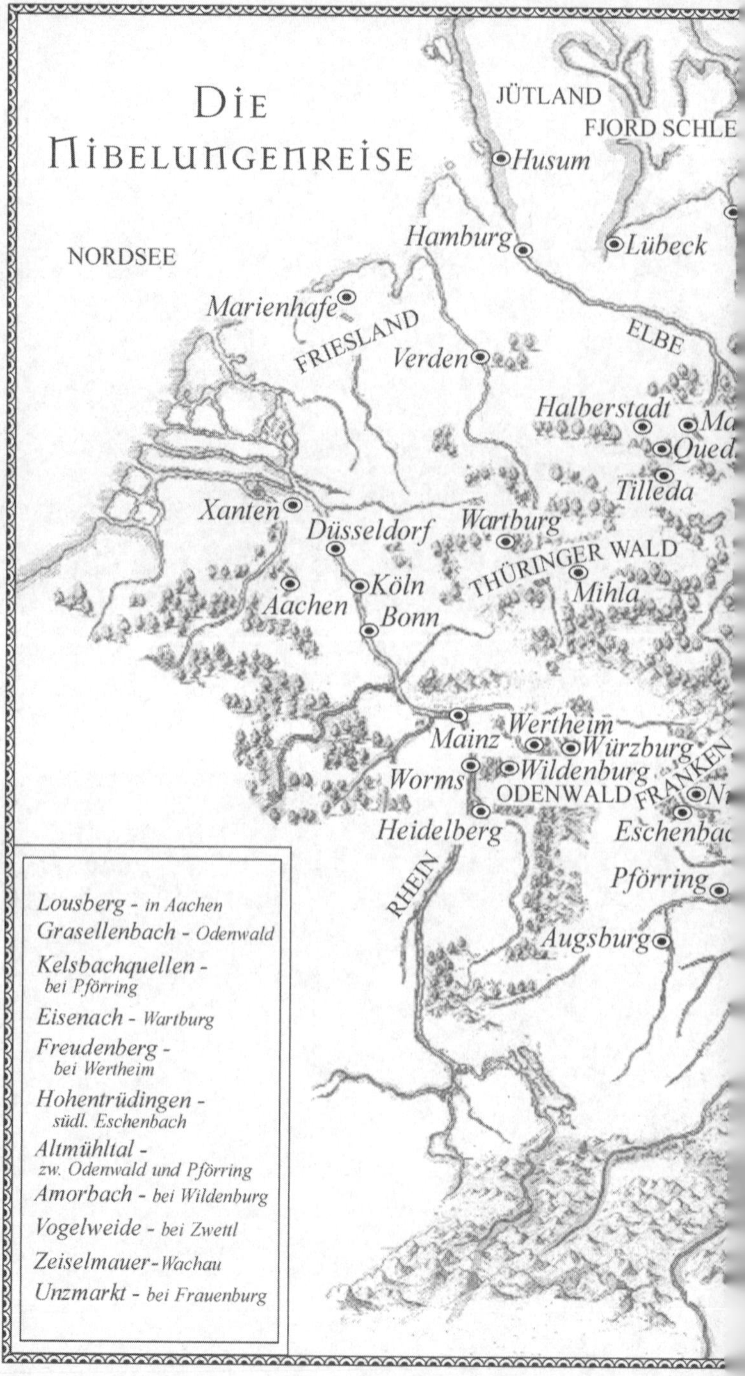
Die Nibelungenreise
NORDSEE
JÜTLAND
FJORD SCHLE
Husum
Hamburg
Lübeck
Marienhafe
FRIESLAND
Verden
ELBE
Halberstadt
Qued
Tilleda
Xanten
Düsseldorf
Wartburg
THÜRINGER WALD
Mihla
Köln
Aachen
Bonn
Mainz
Wertheim
Würzburg
Worms
Wildenburg
ODENWALD
FRANKEN
Heidelberg
Eschenbac
RHEIN
Pförring
Augsburg
Lousberg - in Aachen
Grasellenbach - Odenwald
Kelsbachquellen - bei Pförring
Eisenach - Wartburg
Freudenberg - bei Wertheim
Hohentrüdingen - südl. Eschenbach
Altmühltal - zw. Odenwald und Pförring
Amorbach - bei Wildenburg
Vogelweide - bei Zwettl
Zeiselmauer - Wachau
Unzmarkt - bei Frauenburg

OSTSEE
ENBURG-VORPOMMERN
WALDVIERTEL
nsburg
Zwettl
Straubing
Dürnstein
Hainburg
ing
Passau
WACHAU
Wien
DONAU
Esztergom
VORALPEN
Judenburg
Graz
Frauenburg
STEIERMARK